Understanding of Group Work Practice

집단사회복지실천의 이해(2판)

조학래 지음

신정

머리말

우리 사회가 빠르게 변화함에 따라 사회복지실천 현장도 다양한 문제와 복지 욕구를 가진 분들이 급속하게 증가하지만, 사회복지사는 직접 실천보다는 간접 실천을 더 많이 시행하는 실정이다. 이런 상황에서 사회복지사가 기획하여 시행하고 평가하는 집단실천 프로그램도 점점 줄어들고 있으며, 그것을 시행할 때 도움이 될 수 있는 참고도서도 부족하다. 또한 사회복지학 교육 과정의 변화에 따라 대학에서도 사회복지실천기술론 일부분으로 집단사회복지실천을 다루고 있지만, 집단사회복지실천 전체를 이해하는데 부족하다는 것을 잘 알고 있다. 이러한 인식에 따라 부족하지만, 사회복지학을 전공하는 학생들과 사회복지사들에게 집단실천의 도움을 주고자 『집단사회복지실천의 이해』를 집필하게 되었다.

『집단사회복지실천의 이해』는 총 13장으로 구성되어 있다. 제1장에서는 집단에 대한 전반적인 이해를 중심으로 작성하였다. 제2장에서는 집단사회복지실천의 근거가 되는 지식기반을 중심으로 서술하였다. 제3장에서는 집단과정에서 일어나는 집단역동성을 소개하였다. 제4장에서는 집단에서 성원들이 담당하는 역할과 역기능적 행동에 관해 기술하였다. 제5장에서는 집단사회복지사의 역할과 인간적 특성 그리고 집단 지도력에 대하여 다루었다. 제6장은 집단실천에서 사용하는 실천기술을 정리하였다. 제7장에서는 프로그램 활동의 가치, 활용, 종류 및 프로그램 활동의 선정 및 수행 지침 등을 기술하였다. 제8장에서는 집단실천의 사전 단계로서 사전계획 모델을 통해 집단실천의 준비과정을 살펴보았다. 제9장에서는 집단실천의 초기 단계로서 첫 회기의 시작, 집단사회복지사의 과업, 그리고 회기의 시작과 종결방법에 대해 정리하였다. 제10장에서는 집단과정에 대한 사정으로서 성원의 기능, 집단의 기능, 그리고 집단환경에 대해 어떻게 사정할 것인가에 대해 알아보았다. 제11장에서는 집단실천의 중간 단계에서 집단사회복지사의 과업과 개입방법을 살펴보았다. 제12장에서는 집단실천의 종결 단계로서 종결 유형, 집단사회복지사의 과업을 살펴보았다. 제13장에서는 집단실천 프로그램을 개발하는 과정을 기술하였다.

집필하면서 더 쉽게 그리고 더 현장과 가깝게 수정·보완하려고 노력하였지만, 여전히 많은 부분에서 미흡함을 느낀다. 이 때문에 부끄러운 마음이 앞서 『집단사회복지실천의 이해』에 대해서도 사회복지실천과 교육에 헌신하는 여러분의 따뜻한 조언과 충고를 청하고 싶다.

끝으로 이 책이 나올 수 있도록 지금까지 좋은 길로만 인도하신 하나님의 은혜에 감사하며, 기도와 관심을 둔 많은 분께도 지면을 통해 감사의 마음을 전한다. 배움의 길에서 가르쳐 주신 은사님들, 항상 귀한 깨달음을 주시는 선배이자 든든한 동역자인 권중돈 교수님과 우리 학과의 교수님들, 새로운 시각으로 볼 수 있게 도와주신 사회복지사님들, 언제나 믿고 따르는 한국침례신학대학교 사회복지학과 제자들께 감사의 마음을 전한다. 또한 이 책이 나올 수 있도록 도움을 주신 도서출판 신정 관계자들께 감사를 드린다. 무엇보다도 항상 헌신적인 내조와 무한한 신뢰로 용기를 북돋워 주는 황은정께 고마움을 전하며, 남편의 부족함을 이 책으로 대신하고자 한다.

2023년 봄

하기동 선지동산의 작은 공간에서

차례

Chapter 09 집단실천의 초기 단계

Chapter 10 집단과정에 대한 사정

CHAPTER 01

집단에 대한 이해

Understanding of Group Work Practice

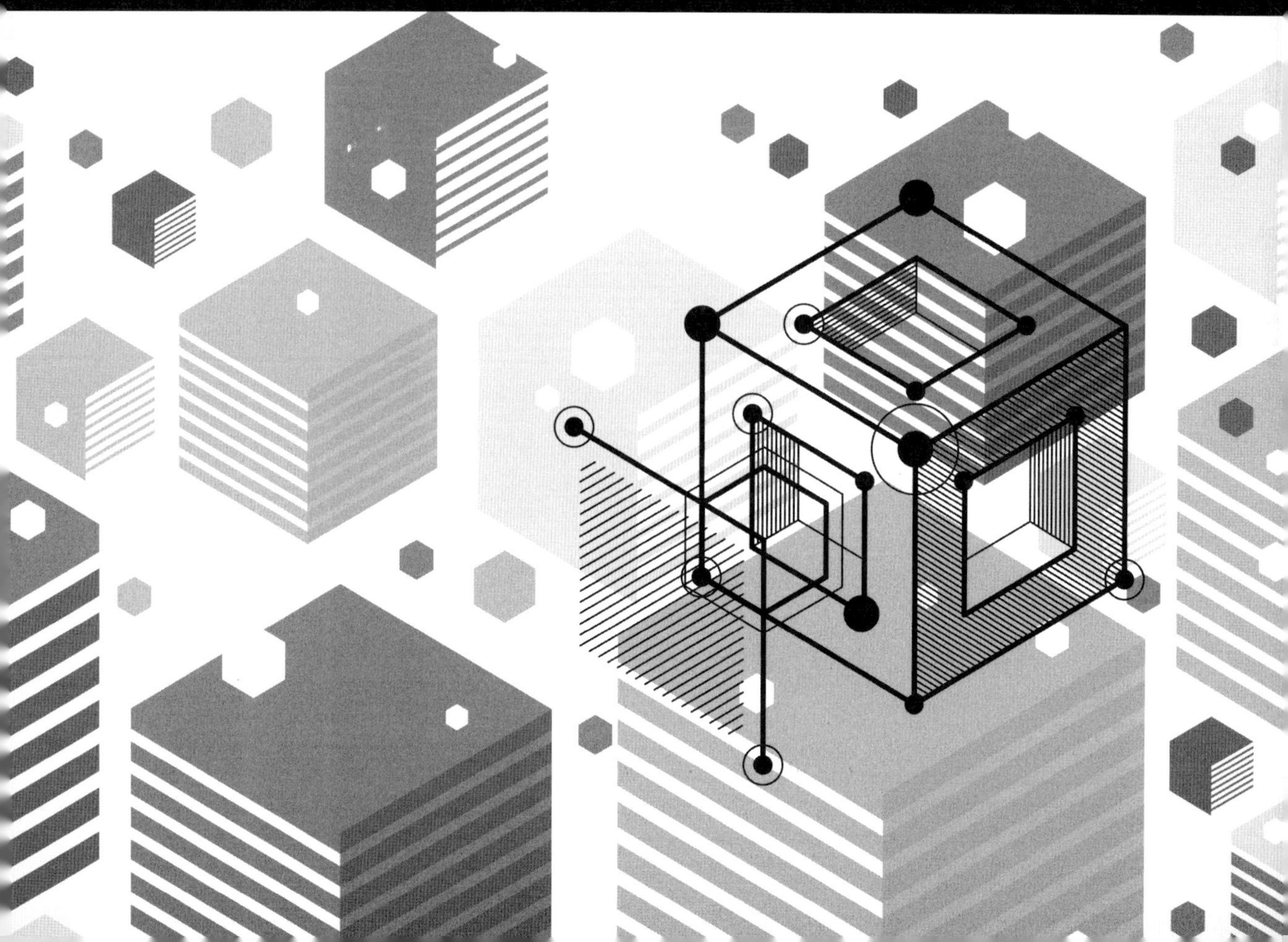

CHAPTER

01 집단에 대한 이해

학습목표

- 집단의 개념을 설명할 수 있다.
- 집단의 유형을 설명할 수 있다.
- 집단지도, 집단상담, 집단치료를 비교하여 설명할 수 있다.

1. 집단의 개념

1) 현대의 집단 의의

인간의 행동은 집단행동이라고 할 수 있는데, 인간은 집단을 이루어 일하고 먹고 놀고 배우고, 종교 활동을 하고, 여행을 하고, 잠조차도 집단으로 자기도 한다. 이처럼 집단은 우리의 사회생활에 활력을 제공하며 사회를 형성하는 가장 기본적인 구성단위이다. 이런 의미에서 우리 각자는 사회 전체에 속해 있는 것이 아니라 사회를 구성하고 있는 집단에 속해 있다고 볼 수 있다. 그러므로 인간이 자기 자신이나 우리 사회를 이해하기를 원한다면, 먼저 집단을 이해해야 한다(Forsyth, 1990).

인간은 혼자서 살아가는 것이 아니라 사람들과 함께 살아가야 하며, 이들과의 관계를 통해서 자신이 누구인지를 깨달을 수 있는 사회적 유기체(social organisms)이다. 기본적으로 인간은 출생과 동시에 사회적 관계 속으로 들어간다. 그래서 각 개인은 선택의 여지가 없이 존재의 두 층위에서 살아간다. 하나는 '나'이고, 또 다른 하나는 '우리'이다. 즉, 사회적 존재로서 인간은 평생 집단을 떠나서는 생존할 수 없고, 다양한 집단생활을 통해서 성장하고 발달한다. 이처럼 인간은 관계적 존재로서 집단 속에서 다른 사람들과 만족스럽고 효과적인 인간관계의 경험을 통하여 풍부하고 성숙한 인간으로 나아간다. 따라서 개인이 경험하는 인간관계의 양과 질에 따라 개인은 그의 독특한 자아의 형성과 인격 발달뿐만 아니라 정신건강에도 큰 영향을 받게 된다. 이처럼 인간은 다른 사람과의 관계를 맺으며 살아간다. 따라서 개인이 속해 있는 집단은 그 개인의 성장과 발달, 행동 양식, 대처 양식, 가치관 및 적응 기술 등을 개발하는 데 큰 영향을 미친다. 그리고 이러한 집단생활을 통해 인간은 자신이 속한 집단에 영향을 주기도 하고, 집단의 속성에 의해 영향을 받기도 한다.

과거에 안정된 가족관계나 지역사회에서 제공하였던 집단의식은 현대사회에서는 기대하기 어렵다. 특히 21세기 정보혁명 시대의 사회는 누가 정확한 최신 정보를 가지고 있느냐에 따라 그 사람의 경쟁력이나 가치가 결정되므로 인간의 생활은 긴장의 연속이다. 또한 보건의료 기술의 발전과 전반적인 생활수준의 향상으로 인간의 평균수명이 점차 연장되어 우리 생애의 많은 시간을 노인으로 지내야 하는 문제에 직면하게 되었다. 이와 같은 정보혁명과 평균수명의 연장 등 우리 사회의 급격한 변화로 인해 사회적 소외, 소속감의 상실, 가족 기능의 저하 등과 같은 문제들이 등장하고 있다. 이러한 문제들에 직면한 현대인은 변화된 상황에서의 적응이 요구되고, 그에 따라 심한 스트레스와 적응에 실패할지도 모르겠다는 위기감을 느끼기도 한다(지용근 외, 2004).

이러한 현대인의 심리·사회적 갈등을 해결하기 위해서는 자신의 정체성을 확립하고 인간소외를 극복해야 한다. 또한 바람직한 인간관계를 유지하기 위해서는 인간과 인간과의 진정한 만남만이 해결책이라 할 수 있다. 따라서 이러한 문제들을 해결하고 적응적인 생활을 영위하기 위해서는 자신의 관심사를 논의하고 관계 형성의 기회를 제공하는 건전하고 의미 있는 집단경험이 필수적이다. 사람들은 이러한 집단경험을 통해 자신을 살펴보고, 자신의 모습을 다른 사람과 나누고, 다른 사람의 이야기를 들어주는 과정에서 진정한 자신의 모습을 볼 수 있다.

2) 집단의 개념 정의

집단은 사람들이 만들어 낸 특별한 유형의 사회체계로서 순수한 우리말로 '모둠'이라고 부르기도 한다. 실제로 우리 사회에는 같은 집단이 존재하지 않을 정도로 매우 다양한 유형의 집단들이 존재하고 있다. 그러므로 어떤 유형의 집단들에 초점을 맞추는가에 따라서 집단에 대한 개념 정의는 달라질 수 있다.

집단에 대한 학자들의 정의를 살펴보면 다음과 같다. 먼저 호만스(Homans, 1950)는 "집단이란 일정한 시간에 걸쳐서 서로 정보를 소통하는 몇 명 이상의 사람들을 의미하는데, 각자가 다른 사람들과 정보를 소통할 수 있을 정도로 소수여서 다른 사람을 거치지 않고도 얼굴을 맞대고 정보를 소통할 수 있을 정도로 아주 작아야 하는 경우"로 정의하였다. 여기서는 시간성과 성원 간의 대면성의 접촉을 기초로 이루어지는 정보의 소통을 중요시하였다. 또한 카트라이트와 젠드(Cartwright & Zander, 1968)는 "집단이란 어느 정도 상호의존적이 되도록 만드는 상호관계를 지닌 사람들의 모임"으로 정의하면서 집단에서 상호의존성을 강조하였다. 전병재(1997)는 "집단이란 행위를 규제하는 어떤 규범을 공유하고 어느 정도 지속적이고 또 반복적인 역할 관계로 맺어진 세 사람 이상의 개인들로 이루어진 사회적 단위"로 정의하였다.

학자마다 집단의 개념에 대해 다양한 견해를 제시하고 있지만, 집단은 다음과 같은 공통된 특성을 강조하고 있다(남세진 · 조홍식, 1998). 첫째, 세 사람 이상의 집합체로서 일정한 회원자격(membership)의 규정이 있어야 한다. 둘째, 서로가 같은 집단에 소속되어 있다는 소속감인 '우리'라는 집단의식을 가져야 한다. 즉, 성원을 성원으로 규정짓고 다른 성원들로부터 인정받으며, 최소한 집단규범을 준수하기 위해 노력하는 것을 포함한다. 셋째, 성원들이 공동의 목적이나 관심사가 있어야 한다. 넷째, 상호 독립적인 사람들이 설정한 목적을 달성하기 위해 서로를 돕는 상호의존적이어야 한다. 일반적으로 상호의존성은 한 성원의 경험, 행동, 행동의 결과 등과 상호 연관된 경우로 볼 수 있다. 다섯째, 성원 간의 의사소통, 인지, 반응 등을 통하여 서로 대면하는 상호작용이 계속해서 이루어져야 한다. 여섯째, 집단은 단일 유기체로서 통일된 방식으로 행동할 수 있는 능력이 있어야 한다.

이처럼 집단과 단순한 개인의 집합체와는 본질에서 차이가 있다. 즉, 집단이 아닌 개인의 집합체는 서로 피상적으로 알고 있고, 공동의 목적이 없고, 집단으로서의 의식과 성원을 구분하는 경계선도 없다. 그리고 성원 간을 연결해 주는 상호작용과 상호의존도 없을 뿐만 아니라 통일된 방식으로 행동할 수도 없다. 이처럼 몇 사람이 공간적으로 같은 장소와 시간상으로 같은 때에 모여 있는 것만으로는 집단이라 할 수 없다. 이러한 특성 때문에 집단은 집단사회복지실천에서 성원들의 보편적인 성장과 발달을 촉진하기 위한 맥락, 도구, 매체 혹은 방법 등으로 활용될 다양한 의미가 있다. 따라서 집단이란 세 사람 이상의 일정한 성원이 있으며, 성원들이 같은 집단에 포함되어 있다는 소속감 및 공동의 목적이나 관심사가 있으며, 성원 간의 상호의존과 정서적 결속이 존재하며, 집단에서 다양한 상호작용이 이루어지고, 성원들의 기능과 역할을 규제하는 규범을 가지고 통일된 방식으로 행동할 수 있는 인간의 집합체로 규정할 수 있다.

2. 집단의 유형

집단사회복지실천을 이해하기 위해서는 사회복지실천 현장에서 접할 수 있는 다양한 집단유형을 알아야 한다. 집단유형을 분류하는 방법은 다양하지만, 전통적인 방법, 집단 구성방법 및 집단목적에 따른 방법 등을 중심으로 살펴보고자 한다.

1) 전통적인 방법

① 일차집단

일차집단(primary group)은 성원 간에 직접적 · 대면적 상호작용이 이루어지는 소규모 집단이다. 이들의 결속력은 이해관계에 따라 형성되기보다는 감정적인 특성을 보인다. 일차집단의 대표적인 예로는 가족, 친구, 또래 등이 해당한다. '우리 감정'(we-feeling), 즉 결속력과 상호 정체감이 있으며, 사회화, 도덕적 규범의 발달, 행동의 형성과 변화 등에 영향을 준다.

② 이차집단

이차집단(secondary group)은 성원 간에 정서적 결속이 미약하고, 특별한 목적 달성을 위하여 상호작용하는 집단으로서 회사가 해당한다. 성원들은 총체적 인격으로서가 아니라 제한된 특정 능력의 영역에서만 참여한다. 따라서 집단은 그 자체가 목적이 아니라 다른 목적을 달성하기 위한 수단이 된다. 성원들의 역할은 세분되어 있어 서로 간의 역할을 잘 알지 못하며, 의사소통은 직접적인 대화보다는 주로 문서나 전화 등 간접적인 방식으로 이루어진다.

2) 집단 구성방법

① 자연적 집단

자연적 집단(natural groups)은 발생한 사건, 대인 관계상의 매력, 성원들의 상호 욕구 등을 기반으로 자연 발생적으로 구성된 집단으로 공식적인 후원 체계가 없는 것이 특징이다. 자연적 집단에는 가족이나 또래 등이 포함되며 일차 집단과 비슷한 성격을 지닌다.

② 의도적 집단

의도적 집단(formed groups)은 집단 외부의 영향력이나 전문가의 개입을 통하여 의도적으로 구성된 집단이다. 이차집단과 유사한 성격을 지니며, 치료집단, 교육집단, 위원회, 사회 행동집단, 팀 등이 해당한다. 따라서 집단사회복지실천에서는 주로 의도적으로 구성된 집단과 함께 활동한다.

3) 집단목적에 따른 방법

집단목적에 따른 방법은 집단이 치료 지향적인가 혹은 과업 지향적인가에 따라 치료집단과 과업집단으로 구분한다(Toseland & Rivas, 2012).

(1) 치료집단

치료집단(treatment group)은 성원들의 사회정서적 욕구를 충족하는 데 목적을 두고 형성된 집단이다. 즉, 성원의 지지, 교육, 성장, 행동 변화, 사회화 등의 목적을 달성하기 위해 구성된 집단이다. 여기에는 지지집단, 교육집단, 성장집단, 치유집단, 사회화집단, 자조집단 등이 포함된다. 이러한 치료집단을 분류할 때 유의사항은 사회복지실천 현장에서 집단은 대체로 하나가 아니라 여러 개의 목적을 가지고 있다는 것이다. 예를 들어 발달 장애아동의 부모집단은 지지, 교육, 성장 중에서 하나의 목적에 집중하지만, 알코올 중독자 집단은 지지, 교육, 성장 등의 목적을 달성하려고 한다.

① 지지집단

지지집단(support groups)은 스트레스를 주는 생활 사건에 성원들이 효과적으로 적응하고 대처할 수 있도록 상호 원조의 조성, 대처능력의 회복 및 향상과 같은 지지와 격려의 개입 전략을 사용한다는 점이 특징이다. 집단사회복지사는 자조 및 상호 원조를 통해 대처기술을 향상하도록 성원들을 동기화하며 미래에 대한 희망을 촉진한다(Steinberg, 1997). 비슷한 문제를 경험한 사람들로 구성된 지지집단에서 성원들은 자신들의 경험에 대한 생각과 감정을 나누며, 특정 문제와 관심사에 대해 지지와 격려를 주고받는다. 성원들은 경험을 공유하기 때문에 정서적 유대감이 쉽게 형성되며, 자기개방의 정도는 매우 높다. 지지집단의 예로는 자녀 양육의 어려움을 공유하는 한부모 집단, 만성질환의 영향과 대처방법을 논의하기 위해 환자와 그 가족들이 참여하는 집단, 부모의 이혼으로 인한 영향을 논의하기 위한 한부모가정의 아동집단, 정신병원에서 퇴원하여 지역사회에서의 적응을 돕는 집단 등이다.

② 교육집단

교육집단(educational groups)은 성원들이 다양한 주제에 관한 새로운 정보와 지식 및 기술을 습득하도록 돕는 것이 목적이다. 집단사회복지사의 강의나 발표를 통해 정보와 지식이 제공되며, 성원들은 학습에 대한 공동 관심사와 일반적 특성이 비슷한 사람들로 구성된다. 교육집단은 주로 강의나 발표 중심으로 진행되기 때문에 성원들의 자기표현 정도는 비교적 낮은 편이다. 대체로 교육집단은 학교, 교정기관, 병원 등에서 많이 활용된다. 교육청이나 청소년성문화

센터의 후원으로 진행되는 청소년 성교육집단, 가정위탁지원센터로부터 후원을 받는 위탁가정의 부모가 되려는 예비 위탁부모를 위한 부모교육집단, 특정 약물이나 질병에 대해 정보를 획득하려는 집단, 예비 부모교육을 받는 미혼 성인 집단 등이 그 예이다.

③ 성장집단

성장집단(growth groups)은 성원들의 자기인식을 증진하는 동시에 자신과 타인에 관한 생각, 감정, 행동 등의 변화를 통해 인간적 성장을 이루는 것이 주요 목적이다. 일반적으로 성장집단은 집단을 자신의 성장 기회로 활용하려는 사람들로 구성되기 때문에 통찰력을 얻고, 새로운 행동을 시험하고, 피드백을 받을 수 있는 지지적인 분위기가 마련되어야 한다. 성원 간의 이질적인 특성은 성장의 밑거름이 될 수 있으므로 서로 다른 특성을 가진 성원들로 구성하는 경우가 많다. 성장집단에서 집단사회복지사는 성원들의 상호작용을 촉진하는 프로그램을 활용하므로 성원들의 자기표현 정도는 높은 편이다. 성장집단의 예로는 결혼한 부부들을 위한 참만남집단, 청소년 대상의 가치 명료화 집단, 여성의 의식을 고양하기 위한 집단, 은퇴 후의 삶에 대해 초점을 맞추려는 노인 집단 등을 들 수 있다.

④ 치유집단

치유집단(therapy groups)은 성원들의 행동 변화, 개인적인 문제의 대처와 완화, 상실된 기능의 회복 등을 원조하는 것이 목적이다. 일반적으로 정서적 문제가 있는 성원들로 구성된다. 집단의 목적이 있지만, 모든 성원의 문제가 다르므로 각자의 개별적인 목표가 있다. 집단사회복지사는 전문가, 권위적 인물, 변화 대리인 등의 역할을 수행한다. 성원들의 자기표현 정도는 비교적 높은 편이지만, 각자의 문제 정도에 따라 차이가 있다. 치유집단의 예로는 정신건강복지센

터에서 심리치료를 받는 외래환자로 구성된 집단, 금연치료 의료기관에 등록하여 금연치료를 희망하는 흡연자로 구성된 집단, 보호관찰 처분을 받은 청소년 집단, 알코올이나 약물 중독자들을 위한 병원에서 후원하는 집단 등이다.

⑤ 사회화집단

사회화집단(socialization groups)은 성원들이 사회적 기술과 사회적으로 인정받는 행동 유형을 습득함으로써 지역사회에서 효과적으로 기능하도록 원조하는 것이 목적이다. 사회화집단은 집단 토의보다는 게임, 역할극, 야외활동 등과 같은 프로그램 활동을 통해 성원들의 개인적 욕구와 집단목적을 달성한다. 사회화집단은 크게 사회기술훈련집단, 자치집단, 여가집단 등으로 구분할 수 있다.

사회기술훈련집단(social skills groups)은 의사소통에 어려움이 있거나 만족할 만한 사회적 관계를 맺지 못하는 사람들을 대상으로 사회학습이론에 근거하여 사회생활에 필요한 사회적 기술을 배우는 집단이다. 사회기술훈련집단에서 훈련되는 구체적인 기술의 예는 대화를 시작하고 유지하는 기술, 분노를 조절하는 기술, 문제해결 기술, 친구를 사귀는 기술, 타인에게 요청하거나 요청을 거절하는 기술, 버스나 지하철을 이용하는 기술 등이 있다(김혜란 외, 2022). 지역사회 적응을 준비하는 정신병원의 정신장애인집단, 사회복귀지원 프로그램, 자기주장훈련집단 등이 해당한다. 자치집단(governance groups)은 정신병동이나 생활시설의 이용자들이 전문가로부터 부당한 대우를 받을 때 자신의 권리, 권익 등을 분명히 표현할 수 있도록 의사소통 능력의 향상과 갈등 해결 기술을 배우는 집단이다. 여가집단(recreation groups)은 오락 활동에 초점을 두는 집단으로 스카우트 활동, 캠핑, 운동경기 등에서 근원을 찾을 수 있다. 여가집단은 아동, 청소년, 성인 등에게 유용하며, 특히 집단과정에 거부적인 태도를 보이는 성원들이 참여하면 도움이 된다. 이러한 여가집단의 예로는 학교에서 공격적인 아동들의 집단, 퇴원한 정신과 환자를 위한 사회클럽, 참전 용사를 위한 사회활동집단,

소풍 · 춤 · 노래 등 다양한 여가활동이 포함된 한부모 집단 등을 들 수 있다.

⑥ 자조집단

자조집단(self-help groups)은 지지집단, 교육집단, 사회화집단 등과 공통점이 많지만, 같은 문제를 경험했거나 극복한 성원들이 집단을 이끈다는 점에서 차이가 있다. 자조집단이란 말 그대로 스스로 돕는 집단, 즉 비슷한 어려움이나 관심사를 가진 성원들이 자발적으로 집단을 만들어 자신들의 경험을 공유함으로써 바람직한 변화를 위해 노력하는 상호 원조집단을 말한다. 따라서 성원들의 자발적인 참여를 위해 동기부여가 필요하다. 자조집단의 목적은 성원들이 문제 상황에 대처할 수 있는 능력을 향상하도록 돕는 것이며, 성원들과 사회의 변화에 초점을 둔다.

자조집단은 성원들의 주도로 진행되며, 집단사회복지사는 물질적인 제공, 다른 체계와의 연결 도모, 정보 · 지식 · 자원 등을 알려주는 자문, 자조집단 구성에 도움을 주는 것과 같은 제한된 역할을 수행한다. 자조집단은 성원 간의 지지와 격려를 바탕으로 성원들이 자신의 삶을 책임질 수 있는 환경을 만드는 것이다. 성원들은 자신의 어려움을 기꺼이 내어놓고, 성원 간에 필요한 정보와 경험을 나누면서 자신을 긍정적으로 느끼고, 자신의 삶에 적극적으로 대처하고 통제하면서 미래에 대한 희망을 되찾게 된다는 것이 장점이다. 알코올 중독자 집단(Alcoholics Anonymous), 도박 중독자 집단, 암 생존자 집단 등이 자조집단의 예이다.

〈표 1-1〉 치료집단의 종류

구분	지지집단	교육집단	성장집단	치유집단	사회화집단	자조집단
목적	•성원들이 스트레스적인 생활사건에 대처하고, 기존의 대처능력을 회복하도록 원조	•강의, 토론, 경험을 통한 교육	•성원들의 잠재력, 인식, 통찰력의 개발	•행동 변화 •행동 변화 개입을 통한 교정, 재활, 대처, 문제 해결	•의사소통과 사회기술 증진 •프로그램 활동, 구조화된 연습, 역할연습 등을 통한 대인관계 향상	•성원들이 자신의 문제를 해결하도록 원조
지도력	•감정 이입적 이해와 상호 원조의 촉진자	•교사 및 집단 토의를 위한 구조 제공자로서 리더	•촉진자 및 역할 모델로서 리더	•접근법에 따라 전문가, 권위적인 인물, 촉진자로서 리더	•집단활동이나 프로그램의 진행자로서 리더	•성원들과 공유하는 문제를 가진 성원이지만 때때로 그 문제를 공유하는 전문가로서 리더
초점	•스트레스적인 생활경험에 대처하는 성원의 능력 •의사소통과 상호원조	•개인 학습 •학습을 위한 집단의 구조화	•접근법에 따라 성원이나 집단에 초점 •집단경험을 통한 개인 성장	•각 성원의 문제, 관심, 목표	•활동, 참여, 포함을 위한 도구로서의 집단	•자신의 문제 해결을 위해 서로 돕고 함께 활동하는 성원들
결속력	•종종 낙인을 찍는 스트레스적인 경험의 공유	•학습, 기술 발전에 대한 공통 관심사	•성원 간의 공통된 목적 •성장을 위해 집단을 이용하려는 계약	•각 성원의 목표와 공통된 목적 •성원과 집단사회복지사, 집단, 다른 성원들과의 관계	•공동의 활동, 계획 또는 상황	•모든 성원이 동등하고 가치 있고, 서로 도울 수 있다는 것을 인정
구성	•생활경험의 공유에 기초하여 다양함	•교육이나 기술 수준의 유사성	•성장과 발전을 향한 성원들의 능력에 기반하여 다양함	•다양하거나 유사한 문제나 관심을 가진 사람들로 구성	•집단의 위치, 목적에 따라 다양하거나 동질적으로 구성	•오직 공유하는 문제나 관심에 기초
의사소통	•정보, 경험, 대처전략 등을 많이 공유 •감정적으로 강렬하고 빈번한 자기표출	•집단사회복지사가 성원을 가르치기 위해 때때로 성원 간의 토의 •낮은 자기표출	•상호작용이 높음 •성원들은 집단 내 의사소통에 책임을 짐 •중간 이상의 자기표출	•접근법에 따라 집단사회복지사와 성원 또는 성원 간에 중간 이상의 자기표출	•종종 활동이나 비언어적 행동으로 나타남 •중간 이하의 자기표출	•문제를 공유하는 모두에게 다양하게 공개적으로 성원과 성원 간에 높은 수준의 자기 표출

출처: Toseland & Rivas(2012). pp. 21-22.

(2) 과업집단

과업집단(task group)은 사회복지조직에 있는 집단으로 특정 과업인 조직의 문제 해결, 새로운 아이디어의 모색, 의사결정 등을 수행하기 위한 목적으로 구성된 집단이다. 과업집단은 함께 일하고 노력할 주제에 대해 관심이 많은 사람이나 특별한 재능을 가진 사람들로 구성된다. 이러한 과업집단의 주요 목적은 성원들의 욕구 충족, 조직의 욕구 충족, 지역사회의 욕구 충족 등이다. 따라서 과업집단은 성원들의 개인적 성장보다는 방침을 만들어나가면서 의사결정을 하고 산출물을 만드는 것에 집중한다(Ephross & Vassil, 1988).

이러한 과업집단 중에서 성원들의 욕구 충족을 목적으로 하는 팀(teams), 치료회의(treatment conferences), 요원개발집단(staff-development groups) 등이 있다. 조직의 욕구 충족을 목적으로 하는 과업집단에는 위원회(committees), 자문위원회(cabinets), 이사회(boards of directors) 등을 들 수 있다. 지역사회의 욕구 충족을 목적으로 하는 과업집단에는 협의체(delegate councils), 사회 행동집단(social action groups), 연합체(coalitions) 등이 해당한다.

(3) 치료집단과 과업집단의 비교

치료집단과 과업집단의 전체적인 특징을 중심으로 비교해보면 〈표 1-2〉와 같다. 치료집단과 과업집단은 여러 가지 특징에서 대조적이다. 먼저 치료집단의 목적은 성원들의 사회·정서적 욕구의 충족이지만, 과업집단은 특수한 과업이나 목표의 달성이다. 치료집단에서 결속력은 성원들의 개인적 욕구에 근거해서 나타나지만, 과업집단에서는 달성해야 할 과업을 성원들이 함께 하면서 형성되기 시작한다. 치료집단에서 성원들의 역할은 성원 간의 상호작용 결과에 따라 발달하지만, 과업집단에서는 상호작용 과정을 통해서 성원들이 역할을 맡거나 임명된 역할을 수행한다. 치료집단에서 의사소통 유형은 성원 간의 개방적인 의사소통을 장려하지만, 과업집단에서는 특별한 집단과업에 초점을 둔 논의에 의사소통이 집중된다. 집단회기 절차에서 치료집단은 집단에 따라 융통성이 있거나 공식적으로 정해져 있지만, 과업집단은 공식적으로 정해진 의사일정이나 규칙에 따라 진행될 가능성이 크다.

성원의 구성에서 치료집단은 비슷한 관심사, 문제, 일반적 특성 등에 초점을 두지만, 과업집단은 집단의 과업을 달성하는 데 필요한 성원들의 재능이나 전문성을 중심으로 구성한다. 치료집단에서는 성원들의 자기개방에 대한 기대가 높지만, 과업집단에서는 성원들의 자기개방에 대한 기대가 낮은 편이다. 치료집단에서 비밀보장은 항상 개인적 수준에서 처리되거나 집단 내부에서 유지되지만, 과업집단에서는 때때로 공개되기도 한다. 집단의 성공을 평가하는 기준에서 치료집단은 성원들의 개인적 목표를 달성한 정도이지만, 과업집단은 집단목적의 달성 정도 또는 성원들이 달성한 성과물의 정도로 평가한다.

〈표 1-2〉 치료집단과 과업집단 비교

구분	치료집단	과업집단
목적	성원들의 사회·정서적 욕구 충족	특수한 과업이나 목표 달성
결속력	성원들의 개인적 욕구에 근거	달성해야 할 과업에 근거
역할	상호작용을 통해 발달	상호작용이나 임명을 통해 발달
의사소통 유형	성원들의 욕구에 기초한 개방적, 상호 간의 의사소통	특별한 과업에 초점
절차	집단에 따라 융통성이 있거나 공식적으로 정해져 있음	공식적 의사일정이나 규칙이 있음
구성	공동 관심사, 문제, 일반적 특성에 근거	필요한 재능, 전문성, 분업에 근거
자기노출	높은 기대	낮은 기대
비밀보장	항상 개인적 수준에서 처리되거나 집단 내부에서 유지	개인적으로 처리되지만 때때로 공개되기도 함
평가	성원들의 목표 달성 정도에 근거하여 성공 평가	성원들이 달성한 과업, 명령 또는 산출에 근거하여 성공 평가

출처: Toseland & Rivas(2012). p. 14.

3. 집단지도, 집단상담, 집단치료의 비교

집단사회복지실천을 이해하기 위해서는 집단지도, 집단상담, 집단치료 등의 특징과 차이점을 살펴보는 것이 필요하다. 〈표 1-3〉에서와 같이 집단지도, 집단상담, 집단치료 사이에는 상당한 공통점이 있으면서도 분명히 구별되는 특징이 있다(Mahler, 1971).

1) 집단지도

집단지도(Group Guidance)는 12~40여 명의 성원들에게 전문가가 교육, 직업지도, 사회생활 등에 필요한 정보를 제공하는 서비스를 말한다. 집단지도자인 교사나 강사가 준비하여 시행하며, 프로그램의 내용도 정보를 제공하고자 하는 것과 관련된 주제 중심적이다(George & Christiani, 1981). 따라서 집단지도에서 집단지도자는 주제를 준비하여 성원들에게 필요한 자료나 정보의 제공과 목표를 결정하기 때문에 성원들이 제기하는 문제는 초점이 되지 못한다. 일반적으로 다루는 프로그램의 내용은 학습방법, 진로 결정 방법, 의사소통 방법 등이다. 집단지도는 성원들의 심리·사회적 문제를 해결하는 것이 아니라 그런 문제를 예방하는 교육과 직업적 지식을 제공한다는 점에서 특수한 정보 획득 및 특정한 방법의 학습이라는 성원들의 공동 목표가 있다. 이처럼 집단지도는 집단지도자가 준비한 학습 내용을 성원들에게 전달한다는 점에서 집단지도자 중심의 집단이라고 할 수 있다. 주로 학교에서 교사가 학생들을 교육 및 지도하거나 사회복지관에서 강사가 지역주민이나 서비스 이용자들을 대상으로 특정한 주제에 대해 강의하는 것이 여기에 해당한다.

2) 집단상담

집단상담(Group Counseling)은 상담자와 6~12명의 내담자가 동시에 관계를 형성하여 상담하는 형태로서, 문제 중심적이고 감정의 반영과 명료화와 태도의 변화에 초점을 둔다. 따라서 집단상담자는 성원 간의 상호작용을 통해 성원들이 자신의 문제와 경험을 다루도록 조력하고, 현재의 문제와 관련된 요인들을 검토하고 앞으로의 성장과 적응을 돕는다. 이러한 집단상담은 개인에 따라 예방적이거나 치료적일 수 있다. 예방적 기능은 성원들의 문제가 심각한 상태로 악화하기 전에 집단상담을 통해서 자신의 문제를 해결하도록 돕는 것이다. 치료적 기능은 성원들의 문제가 이미 악화하였을 경우, 자신의 행동 변화를 위한 개입 과정으로 집단상담을 활용한다. 이처럼 집단상담은 주제보다 성원들에게 관심을 가지는 집단이라는 점에서 집단지도와 구별된다. 따라서 집단상담에서 집단상담자는 집단지도처럼 권위적이고 전적으로 책임을 지기보다는 안내자, 도움자, 촉진자 등의 임무를 수행한다.

3) 집단치료

집단치료(Group Therapy)는 정신적 기능이 정상적이지 않거나 직면한 문제가 오랜 기간 이어진 것으로서 대체로 인격의 해체 상태 문제를 포함하며, 집중적이며 강도 깊은 심리치료가 필요한 4~10명의 사람을 대상으로 한다. 따라서 집단치료 이외에 약물요법이 병행되어야 하는 경우가 대부분이고, 집단상담보다 치료 기간도 장기적이고 치료 회기의 빈도수도 매우 많아야 한다. 즉, 의료적이며 임상적인 활동에 초점을 둔다. 이처럼 집단치료는 성원들의 심리적 문제 해결을 원조한다는 점에서 집단상담과 유사하지만, 성원들이 임상적으로 환자라는 점에서 집단상담과 다르다. 집단상담은 일반인을 대상으로 예방과 성장에 목적을 두지만, 집단치료는 내담자의 교정과 치료가 목적이다. 이러한 점에서 성격은 다르지만, 집단지도와 마찬가지로 집단치료도 집단치료자 중심이며, 집단치료자는 문제를 진단 · 분석 · 치료 · 처방하는 치료자 역할을 주로 수행한다(전국재, 2001).

〈표 1-3〉 집단지도, 집단상담, 집단치료의 비교

차원	집단지도	집단상담	집단치료
대상	해당 영역이나 지식이 필요한 공동 목표를 지닌 개인	변화의 필요성을 지각한 개인	장애적인 행동을 가진 개인
집단크기	12~40명	6~12명	4~10명
초점	교육적 · 직업적 · 개인적 정보와 계획	관찰할 수 있는 행동, 성원의 상호작용유형, 여기-지금의 행동	집단 내외에서의 부적응행동, 성원의 심리역사
목적	의사결정을 돕기 위한 계획에서 환경적 · 개인적 경향에 대한 지식의 증가	자아 탐색을 촉진하는 환경을 제공하고 대안적인 행동을 찾도록 함	성격의 변화 및 이상행동의 수정
내용	필요한 정보 제공, 문제에 대한 해결책과 방향 제시	개인의 심리적 문제, 적응 문제, 행동의 변화	심리장애, 이상행동
지도자	교사나 특정 분야의 강사	상담전문가	임상심리전문가, 정신과 의사
지도형태	지도자가 집단의 방향과 내용을 정함	지시적 또는 집단 중심적 접근	치료자의 경험, 훈련, 환자의 문제에 따라 다르나 대체로 분석적, 지시적
회합기간	전달되는 정보나 자료의 특성에 따라 다름	집단의 성격에 따라 다르지만 대체로 5~25회	집단과 문제의 성격에 따라서 몇 주에서 몇 년간 지속
면접시간	10~60분	1~2시간 정도	1~2시간 정도
기관	교육기관	교육기관, 종교기관, 지역사회	정신병원, 임상진료실, 정신과 의원

CHAPTER 02

집단사회복지실천의 개관

Understanding of Group Work Practice

CHAPTER

02 집단사회복지실천의 개관

학습목표

- 집단실천의 일반적 특성을 설명할 수 있다.
- 집단실천의 장단점을 설명할 수 있다.
- 집단실천의 기본 원리를 설명할 수 있다.

1. 집단사회복지실천의 개념 정의

집단사회복지실천(social group work, 이하 집단실천)의 초점 영역은 개인과 환경이라는 두 가지로 구분할 수 있지만, 이를 세분하면 성원, 전체로서 집단, 집단환경 등 세 가지의 초점 영역이 있다. 물론 학자에 따라 집단실천의 초점 영역에 대한 강조점이 다르지만, 각각의 관점은 모두 유용하다. 즉, 집단사회복지사는 성원들이 개인적 목표를 달성할 수 있도록 직접 원조하여야 한다. 또한 적정 수준의 집단 기능 유지와 집단의 공동 목적을 달성하도록 전체로서 집단에 개입하여야 한다. 그리고 집단환경을 평가하여 집단이 주위 환경에 적응하거나 환경을 우호적으로 변화시키기 위해 원조해야 한다.

트렉크(Trecker, 1972)는 "집단실천이란 집단에 속한 개인이 프로그램 활동을 통해 상호작용을 지도하는 전문가의 도움을 받아 자신의 욕구와 능력에 따라 타인과의 관계나 성장의 기회를 경험하며, 나아가 개인, 집단, 사회 등의 발전을 도모하는 것"으로 정의하고 있다.

코놉카(Konopka, 1983)에 의하면, "집단실천은 의도적인 집단경험을 통해 개인의 사회적 기능을 향상하며, 개인 · 집단 · 지역사회 등의 당면 문제들을 더욱 효과적으로 대처할 수 있도록 원조하는 방법"으로 정의하고 있다.

토슬랜드와 리바스(Toseland & Rivas, 2001)는 "집단실천이란 사회 · 정서적인 욕구 충족과 과업 달성을 목적으로 하는 소규모의 치료집단과 과업집단의 목적 지향적인 활동으로 성원들과 서비스 전달체계 내의 전체로서 집단을 대상으로 수행하는 활동"으로 정의하고 있다.

이러한 학자들의 개념 정의를 토대로 집단실천의 개념을 정의해 보면 다음과 같다. 집단실천이란 사회복지실천의 한 방법으로서 손상된 사회적 기능을 회복하려는 욕구가 있거나 현재의 사회적 기능을 더욱 적극적으로 유지하며 강화하려는 욕구가 있는 사람들을 대상으로 의도적인 집단과정을 통해 그 욕구를 실현하며, 개인 · 집단 · 집단환경 등의 당면 문제에 더욱 효과적으로 대처할 수 있도록 소집단의 역동적인 상호교류와 전문가인 집단사회복지사의 지도와 원조를 통해 이루어지는 실천 과정이다.

이러한 집단실천의 개념 정의에 내포된 일반적 성격을 살펴보면 다음과 같다(Toseland & Rivas, 2001; 김종옥 · 권중돈, 1993).

첫째, 집단실천은 사회복지실천방법 중의 하나이다. 따라서 집단실천의 기반이 되는 가치와 목적은 전체 사회복지실천방법론의 가치와 목적과 같다.

둘째, 집단실천은 목적 지향적인 활동이다. 집단실천에서 추구하는 목적에는 성원들의 지지와 교육, 사회화와 개인적 성장, 문제 해결, 지도력 개발, 사회 환경의 변화, 조직 및 지역사회에 대한 성원들의 통제력 증진 등이 포함된다.

셋째, 집단실천의 초점 영역은 성원, 전체로서 집단, 집단이 속한 환경 등 세 가지이다. 즉, 집단실천은 진공상태에서 존재하는 것이 아니다. 따라서 성원들의 개별 목표와 집단의 목적에도 초점을 두며, 기관의 사명 · 서비스 전달체계 · 자원과 정책 · 지리적 위치 등의 집단환경에서도 영향을 받는다.

넷째, 집단실천은 주로 소집단과 함께 활동한다. 즉, 소집단은 성원으로서 정체감이 있고, 상호작용에 참여하며, 직접적 의사소통 과정을 통해 성원 간의 생각과 감정을 교환할 능력이 있다는 것을 의미한다. 따라서 집단실천에서 활용하는 집단은 의도적인 집단경험을 통하여 개인, 집단, 집단환경 등을 변화시킬 수 있는 소집단을 주요 대상으로 한다.

다섯째, 집단실천의 대상은 고통받는 사람뿐만 아니라 건강한 사람들로 구성된 집단을 대상으로 하는 활동이다. 즉, 성원들의 예방에서 재활에 이르기까지 다양한 활동이 포함된다.

여섯째, 집단실천의 활동 영역은 치료집단과 과업집단을 모두 포함한다. 즉, 집단이란 수단을 통하여 성원들의 욕구 충족과 집단목적의 달성을 원조하는 직접적 서비스인 치료집단과 기관의 과업 달성을 원조하는 간접적 서비스인 과업집단을 포함하는 개념이다.

일곱째, 집단실천은 전문가인 집단사회복지사의 지도와 원조 하에 이루어진다. 집단사회복지사는 개인과 집단에 대한 과학적 지식과 실천의 경험을 토대로 개인, 집단, 집단환경 등을 사정하며, 원칙에 따라 기술적인 도움을 제공함으로써 전문적인 역할을 수행한다.

여덟째, 집단실천은 하나의 과정이다. 성원들과 함께 각 성원의 개별 목표와 집단목적의 달성을 위해 노력하는 과정은 일정한 형식에 따라서 체계적으로 진행된다. 좋은 결과를 얻기 위해 성원들을 다그치는 것이 아니라 집단에서 계속된 시행착오의 과정을 통해 성원들은 배우고 성장한다.

2. 집단실천의 기본 전제

집단실천은 인간의 일생 주기에 관한 다음과 같은 기본 전제를 바탕으로 하고 있다. 이것은 에릭슨(Erikson)이나 아들러(Adler)와 같은 자아심리학자들의 이론들을 종합하여 도출한 주요 개념들인데, 구체적으로 살펴보면 다음과 같다(남세진 · 조흥식, 1998).

첫째, 모든 사람은 사랑을 받고 싶어 하는 기본적 욕구가 있을 뿐만 아니라 타인을 사랑하는 역량과 힘을 가지고 있다. 그러나 이런 역량과 힘은 방해하는 여러 가지 성향과 환경적 영향과의 계속된 싸움을 통해 성취된다. 인간은 분리된 실재가 아니라 타인과 영향을 주고받는 존재이므로 인간의 욕구도 타인과의 상호작용에 달려 있다. 매슬로(Maslow)의 욕구 위계 중에서 생존에 필요한 생리적 욕구를 제외한다면, 인간의 가장 기본적 욕구는 사랑을 받고 싶은 욕구, 또는 타인에게 중요한 사람이 되고 싶은 욕구이다. 따라서 기본적 욕구와 능력은 타인과의 상호작용을 통해서 충족되고 학습된다.

둘째, 모든 사람은 평생 건전하고 적절한 집단생활을 통하여 건강하게 성장한다. 특히 코놉카(Konopka, 1972)는 건전한 집단생활의 구성요소들을 다음과 같이 제시하였다. 즉, 동료와 동일시, 한 사람 이상의 사람과 함께 소속되어 있다는 안정감, 자기표현의 자유와 타인과 다를 수 있는 자유, 친밀한 관계를 맺지 못한 사람이라도 필요에 따라서는 수용하는 책임과 더불어 자기가 선호하는 사람을 친구로 선택할 자유, 자기의 개성을 드러낼 수 있고 타인의 특수성을 인정하며 즐길 기회, 독립을 실천하고 필요에 따라 다시 의존적인 상태로 돌아갈 기회, 타인과 의사소통을 주고받는 기회, 개인 또는 집단이 자신의 운명에 영향을 주는 힘이 있음을 느낄 기회 등이다.

셋째, 모든 사람은 일생을 통해 집단생활을 해야 한다. 따라서 다양한 집단경험을 해야 하며, 특히 가족 이외의 대인관계에서 만족해야 한다. 인간은 발달 단계에서의 집단경험, 특히 청소년기 이전의 집단경험을 통해 성격과 태도가 형성되고 변화될 수 있다. 영 · 유아기를 제외한 인간 발달 단계에서 인간은 대인관계의 형성과 집단생활의 필요성을 느낀다. 인간의 신체 · 심리 · 사회적 발달은 타인과의 상호작용을 통해서 이루어진다. 일생을 통해 인간의 기본적 욕구는 변화되는 다양한 집단 관계 속에서 충족되어야 한다. 이들 집단은 나이에 따라 다른 특성이 있으므로 각 발달 단계에서 적절한 집단경험을 통해 만족을 얻어야 한다. 집단경험의 중요성은 아동기에 증가하며, 청소년기는 그 중요성이 정점에 도달하게 된다. 성인기나 노년기에서도 그 이전 시기만큼 중요성의 강도가 높지는 않지만, 집단경험의 필요성은 계속 유지된다.

이처럼 인간의 일생 주기에 관한 전제 외에도, 집단실천은 다음과 같은 기본 전제가 있다(Konopka, 1972). 첫째, 하나의 전문적 활동으로서 집단실천은 사람들의 사회적 기능 향상에 관여한다. 둘째, 사회적 기능과 집단경험 간에는 중요한 상호관계가 있다. 셋째, 사회적 기능 향상을 위해 사람들은 때때로 전문적 도움이 필요하다. 이러한 세 가지 기본 전제는 집단실천의 원칙과 관련하여 매우 중요한 것으로 인간과 환경에 대한 이론을 바탕으로 하고 있다.

이처럼 집단실천의 기능에 대한 이해는 그것의 적용에서 합리적이고 정확하며 효과적인 집단실천을 위한 전제조건이 된다. 따라서 합리적이고 효과적인 집단실천을 위해 강조해야 할 집단실천의 일반적 기능을 살펴보면 다음과 같다.

첫째, 집단실천은 성원의 사회 · 정서적 욕구를 충족시킨다. 둘째, 집단실천은 성원들의 개별 목표와 집단의 목적을 달성하게 한다. 셋째, 집단실천은 성원들의 의견, 태도, 가치관, 사고 및 행동방식 등을 규제한다. 넷째, 집단실천은 성원들이 집단에 매력을 느끼고 집단 내에 들어와 결속력을 강화하여 집단을 유지하게 한다. 다섯째, 집단실천은 집단과정을 통해 문제나 과제 해결을 위해 지도력과 멤버십의 역할 수행을 한다. 여섯째, 집단실천은 성원들이 자신과 타인에 대해 정확한 이해와 수용을 하게 한다. 일곱째, 집단실천은 성원들이 집단과정을 통해서 사회적 태도나 행동 양식을 습득하게 한다.

3. 집단실천의 목적

집단실천의 목적은 집단을 구성하고 유지하는 기본적인 준거 틀이다. 즉, 집단실천의 목적에 따라 집단의 구조나 유형, 역동성, 성원 간의 상호작용 유형, 집단사회복지사의 역할과 기능 및 원조 기술 등의 변화로 집단과정의 결과가 달라질 수 있다. 따라서 집단실천의 목적은 목적지를 찾아가는 데 필요한 나침반과 같다. 만약 집단실천의 목적이 불분명하거나 집단과정에서 그 목적을 상실할 경우, 집단사회복지사는 집단과정의 방향을 잃게 되어 좋은 결과를 얻지 못하거나 최악의 경우에는 집단이 해체되는 결과를 초래할 수 있다.

일반적으로 사회복지의 목적은 개인과 환경 간의 관계를 향상하는 것이다. 이것은 개인, 가족, 집단의 심리·사회적 기능과 주변 환경 조건의 긍정적인 변화를 통해 좀 더 만족스럽고 생산적인 삶을 위한 기회를 제공하는 동시에 그 삶의 장애물을 감소하는 것이다. 이러한 일반적인 사회복지의 목적과 관련하여 집단실천의 목적을 살펴보면 다음과 같다. 집단실천의 목적은 성원들이 집단을 활용하여 심리·사회적 기능과 관련된 문제에 대처하여 해결하도록 돕고, 예상되는 문제를 예방하거나 앞으로 악화할 위험이 있는 상황에서도 현재 상태를 유지할 수 있도록 돕는다. 나아가 집단이 더욱 효과적으로 기능하도록 환경적인 장애물을 제거하는 것이다(Northen & Kurland, 2001).

요약하면, 집단실천의 목적은 성원들이 집단경험을 통해 문제 해결에 필요한 태도와 자기관리 능력을 습득하고, 대인관계 기술의 향상을 통해 사회적으로 충분히 기능하는 사람이 되도록 돕는 것이다. 이런 사람은 새로운 경험에 대해 개방적이며, 자신의 세계에 대한 인식이 정확하며, 친밀한 대인관계를 맺으며, 자발성·자율성·창의성을 갖춘 사람을 말한다. 즉, 건강한 사람 혹은 사회적으로 기능하는 사람이라고 할 수 있다.

한편, 집단실천의 일반적 목표를 살펴보면 다음과 같다. 첫째, 자기와 타인에 대한 이해의 증가와 개인적 성장으로 자신감을 느끼게 된다. 둘째, 개인 및 사회생활 측면에서의 발달 과업을 해결하는 데 필요한 사회적 기술과 대인관계 능력을 개발한다. 셋째, 문제 해결 및 의사결정 능력의 향상을 통해 다른 사회 장면에서도 발휘할 수 있게 한다. 넷째, 타인과의 대화에서 공감적 경청 능력과 자기가 생각하고 믿는 바를 정확하게 표현할 수 있는 의사소통 능력을 향상한다. 다섯째, 각자에게 필요한 구체적인 행동 목표를 설정하여 실천하도록 돕는다.

특히 대인관계와 환경에서 성원들을 돕기 위한 집단실천의 구체적인 목표들을 살펴보면 다음과 같다(Klein, 1972). 첫째, 재활 과정은 성원들의 기능 수준을 이전의 수준으로 회복하는 것을 의미한다. 둘째, 적응 과정은 성원들의 치료보다는 성장과 발달을 원조한다. 셋째, 교정 과정은 법과 관련된 어려움이 있는 성원들을 원조한다. 넷째, 사회화 과정은 타인과의 관계를 맺는 방식을 배우고 사회적으로 수용되는 방식으로 행동하도록 성원들을 원조한다. 다섯째, 예방 과정은 적정 수준까지 발달하고 기능하도록 원조하고 앞으로 발생할 수 있는 어려움에 대처하도록 성원들을 원조한다. 여섯째, 사회 행동 과정은 성원들이 환경의 변화에 대처하고 적응하도록 원조한다. 일곱째, 문제 해결 과정은 성원들이 과업 달성, 의사결정, 사회문제 해결 등에 집단을 사용하도록 원조한다. 여덟째, 사회적 가치의 개발 과정은 성원들이 자신의 삶과 관련된 사회적 가치를 개발하도록 원조한다.

집단은 이러한 구체적인 목표들을 하나 혹은 모두를 사용할 수 있으며, 집단을 위한 집단사회복지사의 목표는 성원들의 개별 목표가 변화함에 따라 변할 수 있다. 결론적으로 집단실천의 목적은 초점 영역인 성원, 전체로서 집단, 집단환경의 변화 등이다. 이러한 초점 영역들을 구체적으로 살펴보면, 성원의 변화란 성원의 사회화, 역기능의 예방, 치료, 재활 및 성장 등을 말한다. 전체로서 집단의 변화란 집단 자체의 변화와 성장을 의미한다. 그리고 집단환경의 변화란 집단이 속한 환경의 변화를 의미한다.

4. 집단실천의 특성

1) 장단점

집단실천의 장단점은 집단과정을 실제로 적용한 집단사회복지사의 경험과 집단실천의 효과에 관한 연구 결과에 제시되어 있다. 물론 집단실천은 개별실천보다 짧은 시간에 많은 사람에게 도움을 줄 수 있다. 하지만 개별실천을 대신하여 사용해서는 안 된다는 것과 집단실천의 장점은 개별실천의 단점이 될 수 있으며, 그 역도 성립한다. 이러한 점을 염두에 두고 집단실천의 장단점을 살펴보면 다음과 같다(윤관현 외, 2006; Malekoff, 1997).

(1) 장점[1)]

첫째, 집단실천은 성원들에게 현실적이고 실생활과 가장 비슷한 사회장면을 제공한다. 이러한 현실적 사회관계는 실생활에서 성원들의 개인적 습관, 태도, 사고방식 등을 사실적으로 평가하거나 수정하는 데 유용하다. 즉, 실생활의 사

1) 집단실천의 장점 중 하나는 개별실천과 비교하면 시간과 비용 측면에서 경제적이라는 점이다. 즉, 한정된 시간 내에 많은 성원과 활동하므로 비용이 적게 든다는 점에서 경제적이다. 하지만 집단실천은 성원, 집단 그리고 집단과 집단사회복지사, 성원 간에 발생하는 역동성으로 인해 성원뿐만 아니라 전체 집단에 관한 관심이 필요하다. 특히 사례관리 측면에서 집단사회복지사는 개별실천만큼 혹은 그 이상으로 성원들을 배려해야 한다. 따라서 집단실천이 개별실천보다 반드시 경제적이라 할 수 없다(엄명용 외, 2020).

회관계보다 덜 위협적이고 비교적 안전한 집단과정을 통해 성원들은 더욱 효율적이고 유연성 있는 대인관계 기술을 습득할 수 있다.

둘째, 성원들은 같은 내용이라도 개인적인 조언은 거부하거나 저항하지만, 집단에서 다른 성원들의 공통된 의견은 잘 받아들이는 경향이 있다. 이것은 인간의 집단 의존적 혹은 집단 지향적 성향을 반영하는 것인데, 같은 의견이나 결정이라 하더라도 성원들의 강화로 이루어지면 성원은 더욱 큰 책임감과 참여의식을 갖게 된다.

셋째, 집단실천은 성원들에게 문제 해결이나 새로운 행동을 모험적으로 실천할 기회를 제공한다. 즉, 집단의 수용적 및 지지적인 분위기로 성원들이 안전감을 느끼기 때문에 다른 상황에서는 불가능했던 문제를 해결하거나 새로운 사회적 기술과 행동을 시험해 볼 수 있다. 그래서 성원들은 다른 성원들로부터 그 행동에 관한 다양한 관점의 평가와 조언을 듣고 실생활에서도 그런 행동을 할 수 있는지를 결정할 수 있다.

넷째, 집단실천에서는 집단사회복지사의 직접적인 지시나 조언이 없이도 성원 간에 깊은 사회적 교류 경험을 할 수 있다. 대체로 이런 현상은 집단회기가 상당히 진행된 후에 나타난다. 이 경우 집단사회복지사는 한 사람의 성원인 동시에 객관적 관찰자가 되며, 이때 집단사회복지사로서 해야 할 역할이 더욱 촉진될 수도 있다.

다섯째, 집단실천은 성원들에게 다양한 자원과 관점을 제공한다. 집단실천을 통해 서로 다른 배경을 지닌 성원들이 제시하는 다양한 욕구와 관점, 가치관 등을 집단이 공유함으로써 성원들의 행동 변화를 위한 자원으로 활용할 수 있다.

여섯째, 집단실천은 성원들에게 보편적인 경험을 제공한다. 집단실천 발달단계에서 성원들이 경험하는 문제는 자기만의 문제가 아니라 모든 성원이 경험할 수 있는 문제라는 사실을 알게 된다. 그 결과 성원들은 서로가 비슷하다고 느껴 신뢰감이 형성되고 심리적 고통으로부터 해방감을 느낄 수 있다.

일곱째, 집단실천은 성원들에게 소속감을 제공한다. 즉, 집단의 소속감으로 인해 성원들은 다른 성원들과 인간적이고 친밀한 관계를 경험할 뿐만 아니라 외로움이나 고립감과 같은 문제를 해결할 수 있다.

여덟째, 집단실천은 성원들에게 다양한 대리학습 기회를 제공한다. 특정 성원이 문제에 접근하여 해결을 시도하는 방법을 다른 성원들이 관찰함으로써 대리학습이 가능하며, 또한 동일시를 통하여 문제 해결에 접근할 수 있게 된다.

아홉째, 집단실천은 성원들이 다른 성원들을 돕는 기회를 제공한다. 즉, 일방적으로 도움을 받는 성원들이 집단과정에서 상호 지지하고 유익한 정보 교환을 통해 상호 원조를 경험함으로써 자신이 다른 사람을 도울 수 있는 존재라고 인식하게 된다.

이러한 장점들은 집단실천에서 이해와 수용의 분위기가 형성되고, 집단과정이 바람직하게 진행되는 경우에 나타난다. 따라서 집단사회복지사는 집단실천이 최대한 바람직한 방향으로 진행되도록 노력해야 한다.

(2) 단점

자신의 성격적 특성이나 직면한 문제의 심각성 때문에 집단실천에 참여하는 것이 어려운 사람이 있다. 이러한 사람은 개별실천을 통해 일대일의 전문적 원조 관계를 경험한 후에 집단실천에 참여하는 것이 바람직하다. 이처럼 집단실천에 부적합한 사람이 있다는 제한점 외에도, 집단실천은 다음과 같은 단점이 있다.

첫째, 집단실천에서 성원들은 집단과정에 몰두함으로써 개인적인 관심사나 문제를 간과하거나 충분히 다루지 못할 가능성이 크다. 이것은 성원들의 개인적인 문제를 깊이 다루기보다는 전체 집단의 공동 관심사나 문제를 다루는 경우가 많기 때문이다. 따라서 오랜 기간 지속하는 집단이 아니라면, 그 성원이 원하는 만큼 자신의 문제를 충분히 탐색하지 못할 가능성이 크다. 그러므로 지나치게 소극적이거나 소심해서 집단과정에 적응하기 어려워하는 사람은 개별실천이 더 효과적일 수 있다.

둘째, 집단실천에서 성원들은 집단 구성을 어떻게 하느냐에 따라 도움이 될 수도 있지만, 부정적인 결과가 나타날 수도 있다. 너무 동질적인 성원들로 구성된 집단은 다른 성원들로부터 자극을 받거나 새로운 것을 배울 기회는 줄어든다. 반면에 너무 이질적인 성원들로 구성된 집단은 성원 간의 상호교류가 힘들고 집단응집력이 약화하는 문제가 발생할 수 있다. 따라서 집단사회복지사는 집단 구성에서 성원들의 동질성과 이질성의 원칙에 대한 지식을 가지고 집단목적의 달성에 가장 적합한 집단을 구성하기 위해 노력해야 한다.

셋째, 개별실천과 비교하면 집단실천은 비밀보장의 어려움이 많다. 성원들은 집단사회복지사나 다른 성원들이 자신의 비밀을 지켜줄 것이라는 확신이 서지 않는 이상, 사생활을 솔직하게 말하지 않을 것이다. 따라서 집단사회복지사는 집단과정에서 알게 된 성원들의 사적인 정보나 표현에 대한 비밀유지의 중요성을 모든 성원에게 계속해서 강조해야 한다. 집단실천에서 비밀보장의 원칙은 성원들의 사적인 정보를 집단 밖으로 유출하는 행위뿐 아니라 회기 중의 대화 내용을 집단 밖에서 언급하는 행위에도 적용된다. 집단사회복지사는 비밀보장을 장담할 수 없다는 사실을 성원들에게 말함으로써 집단과정 중에 특정한 내용을 노출할 것인가를 성원들이 다시 한 번 생각할 수 있도록 해야 한다(Corey & Corey, 2002). 이처럼 집단에서는 성원들의 개인적 경험을 모든 성원이 공유할 수밖에 없는 상황과 집단 밖에서 일어나는 성원들의 일을 통제할 수 없는 한계는 성원들의 자기개방을 감소시키는 요인이 된다.

넷째, 집단과정에서 성원들은 심리적으로 준비되기 전에 자신의 감정이나 속마음을 털어놓아야 한다는 부정적인 집단 압력에 희생될 우려가 있다. 물론 집단에서 자신의 개인적인 이야기를 어느 정도 개방할 것인가는 전적으로 성원들에게 있다고 명시적인 약속을 한다. 하지만 집단과정에서 집단 분위기가 자기개방을 강요하는 방향으로 흐를 수도 있다. 특히 집단이 각 성원보다 집단 전체의 생각을 중요하게 여길 경우, 좀 더 친밀한 관계를 원하는 특정 성원의 개인적인 생각은 경쟁이나 집단의 일체감을 강조하는 집단규범에 희생될 우려도 있다. 이때 집단사회복지사는 성원들이 다른 성원들에게 자신을 알려줄 수도 있지만, 자신의 사생활을 지킬 수도 있다는 것을 강조해야 한다.

다섯째, 집단실천에서 집단은 때때로 특정 성원을 희생양으로 삼는 경향이 있다. 이런 현상은 매우 파괴적인 결과를 초래해 집단이 효과적으로 기능할 수 없도록 만든다. 따라서 집단사회복지사는 집단을 적절히 통제함으로써 희생양의 구성원이 발생하지 않도록 주의해야 한다.

2) 유사점과 차이점

집단실천은 개별실천과 유사점과 차이점을 모두 지니고 있다. 이것을 집단사회복지사가 정확하게 이해한다면, 집단실천의 효과를 극대화할 수 있다(윤관현 외, 2006).

(1) 유사점

집단실천과 개별실천은 목표, 기본 과정, 기법 등의 내용에서 많은 유사점이 있다. 그중에서도 먼저 참여자가 실생활에서 직면하는 문제의 해결, 인격의 통합, 자기이해의 촉진을 달성하도록 돕는다. 둘째, 참여자의 자기개방과 자기수용을 촉진하기 위하여 지지적인 분위기 조성과 유지를 강조한다. 참여자는 개별실천이나 집단실천에서 자신의 감정과 생활 경험 등을 자유롭게 탐색하도록 격려를 받는다. 셋째, 면접의 기법 측면에서도 유사한 점이 많다. 즉, 참여자가 자신의 감정과 태도 등을 자각하고 검토하도록 돕기 위하여 그의 이야기를 경청하고, 중요한 감정을 반영하며, 요약과 해석 등의 다양한 면접 기법들을 활용한다는 측면에서 두 가지 방법은 근본적으로 같다. 넷째, 참여자의 개인적 자질과 개성을 발휘하게 하려고 사적인 정보의 비밀보장을 강조한다.

(2) 차이점

집단실천과 개별실천의 차이점은 다음과 같다. 첫째, 개별실천보다 집단실천의 독특한 요소는 성원 간의 역동적인 상호교류(transaction)이다. 이런 상호교류를 통해 자신의 성격이나 대인관계 유형을 바로 확인함으로써 성원들의 행동 변화를 기대할 수 있다.

둘째, 개별실천보다 집단실천은 성원 간의 신체적 근접성이 존재한다. 이 때문에 성원 간의 정서적 만족을 얻을 수 있을 뿐만 아니라 새로운 사회적 기술을 습득할 기회와 경험을 가질 수 있다.

셋째, 개별실천과는 달리 집단실천에서는 성원이 집단사회복지사와 다른 성원들로부터 도움을 받을 수도 있지만, 다른 성원을 도와주는 경험을 할 수도 있다. 특히 집단 분위기가 이해적이고 상호 수용적일수록 도움을 주고받는 상호관계는 더욱 잘 이루어진다.

넷째, 개별실천보다 집단실천에서 집단사회복지사는 더욱 복잡한 과업을 수행해야 한다. 즉, 집단사회복지사는 성원들의 감정을 이해하고, 집단에서 이루어지는 대화의 의미를 파악하는 동시에 성원 간의 상호관계의 역동성에 민감해야 한다.

5. 집단실천의 모델

사회복지실천 분야에서 개발된 집단실천은 매우 포괄적인 대상을 다양한 모델로 확장되어 특정 모델을 제시하는 것이 어렵다. 여기서는 집단실천에서 집단의 사회적 기능과 개입의 초점을 기준으로 사회적 목표모델, 치료모델, 상호작용모델 등을 살펴보고자 한다(김혜란 외, 2022; Papell & Rothman, 1980).

1) 사회적 목표모델

사회적 목표모델(social goals model)은 집단실천의 초기부터 존재한 전통적인 모델로서 청소년단체(Girl Scouts, YMCA 등), 인보관, 유대인 지역사회센터 등에서 주로 사용되었다. 이 모델은 민주주의를 유지하고 발달시키려는 집단의 사회적 목표를 강조한다. 즉, 사회적 목표모델에서는 인간관계의 의식적인 훈련, 지도력의 실험, 민주적 과정의 학습, 시민 참여 등과 같은 집단과정을 통해 성원들의 사회적 의식, 사회적 책임의 발달이라는 목적을 달성한다. 이 모델에서 성원들은 사회의 주류에서 의미 있는 참여를 할 수 있는 잠재력이 있으며, 각 집단은 효과적인 사회 변화를 위한 잠재력이 있다고 본다.

이 모델에서 집단실천의 기능은 사회적 쟁점에 관한 토론, 참여, 합의, 대안 모색 등의 활동을 통해 성원들이 바람직한 민주시민으로 성장하도록 돕는 것이다. 이 과정에서 집단사회복지사는 성원들의 사회의식을 개발하기 위해 영향력 있는 사람으로 해야 할 역할에 중점을 두며, 사회적 책임의 가치를 심어주고 책임 있는 민주시민으로서 적합한 행동 유형을 자극하고 강화하는 바람직한 역할 모델로서 기능한다. 또한 이 모델에서는 민주적 집단과정을 중시하므로 집단사회복지사는 성원들의 민주적 참여를 통한 학습이 가능하도록 집단 내의 절차를 개발하고 유지해야 한다.

사회적 목표모델에서 모든 집단은 개인과 마찬가지로 사회 변화에 영향을 미칠 수 있는 잠재력이 있다고 본다. 이러한 잠재력에 관한 생각은 집합적인 집단행동이 개인의 사회적 능력을 반영한다는 가정에서 비롯된 것이다. 이 모델의 기반이 되는 민주적 집단과정의 원칙은 모든 집단실천의 지침이 되었다. 그러나 이 모델은 모든 서비스 영역에서 집단사회복지사가 직면할 수 있는 문제들을 적절히 다룰 수 있는 이론적 준거 틀이 없다는 것이 심각한 약점이다. 또한 개인의 내적 역동성과 다양한 욕구를 강조하지 않기 때문에 개인문제가 사회문제보다 우위에 있는 집단과 활동할 때, 집단사회복지사가 개인의 사회적 기능을 원조할 수 있는 지침이 없다는 것이 제한점이다.

2) 치료모델

역사적 맥락에서 치료모델의 발전은 집단실천이 전문 사회복지실천에 통합될 수 있게 하였다. 치료모델(remedial model)은 사회적 기능 수행에서 문제가 있거나 문제가 발생할 가능성이 큰 개인을 원조하는 임상모델이다. 이때 집단은 개인의 치료를 위한 수단인 동시에 맥락(context)이며, 집단구조와 집단과정의 변화는 목적 달성을 위한 수단이 된다. 이 모델의 목적은 역기능적인 행동을 하는 성원들의 치료와 재활을 돕는 것이다.

치료모델의 기반이 되는 이론 및 경험적 지식은 집단과정, 집단구조, 개인과 개인의 행동 변화 등에 관한 개념들이다. 집단에 관한 것으로는 집단발달, 의사소통, 지도력, 갈등, 규범 등이며, 개인과 개인의 행동에 관한 이론으로는 행동수정이론과 자아심리학 등이다. 또한 개인을 강조하기 때문에 집단사회복지사는 개인의 심리와 치료와 관련된 지식을 습득해야 하며, 집단사회복지사에 의한 진단, 계획된 치료 목적 및 평가를 강조한다. 따라서 집단사회복지사는 성원들의 욕구를 진단하여 치료의 목표를 설정하여 평가하는 사람이다. 집단의 참여자는 성원보다는 클라이언트로 간주하며, 성원(member)과 함께(with)라는 개념이 덜 강조된다는 것이 다른 두 모델과 분명히 구별되는 점이다.

치료모델에서 집단사회복지사는 집단을 구성하고, 변화를 주도하며, 관계를 설정하고, 대안을 탐색하며, 변화가 나타나도록 영향력을 행사한다. 특히 집단사회복지사는 집단의 구성을 효과적인 치료 매개물로 기능하기 위한 집단 잠재력의 주요 요인으로 간주한다. 따라서 집단사회복지사는 성원들의 일반적 속성을 고려하여 선별하고, 전체 집단과정을 진행하기 때문에 변화 매개자의 역할을 수행한다. 또한 집단사회복지사는 상호 평가를 통해 전문적인 개입과 결과를 사정하며, 이를 위해 과거의 경험, 이론적 지식, 현재의 관찰 등의 방법을 사용한다. 이런 역할 때문에 집단사회복지사는 집단에서 주요 인물이 되며, 집단은 변화를 일으키는 하나의 수단으로 간주한다. 이 모델의 목적은 역기능적 행동을 하는 성원들의 치료와 재활을 돕는 것이므로 알코올 중독자, 성폭력 피해자, 우울증이나 정신장애인 등을 대상으로 시행하는 집단 등이 대표적인 예이다.

3) 상호작용모델

상호작용모델(reciprocal model)은 사회적 목표모델과 치료모델을 혼합한 것으로 개인과 사회 간의 유기적이고 체계적인 관계를 전제로 한다. 집단은 집단사회복지사와 성원들을 포함한 하나의 사회체계인 유기체이며, 성원과 집단 간의 상호 원조체계를 구축하는 것이 초점이므로 성원들은 환경에 영향을 주거나 받기도 한다. 이 모델은 대인관계와 상호작용을 강조하는데, 이러한 상호작용이 이루어지는 것은 개인적 욕구나 공동 관심사의 해결을 위해 상대방이 필요하기 때문이다. 즉, 집단의 목적과 성원들의 개별 목표는 집단사회복지사가 결정하는 것이 아니라 기관의 서비스 범위 내에서 집단사회복지사의 중재와 성원들의 상호작용 과정을 통해 결정된다. 집단사회복지사는 성원들의 욕구와 사회적 요구 간의 공유 부분을 찾도록 그들을 원조하는 중재자의 역할을 수행한다. 또한 집단사회복지사는 집단의 기능을 촉진하고, 성원들이 상호 원조체계의 형성과 환경적 요구에 적응하거나 대처하는 새로운 방식을 탐색하도록 원조하는 인적 자원으로서 활동한다. 따라서 집단사회복지사는 성원의 체계에 영향을 주고받는 한 부분으로 간주하기 때문에 조력자의 역할을 담당한다(Brandler & Roman, 1999).

일반적으로 지지집단, 말기 암 환자 집단, 가정폭력 피해자 집단 등이 상호작용모델에 해당한다. 이 모델에서는 집단의 구성이나 환경보다는 체계를 강조하기 때문에 여기-현재(here and now)와 집단이 관여하는 다양한 체계 자체가 중심 개념이다. 또한 상호작용모델은 집단실천의 치료와 예방 활동의 가치도 강조하며, 개인의 사회화를 위한 경험 제공의 기능으로서 집단실천도 부인하지 않는다. 때때로 상호작용모델은 민주적 모델로서 언급된다.

4) 집단실천 모델의 비교

집단실천 모델의 특징을 중심으로 비교해 보면 〈표 2-1〉과 같다(남세진 · 조흥식, 1998). 특히 세 가지 모델이 강조하는 측면으로 사회적 목표모델은 사회에 대한 개인의 적응, 즉 집단의 선(the good of group)을 강조한다. 치료모델은 개인의 목표 달성을 지원하기 위한 수단으로서 집단을 강조하는데, 이는 개인의 선(the good of individual)을 강조한다는 의미이다. 그리고 상호작용모델은 개인과 집단 모두의 선을 위해 개인과 집단의 상호관계를 강조한다.

〈표 2-1〉 집단실천 모델의 비교

특징	사회적 목표모델	치료모델	상호작용모델
목적	사회적 쟁점에 관한 토론과 대안 모색을 통해 사회적 의식, 사회적 책임, 책임 있는 시민으로 성장	역기능적으로 행동하는 성원들의 치료와 재활	최적의 적응과 사회화를 달성하기 위해 성원 간의 상호 원조체계 형성
기관	인보관, 지역사회복지관	임상기관, 사회복지기관이나 시설	임상기관, 지역사회복지관
초점	이웃과 사회환경이라는 맥락에서 개인과 더 큰 사회 형성	문제나 걱정의 감소, 대처기술 향상	모든 성원 간의 자조, 상호 원조체계의 개발
주요 과제	필요한 자원 제공과 사회적 붕괴의 예방	사회적 위험으로부터의 회복과 재활(집단 매개체를 통한 치료)	앞의 두 모델의 조합(문제해결을 위한 상호 원조체계의 개발)
집단사회복지사 역할	책임 있는 민주시민을 위한 역할 모델과 조력자	성원들의 개별 치료 목표를 달성하도록 돕는 조사, 진단, 치료에 참여하는 변화대행자	성원들의 욕구와 집단 및 사회의 욕구 간의 중재자, 성원들이 이용할 수 없는 자료 획득의 조력자
대상	시민, 이웃, 지역주민	역기능 또는 삶의 과업 대처에 도움이 필요한 클라이언트	공유하는 공동 관심사의 성취를 위해 일하는 협력자
집단에서 사용하는 방법	토론, 참여, 합의, 집단과업의 개발 및 실행, 지역사회 조직화, 성원들의 사회적 행동기술 습득과 사회변화에 필요한 프로그램이나 행동기술	성원들의 행동 유형 변화를 돕기 위해 구조화된 활동, 직접 또는 간접적 영향력 행사	성원들의 관심사 토론, 상호지지의 형성, 상호이익이 되는 결속된 사회체계의 형성을 위한 공유된 권위
집단 크기	3~30명 정도	7~10명 정도	유동적이지만 15명 이상을 넘지 않음
회합 기간	지도력의 유형에 따라 유동적	정기적이며, 시간 사용 계획을 사전에 설정	유동적이며, 성원과 집단사회복지사가 합의
기초 이론	절충적인 이론적 기초	사회 역할이론, 사회행동이론, 집단역학, 자아심리학	체계이론, 장이론
대표 학자	Ryland, Wilson, Wiener, Coyle	Vinter, Glasser, Sarri, Redl	Schwartz, Lewin

출처: 남세진 · 조홍식(1998). pp. 44-45.

6. 집단실천의 기본 원리

집단실천의 기본 원리는 사회복지의 가치, 지식, 기술 등에서 나오는 것이며, 집단실천의 성격을 결정하고 서술한다는 것과 집단사회복지사의 행동 지침이라는 두 가지 의미를 지니는 용어이다. 집단실천은 건전한 집단경험을 통해 성원들이 충분히 사회적으로 기능하는 사람이 되도록 돕기 위해 개인, 집단, 집단환경 등에 초점을 두기 때문에 매우 복잡한 과정이다. 따라서 집단실천의 기본 원리도 몇 개의 지침으로 한정할 수는 없지만, 일반적으로 집단실천에 적용할 수 있는 기본 원리가 있다. 이러한 기본 원리는 집단실천의 철학적인 준거가 되고, 집단실천을 효과적으로 수행하는 지침이 된다(Konopka, 1972).

한편, 집단실천의 발전과 함께 기본 원리는 변화하며, 효과적인 집단실천을 위해서도 필요하다. 이러한 기본 원리를 준수하기 위해 집단사회복지사는 수용, 유연성, 객관성, 성실성 등의 특성과 자질을 갖추어야 한다. 또한 인간에 대한 이해와 지식이 있어야 하며, 개인과 집단은 독특한 존재이므로 서로 차이가 있을 수 있다는 점도 수용하여야 한다. 특히 집단사회복지사는 성원이나 집단을 대신하여 문제 해결 방법을 찾아주거나, 그들을 위해서 일을 한다는 생각보다는 성원이나 집단이 스스로 그 문제의 해결 방법을 찾을 수 있도록 집단과 함께한다는 동반자의 자세가 필요하다.

① 성원들의 고유한 특성에 대한 인정과 이에 상응하는 행동(집단 내 개별화)

집단사회복지사는 모든 성원이 각자의 고유한 특성이 있는 인격체임을 인정하고, 성원들의 욕구, 전체 집단의 욕구, 집단이 속한 지역사회의 욕구 등에 근거하여 성원들을 원조해야 할 책임이 있다.

② 다양한 특성을 보인 모든 집단을 하나의 집단으로 인정하며 그에 따르는 행동(집단의 개별화)

집단이란 단순히 개인의 집합체만을 의미하는 것이 아니라 집단의 목적, 성원들의 수준과 성격, 집단응집력, 성원 간의 상호작용, 하위집단, 지도력 등 집단 내 여러 요인에 의해 고유한 특성을 이룬 유기체임을 인정하고 집단별 특성에 따라 이에 상응하는 행동을 해야 한다.

③ 성원들은 고유한 장단점을 가진 인격체임을 진정으로 수용

집단사회복지사는 성원들을 이해만 하거나 특정한 측면만을 수용하는 것이 아니라 고유한 장단점을 가진 인격체이며 있는 그대로의 모습을 수용해야 한다.

④ 집단사회복지사와 성원 간의 의도적인 전문적 원조관계 형성

집단실천에서 성원의 변화는 다른 성원들과의 상호작용을 통해서 가능하므로 집단사회복지사는 성원들과 원만한 인간관계를 맺는 동시에 전문적 원조관계를 형성해야 한다.

⑤ 성원 간의 상부상조와 협력 관계를 수립하도록 격려

집단실천에서 성원 간의 관계는 집단사회복지사와 성원들의 관계만큼 중요하다는 것을 인정해야 한다. 따라서 집단사회복지사는 집단에서 성원 간의 관계가 더욱 원만하고, 건설적인 방향으로 형성되도록 도와야 한다.

⑥ 집단과정의 적절한 수정

집단과정은 성원 간의 상호관계, 하위집단의 형성, 결속력과 지도력 발달, 고립자의 출현 등으로 나타난다. 집단사회복지사는 이런 집단과정을 정확하게 평가하여 집단에서 발생하는 여러 문제를 적절하게 수정해야 한다.

⑦ 성원들의 능력에 따라 참여하도록 격려

성원들의 참여 능력은 서로 다르므로 집단사회복지사는 각자의 재능과 능력에 따라 집단과정에 참여하도록 해야 한다. 이렇게 함으로써 어떤 성원들도 소외되는 일이 없도록 하며, 시간이 흐름에 따라 성원들의 참여폭이 넓어지고 자발적이 되도록 도와야 한다.

⑧ 성원들이 문제 해결 과정에 직접 참여하도록 원조

집단사회복지사는 성원들이 자신의 문제 해결 과정에 직접 참여하여 집단사회복지사와 성원 간의 상호작용을 통해서 해결책을 찾을 수 있도록 원조해야 한다.

⑨ 성원들이 점차 만족스러운 갈등 해결 방법을 경험하도록 원조

성원들은 집단과정 속에서 성원 간에 계속해서 발생하는 갈등이나 문제를 집단사회복지사의 도움을 받아 토론과 협의를 통해 합리적이고 민주적인 방법으로 갈등을 자율적으로 해결하는 방법을 경험해야 한다.

⑩ 대인관계와 성취에서 새롭고 다양한 경험의 기회 제공

집단실천에서 성원들은 새롭고 다양한 경험을 할 수 있다. 특히 집단사회복지사는 대인관계에서 문제가 있을 때 원조를 제공하여 성원들과 집단이 성숙한 대인관계를 성취할 경험의 기회를 제공할 책임이 있다.

⑪ 집단과정에서 성원과 전체 상황에 대해 진단적 사정과 평가를 통한 적절한 제한

집단과정에서 제한이 없는 상태의 허용은 성원들에게 도움이 되지 않는다. 따라서 집단사회복지사는 성원들과 전체 상황에 대해 진단적 사정과 평가를 통해 합의한 규칙과 제한을 엄격하게 준수하도록 하는 것은 집단과정에 도움이 된다.

⑫ 성원과 집단의 목적에 대해 적절한 진단적 평가에 근거하여 의도적으로 다른 프로그램 활용

집단과정은 집단사회복지사보다는 성원들의 욕구와 흥미를 중심으로 기획해야 한다. 아울러 집단의 목적, 사정, 평가 등도 이러한 원칙을 준수해야 한다.

⑬ 성원 및 집단실천 발달에 대한 계속된 평가

성원들의 욕구와 흥미, 집단목적의 달성을 위해 시행되는 집단과정과 관련된 지도감독은 계속된 사정과 평가로 이루어진다. 모든 사정과 평가는 집단사회복지사의 전유물이 아니라 성원들과 논의 과정을 거치는 것이 이상적이다.

⑭ 원만하고 인간적이며 절도 있는 전문가 자신의 활용

이 원칙은 집단사회복지사가 비인간적인 관찰자가 아니라 온정적이며 인간적인 또한 잘 훈련된 자아를 활용해야 한다는 것을 말한다. 즉, 집단과정에서 집단사회복지사는 가장 중요한 변화 도구이다. 이는 집단과정에서 집단사회복지사의 전문적 지식과 기술을 통해 성원들의 문제 해결을 도모한다는 것이다. 따라서 집단사회복지사는 인간의 존엄성에 대한 신뢰와 확신의 반석에 든든히 서서 앞에서 열거한 원칙들이 자신의 성품에 내재하여 완성될 때 집단실천은 성숙하게 된다.

CHAPTER 03

집단역동성의 이해

Understanding of Group Work Practice

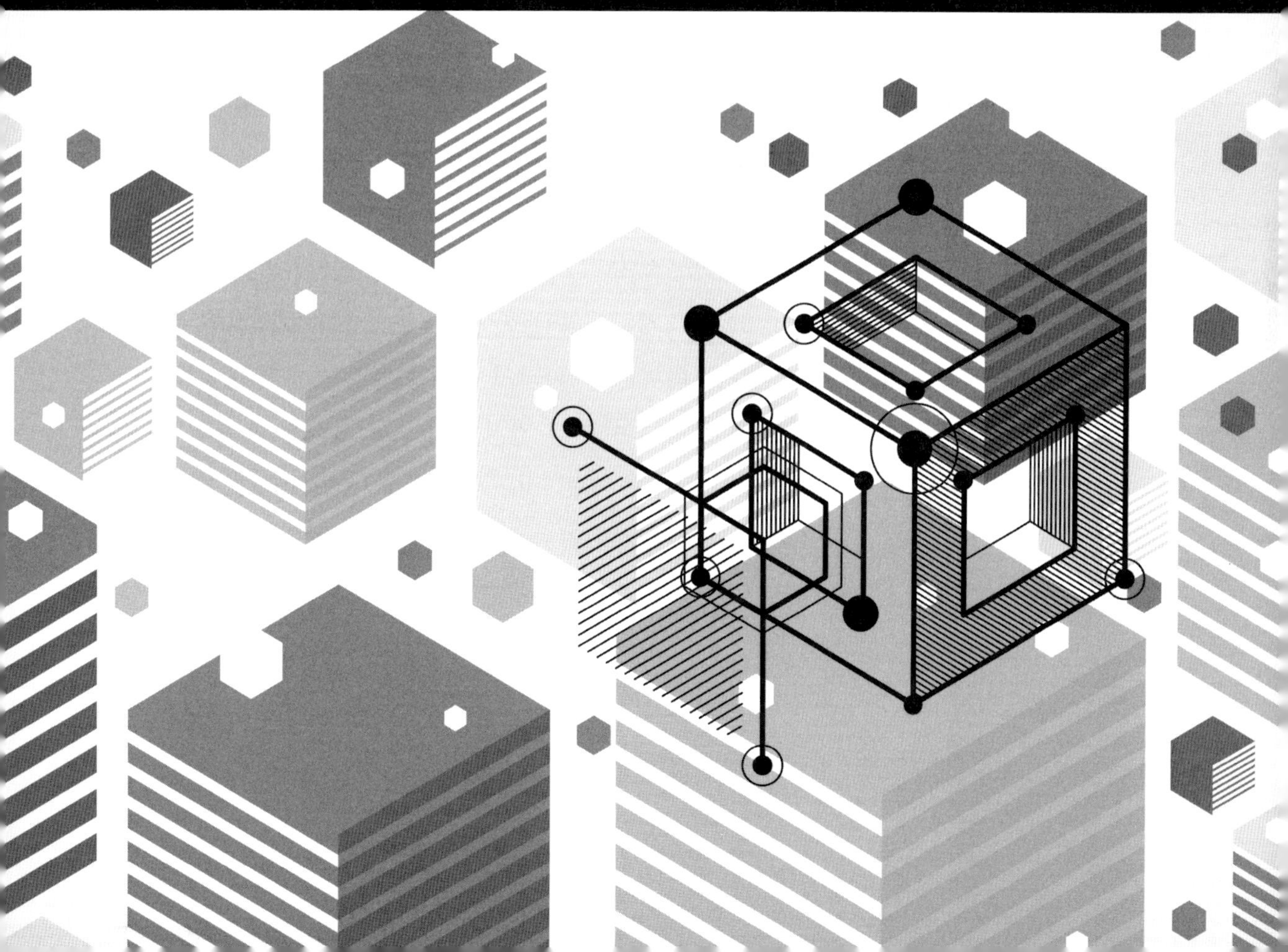

CHAPTER

03 집단역동성의 이해

학습목표

- 집단역동성의 개념과 영역을 설명할 수 있다.
- 집단실천의 치료적 요인을 설명할 수 있다.
- 집단실천의 발달 단계를 설명할 수 있다.

집단실천이 좋은 결과를 얻기 위해서는 집단사회복지사의 집단역동성에 대한 철저한 이해가 필요하다. 특히 사회체계로서 집단을 이해하는 것이 중요하다. 일반적으로 체계란 정보, 에너지, 자원 등을 체계 내·외적으로 교환하면서 다른 체계와 관계를 맺으면서 역동적으로 존재하는 실체를 말한다(Germain, 1991). 이처럼 체계는 여러 요소와 그들 간의 상호작용으로 구성되어 있으므로 집단은 개인의 집합체 그 이상을 의미한다. 따라서 성원들은 집단 속에서 공통되는 태도와 가치를 공유하고 수용하며 여러 가지 방법으로 관계를 맺는다.

하나의 사회체계로서 집단은 사람과 사람 사이의 상호작용으로 구성되며, 이러한 상호작용은 단순한 사람의 모임과 집단을 구별할 수 있는 중요한 요인이다. 이런 상호작용 때문에 성원 간의 관계는 시간의 흐름에 따라 변화하는데, 이 변화하는 추이를 집단과정(group process)이라고 한다(Yalom & Leszcz, 2005). 즉, 집단과정은 집단실천이 진행되는 단계를 지칭하고 설명하는 수단이며, 집단실천의 발달 단계, 집단역동성과 치료적 힘을 포함한다. 이러한 집단과정은 성원들과 집단 전체에 영향을 미치는 독특한 힘을 만들어 낸다. 이처럼 집단과정에서 성원들의 상호작용과 상호관계에서 만들어진 힘을 집단역동성이라고 하며, 집단역동성은 집단과정에서 직·간접적으로 성원들에게 영향을 미친다. 이러한 집단역동성을 이해하기 위해 집단역동성의 개념, 집단역동성의 네 가지 영역인 의사소통과 상호작용 유형, 집단응집력, 사회적 통제 기제, 집단문화 그리고 집단역동성의 치료적 요인 등을 살펴보고자 한다.

1. 집단역동성의 개념

집단역동성(group dynamics)이란 집단과 역동성의 합성어로 집단 내에 어떠한 역동적인 힘이 존재한다는 관점에서 비롯된 개념이다. 역동성(dynamics)이라는 말은 dynamic이라는 형용사로부터 나왔는데, 이는 '힘 있는', '활기 있는', '에너지를 낳게 하는' 등의 의미가 있다. dynamic이라는 형용사에 s를 붙여 dynamics로 하여 '역동성' 혹은 '역학'이라는 명사로 사용된다. 역동성이라고 할 때 첫째는 활력과 힘, 둘째는 힘의 상호작용, 힘의 원천, 힘을 연합시키는 구체적인 방법, 셋째는 힘이 영향을 미쳐 변화를 가져오게 함 등의 의미가 있다(이명범, 1994). 이처럼 공유된 시간과 활동 과정을 통해 힘이 전달되고 작용하면서 변화가 나타나게 된다.

원래 집단역동성은 힘, 세력, 동태성 등을 의미하는 물리학 용어로서 희랍어의 '두나미스'(dunamis)에서 파생된 것이다. 집단 내의 상호관계에서 발생하는 힘을 의미하는 집단역동성은 르윈(Lewin)에 의해 제시되었다. 그는 전기나 자기에서 힘이 교류되듯이 집단이라는 장소에서 힘이 작용하는 것을 집단역동성이라고 하였다. 즉, 집단을 성원들의 힘이 상호작용하는 장으로 이해할 때 전류가 흐르거나 전기나 자기가 작용하는 것처럼 집단에서 모든 성원의 힘이 상호작용하게 되는데, 이를 집단역동성으로 보았다(박재호, 1987).

이처럼 힘이 작용하지 않는다면, 어떤 변화도 일어나지 않는다. 변화는 작용하는 힘의 방향과 크기에 영향을 받기 때문에 집단에서도 성원 간에 상호작용하는 힘이 전체 집단의 변화에 영향을 미친다. 즉, 어떤 성원의 감정이나 기분, 생각이나 말과 행동이 다른 성원에게 영향을 주며, 그 영향을 받은 성원이 또 다른 성원에게 영향을 미치게 된다. 그 결과 모든 성원의 기분이나 분위기를 좋게 또는 나쁘게 만들 수도 있다. 이처럼 어떤 성원의 생각이나 행동이 다른 성원들에게 영향을 미쳐서 모든 성원에게 영향을 미칠 수 있다(권기성, 2000). 따라서 집단은 단순히 몇 사람이 모인 숫자의 합이 아니라 그 사람들의 관계와 상호작용을 통해서 더 큰 힘을 생산할 수 있으며, 이러한 힘은 성원 간에 존재하는 상호작용 과정에서 비롯된다. 그러므로 집단역동성은 성원들의 상호작용을 통해 그들의 생각이나 행동의 변화에 영향을 미치는 힘으로 정의할 수 있다.

이러한 집단역동성은 집단의 유지 기능과 목적 달성 기능과 관련이 있다. 먼저 집단의 유지 기능은 집단의 존속과 성원 간의 상호 의존성을 높여 결합을 강화하는 기능을 말한다. 집단역동성의 내용으로는 주로 집단의 가치와 규범, 정서적 유대, 상호작용, 분위기, 지도력, 응집력, 갈등 등으로 나타난다. 반면에 집단목적의 달성 기능은 집단의 목적을 더 효과적으로 달성하게 하는 기능을 말한다. 집단역동성의 내용으로는 주로 집단의 목적, 생산성, 지위와 역할 등으로 나타난다. 여기서 집단사회복지사가 고려해야 할 점은 집단의 유지 기능과 목적 달성 기능 중 어느 한쪽만을 강조하여 집단의 성격을 약화해서는 안 된다는 것이다. 집단사회복지사는 집단실천 발달 단계에 따라 나타나는 집단역동성을 이해하면서, 집단역동성의 두 가지 기능을 균형 있게 조화시켜 상호보완하는 관계가 되도록 하는 것이 중요한 과업이다.

이처럼 집단역동성은 집단과정에서 만들어지는 속성이기 때문에 집단사회복지사의 중요한 과업은 집단실천 발달 단계에 따라 나타나는 집단역동성을 이해하고 활용하는 것이다. 집단사회복지사가 집단역동성을 적절히 활용한다면, 집단과 성원 모두에게 긍정적인 결과가 나타날 수 있다. 반면에 집단사회복지사가 집단역동성에 주의를 기울이지 않으면 집단실천의 방향과 초점을 상실하게 되며, 만일 부적절하게 이용하면 모두에게 해로운 결과를 초래할 수 있다. 예를 들어 1920~30년대 히틀러(Adolf Hitler)의 청년운동은 집단역동성을 오용한 구체적인 예이다. 이처럼 집단역동성은 긍정적인 결과만을 보장하는 것은 아니며, 오히려 부정적으로 작용하여 집단이 개인을 파괴하는 데에 영향을 미칠 수도 있다. 그러므로 집단사회복지사는 집단역동성을 철저하게 이해하고, 사회복지실천 현장에서 이러한 원리를 적절하게 적용하여 생산적인 방향으로 활용해야 한다.

2. 집단역동성의 영역

집단역동성이란 집단과정에서 만들어진 속성인데, 집단실천의 기능을 인식하기 위해서는 집단역동성에 대한 전반적인 이해가 필요하다. 집단실천의 기능에 대해 학자마다 다른 주장을 하지만, 여기서는 집단사회복지사가 모든 집단 유형을 이해하는 데 필수적인 집단역동성의 네 가지 영역을 중심으로 살펴보고자 한다. 즉, 집단 내의 의사소통과 상호작용 유형, 성원들의 집단응집력, 집단에서 이루어지는 사회적 통제 기제, 집단 내에서 발달한 집단문화 등에 초점을 두고 집단실천의 제반 기능을 이해하고자 한다(Toseland & Rivas, 2012; 김종옥 · 권중돈, 1993).

1) 의사소통과 상호작용 유형

사회적 상호작용이란 사람 간의 접촉으로 사람의 태도와 행동의 변화를 초래하는 역동적인 힘의 상호작용을 의미하는 용어이다. 이러한 사회적 상호작용의 구성요소에는 언어적인 것과 비언어적인 의사소통이 있다. 사람이 상징들을 사용하여 상대방에게 의미를 전달하는 과정인 의사소통은 사회적 상호작용의 가장 핵심적인 부분이다(Shaw, 1981). 따라서 의사소통은 두 사람 이상이 서로 의미를 주고받으며 점검하는 상호작용 과정으로 정의할 수 있다(Satir, 1972). 의사소통은 송신자가 자신의 지각, 사고, 감정 등을 언어나 상징의 형태로 변환하여 부호화하고, 이러한 형태를 의사소통 매체를 통해 전달하고, 메시지를 받은 수신자가 해독하고, 수신자는 메시지를 송신자에게 다시 전달하는 피드백 등의 연속적 과정으로 구성된다. 물론 송·수신의 과정에는 잡음[2](noise)이 있을 수 있고, 송신자나 수신자 편에서 메시지를 해독하는 과정에도 잡음이 있을 수 있다. 이 때문에 수신자는 송신자에게 메시지를 점검해야 하는데, 이런 과정이 생략되면 의사소통에서 문제가 발생한다.

성원이 다른 성원들과 의사소통할 때 상호작용 유형이 나타나며, 이러한 상호작용 유형은 집단에 유익할 수도 혹은 유해할 수도 있다. 따라서 집단사회복지사가 의사소통과 상호작용 유형에 대해 정확한 지식이 있다면, 집단이 기대하는 목적 달성과 성원들의 사회·정서적인 만족을 제공하는 방법으로 적절한 개입을 시도할 수 있다.

(1) 의사소통의 과정

인간은 본질에서 독립된 개인으로서가 아닌 타인과의 관계를 맺고 살아가는

2) 메시지의 정확한 전달을 방해하는 요소에는 발음의 부정확성, 전화의 혼선, 난해한 필체, 모호한 표정, 먼 장소나 거리, 피로, 스트레스 등이 포함된다.

사회적 존재이다. 그래서 인간은 끊임없이 타인과의 관계를 형성하며 그 관계 속에서 성장하고 발달한다. 그러한 관계를 풍성하게 하는 도구가 바로 의사소통이다. 일반적으로 의사소통이란 한 사람으로부터 다른 사람에게로 정보와 이해의 전달이며 생각, 사실, 느낌 및 가치관 등을 타인에게 옮기는 길이다. 즉, 의사소통은 사람 간의 의미 있는 정보전달 과정으로서 의견이나 의사가 서로 잘 전달되는 것을 말하며, 의사소통에는 의미의 전달과 이해가 포함된다. 이러한 의사소통[3]은 주로 정보 교환, 감정 표현, 영향력 행사 등의 목적을 위해 사용된다. 효과적인 의사소통 능력은 원만한 대인관계의 토대로 인간적 성장과 발달의 원동력이 된다. 집단사회복지사가 의사소통을 이해하고 개입하기 위해서는 먼저 집단에서 성원들은 함께 의사소통한다는 것을 인식해야 한다. 특히 성원들의 상호작용 유형을 이해하고 개입하기 위해서는 성원 간의 그리고 전체 집단의 의사소통과 상호작용 유형을 관찰하고 평가하여야 한다. 일반적으로 사람의 의사소통과 상호작용 유형은 다른 상황에서도 어느 정도 일관성을 유지하기 때문에 성원들과 전체 집단에 대한 이해와 개입에 필요한 정보를 얻는 데 유용하다.

집단사회복지사는 [그림 3-1]과 같이 의사소통 과정을 통해 전달된 의미 외에도 그 메시지가 종종 선별적으로 수신될 수 있다는 것을 인식해야 한다. 성원들은 자신의 선택적 지각[4]에 기초하여 의사소통을 이해하기 때문에 때때로 의사소통에서 어려움을 겪기도 한다. 따라서 송신자와 수신자 사이에 이루어지는 직접적이고 객관적인 사회적 상호작용에도 숨겨진 의미가 있을 수 있다.

3) 의사소통 능력은 인간의 상호 이해를 위해 필요한 다양한 능력을 포괄하는 것으로 단지 같은 언어를 사용하고 그 언어의 글이나 말을 정확히 이해하며 어법에 맞게 사용하는 능력에서 그치지 않고 사고하는 능력, 협력하는 능력, 사회적 맥락을 이해하고 이에 맞게 행동하는 능력을 모두 포괄하는 인간 활동을 의미한다(Hymes, 1979).

4) 선택적 지각(selective perception)이란 수신자가 자신의 욕구, 동기부여, 경험, 배경 및 기타 개인적 특성에 따라 선택적으로 보고 듣게 되는 것을 말한다. 이처럼 수신자는 메시지를 해독할 때 자신의 관심과 기대를 그곳에 투사시킨다.

물론 집단사회복지사가 성원 간에 이루어지는 모든 의사소통을 분석한다는 것은 불가능하다. 하지만 집단사회복지사는 의사소통이나 상호작용 유형의 메시지 속에 숨겨진 의미를 이해하고, 이 메시지가 성원들과 전체 집단에 미치는 영향을 파악할 수 있어야 한다.

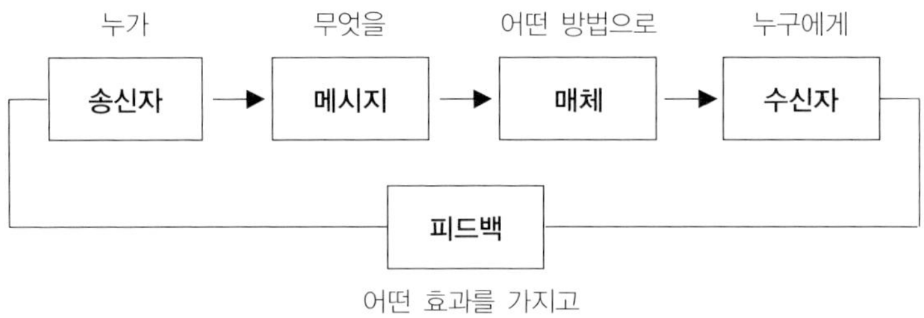

[그림 3-1] 의사소통 과정의 모형

일반적으로 의사소통은 전달과정에서 생략되거나 왜곡될 수 있는데, 사람은 자신의 경험, 욕구, 감정, 가치관, 신념 등에 따라 메시지를 자기 나름대로 해석하거나 수용하려는 경향이 있기 때문이다. 이처럼 의사소통 과정에서 오해나 갈등을 초래하는 왜곡을 방지하기 위하여 성원들은 자신의 의사소통에 대해 적절한 피드백을 받는 것이 중요하다. 피드백(feedback)이란 정보를 정확하게 전달하고 자신의 이해를 명료화하는 과정이다. 피드백을 통해 성원들은 의사소통된 메시지의 의미를 정확하게 확인하고 성원 간의 의사소통을 분명하게 할 수 있다.

이러한 의사소통 과정에서 메시지가 정확하게 전달되었는지를 확인하는 피드백을 효과적으로 사용하기 위해서는 다음과 같은 요소를 고려해야 한다(지용근 외, 2004). 첫째, 피드백은 시기적으로 적절한 시점에서 제공되어야 한다. 즉, 의사소통 과정에서 너무 빨리 혹은 늦게 이루어져서는 안 된다. 둘째, 피드백은 의사소통 과정 중간에 적절한 빈도로 제공되어야 한다. 대화 도중에 상대방이 아무런 반응을 보이지 않는다면, 말하는 사람은 심리적으로 불편함을 느껴 대화가 제대로 진행되지 않을 수 있다. 셋째, 피드백은 정확하게 제공되어야 한다. 모호하게 피드백을 제공한다면, 다양한 해석을 할 수 있으므로 효과적인 의사소통을 방해할 수 있다. 예를 들어 대화 도중의 침묵은 상대방의 메시지에 대한 반감이나 부정의 표시가 될 수 있지만, 동의의 표시도 될 수 있다. 또는 무엇을 신중하게 생각하는 중이라는 신호가 될 수 있으며, 상대방이 말할 것을 묵시적으로 강요하는 일종의 압력으로 작용할 수도 있다. 이러한 피드백을 통해 송신자와 수신자 모두 공통된 이해를 할 수 있게 된다.

(2) 의사소통의 유형

집단 내 의사소통의 유형이 어떠한가에 따라서 성원들의 의사소통 질과 성과가 달라질 수 있다. 집단 내에서 상호작용을 통해 성원들은 자신의 과업과 규범, 개인적 특성 등을 중심으로 자신에게 가장 적합한 의사소통의 유형을 형성하게 된다. 이러한 의사소통의 유형은 다섯 가지로 구분할 수 있다(김성국, 2004).

① 연쇄형

연쇄형은 성원 간의 의사소통이 연결되지 않은 유형으로 두 가지 경우가 있다. 첫째, 수직적 구조는 정보가 단계적으로 최종 중심인물에 집합되는 경우이다. 이때는 성원 간에 뚜렷한 서열체계가 있어 상위 중심인물이 모든 정보를 종합하고 문제를 해결하기 때문에 신속성과 효율성이 비교적 높다. 그러나 정보가 단계적으로 전달되므로 정보의 왜곡이 나타날 수 있다. 둘째, 수평적 구조는 중앙에 있는 성원이 중심 역할을 하게 된다. 일반적으로 연쇄형은 상호간의 피드백이 복잡하고 어려우므로 의사소통의 효과가 전반적으로 낮다.

② 바퀴형

바퀴형은 성원 중에 중심인물이 존재할 때 흔히 나타나는 의사소통의 유형으로 성원들의 정보 전달이 중심인물이나 집단사회복지사에게 집중되는 유형이다. 이 유형은 신속한 정보 수집과 중심인물이 정보를 종합할 수 있으므로 문제를 해결할 때 정확한 상황 파악과 문제 해결이 빠르게 이루어질 수 있다는 장점이 있다. 그러나 문제의 성격이 간단하고 일상적일 때만 유효하고, 문제가 복잡하고 어려울 때는 그 유효성이 발휘되지 않는다.

③ Y형

Y형은 바퀴형과 같이 확고한 중심인물이 존재하지 않아도 대다수 성원을 대표하는 지도자가 존재하는 경우에 나타나는 의사소통의 유형이다. 이 유형에서 주변적인 위치에 있는 성원들은 의사소통할 기회가 중심적 위치에 있는 성원보다 더 적으며, 만족도 또한 낮아진다.

④ 원형

원형은 성원 간의 뚜렷한 서열이 없는 경우에 나타나는 의사소통의 유형으로 중심인물이 없는 상황에서 의사소통의 목적과 방향 없이 성원 간에 정보가 전달된다. 일반적으로 정보 전달과 수집, 종합적인 상황 파악, 문제 해결 등이 가장 느리지만, 의사소통의 목적이 분명할 경우 성원들의 만족도는 비교적 높다. 따라서 민주적이고, 성원 중심의 상호작용 유형을 선호할 때는 원형을 택하는 경향이 있다.

⑤ 상호 연결형

상호 연결형은 가장 바람직한 의사소통의 유형인데, 성원 간의 정보 교환이 완전히 이루어지는 유형이다. 모든 성원이 정보를 교환하기 때문에 바퀴형보다 종합적인 상황 파악과 문제 해결의 소요 시간은 더 많이 걸린다. 하지만 상황 판단의 정확성이 높고, 복잡하고 어렵거나 성원들의 창의성이 필요한 문제에 가장 효과적이며 성원들의 만족도도 가장 높다. 따라서 집단사회복지사가 강력한 지도력을 발휘할 필요가 있는 과업집단에서 상호 연결형과 같은 의사소통 유형이 자주 사용되는 경향이 있다.

(3) 상호작용 유형

집단사회복지사는 집단에서 발달하는 다양한 상호작용의 구조에 영향을 주기 위해 상호작용 유형을 알아야 한다. 성원 간의 관계를 맺는 모든 과정과 방식을 의미하는 상호작용 유형은 다음과 같다. 먼저 집단의 모든 메시지와 의사소통이 집단사회복지사를 통해서 이루어지는 기둥형(maypole) 혹은 집단사회복지사 중심 유형이다. 둘째, 성원들이 순서대로 돌아가면서 특정한 정보를 제공하는 방법으로 자신을 소개하거나 다양한 정보, 생각, 감정 등을 신속하게 전달하는 순번형(round robin)이다. 셋째, 다른 성원들은 지켜보면서 특정 성원과 집단사회복지사만 의사소통하는 뜨거운 자리형(hot seat) 혹은 개인 중심 유형이다. 넷째, 모든 성원이 의사소통에 책임을 지는 자유 부동형(free floating) 혹은 안건 중심 유형 등이 있다(Middleman & Goldberg, 1990). 특히 성원들이 주도하는 안건 중심 유형은 과업집단이나 교육집단에서 가장 빈번하게 활용되는 집단 중심 상호작용 유형으로 집단실천에서 가장 많이 사용된다. 안건 중심 유형은 성원들이 자유롭게 상호작용하며 성원 간의 의사소통 통로가 개방되어 있으므로 집단의 사기가 높고, 성원들은 목적 달성을 위해 노력한다.

이러한 상호작용의 과정을 통해 집단목적이 정립되고, 관계 유형이 발달하며, 성원들이 다양한 지위를 획득하고, 개인적인 역할이 나타나며, 가치와 규범이 명료화되고, 갈등이 발생하며, 집단응집력이 발달하게 된다(Northen & Kurland, 2001). 일반적으로 집단실천의 초기 단계에서 성원 간의 상호작용은

[그림 3-2]처럼 집단사회복지사를 중심으로 이루어진다. 하지만 집단사회복지사는 바람직한 상호작용 유형의 정립과 유지를 위해서 상호작용 유형을 변화시킬 수 있는 요인들을 고려해야 한다. 그 요인에는 성원들이 특정한 상호작용을 했을 때 받게 되는 실마리나 강화물, 성원 간에 발달하는 정서적 결속력, 집단에서 발달하는 하위집단, 집단의 크기와 물리적 환경 및 집단 내의 권력과 지위 관계 등이 해당한다. 따라서 집단사회복지사는 이런 요인들을 변화시킴으로써 자신에게 집중되는 상호작용으로부터 점차 [그림 3-3]과 같은 바람직한 집단 상호작용 유형을 통해(강진령, 2019) 성원들의 사회·정서적 욕구의 충족 및 집단목적을 달성하도록 집단을 원조해야 한다.

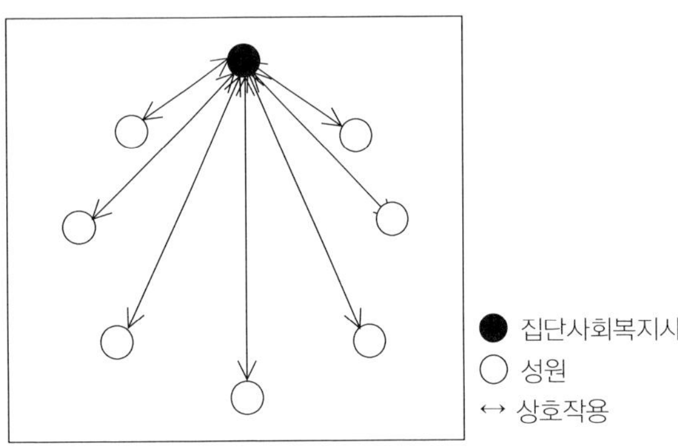

[그림 3-2] 바람직하지 않은 집단 상호작용

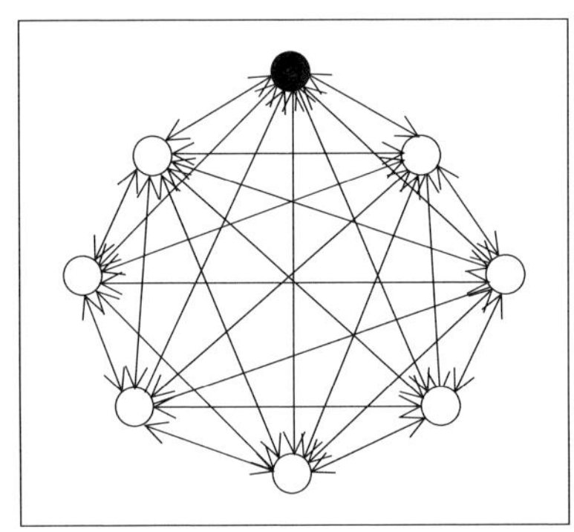

[그림 3-3] 바람직한 집단 상호작용

(4) 실무 원칙

집단사회복지사가 집단의 의사소통과 상호작용 유형의 특성에 대한 기본적인 내용을 알고 있다면, 집단에서 건강한 의사소통과 상호작용 유형이 발달하도록 적절한 변화와 수정을 시도할 수 있다. 이처럼 집단사회복지사가 집단의 의사소통과 상호작용 유형을 통해 집단역동성을 촉진하고자 한다면, 다음과 같은 실무 원칙을 적용할 필요가 있다(Toseland & Rivas, 2012).

첫째, 성원들은 항상 의사소통하고 있다. 성원들이 말을 하든지 침묵하든지,

감정적으로 행동하든지 아니면 무표정한 얼굴을 유지하든지 상관없이 자기 생각과 감정에 대한 정보를 다른 성원들에게 제공한다. 따라서 집단사회복지사는 계속해서 의사소통 과정을 사정해야 하며, 집단과정에서 성원들이 효과적으로 의사소통하도록 도와야 한다.

둘째, 집단에서 의사소통의 유형은 변할 수 있다. 따라서 집단사회복지사는 바람직한 상호작용 유형의 강화, 성원 간의 정서적 결속의 증진 또는 감소, 하위집단 · 집단의 크기 · 집단구조의 변화, 집단에서 권력과 지위 관계의 변경 등을 통해 집단의 의사소통 유형을 변화시켜야 한다.

셋째, 성원들은 특정한 목적을 가지고 의사소통을 한다. 따라서 집단사회복지사는 집단 토의를 통해 성원 간의 의도를 명료화함으로써 상호 이해하도록 도와야 한다.

넷째, 모든 의사소통에는 의미가 있다. 따라서 집단사회복지사는 다양한 의사소통의 의미를 성원들이 이해하도록 도와야 한다.

다섯째, 메시지는 종종 선택적으로 지각된다. 따라서 집단사회복지사는 성원들이 의사소통을 경청하도록 도와야 한다.

여섯째, 메시지는 전달과정에서 왜곡될 수 있다. 따라서 집단사회복지사는 불분명하거나 모호한 언어적 혹은 비언어적 의사소통을 성원들이 분명하게 표현하도록 도와야 한다.

일곱째, 피드백과 설명은 의사소통을 정확하게 이해하는 데 도움이 된다. 따라서 집단사회복지사는 집단에서 효과적으로 피드백을 주고받는 방법을 성원들에게 교육하거나 모범을 보여야 한다.

여덟째, 개방적인 의사소통과 집단 중심의 상호작용 유형이 선호되지만 항상 그렇지는 않다. 따라서 집단사회복지사는 집단목적의 달성에 적합한 의사소통 유형을 권장해야 한다.

이러한 원칙을 토대로 집단사회복지사는 집단목적의 달성과 성원들의 사회 · 정서적 욕구를 충족시키는 의사소통과 상호작용 유형을 개발하도록 집단을 원조해야 한다.

2) 집단응집력

집단응집력(group cohesion)이란 성원들이 집단에 남아있도록 작용하는 모든 힘의 결과로서(Festinger, 1950), 집단 내의 공동체 의식이며, 공동의 목적 달성을 향해 집단에 참여하게 하는 '우리'(we-ness)라는 의식 또는 우리가 함께하고 있다는 의식을 말한다. 우리라는 감정을 느낀다는 것은 모든 성원이 자기를 집단의 성원으로 규정짓고, 다른 성원들에게 인정받으며, 집단규범에 따르기 위해 노력하는 것을 의미한다. 이처럼 집단응집력은 성원들이 느끼는 집단에 대한 소속감과 매력의 정도이며, 성원이 다른 성원들과 전체 집단에 대해 가지는 신뢰수준과 밀접한 관계가 있다.

일반적으로 매력적인 집단은 성원들이 집단에 참여하고 싶은 욕구를 갖게 하는데, 성원들은 다양한 이유로 집단에 매력을 느끼게 된다. 즉, 성원들은 자신이 만나고 싶거나 알고 지내기를 원하는 사람이 있거나, 집단이 수행하는 과업에 흥미가 있거나, 집단에서 자신의 지위나 역할 등 집단의 참여를 통해 얻게 되는 자원과 이득 때문에 집단에 매력을 느끼기도 한다. 또한 성원들은 자신이 경험한 이전의 집단보다 현재 집단에서의 활동이 더 만족스러울 것이라고 기대하기 때문에 집단에 매력을 느끼기도 한다.

성원들이 집단에 대해 매력을 느끼는 정도인 집단응집력은 집단의 유지 기능에 큰 영향을 미친다. 즉, 집단응집력이 높은 집단은 성원들의 출석률이 높고 탈락하는 비율이 낮으며, 집단에 대한 만족도와 사기가 높고 내적 갈등이 적다. 또한 집단이 성원들에게 미치는 영향력이 매우 크며, 성원들이 집단목적을 달성하려는 노력과 집단 기능에 대한 책임을 수용하는 경향이 높다(Yalom &

Leszcz, 2005; Stokes, 1983).

이처럼 집단응집력은 성원들을 하나로 묶는 역할을 담당한다. 대체로 집단실천의 초기 단계에서 성원들은 혼자서만 하려고 하므로 집단응집력이 거의 나타나지 않는다. 그러나 집단실천의 단계가 발달함에 따라 성원들이 함께 활동하고, 토론하고, 자기 생각과 감정과 가치 등을 공유함으로써 집단응집력이 향상된다. 집단응집력이 향상된다면, 성원들은 자신의 행동을 수정하기 시작한다. 예를 들어 성원들은 자신의 개인적인 생각과 감정을 이전보다 더 나누려고 할 것이고, 다른 성원들을 더욱 신뢰할 것이며, 자발적으로 집단에 참여하려는 모습을 보일 것이다. 이처럼 성원들의 집단응집력은 집단실천의 결과에 긍정적인 영향을 미치기 때문에 집단사회복지사는 집단응집력을 향상하기 위하여 노력해야 한다.

집단응집력은 성원들과 전체 집단의 결과에 많은 유익을 제공한다. 특히 집단의 유지 기능에 큰 영향을 주기 때문에 집단사회복지사는 집단이 성원들에게 매력적이 되도록 노력해야 한다. 집단실천에서 가장 중요한 것은 집단의 유지 기능인만큼 집단이 존재하려면, 적어도 최소한의 집단응집력이 필요하다. 진정한 집단응집력은 회기가 계속되면서 자동으로 성취되기보다는 계속되는 모험을 감수하면서 다양한 방법을 통하여 조금씩 응집력을 공고히 하는 과정에서 이루어질 수 있다. 이처럼 집단사회복지사가 집단응집력의 향상을 통하여 집단역동성을 촉진하고자 할 때 다음과 같은 실무 원칙을 적용할 필요가 있다(Corey & Corey, 2002; Toseland & Rivas, 2012).

첫째, 성원 간의 높은 수준의 개방적인 상호작용은 집단응집력을 향상한다. 즉, 성원들이 위험을 무릅쓰고 자신의 중요한 부분을 솔직히 개방한다면, 집단응집력은 향상될 것이다. 또한 집단에서 집단사회복지사와 성원 간의 상호작용에만 의존하지 말고, 성원 간의 상호작용을 증진할 때 집단응집력은 향상될 수 있다. 따라서 집단사회복지사는 집단 토의와 프로그램 활동을 적극적으로 활용하여 성원 간의 상호작용을 촉진하여야 한다.

둘째, 성원들은 집단을 통해 자신의 욕구가 충족되거나 개별 목표가 달성될 때 집단에 계속해서 참여하기를 원한다. 따라서 집단사회복지사는 성원들이 자신의 욕구가 무엇인지를 분명히 확인하게 하고, 집단에서 성원들이 자신의 개별 목표와 욕구를 충족할 수 있도록 도와야 한다.

셋째, 성원들은 집단목적을 달성하는 집단을 더욱 매력적으로 보는 경향이 있다. 따라서 집단사회복지사는 성원들과 함께 설정한 집단목적에 초점을 두고, 성원들이 그것을 달성하도록 적극적으로 돕기 위해 집단과정에서 성원들이 관심을 보이는 주제를 다루고, 지지적인 집단 분위기를 형성하여야 한다.

넷째, 집단에서 성원들의 비경쟁적인 관계는 집단응집력을 향상한다. 따라서 집단사회복지사는 성원들이 서로 경쟁하기보다는 협력하는 관계를 형성하도록 도와야 한다. 그러나 집단에서 성원 간의 갈등은 불가피한 현상이기 때문에 성원들이 갈등의 원인을 인식하고 공개적으로 다루도록 하는 것이 바람직하다. 집단에서 성원들이 갈등을 수용하고 서로의 차이를 정직하게 다룰 때 집단응집력은 향상된다.

다섯째, 다른 집단과의 경쟁적인 관계는 집단의 정체성과 목적을 규정하는데 도움이 되며, 그 결과로 성원들의 집단응집력이 향상된다. 집단사회복지사는 집단응집력을 향상하기 위해 자연스럽게 다른 집단과의 경쟁을 이용할 수도 있다.

여섯째, 규모가 큰 집단은 성원들의 참여도를 낮추기 때문에 집단응집력, 즉 집단에 대한 성원들의 매력을 약화할 수 있다. 따라서 집단사회복지사는 모든 성원이 집단과정에 충분히 참여할 기회를 제공할 수 있는 집단 크기를 구성하여야 한다.

일곱째, 성원들은 자신의 기대가 이해되거나 충족될 때 그 집단의 일원임을 느끼게 된다. 따라서 집단사회복지사는 성원들의 기대를 명확히 하도록 도와야 하고, 그들의 기대와 집단의 목적이 일치하도록 노력해야 한다.

여덟째, 성원들은 스스로 얻을 수 없는 보상, 자원, 지위 혹은 위신 등을 제공하는 집단을 매력적으로 생각하는 경향이 있다. 따라서 집단사회복지사는 성원들의 경험을 보상하는 집단이 되도록 도와야 한다. 즉, 성원들이 관심을 보이는 주제를 집단에서 다루거나, 성원들이 존중을 받고 있다는 느낌이 들게 하거나, 집단 분위기가 지지적일 때 집단의 매력도가 높게 인지되어 집단응집력을 높이는 기회가 된다.

아홉째, 특정 집단의 성원이 된다는 자부심은 집단응집력을 향상할 수 있다. 집단사회복지사는 집단의 정체성과 목적에 대한 자부심을 느끼도록 집단을 도와야 한다.

마지막으로 집단사회복지사는 물론이고 성원들도 집단실천의 내용과 방향에 책임이 있다는 것을 인식한다면, 집단응집력은 향상한다. 예를 들어 이 "집단은 여러분의 집단입니다. 여러분은 집단이 어떻게 운영되기를 원하십니까?"와 같은 질문을 통해 집단에 대한 성원들의 책임성을 강조하여야 한다.

일반적으로 집단에 참여하는 비용보다 혜택이 적다면, 성원들은 집단에 참여하지 않을 것이다(Thibaut & Kelley, 1954). 이와 같은 요소들이 모든 집단에 존재하지는 않지만, 집단사회복지사는 집단이 매력적이라는 것을 참여하는 성원들이 느끼도록 노력해야 한다.

한편, 잘못된 집단응집력 때문에 집단 의사결정에서 종종 발생하는 오류는 집단사고이다(Janis, 1972). 집단사고(group thinking)란 집단 의사결정의 단점 중 하나로 응집력이 높은 집단에서 성원 간의 합의에 대한 요구가 지나치게 커서 이 요구가 다른 대안의 모색을 저해하는 경향을 의미한다. 즉, 성원들의 합의와 일치를 강조하기 때문에 다른 대안들을 비판적으로 평가하지 못함으로써 양질의 의사결정을 하지 못한다. 이러한 집단사고의 예로는 1980년대 초 미 항공우주국의 챌린저 우주왕복선 폭발사건, 일본군의 진주만 공격에 대한 미국

해군의 준비 부족 등을 들 수 있다.

이처럼 집단응집력이 높은 집단의 성원들은 집단 의사결정을 더욱 신뢰하고, 자신의 비판적 사고보다는 집단 합의에 일치하는 아이디어를 제시하려고 노력한다. 이런 결과의 부작용으로 그 집단에서 성원들이 결정한 의사결정은 비현실적, 비합리적, 비논리적, 획일적인 것이 되고, 그에 대해서 아무런 비판이 없어서 중대한 실책을 범하는 경우가 발생한다.

3) 사회적 통제 기제

사회적 통제 기제(social control mechanisms)란 전체로서의 집단이 규율 있는 방식대로 기능하도록 성원들을 충분히 순종하게 하는 과정을 설명하는 데 사용하는 용어이다. 사회적 통제는 집단에서 발달한 규범과 성원들의 지위와 역할 등과 같은 다양한 요인들의 상호작용 과정에서 만들어지는 힘의 결과이다(Toseland & Rivas, 2012). 따라서 집단사회복지사는 사회적 통제 기제에 영향을 미치는 요인들을 정확히 이해해야 한다. 즉, 집단사회복지사는 성원들이 경험하는 자유, 개별성, 독립성, 자율성 등의 욕구를 이해하는 동시에 사회적 통제 기제가 집단과정의 안정과 집단이 효과적이며 효율적으로 기능하는 데 도움이 된다는 사실을 알아야 한다.

물론 사회적 통제 기제가 너무 심하면 성원들의 갈등과 불만이 야기되지만, 적절한 정도의 순응과 복종이 있어야 집단은 기능할 수 있다. 따라서 집단사회복지사는 모든 유형의 집단과 집단실천을 할 때 성원들의 개별 욕구와 집단의 욕구 간에 균형을 유지해야 한다. 또한 사회적 통제 기제는 성원들과 집단을 구속하거나 방해하기보다는 그들의 욕구 충족과 개별 목표 및 집단목적의 달성에 기능한다. 여기서는 사회적 통제 기제 중에서 집단규범, 지위, 역할 등을 중심으로 살펴보고자 한다.

(1) 집단규범

규범(norms)이란 행위의 규칙으로 성원들이 합법적으로 인정한 적절한 행동양식을 의미하며(Napier & Gershenfeld, 1993; Hare, 1976), 상황이 지닌 의미와 개인이 불확실한 현실과 타협하거나 절충하는 기준을 제공한다. 즉, 집단규범(group norms)이란 집단의 효과적인 기능을 위해 성원들이 공유하는 집단 내의 수용 가능한 행동기준으로 집단목적을 형성하고 성원 간의 동질성을 유지하는 데 중요하다. 이러한 집단규범은 집단을 유지하고 성원들의 사회적 및 자율적 욕구를 충족시키는 임무를 수행한다. 즉, 집단규범은 집단에서 성원들의 동질성 유지와 복잡한 세계에 대한 이해의 준거 틀을 제공하며, 집단의 유지와 목적을 달성하기 위한 통일된 행동을 하도록 한다. 또한 집단규범은 성원들의 행동을 예측하고, 집단의 핵심 가치를 표현함으로써 다른 집단과 구별된다(Moorhead & Griffin, 1992).

집단규범은 윤리나 도덕처럼 성원들이 어떤 상황에서 어떻게 행동을 취해야 한다는 행동기준을 제공하기 때문에 성원들과 집단에 큰 영향을 미친다. 먼저 개인 수준에서 집단규범은 어떤 상황에서 성원이 할 수 있는 것과 할 수 없는 것에 대한 성원 간의 합의이다. 실제로 집단규범은 집단에서 성원의 행동을 통제하는 가장 중요한 기제로 작용한다. 다음으로 집단 수준에서 집단규범은 성원들을 어떻게 규제하는지, 규범을 어기는 행동이 발생할 때 어떤 제재를 가할 것인지 등에 대한 성원 간에 공유되는 생각이다. 집단규범은 집단에 관여함으로써 얻는 잠재적인 만족감과 반대로 관여하지 않음으로써 오는 잠재적인 박탈감을 제공한다. 따라서 집단규범을 공유하는 성원들은 그것을 다양한 형태의 집단 압력으로 느낄 수 있다(김미혜, 1993).

이러한 집단규범은 대체로 집단 토의나 불문율로 유지되어 발전된다. 따라서 집단사회복지사의 중요한 역할은 성원들이 집단에서 자신의 표현과 행동에 대한 긍정적인 집단규범을 만들도록 돕는 것이다. 이러한 집단규범은 보통 첫 회기 때 집단사회복지사가 제시한 후에 성원들이 더 많은 것을 첨가하는 것이 바람직하다. 성원들이 집단규범을 만든다면, 그들은 집단에서 주인의식이 향상될 뿐만 아니라 그것을 준수하기 위해 노력할 것이다. 이러한 집단규범에는 성차별이나 인종차별적인 표현을 하지 말 것, 집단과정에 적극적으로 참여할 것, 모든 성원이 말할 기회가 있다는 것 등이 포함될 수 있다.

일반적으로 집단목적을 달성하기 위한 집단규범은 집단실천의 초기 단계에서 형성될 수 있다. 집단규범, 즉 성원들의 행동을 규정하는 기준이 모호하면 시간을 낭비하게 되고 무엇이 적절한지 혹은 부적절한지에 대해 긴장감이 발생한다. 많은 집단에 공통으로 적용할 수 있는 집단규범을 살펴보면 다음과 같다(조선미, 2004; Corey & Corey, 2002).

첫째, 성원들은 정기적으로 집단에 참여해야 한다. 만일 집단에 간헐적으로 참여한다면, 자신에게 도움이 되지 않을 뿐만 아니라 책임감 있게 참여하는 다른 성원들에게도 어려움을 줄 수 있다.

둘째, 성원들은 사적인 정보를 서로 나누고 자신의 의미 있는 부분들을 공유해야 한다. 이를 위해 다른 성원들과 직접적인 방법으로 의사소통하며, 집단과정에 적극적으로 참여하여야 한다.

셋째, 성원들은 서로에게 피드백을 주고받아야 한다. 성원들은 자신이 인식한 것이나 느낀 것들을 마음속에만 담아 두는 것이 아니라 이것을 다른 성원들에게 표현하는 것이 중요하다.

넷째, 성원들은 자기 생각과 감정에 초점을 맞추어야 하며, 어떤 문제에 대해 지적으로 말하기보다 그 감정을 표현하도록 해야 한다.

다섯째, 성원들은 집단 내에서 여기-지금(here-and-now)에서의 상호작용에 초점을 맞추도록 한다. 즉시성(immediacy)은 다른 성원들에 관한 관심이나 주의 집중의 정도를 보여주는 지표로 눈 맞춤, 표정, 목소리의 어조, 성원과의 거리와 같은 비언어적 행동을 통해 나타난다. 즉, 즉시성이란 대인관계에서 진실함을 의미하며, 성원들은 집단 내의 갈등을 표현하고 탐색함으로써 즉각적으로 될 수 있다.

여섯째, 성원들은 말하고 싶은 개인적인 문제나 걱정을 집단이나 다른 성원들에게 솔직하게 이야기해야 한다.

일곱째, 성원들은 반박할 것을 즉시 생각하거나 방어적인 태도를 과도하게 보이지 않으면서 다른 성원들의 이야기를 경청해야 한다.

한편, 집단규범은 대체로 성원들의 합의로 설정하기 때문에 그것을 수용하고 준수한다면, 성원들은 내적으로 보상을 받게 되고 외부적인 통제의 필요성은 감소하게 된다. 따라서 집단규범은 특별한 대가를 치를 필요 없이 성원들의 행동을 통제하며, 대인관계의 힘을 활용하여 규칙에 순응하도록 할 때 발생할 수 있는 불확실성을 제거하는 수단이 되기도 한다. 이러한 집단규범이 효력을 발생하면, 그것은 집단에서 무엇이 중요하며 중요하지 않은지, 무엇을 좋아하며 싫어하는지, 무엇을 원하며 원하지 않는지 등을 제시하게 된다. 이처럼 집단이 어떠해야 하는지를 토대로 설정된 일련의 집단규범은 성원들에게 이득이 되는 것을 달성하기 위해 집단을 활용하도록 동기를 부여한다. 따라서 집단사회복지사의 중요한 과업은 집단규범을 만들고 이를 잘 관리하는 것이다 (Northen & Kurland, 2001).

(2) 지위

지위(status)란 집단 내의 위계체계에서 성원들의 위치와 특성을 중심으로 부여된 사회적 서열을 의미한다. 즉, 지위는 성원들의 직위와 권한, 재직연수, 대우 등 공식적인 요소와 그들의 인격과 성격, 교양과 실력, 나이와 가족 배경 등 개인적 특성을 중심으로 성원들에게 부여되는 성원 간의 자생적인 서열 관계이다(Kast & Rosenzweig, 1974). 집단에서 성원들은 집단목적의 달성에 이바지할 수 있는 각자의 능력을 평가하고, 이러한 평가는 다시 집단에서 그들의 지위를 결정하는 기초가 된다. 이때 성원들은 그 평가 과정을 인식할 수도 있지만, 그렇지 못할 수도 있다. 성원들의 평가 기준은 자신의 가치와 포부에 따라 다르다. 이러한 지위가 상황에 의존하는 경우, 성원들은 참여하는 집단마다 다른 지위를 가지며, 때로는 같은 집단에서도 시간이 흐름에 따라 다른 지위를 가질 수 있다.

일반적으로 지위는 지역사회에서 성원들의 교육, 소득, 능력 등과 같은 수단을 통해 얻게 되는 성취 지위가 있다. 또한 어떤 지위는 성취되는 것이라기보다 귀속되는 것인데, 인종, 민족, 성, 나이, 재정 상태, 신체적 조건, 생활습관 등이 여기에 해당한다. 기관에 따라 성원들은 전문가, 학업 중퇴자, 환자 등 이미 붙여진 지위로 지칭될 때도 있다. 따라서 성원들이 다른 성원의 등급을 정하는 기준은 어렸을 때의 생활경험, 현재의 회원 자격과 준거집단, 문화적 가치 등에서 나온 것이다. 하지만 성원의 지위는 성원 간의 상호작용을 통해 사회·정서적 역할과 과업 역할을 수행하면서 변한다(Northen & Kurland, 2001). 특히 성원의 지위는 다른 성원들과 관련하여 규정되기 때문에 집단에서 특정 성원의 지위는 다른 성원들로부터 영향을 받는다.

집단에서 집단사회복지사는 모든 성원의 지위를 이해하는 것이 중요한데, 집단에서 성원들의 지위는 동기 부여 요인으로 작용하기 때문이다. 대체로 성원들은 자신이 생각하는 지위와 다른 성원들이 지각하는 지위 사이에 차이가 발생하면, 그것을 바로잡으려고 노력한다. 이러한 차이를 지위 불일치라 하는데, 지위 불일치는 스트레스, 불만족, 좌절감 등을 일으키는 원인으로 작용할 수 있다.

(3) 역할

역할(roles)이란 집단에서 어떤 지위에 있는 성원이 해야 할 것으로 기대되는 일정한 행위 유형으로 집단이 성원들에게 부여한다. 역할은 누가, 무엇을, 언제, 어떻게 해야 하는가를 규정한다. 집단규범과 마찬가지로 역할은 성원들에게 큰 영향을 미치는데, 역할은 집단규범과 밀접한 관련이 있다. 집단규범은 집단에서 모든 성원이 공유하는 기대이지만, 역할은 집단에서 성원들의 기능에 대한 공유하는 기대이다. 폭넓은 범위에서 성원들의 행동을 규정하는 집단규범과는 달리 역할은 성원들이 수행해야 할 구체적인 과업이나 기능과 관련된 행동을 규정한다. 역할은 집단과정이 변하면서 계속해서 나타나거나 발전한다.

집단에서 역할은 성원들이 무엇을 해야 하며, 다른 성원들이 무엇을 기대하는지를 알려준다. 이러한 역할은 공식적이거나 비공식적일 수도 있는데, 역할은 집단에서 성원 간의 관계 중요성을 강조한다. 집단에서 성원들의 위치는 자신에게 주어진 혹은 자신이 성취한 역할에 의해 영향을 주고받는다. 이처럼 집단에서 지위와 역할은 복잡하게 얽혀 있으면서 상호 연관성을 가지고 있다.

일반적으로 집단에서 성원들은 다양한 역할을 수행할 수 있다. 어떤 성원은 과업 역할을 수행하여 집단목적의 달성에 크게 기여하지만, 다른 성원은 사회·정서적 역할을 수행하여 성원 간에 긍정적인 관계를 맺도록 돕는다(Northen & Kurland, 2001). 이러한 역할에서 모순 관계가 있을 때 역할 갈등이 발생한다. 역할 갈등에는 역할 내 갈등과 역할 간 갈등이 있다. 역할 내 갈등은 하나의 역할을 수행하는 중에 서로 모순되는 기대가 있을 때 발생한다. 반면에 역할 간 갈등은 여러 역할을 수행하는 성원에 대해 상반된 기대가 있을 때 발생한다.

한편, 역할 모호성은 집단에 새로운 성원이 참여하거나 새로운 기술이 도입될 때 발생할 가능성이 크다. 성원들의 활동에서 자신에게 기대되는 것을 모르거나 자신의 역할을 명료화하려고 시도하는 데에 시간을 사용할 때 더 나빠지는 경향이 있다. 다른 문제는 역할 과중으로서 성원이 담당하는 역할에서 너무 많은 것을 기대받기 때문에 성원을 괴롭힌다(지용근 외, 2004). 이러한 역할은 집단에서 분업과 적절한 권력의 사용을 허용하기 때문에 중요하다. 따라서 집단사회복지사는 집단에 존재하는 역할과 이것의 수행 방식을 지속해서 인식하여야 한다.

(4) 실무 원칙

사회적 통제 기제로서 집단규범, 지위, 역할 등은 집단에서 성원들에게 영향을 미치는 상호 관련된 개념이다. 사회적 통제 기제는 성원들의 개별성, 자유, 독립성 등을 제한하지만, 성원들이 편안함으로 느끼며 집단이 효과적이고 효율적으로 기능하도록 도움으로써 집단과정을 안정시키는 기능을 수행한다. 그러므로 집단사회복지사는 성원들과 집단의 욕구에 대해 균형을 유지하며, 사회적 통제 기제가 성원들과 집단을 제한하기보다는 이익을 위해 기능한다는 것을 확신해야 한다. 집단에서 집단역동성을 촉진하고자 할 때, 집단사회복지사는 사회적 통제 기제와 관련된 다음과 같은 실무 원칙을 적용할 필요가 있다 (Toseland & Rivas, 2012).

첫째, 사회적 통제 기제는 성원들의 개별 목표와 집단목적을 달성하도록 집단의 기능을 조절하고 안정하는 데 도움이 된다. 집단사회복지사는 집단규범, 지위, 역할 등과 같은 사회적 통제 기제가 성원들의 개별 목표와 집단목적의 달성에 얼마나 도움이 되는지를 그들이 사정하도록 도와야 한다.

둘째, 집단사회복지사는 체계적인 집단구조화의 제공을 위해 사회적 통제 기제를 활용하여야 한다. 즉, 체계적인 집단구조화는 성원들의 상호작용이 혼돈되고, 불안정하고, 갈등이 촉발되는 것을 예방할 수 있기 때문이다.

셋째, 사회적 통제 기제가 성원들의 판단과 자유의지를 행사하고 동의한 집단목적을 달성하려는 그들의 능력을 제한하지 못하도록 집단사회복지사는 주의해야 한다. 따라서 집단사회복지사는 집단이 동의한 행동의 범위 내에서 성원들의 자유와 독립성이 있다는 것을 확신시켜야 한다.

넷째, 매력적이고 응집력이 높은 집단의 성원들은 사회적 통제 기제가 유지되는 것을 선택한다. 따라서 집단사회복지사는 집단에서 성원들이 만족할만한 경험을 할 수 있도록 도와야 한다.

다섯째, 성원들은 집단목적이 중요하며 의미 있다고 생각할 때 사회적 통제 기제가 유지되는 것을 선택한다. 따라서 집단사회복지사는 집단과정의 중요성과 성원들의 의미 있는 기여를 강조해야 한다.

여섯째, 성원들은 자신의 욕구와 집단 내·외부로부터의 압력 때문에 성원의 자격을 유지하려고 할 때 사회적 통제 기제가 작용하는 것을 선택한다. 따라서 집단사회복지사는 성원들의 집단 참여 동기를 정확하게 파악하여 그것을 격려해야 한다.

일곱째, 적절한 상벌은 집단규범, 지위, 역할 등과 같은 사회적 통제 기제에 성원들이 순응하도록 도울 수 있다. 따라서 집단사회복지사는 모든 성원과 집단의 이익을 위해 건강한 사회적 통제 기제가 공평하고 공정하게 적용되는지를 사정해야 한다.

이러한 실무 원칙들을 집단역동성에 적용함으로써 집단사회복지사는 집단규범, 지위, 역할 등과 같은 사회적 통제 기제가 성원들의 욕구 충족과 개별 목표, 집단목적의 달성에 도움이 된다는 것을 보장할 수 있다.

4) 집단문화

문화란 사회구성원으로서 인간이 습득한 지식, 신념, 예술, 도덕, 법, 관습, 어떤 다른 능력 등을 포괄하는 복합체를 말한다. 개인이 모여 집단을 형성하면, 그 속에서 성원 간의 상호관계를 통해 집단 구조가 만들어진다. 이와 더불어 다양한 의견과 가치들이 수렴되어 수정되고 확장되는 집단과정의 측면이 존재하게 된다. 이런 과정에서 성원들이 공유하는 집단문화가 형성된다. 이처럼 집단문화란 성원들이 공통으로 가지는 가치, 신념, 관습, 전통 등을 의미한다(Olmsted, 1959). 주로 집단문화는 성원들의 종교적 혹은 다양한 문화적 배경으로부터 비롯된다. 예를 들어 기도로 집단회기를 시작하는 집단이 있다면, 성원들이 다른 집단에서도 기도로 시작하는 것에 익숙해져 있기 때문이다. 그러므로 집단을 그릇으로 보고 그 그릇에 담긴 내용을 집단문화로 이해할 수 있다. 이처럼 집단문화는 성원들과 전체 집단의 행동을 지배하는 중요한 개념이다. 따라서 집단사회복지사는 성원들의 다양한 문화적 배경에 대해 많은 것을 알고 있어야 한다(Garvin, 1997). 이러한 집단문화는 집단이 발달하면서 나타나지만, 쉽게 변하지 않고 계속되며 전체 집단과정을 통해 진화해간다.

집단마다 성원들이 만든 독특한 집단의 가치는 그들의 일반적 특성과 과거 경험에 따라 달라진다. 집단의 가치는 성원들이 일반적으로 느끼는 자신의 독특한 특성으로서, 자신의 인식 속에 '~하는 것이 당연하지.' 하는 인식으로 작용한다. 구체적인 예로는 개인 의견의 존중, 개방적인 의사소통, 책임 의식의 중요성 등이 있다. 특히 성원들에 대한 배려, 온정, 기대감, 친밀감 등은 집단문화를 구성하는 요소들이다. 이러한 요소들이 집단에 어느 정도 존재하는가에 따라 집단에 대한 성원들의 소속감이나 기본적인 태도는 변하게 된다. 이처럼 집단문화는 성원들의 행동에 많은 영향을 미치며, 그들의 행동은 집단 분위기를 형성하는 요인으로 작용한다.

이러한 집단문화는 집단이 기능하는 환경에 의해 많은 영향을 받는다. 즉, 집단은 기관, 지역사회, 사회의 일부분이기 때문에 더 큰 사회체계의 가치, 전통, 유산 등을 공유하고 있다. 이러한 사회체계가 집단에 영향을 미치는 정도는 집단이 그들과 상호작용을 어느 정도나 하느냐에 따라 달라진다. 따라서 집단사회복지사는 사회체계인 환경과 상호작용하는 집단의 방식을 정확하게 파악해야만 집단을 효과적으로 도울 수 있다.

집단에서 발달하는 문화는 성원들의 사회·정서적 욕구의 충족과 집단목적의 달성에 강력한 영향을 미친다. 자기 결정, 개방성, 공정성, 의견의 다양성 등의 가치를 강조하는 집단문화는 집단목적과 성원들의 개별 목표 달성을 촉진할 수 있다. 때때로 성원들은 자신의 문화적 및 사회적 고정관념을 집단과정에서 표현함으로써 집단의 발달과 효과적인 기능을 방해하기도 한다. 이때 집단사회복지사는 그러한 고정관념에 대해 토의함으로써 성원들이 자신의 고정관념에 직면하고, 다른 가치와 문화적 배경을 가진 성원들을 인정하고 이해하도록 도와야 한다. 이처럼 집단문화의 특성에 따라 성원들의 사회·정서적 욕구의 충족과 과업 목표를 달성하는 능력이 다르므로 집단사회복지사는 집단이 긍정적인 집단문화를 형성하도록 도와야 한다. 특히 집단에서 긍정적인 집단문화가 형성되도록 집단역동성을 촉진하려는 집단사회복지사는 다음과 같은 실무 원칙을 고려해야 한다(Toseland & Rivas, 2012).

첫째, 집단문화는 모든 성원이 가지고 있는 가치의 혼합으로부터 형성된다. 집단사회복지사는 성원들이 서로의 가치 체계를 탐색하고 비교하고 존중하도록 도와야 한다.

둘째, 집단문화는 집단을 후원하고 인가하는 기관, 지역사회, 사회 등의 가치에 의해 영향을 받는다. 집단사회복지사는 이러한 가치들을 성원들이 확인하고 이해하도록 도와야 한다.

셋째, 성원들과 집단사회복지사는 서로의 상호작용 능력을 방해하는 고정관념을 가질 수 있다. 따라서 집단사회복지사는 성원들의 상호 관련된 고정관념 방식을 제거하고, 자신의 고정관념을 인식하도록 도와야 한다.

넷째, 가치 갈등은 집단응집력을 감소시킬 수 있으며, 극단적일 때 집단의 소멸로 이끌 수 있다. 집단사회복지사는 성원 간의 그리고 성원과 사회 간의 가치 갈등을 조정해야 한다.

다섯째, 집단문화는 성원들의 가치에 강력한 영향력을 행사할 수 있다. 집단사회복지사는 사회복지 전문직과 집단실천의 기본이 되는 개방성, 자기 결정권, 공정성, 차이의 수용 등과 같은 가치를 모델로 제시하여야 한다.

여섯째, 집단에서 성원들은 사회·정서적 욕구와 도구적 욕구가 모두 충족될 때 가장 만족한다. 따라서 집단사회복지사는 성원들의 정서적 표현 욕구와 개별 목표 달성 욕구 간의 균형을 유지해야 한다.

3. 집단실천의 치료적 요인

집단실천이 성공적으로 진행되면, 집단에서 역동적인 힘이 방출되어 치유적 혹은 치료적 요인(therapeutic factors)이 변화의 기제로 작동된다. 이러한 역동적인 힘 때문에 특정 상황에서는 집단실천의 방법을 선호한다. 이처럼 집단실천에서 성원들의 행동 변화에 영향을 미치는 몇 가지 치료적 요인이 있다. 즉, 집단실천의 치료적 요인이란 집단과정에서 성원 간의 복잡한 상호작용 속에서 성원의 성장과 발달을 일으키는 요인으로 작용한다. 제시한 치료적 요인들은 임의로 구분된 것이고, 각 요인이 독립적으로 발생하거나 기능하기보다는 상호의존적이다.

집단실천의 치료적 요인은 분석적인 이유로 분리되어 있지만, 집단실천 현장에서는 요인 간에 중복되는 부분이 존재하고 서로 연관되어 있다. 또한 제시된 집단실천의 치료적 요인의 중요성은 집단사회복지사가 관여하는 집단의 유형이나 이론적인 배경에 따라 그 강조점이 다를 수 있다. 집단사회복지사는 집단실천의 장점에 이바지하는 요인을 인식하고, 그것을 충분히 활용해야 한다. 집단실천은 앞에서 제시한 장점뿐만 아니라 단점도 가지고 있다. 대표적인 단점으로 집단실천은 성원들의 순응과 성원 간의 의존성을 조장할 수 있고, 집단의 희생양을 만들 수도 있다는 점이다. 집단을 구성한다고 해서 집단실천의 장점이 우연히 나타나지 않기 때문에 집단사회복지사는 성원들의 자기 이해와 변화를 격려할 수 있는 어떤 형태의 상호작용을 끌어낼 책임이 있다. 이러한 집단실천에서 집단역동성과 관련된 치료적 요인을 살펴보면 다음과 같다

(Yalom, 1995).

1) 희망

희망은 변화 가능성에 대한 믿음이며 성원들에게 변화를 위한 힘과 능력이 있다는 점을 일깨워준다. 집단에서 성원들은 운명을 거스를 수 없다고 믿거나 자신을 통제할 수 없는 외부 환경의 희생자로 여기기도 한다. 성원들은 자신과 유사한 문제를 가진 다른 성원들과 관계를 형성하면서 그들이 그 문제를 어떻게 참아 왔으며 대처해 왔는지를 알게 된다. 이런 과정에서 다른 성원들의 변화를 목격하면서 자신의 삶도 변화될 수 있다는 희망을 품게 된다. 이처럼 집단실천은 성원들에게 자신의 문제가 해결될 수 있다는 희망을 심어주고, 이러한 희망은 성원들이 변화하고 성장하는데 강한 의지와 용기를 주기 때문에 플라시보 효과(placebo effect)로 이어져 치료적 효과가 있다. 따라서 집단사회복지사의 역할은 집단실천의 효용성에 대한 믿음과 신뢰를 심어줌으로써 성원들이 희망을 품도록 하는 것이다.

2) 보편성

어떤 성원은 자기만 고통을 경험하거나 용납하기 어려운 문제, 생각, 충동 등이 있다고 생각한다. 그 성원이 이런 상황에 부닥치게 되는 이유는 일상생활에서 자신을 드러내는 기회가 거의 없어서 대인관계에서 현실 검증이나 수용되는 경험을 할 수 없었기 때문이다. 그러나 집단실천의 초기 단계에서 성원은 다른 성원들과 상호교류를 통해 서로를 알고 이해하게 된다. 이 과정에서 성원은 다른 성원들도 자기와 비슷한 문제와 경험이 있다는 사실, 즉 인생 문제의 보편성을 깨닫고 위로를 얻을 뿐만 아니라 안심하고 자신과 마주할 수 있게 된다. 이러한 현상은 '우리 모두는 같은 배에 탄 운명'이라는 표현에서 발견할 수 있다. 이러한 통찰로 인해 성원들은 자신의 힘든 감정과 경험이 덜 위협적이며 행동을 통제할 수 있게 된다. 그 결과 성원 간의 공감을 통해 신뢰 관계의 형성과 집단응집력이 향상되면서 더 깊은 내면의 만남이 가능하게 된다.

3) 정보의 공유

집단사회복지사의 강의를 통해서 성원들은 자신의 문제를 더욱 분명하게 이해할 수 있고, 다른 성원들로부터도 직·간접적인 제안이나 조언 등을 통해 건강한 삶에 관한 정보를 얻게 된다. 이처럼 다양한 경험을 가진 성원들로부터 문제를 해결할 수 있는 대안들이 제시될 수 있다. 성원들은 사회에서 다양한 사람들과 상호작용하기 때문에 다른 관점의 이야기를 듣는 것이 중요하다. 성원 간의 조언이나 새로운 대안을 제시하는 이런 행동은 그 내용보다는 성원 간의 관심이나 배려를 표현하는 데 도움이 된다.

4) 이타성

성원들은 대체로 집단과정에서 도움을 받아 변화하고 성장하기를 바라는 마음을 가지고 참여한다. 이들은 자신의 문제 때문에 무가치하고 타인에게 부담이 되는 존재로서 누구를 돌볼 여유가 없다고 생각한다. 하지만 집단에서 성원은 자신에게 집중되었던 마음을 다른 성원들에게도 향하게 되면서 경청, 위로, 지지, 제안 등을 통하여 다른 성원들을 도와주는 경험을 하게 된다. 그 결과 자신도 누군가에게 도움을 줄 수 있고 타인에게 중요할 수 있다는 발견은 자존감을 향상하게 한다. 이런 과정을 통해 성원은 다른 성원들을 신뢰하며, 이것은 개인의 치유와 행동의 변화로 연결된다.

5) 가족 집단으로의 재현

부모나 가족과의 관계에서 경험이 성원들의 현재 삶까지 영향을 미치고 있다. 집단은 가족과 유사한 측면이 있는데, 집단사회복지사는 부모가 되고, 성원들은 형제자매로 지각된다. 모든 성원은 평상시 부모나 가족과 상호작용했던 방식으로 집단사회복지사나 다른 성원들과 상호작용을 재현한다. 그런 과정에서 집단은 그동안 해결되지 않은 가족 갈등을 탐색하고 새롭게 해석하고 경험하는 현장의 역할이 가능하다. 즉, 성원들은 그동안 가족 내에서 자기 고유의 역할을 깨닫고, 그 역할을 반복하는 대신에 다른 행동을 실험함으로써 새로운 역할을 습득한다.

6) 사회적 기술의 향상

다른 사람의 행동, 사고, 감정, 경험 등에 대한 반응인 피드백은 집단에서 성원들이 학습하도록 돕는 중요한 수단이다. 다른 성원들의 피드백이나 특정한 사회적 기술의 학습을 통해 성원들은 자신의 행동이나 감정표현이 그들에게 어떤 영향을 주었는지를 알게 됨으로써 대인관계에 필요한 사회적 기술을 습득하고 향상한다. 또한 집단 외부 환경에 적용함으로써 성원들이 집단 밖에서도 대인관계의 변화를 촉진한다. 실제로 성원들이 사회적 기술을 향상한다는 것은 복잡한 과정이며, 단순히 자신의 행동을 인식하는 것만으로는 변화가 일어나기 어렵다. 따라서 안전한 집단 분위기 속에서 솔직하고 구체적인 피드백을 시행하는 집단과정을 통해 이루어지는 것이 보통이다. 대체로 특정한 성원이 제공하는 피드백보다 성원들의 공통된 견해는 그만큼 더 큰 영향을 미치기 때문이다. 따라서 집단사회복지사는 피드백의 모범을 보임으로써 성원들이 모방하여 실천할 수 있도록 해야 한다.

7) 모방 행동

성원들은 집단과정에서 집단사회복지사나 다른 성원들의 자기개방이나 지지 등과 같은 긍정적인 행동을 모방함으로써 새로운 행동을 배울 수 있다. 성원들의 모방 행동의 학습 과정은 점차 전체 집단으로 퍼진다. 조용하고 말이 없는 성원도 다른 성원들의 자기개방과 문제 해결 과정을 관찰하면서 대리학습의 효과를 얻을 수 있다. 집단에서 모방 행동의 효과는 성원이 동일시하고 싶은 집단사회복지사나 특정 성원의 행동을 모방하기 때문에 집단실천의 초기 단계에서 더욱 중요하게 작용한다. 이러한 모방 행동을 통해 성원은 다른 성원들이 자신에게 소중하고 의미 있는 존재라는 사실을 깨닫게 된다. 이는 성원들의 문제나 관심사가 자신의 것과 비슷하거나 상호개방을 통해 대리학습이 일어나기 때문이다. 따라서 집단사회복지사는 집단에서 모방 행동 효과의 극대화를 위한 방안을 마련해야 한다.

8) 대인관계 학습

대인관계 학습은 성원이 다른 성원들에게 어떻게 지각되는지에 대한 자각을 의미한다. 성원은 다양한 상호작용을 통해 대인관계에 대한 통찰력을 얻게 되고, 자신이 생각하는 관계 형성에 대한 아이디어를 얻을 수 있다. 더 나아가 집단은 성원들이 대인관계를 형성하는 새로운 방법을 실험하는 현장이 될 수 있다. 이러한 실험에서 성원은 다른 성원들이 제공하는 피드백을 통해 자신을 이해하게 된다.

9) 집단응집력

집단응집력이란 성원이 집단과 다른 성원들에 대해 느끼는 매력을 의미하는데, 집단에 대한 애착을 기반으로 형성된다. 이러한 집단응집력은 성원들이 자유롭게 의미 있는 상호작용을 할 수 있는 신뢰 분위기 조성을 촉진한다(강진령, 2019). 집단응집력이 높은 집단의 성원들은 서로 수용하고 지지하며, 의미 있는 관계를 형성한다. 집단에서 자신이 인정받고, 수용된다는 느낌은 성원이 더는 혼자가 아니며 어딘가에 소속되어 있다는 소속감과 안정감을 주기 때문에 성원의 변화와 집단의 결과에 긍정적인 영향을 미칠 수 있다. 이처럼 집단응집력은 그 자체로 강력한 치료적 힘인 동시에 다른 치료적 요인들의 기능을 극대화할 수 있는 선행조건이다.

10) 정화

정화(catharsis)란 개인의 내면에 누적된 감정의 표출을 통해 그 감정을 해소하는 것을 의미한다. 성원 중에는 화, 분노, 슬픔 등과 같은 자신의 감정을 모른 채, 혹은 알아도 숨긴 채 집단에 참여하는 경우가 많다, 이런 성원들이 집단 내의 비교적 안전하고 수용적인 분위기 속에서 그동안 자신의 행동에 장애가 되었던 억압된 감정을 자유롭게 표현할 수 있다. 이때 집단사회복지사가 성원들의 감정표현을 정직하게 다룬다면, 그들은 긴밀한 상호 유대감을 형성하게 된다. 그러나 효과적인 정화는 단순히 감정을 발산하는 것보다 성원들이 자신의 감정을 어떻게 표현하는지를 배우고, 스스로 무엇 때문에 괴로운지를 말할 수 있도록 하는 것이 중요하다. 즉, 정화는 성원들의 감정 환기나 발산이라기보다 해방감이나 미래를 위한 기술 습득의 측면에서 활용해야 한다. 또한 순수한 의미에서 감정을 표현하는 것보다 대인관계 과정에서 다른 성원들에게 긍정적 또는 부정적 느낌을 표현하는 것이 더 효과적이다.

11) 실존적 요인

성원은 다른 성원들과 경험을 공유함으로써 자신이 그들로부터 아무리 많은 지지와 후원을 받더라도 자신의 인생을 살아가는 방식에 대한 궁극적인 책임은 자신에게 있다는 것을 배운다. 즉, 성원들은 삶과 존재에 대한 자유와 책임감, 이러한 존재 속에 홀로 있는 기본적인 고독감, 인간의 유한성과 실존의 불안정성에 대한 인식 등과 같은 실존적 요인들을 통해 현실을 깨닫게 되면서 삶에 대해 겸손해지게 된다. 이처럼 집단과정에서 나누는 삶의 이야기 속에 존재하는 실존적 주제들을 통해 성원들은 자신의 삶을 돌아보며 정리하게 된다. 즉, 집단의 종결 단계로 갈수록 실존적 요인에 대한 성원들의 자각은 삶에 대한 책임감을 일깨우고, 집단응집력을 높이는 원동력으로 작용하며, 집단과정의 결과에 대해서도 집단사회복지사와 성원들에게 전적으로 의지하지 않으려는 각성을 불러일으킨다.

4. 집단실천의 발달 단계

1) 집단실천의 발달 개념과 전제

집단은 처음에 단순히 개인의 집합체에 불과하지만, 시간이 흐름에 따라 집단의 의사소통과 상호작용 유형, 집단응집력, 사회적 통제 기제, 집단문화 등이 형성되는 변화를 겪게 된다. 집단을 연구하는 사람들은 대체로 일정한 시점에서 나타나는 집단 현상에 초점을 두는 경향이 있다. 그러나 집단은 진공상태에 존재하는 것이 아니며 살아있는 유기체와 비슷하게 집단의 목적, 구조 혹은 상황에 적응하도록 변화함으로써 사회환경에서 생존을 지속한다. 이처럼 집단은 형성 시점부터 끊임없이 변화과정을 거치는데, 이러한 집단의 변화를 집단발달(group development)이라고 한다. 즉, 집단발달이란 집단과정에서 점진적으로 나타나는 일련의 단계들, 또는 집단 내의 다양한 요인들의 영향에 따른 매력의 순환적 주기로 간주할 수 있다. 또한 각 단계는 특정한 시점에서 볼 때, 이런 특성의 출현을 명백히 확인할 수 있다(Cartwright & Zander, 1960). 따라서 집단실천의 효과가 나타나기 위해서는 집단사회복지사의 집단발달에 대한 이해가 필수적이다.

일반적으로 집단발달은 다음과 같은 세 가지 범주로 규명할 수 있다. 첫째, 사회적 조직으로서 집단의 구조나 성원들의 역할과 지위의 기능 등을 의미한다. 둘째, 집단의 활동 과제와 운영과정, 즉, 의사결정 과정의 변화를 말한다. 셋째, 집단문화로서 규범, 가치, 공동 목적 등이다(남세진 · 조흥식, 1998). 이러한 세 가지 범주는 시간의 흐름에 따라 변화하고, 그 변화는 규칙성을 보이는데, 시간의 흐름에 따른 집단의 규칙적 변화를 집단발달이라고 한다. 또한 집단실천 발달 단계란 시간이 흐름에 따라 집단의 변화와 성장 과정에서 나타나는 특징적인 집단역동성을 근거로 하여 그 과정을 세분화하여 구분한 것이다.

학자마다 초점을 두는 집단의 특성이 다르므로 집단실천 발달 단계를 구분하는 기준이나 단계별 내용에서 차이가 있다. 그러나 분명한 것은 모든 집단이 전체 발달 단계를 거친다기보다는 집단의 특징에 따라 선별적으로 단계가 다르다는 것이다. 또한 모든 집단은 발달 단계의 순서를 따르지만, 이전 단계로 되돌아가거나 특정 단계를 뛰어넘기도 하며, 어느 한 단계에 정체할 수도 있다(Wheelan, 1994). 그리고 하나의 발달 단계를 거치는 데 걸리는 시간은 집단마다 다를 수 있다. 그러므로 어떤 집단의 특정 발달 단계에서 효과적인 개입방법이 다른 집단에서도 효과적일 수는 없다. 일반적으로 폐쇄집단은 집단의 발달 단계를 구분하고 예측할 수 있지만, 개방집단은 성원들이 자주 바뀌기 때문에 집단의 발달 단계를 예측하기가 어려울 뿐만 아니라 대체로 집단발달의 초기 단계에 머무는 경우가 많다.

이러한 집단발달의 개념을 집단실천에 활용하기 위해서는 다음과 같은 기본 전제가 필요하다(남세진 · 조흥식, 1998). 첫째, 집단은 성원들에게 영향력을 미칠 수 있는 하나의 조직으로서 성원들의 긍정적인 변화를 위해 유효한 매개체로써 활용될 수 있다. 둘째, 집단은 그 자체가 목적이 아니라 집단실천의 목적은 성원들의 긍정적인 변화를 위해 집단의 잠재력을 최대한 활용하는 것이다. 셋째, 집단발달은 전문가인 집단사회복지사의 활동으로 통제되고 영향을 받을 수 있다. 넷째, 집단이 발달하는 가장 바람직한 방향이라고 생각되는 것은 없다.

2) 집단실천 발달 단계의 모델

집단실천의 발달 단계에 대해서는 학자마다 견해가 다르지만, 〈표 3-1〉과 같이 세 단계로 구분하는 것이 일반적이다. 즉, 집단실천 발달 단계의 각 모델은 초기 단계, 중간 단계, 종결 단계로 구분할 수 있다. 물론 한 단계에서 다음 단계로 넘어가는 분명한 경계선이 정해져 있지는 않지만, 각 단계의 특징은 공통으로 명확하게 나타난다. 먼저 집단실천의 초기 단계는 집단을 계획하고 조직하며 성원들의 참여에 집중한다. 성원들은 서로에 다가가려는 경향이 있지만, 자신의 위치를 고수하는 접근 회피 갈등을 보인다. 초기 단계가 진전되고 집단 규범과 역할이 생기면서 성원들은 집단에서 자신의 역할을 탐색하고 시험하는 과정에서 갈등이 발생한다. 집단사회복지사는 집단과정에서 발생하는 갈등을 해결하고 논의하도록 성원들을 격려함으로써 원조한다. 다음으로 집단실천의 중간 단계에서는 성원 간의 관계가 깊어지고, 집단응집력이 향상된다. 집단사회복지사와 성원들은 집단의 목적과 과업을 달성하기 위해 노력을 집중한다. 문제 해결, 친밀감, 성숙함 등의 특징이 나타난다. 마지막으로 집단실천의 종결 단계는 집단의 노력에 대한 평가와 완성의 단계이다. 집단의 감정과 응집력이 감소하는 이별의 과정이 시작된다. 성원들은 집단에서 달성한 것을 요약하거나 축하함으로써 종결하기도 하지만, 성공적인 종결이 아닌 경우에는 부정적인 감정이나 태도가 나타나기도 한다(Toseland & Rivas, 2012).

이러한 집단실천의 발달 단계에 대한 이론적 지식은 집단사회복지사가 언제, 어떻게 개입해야 하고, 집단목적의 달성을 위해 어떤 과업에 중점을 두어야 하는지, 여러 유형의 집단에서 일어나는 사건이나 문제 해결에 필요한 것이 무엇인지, 그리고 집단실천의 발달 수준을 판단하는 데 도움이 된다. 또한 이론적 지식은 집단사회복지사가 예견되는 사건이나 문제에 대처할 방법을 찾거나 혹은 집단이 찾을 수 있도록 도움이 된다. 이런 지식적 기반을 토대로 집단사회복지사는 집단이 나아가야 할 방향에 대해 확신을 품고 집단실천을 진행해야 한다.

〈표 3-1〉 집단실천의 발달 단계

발달 단계	Northen (1969)	Klein (1972)	Garland, Jones, & Kolodny(1976)	Henry (1992)	Toseland & Rivas(2001)
초기 단계	계획 및 오리엔테이션 단계	오리엔테이션 저항 단계	친밀 전 단계 권력과 통제	착수 단계 소집 단계	사전 단계 초기 단계
중간 단계	탐색과 시험 문제해결	협상 단계 친밀 단계	친밀 단계 차별화 단계	갈등 단계 유지 단계	중간 단계
종결 단계	종결 단계	종결 단계	이별 단계	종결 단계	종결 단계

CHAPTER 04

집단성원

Understanding of Group Work Practice

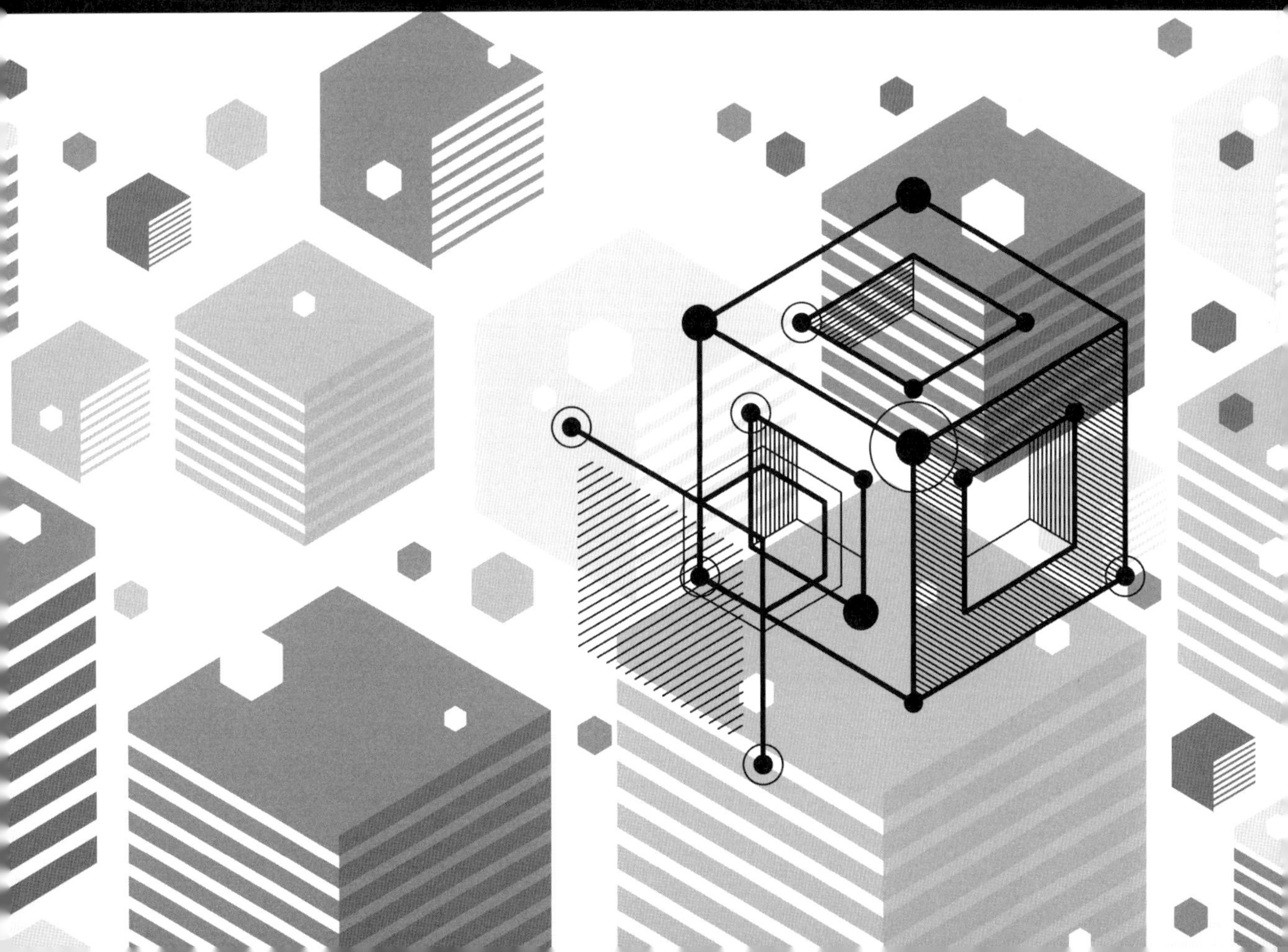

CHAPTER

04 집단성원

학습목표

- 집단성원의 기능적 역할을 설명할 수 있다.
- 집단성원의 역기능적 행동을 설명할 수 있다.

집단성원(member, 이하 성원)이란 집단실천에 참여하여 집단경험을 통해 자신의 기능적 역할을 수행하는 사람을 말한다. 사람들은 다양한 이유로 집단에 참여하는데, 집단의 참여 동기는 그 사람의 내면에서 비롯된다. 즉, 사람들의 서로 다른 성장 배경, 성격, 능력, 소질과 적성, 흥미와 관심, 신념, 가치관, 태도 등은 집단실천의 참여 동기에 직·간접적으로 영향을 미친다.

일상생활에서 모든 사람은 자신의 역할을 수행하듯이, 성원들은 자신만의 독특한 생각과 행동의 특성 및 집단의 상황에 따라 각자의 역할을 수행한다. 모든 성원은 집단에 참여한 목적과 개별 목표가 있고, 이를 달성하기 위해 노력한다. 대체로 성원들은 집단과정에서 일상생활의 습관화된 자기 모습을 드러내며, 때로는 다양한 문제행동을 보이기도 한다. 이처럼 성원들은 집단과정을 저해하는 역기능적 역할을 수행하지만, 집단과정을 촉진하는 기능적 역할도 수행할 수 있다(Gladding, 2016). 이러한 성원들을 이해하려면, 집단사회복지사는 집단에서 성원들의 역할과 문제행동을 이해해야 한다.

1. 성원의 기능적 역할

일상생활에서 성원이 어떤 역할을 수행하는지와 집단과정을 정확하게 이해하려면, 집단사회복지사는 집단에서 성원의 기능적 역할을 파악해야 한다. 집단에서 수행하는 성원들의 기능적 역할을 이해함으로써 그들의 문제 해결과 인간적 성장을 도울 수 있는 토대를 마련할 수 있다. 성원들의 역할을 분석하는 목적은 공통의 문제를 선택하고 한계를 분명히 하며, 문제 해결을 위한 집단의 노력을 촉진하고 조정하기 위함이다. 이러한 성원의 기능적 역할을 세 가지 범주로 구분하면 다음과 같다(강진령, 2019; 남세진 · 조흥식, 1998; Capuzzi & Gross, 1992; Toseland & Rivas, 2012).

1) 집단과업 역할

집단과업 역할(group task roles)은 집단의 과업이 성원들의 공동 관심사나 문제, 주제 등을 선정하고 구체화하여 작업 또는 해결한다는 가정하에 이루어진다. 여기서 집단과업 역할이란 성원들이 집단목적을 달성하는 일정한 역할을 수행하며, 자신의 문제를 해결하는 활동을 촉진하고 조정하는 기능과 관련된 것이다. 이처럼 집단과업 역할은 그 과업이 성원들의 문제 해결이든, 집단에서 필요한 의사결정을 위한 것이든 간에 항상 존재한다. 성원들은 집단과업과 관련된 다양한 역할을 맡게 된다.

① 창안자 · 공헌자

창안자 · 공헌자(initiator-contributor)의 역할은 집단의 문제나 목표에 관해 새로운 아이디어나 토론 거리를 제안하거나 건의한다. 예를 들어 이런 성원은

"이 방법에 대해서는 우리가 한번 고려해 볼 만한 다른 관점이 있어요."라고 말한다.

② 정보 탐구자

정보 탐구자(information seeker)의 역할은 다른 성원들이나 집단사회복지사에게 자신이 필요한 정보를 요청하는 것을 말한다. 이 역할을 수행하는 성원은 집단에서 논의되는 문제에 관한 정보와 사실의 옳고 그름에 관심이 있어서 그것을 묻기도 한다. 예를 들어 정보 탐구자는 "누가 이 아이디어를 지지할 만한 자료를 가지고 있을까요?", "몇 회기 전에도 이것과 비슷한 것이 있었는데, 그것을 먼저 검토하고 다음 회기에 결정하는 것이 좋겠습니다."라고 말한다.

③ 정보 제공자

정보 제공자(information giver)는 집단과업이나 문제 해결에 도움이 될 것이라는 판단으로 자신의 경험담을 일반화시켜 집단에 제시하거나 관련 정보나 사실을 정확하고 간결하게 제공하는 지식의 소유자를 말한다. 이 역할을 담당하는 성원은 자신이 제공하는 정보의 출처에 대해서도 알고 있다. 예를 들어 정보제공자는 "이 분야의 전문가인 황은정 선생님께 질문했는데, 그분이 말씀하시기를 ~이다."라고 말한다.

④ 의견 탐구자

의견 탐구자(opinion seeker)는 문제에 관한 정보와 사실의 옳고 그름의 여부에 대해서 질문하는 것이 아니라, 집단이 지향하는 가치, 제시된 제안이나 대안과 관련된 가치 등을 분명하게 확인하기 위해 질문한다. 예를 들어 의견 탐구자는 "이것과 관련된 아이디어가 있는 성원이 있습니까? 이것이 무슨 뜻인지 누가 정리해서 말씀해 주시겠습니까?"라고 말한다.

⑤ 의견 제공자

의견 제공자(opinion giver)는 제시된 정보를 분석하거나 제시된 제안이나 대안과 관련해서 자신의 신념이나 의견을 말하는 역할을 수행한다. 예를 들어 의견 제공자는 "우리는 첫 번째 계획대로 하는 것이 좋을 것 같습니다. 그것이 우리 환경에 가장 적합하기 때문입니다." 혹은 "결석에 대한 집단의 원칙이 분명해야 합니다. 결석하는 성원은 그것에 합당한 책임을 물어야 합니다."라고 말한다.

⑥ 명료자 · 부연 설명자

명료자 · 부연 설명자(clarifier-elaborator)는 제시된 아이디어나 제안에 대해 면밀하게 검토하여 실례를 들어 설명하거나, 그 근거를 제시하거나, 질문을 통해 성원들이 충분히 이해하게 하는 역할을 담당한다. 예를 들어 "그가 정말로 그 상황을 안다고 말했습니까? 나는 당신의 추측이라고 생각했습니다." 혹은 "내 생각에 이 의견은 좋다고 생각합니다. 왜냐하면 ~이기 때문입니다."라고 말한다.

⑦ 조정자

조정자(coordinator)는 성원들의 다양한 아이디어와 제안들의 관계를 설명하거나 명백히 밝히는 역할을 수행한다. 이 역할을 담당하는 성원은 정보, 의견, 아이디어 등을 함께 끌어내거나, 그것들의 관계를 검토한다. 예를 들어 조정자는 "그의 의견은 당신이 분석한 것과 일치하는 것 같습니다. 그의 의견에 대해 ~하지 않는지 살펴보는 것이 어떨까요?"라고 말한다.

⑧ 진단자

진단자(diagnostician)는 과업과 관련된 문제를 확인하고 분석하며, 토론의 논점들을 상정함으로써 집단을 새로운 방향으로 돌리는 역할을 수행한다. 예를 들어 진단자는 "내 생각으로는 우리가 중요한 논점에서 벗어난 것 같습니다. 문제는 ~이라고 생각합니다."라고 말한다.

⑨ 방향 제시자 · 요약자

방향 제시자 · 요약자(orienter-summarizer)는 집단과정에서 성원들이 너무 벗어나면 이를 깨닫게 하여 집단의 방향성을 일관되게 유지하는 역할을 수행한다. 또한 집단에서 논의한 내용을 요약함으로써 집단목적의 달성과 관련하여 현재 그 집단이 어느 지점에 도달했는지를 알려준다. 예를 들어 방향 제시자는 "우리가 어디로 가고 있는지 잘 모르겠네요. 요점이 무언가요?" 혹은 "그것이 우리가 이야기하려던 것과 어떤 관련이 있는가요?"라고 말한다.

⑩ 활력 제공자

활력 제공자(energizer)는 성원들이 어떤 구체적인 결정을 하도록 집단 분위기에 활력을 불어넣는 역할을 수행한다. 활력 제공자는 종종 재미있는 몸짓 행동을 하며, 다른 성원들이 집단에서 도전해야 할 필요성을 인식시키는 역할을 담당한다. 활력 제공자는 "우리의 집단활동은 거의 끝나가고 있습니다. 몇 분이면 결론에 도달할 수 있을 것 같습니다."라고 말한다.

⑪ 평가자 · 비평자

평가자 · 비평자(evaluator-critic)는 집단과업에서 집단 기능의 기준에 근거하여 성원들이 위협을 느끼지 않는 범위 내에서 집단의 목표를 얼마나 달성했는지를 분석하거나 성원들이 분석하도록 돕는 역할을 수행한다. 이런 성원은 어떤 제안이나 집단 토론의 논리나 실현 가능성, 사실 또는 절차 등에 대해 평가하거나 의문을 제기하기도 한다. 예를 들어 평가자는 "우리에게 30분 정도

남았는데, 제안된 것을 하려면 적어도 2시간 이상은 필요합니다."라고 말한다.

⑫ 진행 보조자

진행 보조자(procedural assistant)는 집단실천을 위한 좌석 배치나 유인물 배포와 같은 일상적인 업무를 담당하거나, 필요할 때 시청각 기자재를 설치함으로써 원활하게 집단과정이 진행되도록 촉진하는 역할을 수행한다. 이런 역할을 수행하는 성원이 많다면, 성원들이 집단과 집단응집력에 관심이 있다는 것을 의미한다.

⑬ 기록자

기록자(recorder)는 집단에서 성원들이 제안하거나 토론한 내용을 정리하거나 집단이 결정한 내용을 기록하는 역할을 수행한다. 즉, 기록자의 역할은 '집단의 기억장치'에 해당한다. 하지만 기록하느라고 집단 참여에 제한을 받을 수 있으므로 기록자는 기록과 집단 참여를 동시에 할 수 있는 성원이 하는 것이 좋다.

2) 집단형성 및 유지 역할

집단형성 및 유지 역할(group building and maintenance roles)이란 집단의 기능과 관련된 특성을 말한다. 때때로 성원 간의 의사소통에서 긴장이 있을 때 성원들은 집단목적의 달성보다는 성원 간의 상호관계에 초점을 맞추어야 한다(Wilson & Hanna, 1986). 즉, 집단응집력을 바탕으로 정체성과 관련된 심리적 측면의 문제를 다루는 것으로 성원들은 집단 의사소통의 관계적 차원에 초점을 두고 집단과정의 방법을 변경하거나 유지하는 역할을 수행한다. 이러한 집단형성 및 유지와 관련된 성원들의 역할은 다음과 같다.

① 지지자 · 격려자

지지자 · 격려자(supporter-encourager)의 역할은 다른 성원들이 집단에 이바지하는 것에 대해 지지하고 격려하며 수용하는 것을 말한다. 이런 역할을 수행하는 성원은 따뜻한 태도로 다른 성원들에게 다양한 방법으로 긍정적인 피드백을 제공하며 존중하고 보살핀다. 예를 들어 지지자는 "나도 당신의 제안이 정말 마음에 듭니다. 우리는 그것에 대해 좀 더 적극적으로 토론해 보는 것이 좋을 것 같습니다."와 같이 다른 성원들의 관점과 새로운 아이디어, 제안 등을 잘 이해하고 수용하는 자세를 보인다.

② 화합자

화합자(harmonizer)는 집단에서 성원 간의 갈등을 중재하는 데 도움을 제공하는 역할을 담당한다. 즉, 화합자는 성원 간에 감정 대립이 있을 때 중재하고, 의견이 불일치할 때 화합을 시도하며, 갈등이 있을 때 긴장을 해소하는 역할을 수행한다. 이처럼 화합자는 갈등을 중재하는 기술이 있으므로 긴장을 줄이는 역할을 맡는다.

③ 타협자

집단과정의 진행이나 의사결정이 만족할만한 목표에 도달하기 위해서는 종종 타협자(compromiser)의 역할이 필요하다. 타협자는 자신의 견해와 관련된 갈등 상황에서 나타난다. 타협자는 자기 뜻을 양보하거나, 잘못을 인정하거나, 집단의 조화를 유지하는 데 주도적인 역할을 수행함으로써 의견 대립이 발생한 성원과 동등한 정도의 양보를 유도하여 타협하는 특성을 보인다. 예를 들어 타협자는 "당신과 나 사이가 잘되면 우리는 결론에 도달할 것 같습니다."라고 말한다.

④ 인도자

인도자(gatekeeper)는 성원들의 발언 시간을 적절하게 조절하거나 대화가 잘 진행되도록 어떤 규칙을 제안함으로써 의사소통 수단을 개방하는 역할을 수행한다. 예를 들어 인도자는 어떤 성원이 대화를 독점하는 것처럼 보이면 "이 문제에 대해 다른 의견이 있는 사람은 없나요?"라고 말한다. 혹은 말이 없는 성원을 토론에 끌어들이기 위해 "이 문제에 대해 당신의 의견을 듣지 못했는데, 당신은 어떻게 생각하는지 말해 줄 수 있겠습니까?"라고 말한다.

⑤ 기준 설정자

기준 설정자(standard setter)는 집단이 적절한 기능을 수행하도록 어떤 기준을 설정할 것을 제안하거나, 집단과정의 수준을 평가하는데 기준을 적용하는 역할을 수행한다. 예를 들어 기준 설정자는 "내가 보기에 이 결정은 우리에게 제일 좋은 방법이 아닌 것 같아요. 우리는 어떤 기준도 없습니다."라고 말한다.

⑥ 추종자

추종자(follower)는 집단이 움직이는 대로 따라가거나 주의 깊게 경청하여 다른 성원들의 아이디어나 제안을 수동적으로 받아들이는 것이 특징이다. 때로는 집단 토의나 의사결정에 거의 참여하지 않거나 구경꾼처럼 방관하는 태도를 보인다. 예를 들어 추종자는 "그것이 집단의 뜻이라면 나도 동의합니다."와 같은 말을 전형적으로 사용한다.

⑦ 감정 표현자

감정 표현자(feeling expresser)는 집단 내의 감정, 분위기, 관계 등을 주시하며, 적절하다고 여겨질 때 집단 분위기와 자신의 감정을 잘 표현한다. 예를 들어 감정 표현자는 "이제 휴식을 취하는 것이 어때요? 너무 오랫동안 여기에 집중했는데, 잠시 쉬었다가 다시 새로운 기분으로 시작하는 것이 좋을 것 같아요."라고 말한다.

⑧ 긴장 감소자

긴장 감소자(tension releaser)는 집단에서 성원들의 긴장을 이완하는 역할을 담당한다. 성원들이 웃을 수 있는 상황을 유도함으로써 그들의 긴장을 완화한다. 이 역할을 제대로 수행하지 못한다면, 자기중심적인 어리광스러운 행동으로 보일 수 있다.

3) 자기중심적 역할

자기중심적 역할 또는 개별적 역할(individual roles)은 집단 지향적이기보다는 성원 자신의 문제 해결에 초점을 두기 때문에 때로는 집단의 성공을 방해할 수도 있다. 어떤 범주로 구분하는 것은 집단의 과업이나 기능과 상관없이 단순히 성원들의 역할을 분류하기 위한 것이다. 성원들이 담당하는 자기중심적 역할을 살펴보면 다음과 같다(Vander, 1985).

① 공격자

공격자(aggressor)는 다른 성원이나 집단사회복지사를 비난함으로써 그들의 위신을 떨어뜨리거나 다른 성원의 가치관과 행동, 느낌 등에 대해 반박하거나 비난하여 자신의 지위를 얻으려고 한다. 공격자는 집단이나 성원에 대해 "또 엉터리로 하셨네요, 하는 일이 그렇지요."와 같은 공격적이고 비판적인 말을 하거나, 상처가 될 만한 농담으로 다른 성원을 난처하게 하거나, 다른 성원이 집단에 이바지하는 것을 참지 못하고 시기하는 태도를 보인다.

② 방해자

방해자(blocker)는 성원들의 아이디어를 반대하거나 논점에 부정적인 견해를 취하고 반대 의견을 제시함으로써 집단목적의 달성을 향한 변화를 방해한다. 방해자의 역할은 모든 일에 부정적이고 저항적인 태도를 보이는 성원이 주로 담당하는 경향이 있다. 방해자는 별로 중요하지 않은 내용의 말로 성원들의 말을 끊고 대화에 끼어들거나, 성원들이나 집단사회복지사의 의견에 부정적인 태도나 반대 의견을 계속해서 제시하거나, 때로는 집단에서 합의한 사항을 다시 논의할 것을 요구하기도 한다. 이처럼 방해자는 감정적인 격분, 의사소통의 방해, 절차에 대한 계속된 반대, 결론이나 아이디어를 글자 하나하나 정말 맞는가 하고 검토하기 등의 방해 기술을 사용한다. 예를 들어 방해자는 "그 의견은 너무 황당해요. 집단에서 그 의견이 채택된다면, 나는 집단을 탈퇴하겠습니다."라고 말한다.

③ 무관심자

무관심자(deserter)는 집단의 문제 해결 노력으로부터 어떤 방식으로든 벗어나 있으며, 논점을 피하고자 부수적으로 대화에 어느 정도 참여하고 주제에서 벗어난 이야기를 한다. 예를 들어 무관심자는 어떤 사안이 자신에게 해당하지 않는다고 생각하면, "이 사안에 대해 집단이 어떤 선택을 해도 반대하지 않는다."라고 말한다.

④ 고백자

고백자(confessor)는 집단에서 집단과업과는 관련 없는 자신의 개인적인 어려움이나 감정을 토로하여 집단을 치료적으로 이용한다. 즉, 고백자는 집단사회복지사와 성원들을 마치 자신을 위해 존재하는 청중처럼 생각하고, 이기적이면서도 집단과업과는 관련 없는 자신의 느낌이나 생각 등을 말하는 특징이 있다. 예를 들어 고백자는 "이것은 우리 집단과는 관련이 없지만, 나는 어제 친구와 다투어서 정말 기분이 아주 나빠요."라고 말한다.

⑤ 지배자

지배자(dominator)는 자신의 나이, 권위, 우월감 등을 내세워 집단이나 특정 성원을 통제하거나 조종하려고 시도한다. 지배자는 집단과정에서 공정한 몫보다 더 많은 시간을 계속해서 차지하면서 권위적인 태도로 집단이 나아갈 방향을 제시하거나, 불필요하게 성원들의 이야기를 가로막는 등의 행동을 보이기도 한다. 예를 들어 지배자는 "당신은 좀 엉뚱해요. 우리가 지금 해야만 하는 것은 ~입니다."라고 말한다.

⑥ 광대

광대(playboy-playgirl)는 집단과정과 활동에 소극적으로 참여하며, 매사에 냉소적이고 수수방관하는 태도를 보인다. 자기중심적 역할을 하는 광대는 집단과업과는 거리가 있는 부적절한 유머나 냉소, 야단법석 등의 태도를 보임으로써 집단 분위기를 흐트러뜨리고 응집력을 약화할 수 있다. 예를 들어 광대는 "여러분, 그 사람이 ~한다는 이야기를 들었나요?"라고 말한다.

⑦ 인정 추구자

인정 추구자(recognition seeker)는 자신의 불안정한 심리상태나 개인적인 혼란을 필요 이상으로 과장하여 호소하거나 이유 없이 자신을 비하하여 다른 성원들의 동정심을 기대하거나 자신에게 관심을 집중시키려고 시도한다. 예를 들어 인정 추구자는 "내 생각으로는 ~인데, 내가 옳다고 생각하지 않습니까?" 혹은 "어떤 일이 발생해서 지금까지 계속되고 있어요. 어떤 일이 일어났느냐 하면은 ~입니다."라고 말한다.

⑧ 특별 관심 탄원자

특별 관심 탄원자(special-interest pleader)는 집단보다는 자신의 특별 이익을 생각하여 집단 외부를 위해서 발언하는 성원이다. 예를 들어 특별 관심 탄원자는 "우리 어머니가 분식집을 하시는데, 거기서 모이면 어떨까요?" 또는 매우 특수한 주제, 즉 '로또', '월드컵', '황사' 등에 관해 이야기하면서 자신의 개인적인 욕구에 가장 잘 맞는 상투적인 내용 속에 자신의 약점이나 편견을 감추려고 시도한다.

2. 성원의 역기능적 행동

집단에서 성원들은 자신의 역할을 수행하면서 때때로 역기능적 행동을 보이는데(Hare, 1976), 이것은 집단에 직·간접적으로 부정적인 영향을 미친다. 따라서 집단사회복지사는 성원들의 역기능적 행동을 파악하여 적절하게 개입해야 한다. 이를 위해 집단사회복지사는 성원들이 좀 더 효과적으로 의사소통하도록 도움을 제공할 뿐만 아니라 자신이 어떻게 개입하는지에 따라 성원들의 역기능적 행동이 감소하거나 증가할 수 있음을 염두에 두어야 한다. 이러한 성원들의 역기능적 행동을 다룰 때, 집단사회복지사는 그들의 인격을 헐뜯지 않는 동시에 냉소적인 방식으로 반응하지 않도록 주의해야 한다. 이와 함께 집단사회복지사는 이러한 역기능적 행동이 그 성원에게 어떤 의미가 있는지를 이해하는 것이 중요하다. 성원들이 집단에 참여한 이유가 자신을 표현하고 다른 사람들을 대하는 효과적인 방법을 찾기 위한 것임을 상기해야 한다. 이처럼 집단사회복지사가 성원들의 다양한 역기능적 행동을 이해할 때 집단에서 그 행동을 다루는 방법을 찾을 수 있다. 일반적으로 집단에서 볼 수 있는 성원의 역기능적 행동을 제시하면 다음과 같다(Jacobs et al., 2002).

1) 대화를 독점하는 성원

집단에서 대화를 독점하는 성원은 자신이 무대의 중앙을 차지해야 한다는 생각을 하고 있다. 집단에서 대화의 독점이란 모든 성원에게 할당되는 일정한 시간을 특정 성원이 일방적으로 독차지하여 사용하는 행동을 말한다. 집단과정에서 습관적으로 끊임없이 말한다고 해서 대화를 독점하는 성원으로 부르지만, 이러한 용어는 꼬리표 붙이기 같은 인상을 줄 수 있으므로 유의해야 한다. 대체로 집단실천의 초기 단계에서 대화를 독점하는 성원은 다른 성원들의 침묵을 채우기 위해 계속해서 말한다. 어떤 성원이 자신의 문제를 말하면 대화를 독점하는 성원도 그와 비슷하거나 더 심한 경험을 했다며 자신의 이야기를 장황하게 늘어놓는다. 또한 집단에서 다른 성원이 관심의 중심이 된다면, 대화를 독점하는 성원은 말을 계속함으로써 중심적인 지위를 유지하려고 노력한다(Northen & Kurland, 2001). 이런 행동은 보통 자신의 불안과 문제점을 숨기기 위한 수단으로 이용하거나, 자신의 목적을 달성하기 위해 집단을 조종하기 위한 노력이기도 하다.

집단에서 대화를 독점하는 성원을 대하는 다른 성원들의 방식은 대체로 집단실천의 발달에 따라 변화한다. 집단실천의 초기 단계에서 집단사회복지사나 성원들은 대체로 불편함을 느끼는 상황이 발생할 가능성이 크다. 이때 집단에서 누군가 먼저 말을 했다는 사실만으로도 안도감을 느낀다. 집단과정에서 대화를 독점하는 성원이 말하기 때문에 다른 성원들은 침묵을 깨뜨려야 한다는 부담감에서 벗어날 수 있다. 이런 이유로 집단사회복지사는 집단에서 대화를 독점하는 성원에 대해 적극적으로 개입하지 않는 경향이 있다. 그러나 집단실천이 발달하면서 다른 성원들이 말하기를 원하거나 말해야 할 때, 여전히 대화를 독점하는 성원의 행동 때문에 다른 성원들은 짜증이 날 수 있다. 이런 상황에서 대화를 독점하는 성원이 계속해서 말하면 다른 성원들은 관심을 보이지 않거나, 한숨을 크게 쉬거나, 이를 용납하지 않는 다른 표시들을 하게 된다. 이제 대화를 독점하는 성원은 집단실천의 초기 단계와는 완전히 다른 성원들의 부정적인 반응을 느끼게 된다.

그러나 대화를 독점하는 성원은 집단실천의 초기 단계처럼 말을 많이 하는 것에 대해 성원들이 보였던 보상을 기대하면서 말을 더 많이 할 수도 있다. 이런 상황이 계속된다면, 성원들은 대화를 독점하는 성원과 그 성원의 행동을 내버려 두는 집단사회복지사에게도 분노를 느낄 수 있다. 이러한 집단역동성은 해결되지 못한 긴장으로 쌓여 집단응집력 향상을 방해하게 된다. 그 결과 성원들은 문제의 본질에서 벗어난 언쟁을 하거나 중도에 탈락하거나 하위집단을 형성하는 등의 문제를 경험하게 된다. 그러므로 집단사회복지사는 대화를 독점하는 성원의 행동에 대해 적극적으로 개입해야 한다.

대화를 독점하는 성원의 문제행동을 해결하는 방안을 제시하면 다음과 같다. 첫째, 집단사회복지사는 대화를 독점하는 성원이 자신의 행동에 관한 결과를 깨달을 수 있도록 유도해야 한다. 이를 위해 미완성 문장을 통해 대화를 독점하는 성원이 자신의 행동을 탐색할 기회를 제공해야 한다. 즉, "내가 말을 많이 하는 이유는 ~ 때문이다."와 같은 미완성 문장을 제시한 후에 성원들의 마음속에 가장 먼저 떠오르는 것을 적거나 말하도록 한다. 그런 다음 대화를 독점하는 성원이 완성한 문장을 발표할 때, 집단사회복지사는 다른 성원들이 적극적으로 피드백을 하도록 돕는다. 이런 활동을 통해 대화를 독점한 성원은 자신의 행동에 대한 통찰과 함께 인간관계에서 좀 더 생산적인 행동을 습득할 수 있다. 다른 방법으로는 집단실천의 초기 단계에서 특정 성원의 말이 길어질 때, 집단사회복지사는 노란 색종이(yellow card)를 '경고'의 표시로 사용하기로 성원들과 약속할 수도 있다. 대체로 집단실천의 초기 단계에서 중요한 것은 성원들이 자연스럽게 말할 수 있도록 분위기를 형성하는 것이다. 따라서 어떤 성원의 말이 길어진다면, 집단사회복지사는 노란 색종이가 있다는 표시만 하여

가능하면 그 성원이 시간을 지키도록 유도하는 것이 좋다. 그러나 집단실천의 중간 단계에서 성원의 말이 길어질 때, 노란 색종이를 살짝 들어서 성원 스스로 발언 시간을 지키도록 하는 것이 좋은 해결방법이다(이가옥 외, 2004).

둘째, 집단사회복지사는 대화를 독점하는 성원의 행동은 그 자신의 문제일 뿐만 아니라 그것을 허용하는 집단의 문제임을 지적하여야 한다. 예를 들어 집단사회복지사는 "별님 혼자만 많은 시간을 사용하도록 허용하는 상황에 대해 다른 성원들의 의견을 듣고 싶습니다."라고 말함으로써 성원들이 대화를 독점하는 성원의 행동에 관심을 가지도록 할 필요가 있다. 이어 집단사회복지사는 다른 성원들이 집단과정에 활발하게 참여하지 못했던 이유를 자유롭게 이야기하도록 이끌어야 한다. 이때 집단사회복지사는 집단과정에서 대화를 독점하는 성원의 행동에 대해 다른 성원들이 공개적으로 말하고 다룰 수 있는 사항임을 분명히 하는 것이 중요하다(김경호, 2005). 이런 과정은 집단과정에서 성원들의 책임의식을 향상하는 계기가 될 수 있다.

셋째, 집단사회복지사는 대화를 독점하는 성원의 문제행동을 해결하기 위해서 직접 개입하여 집단에서 다른 성원들이 대화에 적극적으로 참여하도록 격려해야 한다. 이것은 성원들이 다룰 수 없는 문제에 속하기 때문이다. 동시에 집단사회복지사는 다른 성원들의 공격적인 직면으로 인해 대화를 독점하는 성원이 심리적으로 위축되어 중도에 탈락하는 일이 일어나지 않도록 적극적으로 개입해야 한다(강진령, 2012).

2) 외톨이 성원

집단에서 외톨이는 다른 성원들과의 유대관계가 없는 성원을 말하는데, 모든 외톨이가 집단에서 같거나 비슷한 처지에 있는 것은 아니다. 어떤 성원은 다른 성원보다 낯선 상황에서 더 쉽고 빠르게 성원들과 유대관계를 형성하지만, 또 다른 성원은 집단에 대한 두려움이나 사교적인 능력이 부족하여서 외톨이가 되기도 한다. 혹은 집단의 가치와는 너무 다르게 행동하는 성원이 있다면, 집단이 그 성원을 거부하여서 외톨이가 되는 일도 있다(Northen & Kurland, 2001).

이처럼 극소수의 성원이 외톨이와 같은 어려운 상황에 부닥치게 되지만, 집단에 진정으로 소속감을 느끼지 못하는 성원도 있을 수 있다. 어떤 성원은 집단에 소속되기를 원하지만, 여전히 자신은 그 집단에 소속되었다고 느끼지 못한다. 그런데도 그 성원은 가끔 집단이 매우 필요하므로 집단에서 탈퇴하는 것을 원하지 않는다. 따라서 집단사회복지사는 외톨이 성원에게 더욱 적극적으로 집단에 참여하도록 격려하는 동시에 다른 성원들이 외톨이 성원에 관해 관심을 보이도록 협력을 요청해야 한다. 이를 위해 집단사회복지사는 외톨이 성원이 다른 성원과 짝을 지어 특정 활동을 할 수 있도록 유도하거나, 방어적인 태도를 보일 수 있는 질문을 피하는 기법을 활용함으로써 외톨이 성원이 집단과정에 참여하도록 격려하여야 한다.

3) 질문하는 성원

어떤 성원은 다른 성원에게 질문하거나 혹은 부적절한 순간에 별로 도움이 되지 않는 방법으로 끼어들어서 관계를 맺으려고 한다. 이처럼 집단과정에서 질문은 다른 성원에 대한 호기심 충족의 수단으로 잘못 사용될 수도 있다. 더욱이 정보 수집의 목적으로 '왜'라고 계속해서 질문하거나 답변을 기다리지 않고 연속해서 질문하는 것은 성원들의 말을 가로막을 뿐만 아니라 답변을 해야 하는 부담감을 줄 수도 있다(강진령, 2019). 이런 행동은 집단에서 자신을 숨기고 안전하게 있기를 원하는 은폐방식으로서 자기개방을 저해할 수 있다. 또한 집단에서 성원들이 현재 경험하는 정서 상태에 집중하지 못하게 하므로 집단과정을 방해하거나 성원 자신의 감정 탐색보다는 생각에 의존하는 방향으로 이끌 수 있다는 것이 문제이다.

질문을 쏟아 내는 성원이 있을 때, 집단사회복지사는 그 성원의 질문 속에 포함된 핵심 내용을 자신을 주어로 해서 직접적인 방식으로 표현하도록 도와야 한다. 예를 들어 친구 관계를 이야기할 때, '왜?'라는 질문을 퍼붓는 성원에게 친구 관계에 관심이 있다면, 질문을 계속하기보다는 자신의 친구 관계에 관해 말한 후에 질문하도록 권유할 수도 있다. 이 외에도 질문하기 전에 자신의 마음속에 무엇이 진행되고 있는지를 말해 보도록 제안하거나 습관적인 질문은 관계 형성에 도움이 되지 않는다는 사실을 인식하도록 도와야 한다. 이런 개입을 통해 질문을 쏟아 내는 성원은 연속적으로 질문을 하게 된 행동의 원인과 자신의 감추어진 욕구를 탐색할 수 있다(강진령, 2012).

4) 충고나 조언하는 성원

충고나 조언은 다른 사람에게 도움을 주려는 의도와 동기에서 비롯된다. 하지만 섣부른 충고나 조언하기는 성원들의 생각과 감정을 표현하는 것을 방해하고 의존성을 증가시키는 경향이 있다. 또한 충고나 조언하는 사람의 주관적인 느낌이나 가치관이 개입되므로 당사자에게 도움이 되지 않거나 부정적인 영향을 미칠 수 있다는 것이 문제이다. 따라서 집단사회복지사는 조언하거나 충고하는 성원의 행동을 다음과 같이 대처하여야 한다(강진령, 2012).

첫째, 집단사회복지사는 충고나 조언의 대상이 되는 성원이 시간적 여유를 가지고 자신의 문제와 갈등을 탐색함으로써 합리적인 결정을 내리도록 도와야 한다. 충고나 조언의 대상이 되는 성원은 자기 생각이나 감정을 솔직하게 표현하지 못하고 의존성의 가능성이 크다. 따라서 충고나 조언을 계속해서 받기보다는 성원 스스로 자신의 문제에 대해 더 깊이 탐색하도록 기회를 제공할 필요가 있다.

둘째, 집단사회복지사는 충고나 조언하는 성원의 그러한 행동의 동기에 대해 스스로 탐색할 기회를 제공해야 한다. 어떤 의미에서 충고나 조언은 다른 사람에 관한 관심과 배려의 표현으로 볼 수 있지만, 다른 성원들의 관심을 자신에게 집중시키는 효과가 나타날 수도 있다. 집단사회복지사는 섣부른 충고나 조언보다는 문제 탐색의 기회를 얻는 것이 더 중요하다는 사실을 성원들에게 직접 시범을 통해 보여줄 필요가 있다.

셋째, 충고나 조언의 행동은 자기방어나 저항의 형태로 보이기 때문에 집단사회복지사는 섣부른 충고나 조언은 효과적인 원조 방법이 아니라는 점을 성원들에게 일깨워 줄 필요가 있다. 즉, 자신보다 다른 성원들에게 관심이 있고, 요청하지 않은 도움을 충고나 조언으로 제공하려는 행동은 집단역동성과 집단과정에 부정적인 영향을 미칠 수 있다는 점을 성원들이 인식하도록 도와야 한다.

5) 소극적으로 참여하는 성원

집단과정에서 거의 침묵으로 일관하거나 소극적으로 참여하는 성원은 다른 성원들과 좋은 관계를 맺을 수 없다. 또한 다른 성원들은 소극적인 성원을 의식하여 자기개방을 꺼리거나, 일방적으로 관찰당하는 느낌 때문에 집단과정에 부정적인 영향을 미치게 된다. 하지만 성원들은 집단과정에 소극적으로 참여하는 성원의 존재를 알아차리지 못할 가능성이 크고, 그의 침묵은 어떤 문제를 반영할 수도 있다는 점을 집단사회복지사는 염두에 두어야 한다(Corey & Corey, 2002). 즉, 소극적으로 참여하는 성원은 초점의 대상이 되는 것이 불편하거나, 집단에서 거절되는 것을 염려하거나, 언어 표현능력이 부족하거나, 자기개방에 대한 두려움이 있거나, 완벽주의 성향 등의 이유로 집단에 소극적으로 참여할 수도 있다.

집단사회복지사는 집단에서 소극적이거나 말이 없는 성원이 있을 때, 집단실천 초기 단계에는 그 성원이 스스로 집단에 대한 신뢰와 안전감을 느낄 수 있도록 성원의 반응 속도에 맞춰 기다려 주는 것이 필요하다. 하지만 집단과정이 진행될수록 이러한 현상이 계속된다면, 집단사회복지사는 그 성원의 비언어적인 표현들을 주의 깊게 관찰하여 행동 의미를 파악하여야 한다. 그런 다음에 다음과 같은 적절한 개입방법을 선택해서 적용해야 한다(강진령, 2019).

첫째, 집단과정에 침묵하거나 소극적으로 참여하는 성원에게 참여 기회를 적극적으로 제공해야 한다. 이때 다른 성원들이 그 성원을 비난하거나 공격적인 태도를 보이지 않도록 집단사회복지사가 적절하게 개입하여야 한다. 이를 위해 집단사회복지사는 모든 회기에 적어도 한 번씩은 모든 성원이 자신의 의견을 말하도록 하는 집단규칙을 정할 수도 있다. 또한 모든 성원이 집단과정에 적절하게 참여하도록 격려하고, 소극적으로 참여하는 성원의 행동을 가끔 언급함으로써 집단과정으로 초대하여야 한다. 예를 들어 "바다님은 오늘 집단에서 원하는 것을 얻었는지 궁금합니다."라고 할 수 있다. 아울러 그 성원의 행동에 대해 다른 성원들은 어떻게 생각하는지를 이야기하게 함으로써 소극적인 성원의 참여를 유도해야 한다.

둘째, 소극적으로 참여하는 성원이 자신의 욕구를 적극적으로 표현하는 방법을 학습할 기회를 제공해야 한다. 이를 위해 그 성원에게 기본적인 사회기술을 가르칠 필요가 있다. 이러한 사회기술을 습득하여 그 성원이 집단에서 다른 성원들과 직접적인 방식으로 상호작용하도록 도와야 한다.

셋째, 연결 기술을 통해 소극적으로 참여하는 성원이 집단에 참여하도록 유도하는 동시에 자발적으로 참여할 때까지 기다려 주는 것이 필요하다. 소극적으로 참여하는 성원도 집단으로부터 도움을 받고 있을 수 있다. 집단과정에는 소극적인 태도를 보이지만, 집단 밖에서는 다른 사람들과 계속해서 모험을 시도하고 점차 행동이 변화되는 성원들도 있기 때문이다.

넷째, 매회기 마무리 과정에서 집단경험에 대한 소감을 말할 기회를 제공한다. 이때 집단사회복지사는 성원들에게 집단에서 어떤 경험을 했는지, 어떤 느낌이 들었는지, 원했던 것을 얻었는지 등을 탐색한다. 만일 기회를 놓친 순간이 있다면, 다음 회기에 그 주제에 관한 이야기로 시작하도록 조치할 수 있다.

이러한 집단사회복지사의 노력에도 불구하고 성원이 침묵하거나 소극적으로 참여한다면, 그래도 공감하면서 믿고 기다리는 것이 필요하다. 단, 내버려 두거나 무시하지 말고, 집단사회복지사는 계속해서 관찰하면서 비언어적 메시지에 대해 민감하게 반응해서 적절한 개입 시기를 기다리는 것이 필요하다.

6) 적대적인 태도의 성원

집단에서 집단사회복지사나 다른 성원들에게 적대적인 태도를 보이는 성원의 행동은 집단과정에 부정적인 영향을 미친다. 이러한 행동은 그 성원의 내면에 누적된 부정적인 감정을 직·간접적인 방식으로 집단사회복지사나 다른 성원들에게 표출하는 것을 말한다(강진령, 2011). 집단에서 적대적인 태도의 성원은 주로 비판적인 표현, 냉소적인 농담, 빈정거림, 치고 빠지는 식의 행동 등과 같은 간접적인 형태나 은밀하게 표출된다는 점에서 간파하기가 쉽지 않다는 특징이 있다. 또한 회기의 결석과 지각, 지루함이나 불평의 표현 등을 통해 적대적인 태도를 보이기도 한다(Corey & Corey, 2002). 이러한 적대적인 태도를 보이는 성원의 행동은 인정과 사랑을 받고 싶은 사람으로부터 버림받은 경험이 있거나 배척받을 것에 대한 두려움의 표시, 열등감 혹은 상대적인 무능력감에 대한 방어수단 등으로 나타나는 것으로 해석된다.

이러한 적대적인 태도를 보이는 성원의 행동은 다른 성원들에게 또 다른 적대적 태도와 감정을 불러일으킬 수 있다는 점에서 집단 분위기 전반에 부정적인 영향을 미친다. 성원 간에 적대적인 태도와 감정이 있으면, 그들은 심리적으로 불안하고 위협을 느끼기 때문에 자기개방은 어렵다. 특히 집단실천의 초기 단계에서 적대적인 태도를 보이는 성원이 있다면, 다른 성원들이 나서서 그 성원의 문제를 제기하기가 쉽지 않다. 따라서 성원의 적대적 행동은 다른 성원들과 집단과정을 지배하는 힘이 있다는 점에서 즉각적인 개입이 필요하다. 이러한 적대적인 태도를 보이는 성원의 행동을 집단사회복지사는 다음과 같이 대처할 수 있다(강진령, 2012).

첫째, 집단이나 성원들이 적대적인 태도를 보이는 성원으로부터 받는 영향과 느낌에 관해 이야기를 나누게 한다. 이때 집단사회복지사는 적대적인 태도를 보이는 성원을 다른 성원들이 '공개 처형'하는 방식으로 흘러가도록 내버려 두어서는 안 된다. 성원 간에 피드백을 교환하는 방식으로 진행하되, 다른 성원들이 기대하는 행동을 적대적인 태도를 보이는 성원이 경청하도록 요청한다. 그 다음 적대적인 태도를 보이는 성원이 집단에서 원하는 것을 확인해야 한다.

둘째, 적대적인 태도를 보이는 성원이 집단에서 원하는 것이 무엇인지를 탐색하도록 하여 자신의 문제와 느낌을 다른 성원들에게 직접 표현하도록 도와야 한다. 대체로 적대적인 태도는 다른 사람의 위협으로부터 오는 두려움의 표시, 열등감 혹은 상대적인 무능력감에 대한 방어수단 등으로 나타날 수 있다. 그러므로 적대감의 이면에 있는 두려움이 표출되고, 이러한 상황에 적절하게 대처할 수 있도록 돕는 것은 적대적인 태도를 보이는 성원의 변화에 촉매제 역할을 할 것이다.

7) 희생양이 되는 성원

희생양(scapegoat)의 어원은 구약 성경의 레위기 16장에 나오는 속죄양에서 유래된 것으로 고대 히브리 사람들이 죄를 속하기 위해 하나님께 드린 동물 희생의 제사인 속죄제로 거슬러 올라간다. 집단에서 성원들의 적대감과 부정적인 감정을 희생양이 되는 특정한 성원에게만 투사함으로써 다른 성원들은 희생양이 되는 성원을 언어적 혹은 신체적으로 공격한다(Douglas, 1995). 따라서 다른 성원들은 자신들이 가지고 있는 부분 중에서 싫어하는 경향이나 특성을 희생양이 되는 성원이 지녔다고 간주하고, 그 성원은 이러한 경향이나 특성의 상징물이 되는 것이다. 희생양이 된 성원은 집단의 긴장을 해소하는 기능을 수행하며 집단 유대감의 근거를 제공한다.

집단에서 다른 역할과 마찬가지로 희생양은 상호작용적인 것으로 그는 단지 다른 성원들의 공격 때문에 무고한 피해자가 된 것은 아니다. 오히려 희생양이 된 성원은 다른 성원들의 행동을 지지하는 방식으로 행동한다. 희생양이 된 성원의 행동은 때로 매우 화나게 하는 것일 수도 있고, 매우 수동적이면서 은밀하여 파악하기 어려운 것일 수도 있다. 따라서 집단사회복지사는 다른 성원들의 부정적인 반응을 유발하는 희생양의 행동을 파악하는 것이 필요하다(Northen & Kurland, 2001).

집단실천의 초기 단계에서 집단사회복지사는 희생양이 되는 성원이 그런 역할에 얽매이지 않도록 예방하는 것에 초점을 두어야 한다. 이를 위해 집단사회복지사는 희생양이 되는 성원과 집단 모두에 관심을 두어야 한다. 집단사회복지사는 희생양이 되는 성원의 행동 가운데 어떤 부분이 다른 성원들의 부정적인 반응을 유발하는지를 파악하고, 그 성원의 역기능적인 행동을 수정하도록 도와줄 필요가 있다. 동시에 희생양이 되는 성원에 대해 다른 성원들이 긍정적인 태도를 보이면서 수용할 수 있도록 집단사회복지사는 격려할 필요가 있다. 성원들이 희생양을 만드는 것은 자신들의 개인적 이슈와 연결되어 있을 가능성이 크다. 따라서 집단사회복지사는 성원들이 스스로를 돌아보게 하여 서로에게 변화의 자극제가 될 수 있도록 개입해야 한다.

8) 하위집단 형성

하위집단(sub-group)의 형성이란 비생산적인 사회화의 일종으로 집단 내에 파벌을 만드는 것을 말한다. 즉, 일부 성원들이 성별, 나이, 종교, 학교, 출신 지역 등을 기준으로 집단 내 집단을 만들어 그들 나름의 세력을 형성하고 단합해서 다른 성원들의 행동과 집단역동성에 부정적인 영향을 미친다(강진령, 2011). 집단회기 후 집단 외부에서 하위집단의 사교적인 활동은 집단응집력에 도움이 될 수도 있지만, 집단발달의 저해요인으로도 작용할 수 있다. 따라서 집단 내에 하위집단이 형성될 때, 집단사회복지사는 먼저 집단에서 직접적이고 개방적으로 다룰 필요가 있다. 집단사회복지사는 집단 밖에서 몇몇 성원들의 만남을 모든 성원에게 알림으로써 다른 성원들이 소외되고 배신감을 느끼지 않도록 관심을 가지고 계속해서 점검해야 한다. 다음으로 집단사회복지사는 하위집단의 형성에 따른 문제점을 집단에서 다루어야 한다. 하위집단이 형성되었다고 판단될 때, 집단사회복지사는 집단이 효과적으로 기능하며 발달하는 데 관심이 있는지를 성원들에게 확인한다. 이런 과정을 통해 집단사회복지사는 하위집단의 형성이 비생산적이고 집단응집력에도 피해를 줄 수도 있다는 사실을 성원들이 올바르게 인식할 수 있도록 도와야 한다.

CHAPTER 05

집단사회복지사

Understanding of Group Work Practice

CHAPTER

05 집단사회복지사

학습목표

- 집단사회복지사의 인간적 특성을 설명할 수 있다.
- 집단사회복지사의 역할을 설명할 수 있다.
- 집단 지도력과 공동 지도력을 설명할 수 있다.

1. 집단사회복지사의 인간적 특성

집단이 구성되고 집단실천을 통해 긍정적인 결과를 얻기 위해서는 집단의 특수한 상황, 성원들의 특성, 그리고 집단과정을 진행하는 집단사회복지사의 지도력 등 여러 요인이 영향을 미친다. 이러한 요인 중에서 집단사회복지사의 인간적 특성은 집단사회복지사가 갖추어야 할 기본적인 태도나 품성과 같은 성격이다. 이처럼 집단사회복지사의 인간적 특성이 가장 중요한 요인인데, 매 회기의 집단과정을 진행하는 집단사회복지사는 자신의 가치와 인간적인 특성, 삶의 경험 등을 접목하기 때문이다. 이처럼 집단실천은 한 인간으로서 집단사회복지사가 어떤 사람인가와 밀접한 관련이 있다. 실제로 집단에서 성원들과 진실한 관계를 맺을 수 있는 집단사회복지사의 능력은 집단과정을 효과적으로 촉진하는 가장 중요한 수단이다(조선미, 2004).

여기서는 집단과정에 큰 영향을 미치는 집단사회복지사의 인간적 특성을 살펴보고자 한다. 집단과정을 이끄는 집단사회복지사는 자신이 원하든 원치 않든, 성원들의 본보기가 되기 때문에 집단사회복지사의 인간적 특성은 집단실천의 성과를 좌우한다. 따라서 집단사회복지사는 이러한 인간적 특성이 얼마나 있는지와 그러한 특성을 어떻게 습득할 것인지를 생각하는 기회가 많아야 진정한 전문가가 될 수 있다. 집단사회복지사의 인간적 특성을 살펴보면 다음과 같다(강진령, 2012; Corey & Corey, 2017).

1) 자기 인식

집단사회복지사가 갖추어야 할 인간적 특성 중 하나는 자신의 정체성, 가치관, 문화적 관점, 장단점, 목표, 동기, 욕구, 한계 등 있는 그대로의 자기를 수용하는 자기 인식이다. 즉, 집단사회복지사는 자신의 성격, 가치관, 사고 등을 이해하고, 해결하지 못한 자신의 문제를 해결하려고 노력하며, 그런 과정에서 자신의 강점과 약점을 수용할 수 있어야 한다. 만일 집단사회복지사가 자신에 대한 이해가 제한되어 있다면, 성원들에게 이런 종류의 자기 인식을 촉진할 수 없을 것이다.

자기 인식을 확장하는 방법으로는 자신의 내면에 대한 깊은 성찰, 새로운 삶의 경험에 대한 개방적인 태도 등이다. 집단에 참여하는 것은 자신이 누구이고, 어떤 사람인가에 대해 자기 인식을 확장하는 또 다른 방법이다. 또한 집단사회복지사는 집단과정을 통해 충족하고자 하는 욕구가 무엇인지를 파악하는 것과 집단과정을 진행하는 이유를 인식하는 것도 매우 중요하다.

2) 자발적인 모범

성원들이 바람직한 행동을 하도록 가르치는 가장 좋은 방법은 집단사회복지사가 집단에서 자발적으로 그런 행동의 모범을 보이는 것이다. 자발적인 모범이란 성원들의 행동 변화를 위해 바람직한 행동의 모델 역할을 하는 것을 말한다. 즉, 집단에서 집단사회복지사가 개방적인 태도, 수용적인 자세, 적극적인 경청, 자기개방, 타인에 대한 존중과 배려, 즉각적인 피드백 등의 실천을 성원들이 보고 배움으로써 집단과정이 촉진될 수 있다. 집단사회복지사의 자발적인 모범은 성원들에게 대리학습의 기회를 제공할 수 있다. 집단실천의 초기 단계부터 성원들은 새로운 행동과 모험을 하도록 압력을 받는 상황에 부닥칠 수 있다. 이때 집단사회복지사가 솔직하고 적절하게 임하고, 제때 자발적인 모범을 보인다면, 성원들은 이를 모방하여 건강한 상호작용을 할 수 있다. 예를 들어 집단사회복지사가 적극적인 경청 기술을 설명하고 모범적인 행동을 보인다면, 성원들은 효과적인 의사소통 기술을 습득하는 기회가 된다. 이처럼 집단사회복지사는 "내가 하라는 대로 하시오."가 아니라 "내가 하는 대로 해 보세요."라는 마음가짐으로 자발적인 모범을 보일 때, 성원들은 기꺼이 자기 내면의 경험을 더 많이 탐색하고 직면할 것이다.

3) 개방적인 태도

집단사회복지사는 새로운 경험과 자신과는 다른 삶의 유형과 가치에 대해 기꺼이 수용하는 개방적인 태도가 필요하다. 개방적인 태도란 집단사회복지사의 모든 사생활을 공개하는 것이 아니라 한 인간으로서 어떤 사람인가를 알 수 있도록 충분히 자신을 드러내는 것을 의미한다. 성원들에게 자신을 적절하게 드러내고 집단과 함께하면서 어떻게 영향을 받는지를 보여주는 집단사회복지사의 개방적인 태도는 집단과정의 질을 향상할 수 있다.

집단사회복지사의 진솔한 자기개방은 성원들의 감정과 신념을 솔직하게 개방하는 동기 부여 및 촉매 역할을 하여 경직된 집단 분위기를 자연스럽게 이끌 수 있다. 이러한 집단사회복지사의 개방적인 태도를 보면서 성원들은 집단에서 자신들의 문제와 두려움을 노출해도 된다는 일종의 허가를 받는 것과 같다. 그 결과 성원들은 자신들의 감정과 신념에 더 개방적으로 된다. 하지만 집단사회복지사는 성원들의 수준을 고려하지 않고 과도하거나 인위적으로 자기개방을 하는 것은 바람직하지 않다. 이는 집단실천에서 집단사회복지사가 거짓된 피드백을 실행할 수 있고, 성원들이 집단사회복지사를 신뢰하지 않는 계기가 될 수 있다. 따라서 집단사회복지사의 인간적 특성인 진솔한 개방적인 태도는 집단실천에서 매우 중요하다.

4) 활력

활력이란 성원들을 이해하고 그들의 욕구를 충족시키기 위해 활용하는 집단사회복지사의 역동적인 자원을 말한다. 이것은 집단과정에 대한 믿음에서 비롯되며, 전문가로서의 카리스마(charisma)로 이어지기도 한다. 에너지와 열정이 넘치는 집단사회복지사는 자신을 솔직하게 표현하고, 실천 중심의 행동을 통해 생동감 넘치는 지도력을 발휘한다(Gladding, 2016). 또한 활력이 충만한 집단사회복지사는 자신의 약점을 기꺼이 인정하기 때문에 그것을 숨기기 위해 에너지를 낭비하지 않는다.

집단실천은 흥미로울 수 있는 동시에 힘들고 고생스러울 수도 있는 과정이다. 그래서 집단사회복지사는 신체적 및 심리적 지구력이 필요하며, 집단과정에서 활력을 유지하기 위해서는 압력을 견디는 능력도 필요하다. 이를 위해 집단사회복지사는 자신의 에너지 수준을 인식해야 하며, 나아가 심적 자양분을 위해 집단의 외부 자원으로부터 에너지를 공급받아야 한다. 그렇지 않으면 집단사회복지사는 자칫 자신이 기대한 집단과 실제 집단 간의 불일치로 인해 열정을 상실하고 자신과 성원들을 비난하는 모순에 빠지기 쉽다. 집단목적의 달성에만 전력을 다하거나 집단의 성과에 대해 비현실적인 기대와 극적인 변화를 갈망하는 집단사회복지사는 오히려 활력을 상실하여 집단에 대해 실망할 수도 있다(강진령, 2019).

5) 타인의 복지에 관한 관심

타인의 복지에 관한 관심은 집단사회복지사의 필수적인 인간적 특성이다. 타인의 복지에 관한 관심이란 집단사회복지사가 성원들이 행복한 삶을 영위하도록 배려하는 마음을 성심껏 보살피는 행동으로 실천하는 것을 의미한다. 이는 집단사회복지사의 개인적 목적이나 이익을 위해 성원들을 이용하지 않는다는 것이다. 보살핌은 성원들을 진심으로 존중하고 신뢰하며 가치 있는 존재로 대하는 것이다. 어떨 때는 어떤 성원을 보살피는 것이 매우 힘들 수도 있지만, 적어도 도우려는 마음은 있어야 한다.

집단사회복지사가 보살핌의 태도를 보이는 방법으로는 성원들에게 참여 기회를 제공하고 어느 정도까지 참여할지는 스스로 결정하도록 하는 것이다. 혹은 성원의 말과 행동 간의 불일치가 있을 때, 지나친 두려움과 저항이 나타나지 않는 방식으로 직면시키는 것이다. 또한 집단사회복지사는 성원들의 복지에 관해 관심이 있다는 것을 말로만 표현하기보다 따뜻함, 관심, 지지 등을 보내는 것이다. 따라서 집단사회복지사는 항상 관심을 가지고 성원들의 욕구를 정확하게 파악하는 것이 타인의 복지에 관한 관심을 실천하는 방법이다.

6) 유머 감각

집단사회복지사의 유머 감각은 성원들의 얼굴에 웃음이나 미소를 지을 수 있는 말이나 행동을 할 수 있는 능력을 말한다. 유머 감각은 분위기 전환과 대인관계의 형성과 유지에 매우 중요한 요소이다. 때때로 성원들은 긴 시간 자신의 관심사와 문제에 집중하다 보면, 전체적인 시각에서 그것을 조망할 기회를 놓치게 된다. 집단실천이 진지한 개입 과정이라 하더라도, 집단사회복지사의 유머는 함께 웃음으로써 성원들의 긴장을 완화하는 촉매제로 작용하여 그 문제를 새로운 관점에서 바라보는 기회가 된다. 이런 점에서 유머 감각을 가진 집단사회복지사가 집단과정에서 시의적절한 유머를 활용한다면, 치료 효과를 얻을 수 있다. 하지만 유머를 너무 남발하거나 집단과정에 부적합한 유머는 성원을 희생양이나 조롱거리의 대상으로 여길 수 있다는 점에서 주의가 필요하다(Gladding, 2016).

7) 새로운 경험 추구

집단사회복지사의 인격은 주로 자신의 다양한 인생 경험으로 형성된다. 집단사회복지사의 인생 경험의 폭이 넓을수록 다른 가치관을 가진 성원들의 심리 세계를 이해하는 능력이 그만큼 넓어진다. 집단사회복지사는 성원 간의 차이를 진심으로 존중하고 그것으로부터 기꺼이 배우려고 한다면, 성원들의 신뢰를 얻게 된다.

집단사회복지사는 자기 삶의 문제를 인식하고, 다양한 관점에서 조망해 볼 필요가 있다. 모든 성원이 경험한 문제를 집단사회복지사도 경험하기를 기대하는 것은 비현실적이지만, 집단사회복지사는 최소한 자신이 경험한 감정을 확인해야 한다. 성원들이 경험하는 감정은 어떤 의미에서 상당히 유사하다. 비록 그 원인은 다를 수 있지만, 모든 성원은 비슷한 삶의 사건에 대해 공통의 느낌을 경험한다. 따라서 성원들의 삶을 공감할 수 있는 하나의 근거는 집단사회복지사가 삶의 문제에 휩쓸리지 않으면서도 그 경험에 대해 개방적인 태도를 보이는 것이다. 집단사회복지사는 생활 경험의 범위가 넓을수록 다양한 사람을 만날 수 있으므로 그만큼 사람을 폭넓게 이해할 수 있다. 이러한 경험은 다양한 상황에 있는 성원들의 처지를 이해하고 돕는 데 많은 도움이 된다 (Corey & Corey, 2017).

8) 창의성

창의성이란 사고의 다양성과 독창성을 말한다. 집단사회복지사의 창의성이란 집단과정의 회기를 매번 답습하기보다는 새로운 아이디어, 프로그램 및 기법 등을 집단실천에 적용하는 능력을 말한다. 이처럼 순간적으로 독창적일 수 있는 능력인 창의성은 집단사회복지사의 중요한 인간적 특성이다. 만약 집단사회복지사가 반복된 형식으로 집단과정을 시행한다면, 집단실천은 진부하거나 지루할 가능성이 크다. 하지만 창의적인 집단사회복지사는 프로그램이나 기법의 변화를 계속해서 추구하기 때문에 그 집단과정은 생동감이 넘친다.

유머 감각이 있는 집단사회복지사와 공동으로 집단과정을 진행하거나 때로 집단과 약간의 거리를 유지하는 것도 창의적인 관점을 유지하는 데 도움이 된다. 또한 집단사회복지사의 창의성은 성원들이 제시한 단서를 토대로 그들의 문제를 탐색할 방법을 찾아내는 능력도 포함된다. 이럴 때, 집단사회복지사는 자신이 선택한 기법의 이론을 토대로 다양한 창의적 기법과 프로그램을 만들 수 있다. 이와 함께 집단사회복지사가 전문 서적과 다양한 분야의 서적을 읽고, 정기적으로 관련 분야의 세미나에 참석하는 것도 창의성을 계발하는 방법이다.

9) 집단과정에 대한 믿음

어떤 집단사회복지사는 집단실천이 성원들에게 의미 있는 변화를 줄 수 있다는 사실을 믿지 않으면서 형식적으로 집단과정을 진행하기도 한다. 집단사회복지사는 집단과정의 가치를 믿고, 집단이 성원들에게 어떻게 힘을 불어넣는가에 대한 비전이 있어야 한다. 이처럼 집단과정에 대한 집단사회복지사의 가치와 믿음은 집단실천의 성과와 밀접한 관련이 있다. 따라서 집단사회복지사는 자신이 하는 역할을 믿고, 집단실천의 치료적 요인을 신뢰해야 한다. 집단사회복지사의 열정과 확신은 집단과정에 성원들의 마음을 끌어당기고 참여동기를 부여하는 데 강력한 힘이 될 것이다.

10) 공감적 이해 능력

성원들의 감정을 함께 경험하고 나누는 집단사회복지사의 공감적 이해 능력은 매우 중요한데, 이는 성원들에 대해 민감하고 정확하게 이해한 것을 바탕으로 그들과 교류할 수 있는 능력을 의미한다. 어떤 성원은 집단사회복지사에게 분노를 표시하고, 다른 성원은 고통이나 슬픔, 죄책감이나 행복을 보일 수 있다. 이때 집단사회복지사는 자신의 감정 반응에 주의를 기울임으로써 성원들의 감정에 더 몰입할 수 있다. 집단사회복지사가 성원들의 감정을 충분히 경험하는 것은 공감적 이해 능력을 향상하는 기회가 된다. 동시에 성원들의 경험에 감동할 때 집단사회복지사는 그들의 상황에 지나치게 동일시하는 것을 피하면서 독립된 개인으로 남아 있어야 한다. 이처럼 집단사회복지사가 성원들과 함께하는 능력을 향상하기 위해서는 집단과정을 시작하기 전에 얼마 동안 혼자만의 시간을 가지면서 마음을 가다듬어야 한다. 즉, 모든 성원과의 관계를 증진하는 방법에 대해 생각함으로써 스스로 집단과정을 준비하는 것이 좋다.

2. 집단사회복지사의 역할

집단과정의 긍정적 결과는 집단사회복지사(group worker)가 자신의 역할을 얼마나 효과적으로 수행하느냐에 달려 있을 정도로 집단에서 차지하는 그의 역할은 매우 중요하다. 이러한 집단사회복지사의 역할은 성원들과의 상호작용 속에서 이루어지며 전문가로서 기대되는 일련의 행동 유형과 속성으로 구성된다. 집단에서 집단사회복지사의 행동은 성원들의 기대와 자신이 발전시킨 집단 체계의 성격에 의해 영향을 받는다. 집단사회복지사는 전문적 권위를 통해 성원들의 태도와 행동에서 변화가 나타나도록 영향을 미치며, 집단과정에도 영향을 미친다.

전문적인 역할을 수행하는 집단사회복지사의 가장 기본적이며 필수적인 조건은 집단 및 성원들과 맺는 관계이다. 이 관계의 성격과 질에 따라 집단발달과 성원들의 집단과정은 큰 영향을 받는다. 이런 관계는 집단사회복지사의 수용, 감정이입, 객관성, 성실성 등을 통해 발전하고 유지되며, 그 특성은 전문적이다(남세진 · 조흥식, 1998). 집단사회복지사는 성원이 아니라 집단에 대해 특별한 역할과 기능을 수행하는 전문가이다. 성원들은 자신의 필요와 관심에 따라 집단에 참석할 수도 있고 하지 않을 수도 있다. 그러나 전문가인 집단사회복지사는 성원으로서 집단에 참여하는 것이 아니라, 집단과 성원들에게 전문적인 원조를 제공하는 역할을 수행하기 위해 참여한다. 즉, 성원과는 다르게 집단사회복지사는 집단을 구성하여 도움을 제공하면서 전문적인 판단과 활동을 하며, 기관의 대행자로서 과업을 부여받고, 성원을 선택하는 역할을 수행한다(Henry, 1981).

이처럼 집단사회복지사가 전문적 책임을 진다는 것은 많은 어려움이 따른다. 집단사회복지사는 자신을 깊이 이해하고, 개인적인 충동을 잘 다루어서 집단과정에서 개인적 속성이 영향을 미치지 않도록 주의해야 한다. 특히 전문가로서 역할을 수행하면서 집단사회복지사는 개인적 관심이나 욕심을 억제하는 것이 어려울 때가 있다. 일반적으로 집단실천은 다양한 프로그램 활동을 통해서 이루어지는데, 이런 프로그램 활동에서 집단사회복지사는 자신도 모르게 개인적 흥미를 느끼는 것이 집단과정에 영향을 미칠 수 있기 때문이다.

이러한 전문가의 역할을 통해 집단사회복지사는 집단과 성원들에게 이바지한다. 특히 집단사회복지사의 역할은 성원들에게 정서적 자극, 보살핌, 칭찬, 보호, 수용, 해석, 설명 등을 제공하는 것이다(Yalom, 1995). 또한 집단사회복지사는 자기개방을 통해 성원들의 모델로서 역할과 인간으로서 한계를 설정하고 규칙을 강화하며 시간을 관리하는 역할을 수행한다. 그리고 집단사회복지사의 일반적 역할로는 성원들이 다루는 과제를 측면에서 도와서 이것을 가능하게 하는 역할, 성원들에게 필요한 변화를 일으키는 역할, 성원 간의 상호작용을 중시하며 필요에 따라 성원과 사회자원 간의 매개자 또는 자료제공자의 역할 등이다(남세진 · 조흥식, 1998).

집단목적의 달성과 긍정적인 결과를 얻기 위해서는 집단사회복지사의 집단진행의 경험 정도가 영향을 주지만, 그 집단경험을 총체적으로 이해하는 것이 더 중요하다. 즉, 집단사회복지사는 성원들의 심리적 역동성, 집단과정에 영향을 미치는 복잡한 역동성의 변화, 성원 간의 상호작용과 집단역동성의 원리 등을 파악하는 전문적 지식이 필요하다. 집단사회복지사는 능숙하게 집단과정을 운영함으로써 성원들의 성장과 발달을 도모할 수 있는 분위기와 여건을 조성해야 한다. 집단에 참여하는 모든 성원이 긍정적인 경험을 하는 것은 아니다. 실제로 긍정적인 결과를 얻은 집단이더라도 어떤 성원들은 심각한 손해를 입을 수도 있다. 그러므로 집단과 성원들이 집단목적을 달성할 수 있도록 집단사회복지사는 온갖 노력을 다하여야 한다. 또한 집단사회복지사는 다양한 실천기술을 적절하게 사용할 수 있는 전문적인 능력을 갖추어야 자신의 역할을 충실히 수행할 수 있다.

이처럼 집단사회복지사는 집단과 성원들이 집단목적을 달성하도록 원조하기 위해 지도자로서 활동한다. 먼저 집단 내부에서 집단사회복지사는 집단역동성의 변화를 위해 개입하고, 성원들의 변화를 원조한다. 즉, 집단사회복지사는 집단의 규범을 설정하고 구조화하고, 상호작용을 자세히 관찰하며, 상황에 따라 성원들에게 의미 있는 반응을 보인다. 또한 집단과정을 해석하고, 성원들을 보호하고 격려하고 비판 없이 수용한다. 이처럼 집단에서 집단사회복지사가 무엇을 말하고 어떻게 행동하느냐는 성원들에게 강력한 학습 경험을 제공하기 때문에 집단사회복지사의 말과 행동은 그들에게 본보기가 된다(강진령, 2011). 다음으로 집단 외부에서 집단사회복지사는 집단이 기능하는 환경에 영향을 미치는 기관의 정책이나 집단과정에 필요한 자원을 확보하기 위해 개입한다. 이러한 집단사회복지사의 주요 역할을 살펴보면 다음과 같다(Toseland & Rivas, 2012).

1) 조력자

조력자(enabler)는 모든 개입 과정에서 가장 기본적인 집단사회복지사의 역할이다. 조력자로서 집단사회복지사는 성원들이 집단목적을 달성할 수 있도록 개입 계획을 수립하고, 그러한 활동에서 성원들이 자신의 감정과 관심사를 표현하도록 격려한다. 또한 집단과정에 대한 성원들의 반응을 점검하고, 성원들이 자기 생각을 집단에서 공유할 수 있도록 격려한다. 집단과정에서 성원들의 공헌에 대해 칭찬하고, 계속해서 참여하도록 격려한다. 집단사회복지사는 성원들이 어려운 문제를 해결할 수 있도록 상호 원조하는 지지적인 집단문화를 만들도록 돕는다. 그리고 집단사회복지사는 성원들이 어려운 문제에 대처하기 위해 자신의 장점과 자원을 발견하여 이를 활성화하도록 원조한다(Compton & Galaway, 1999).

2) 중개자

중개자(broker)로서 집단사회복지사는 성원들이 집단목적을 달성하는 데 활용할 수 있는 지역사회의 자원을 파악하여 알려주며, 서비스 이용의 자격 조건에 대해서도 정보를 제공한다. 성원들이 필요한 서비스를 받을 수 있도록 다른 기관에 의뢰하는 활동도 중개자의 역할에 해당한다. 이러한 중개자의 역할을 적절히 수행하기 위해서 집단사회복지사는 지역사회 자원에 관한 최신 정보와 자원 목록을 준비해야 한다. 이런 정보와 자원 목록을 활용하여 성원들에게 가장 적절한 서비스를 제공할 수 있는 기관을 파악할 수 있다. 또한 집단사회복지사가 자원 체계의 정책에 대한 이해와 의뢰 기관의 사회복지사 혹은 실무자와 좋은 관계를 맺는 것은 중개자로서 성공적인 의뢰를 위한 필수적인 요소이다.

3) 중재자

중재자(mediator)로서 집단사회복지사는 성원 간의 갈등이나 상반되는 관점 등을 해결할 수 있도록 원조하는 역할을 수행한다. 중재자로서 집단사회복지사는 정확하고 완전한 정보를 수집했다고 확신할 때까지 한쪽 편을 들지 않고 중립성을 지켜야 하며, 자신의 개인적인 판단이나 가치를 배제하는 것이 중요하다. 갈등의 원인을 찾았다면 집단사회복지사는 오해의 부분을 명확히 하고, 서비스 전달을 방해하는 부정적인 감정을 극복하는 것을 목적으로 건설적이고 개방적인 의사소통을 통해 쌍방이 받아들일 수 있는 합의나 타협점을 찾도록 해야 한다.

4) 옹호자

집단사회복지사가 옹호자(advocate)의 역할을 하는 경우는 중개자의 역할이 성공을 거두지 못하거나 주변 환경이 성원들의 욕구와 어긋날 때이다. 즉, 옹호자로서 집단사회복지사는 성원이 특정 서비스로부터 거부당할 때 그 서비스를 확보하고 확대할 수 있도록 원조한다. 이럴 때 집단사회복지사는 필요한 서비스나 자원을 이용하려는 성원을 대신하여 그의 관심과 욕구를 대변할 수 있다. 옹호자로서 집단사회복지사는 성원의 충족되지 못한 욕구를 지역사회나 기관이 파악하여 새로운 서비스나 자원을 개발하도록 원조하고, 현재의 상태나 규칙을 변화시키기 위하여 대항자의 역할을 하는 것이다. 성원을 자원과 연결한다는 점에서 볼 때, 옹호는 성원을 대신해서 자원과 서비스를 획득하는 활동 과정을 말한다.

5) 교육자

교사 혹은 교육자(educator)로서 집단사회복지사는 성원들의 사회적 기능 및 문제 해결 능력의 향상을 위해 교육 프로그램을 시행하거나 새로운 정보를 제공한다. 또한 교육자로서 집단사회복지사는 새로운 혹은 개선된 행동을 보여주거나 행동 모델이 되며, 문제 상황에서 어떻게 해야 하는지를 배울 수 있도록 역할극과 모의 연습을 하도록 제안한다. 이런 과정을 통하여 집단사회복지사는 성원들이 특정 상황에 대처하는 데 필요한 새로운 지식과 기술을 습득하도록 돕고, 적응 기술을 배우도록 교육한다. 이를 위해 교육자로서 집단사회복지사는 인간 행동의 지식과 기술을 알아야 하며, 다양한 시청각 기자재를 활용한 교육방법을 사용하는 것이 필요하다.

3. 집단 지도력

1) 지도력의 성격

'강한 장수 밑에 약한 졸개 없다.'라는 말은 집단사회복지사의 행동에 따라 성원들이 많은 영향을 받는다는 것을 말해 주는 격언이다. 또한 현대사회에서도 지도력은 매우 중요한데, 집단과 지도력의 관계는 자동차와 엔진에 비유할 만큼 중요한 지표가 된다. 집단목적의 달성을 위해 성원들의 특성을 파악하고 상호 연결하여 시너지 효과를 만들어 내는 집단사회복지사의 역할이 매우 중요하다. 따라서 집단실천 결과의 차이는 대부분 집단사회복지사의 지도력에 따라 결정된다고 할 수 있다. 즉, 집단사회복지사의 지도력이 훌륭하면, 집단과정은 좋은 결과를 얻을 수 있다.

이러한 지도력에 대한 다양한 정의가 있지만, 일반적으로 지도력이란 집단 상황 속에서 집단목적의 달성을 위해 성원들에게 영향력을 행사하는 과정을 말한다. 여기서 영향력을 행사하는 과정에는 성원들을 변화시키고, 새롭게 하며, 힘을 주고, 영감을 주는 행위를 말한다(김성국, 2004). 따라서 지도력은 공식적으로 상이나 벌을 행사함으로써 집행되는 강제력과는 구별되는 개념이다(Etzioni, 1965). 이러한 지도력은 집단사회복지사의 인간성이나 능력, 성원들의 욕구와 집단 분위기, 집단환경 등이 복합적으로 작용하여 형성되는 영향력이다. 그러므로 집단의 성격에 따라서 지도력의 성격도 다양할 수밖에 없다.

2) 집단 지도력의 유형

집단 지도력은 집단 속에서 집단사회복지사와 성원 간의 역할 관계를 규정하는 조건으로 파악될 수도 있다. 이러한 집단 지도력은 집단에서 활동에 앞장서기도 하고, 중요한 정책의 최종 결정권을 행사하기도 하며, 성원들을 대표하기도 하는 형태로 나타난다. 이처럼 집단 지도력을 이해하기 위해서는 그 유형을 파악하는 것이 필요하다. 다양한 집단 지도력의 유형이 있지만, 여기서는 집단사회복지사가 성원들에게 권력을 행사하는 형태와 정도에 따른 집단 지도력의 유형을 살펴보고자 한다. 르윈(Lewin, 1944)은 집단 지도력을 독재형, 민주형, 방임형 등으로 분류하였는데, 그 특징을 집단실천과 관련하여 살펴보면 다음과 같다(지용근 외, 2004; Gladding, 2016; White & Lippitt, 1960).

첫째, 독재형(autocratic) 지도력은 권위형 지도력이라고도 하는데, 집단의 의사결정, 지위 및 통제 기제 등과 관련된 중요한 사항은 주로 집단사회복지사가 결정한다. 독재형 지도력은 성원들이 변화에 필요한 통찰이나 집단행동을 독자적으로 발전시킬 수 없을 뿐만 아니라 자기 주도적이지 못하여 심리적으로 고통스러운 상황에 처하게 되었다고 믿기 때문에 전문가의 도움이 필요하다는 것이 기본 가정이다. [그림 5-1]에서 볼 수 있듯이, 독재형 지도력은 집단실천의 활동에 관해 결정을 내릴 때 성원들의 의견을 수렴하지 않고, 집단의 목표를 성원들과 토의하지 않으며, 자신의 권위를 강조하고, 누가 어떤 일을

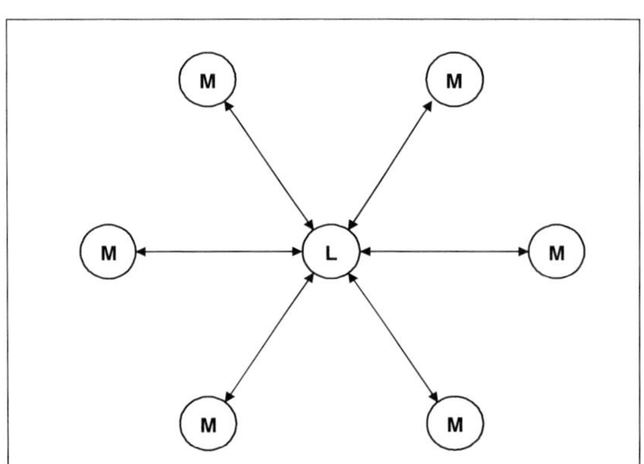

[그림 5-1] 독재형 지도력

할 것인가를 지시하는 경향이 강하다. 즉, 독재형 지도력은 공식적 지위의 권력에 주로 의존하고 주어진 과업의 수행에 높은 가치를 두지만, 성원들의 욕구와 그들과의 관계는 무시하는 유형이다.

둘째, 민주형(democratic) 지도력은 참여형 또는 집단 중심적 지도력이라고도 하는데, 집단목적의 설정, 의사결정 및 활동 등은 성원들의 자발적인 참여를 통해 이루어진다. 민주형 지도력은 독단적으로 집단실천의 방향을 설정하거나 성원들의 관심과 문제에 대해 최종적인 결정을 내리지 않는다. [그림 5-2]에서 볼 수 있듯이, 민주형 지도력은 모든 활동을 시작하기 전에 항상 집단과 토론하고, 성원들이 해야 할 일을 스스로 결정하도록 하며, 평등한 분위기를 조성하기 위해 노력한다. 또한 민주형 지도력은 자신이 모든 문제의 해답을 알고 있는 전문가가 아니라 인간발달 과정을 촉진할 수 있는 개인으로 본다. 이처럼 민주형 지도력은 성원이 집단 내에서 다른 성원들의 변화에 이바지할 수 있도록 적극적인 참여를 유도하기 위해 주로 경청 기술을 활용한다.

셋째, 방임형(laissez-faire) 지도력은 집단사회복지사가 소극적이고 방임적인 태도를 보이는 유형이다. 즉, 방임형 지도력은 집단과정에 거의 개입하지 않으며 성원들이 이끌어 가도록 허용하는 유형이다. 이 유형에서 집단과정과 결과에 대한 책임은 성원들에게 있다고 믿기 때문에 집단실천의 계획이나 절차는 전적으로 성원들이 설정하고 진행한다. [그림 5-3]에서 볼 수 있듯이, 이런 분위기의 집단에서 성원들이 모든 결정을 내리며, 집단사회복지사는 주로 기술적인 정보를 제공하는 사람으로서만 기능한다. 이 유형의 가장 큰 문제는 성원들이 집단을 통해 얻을 수 있는 것이 거의 없다는 것이다.

이러한 세 가지 유형의 집단 지도력 중에서 독재형의 지도력은 생산성이 비교적 높지만, 성원들의 사기는 매우 낮다. 방임형의 경우, 성원들의 사기는 비교적 높지만, 생산성은 매우 낮다. 이에 비교하여 민주형의 경우, 생산성과 성원들의 사기는 모두 높다. 이와 함께 가장 효과적인 집단 지도력 유형이 어떤 것인지를 예측하기 위해서는 집단 지도력에 영향을 미치는 상황적인 요소들을 살펴볼 필요가 있다. 상황적인 요소로는 집단 지도력에 대한 성원들의 기대, 집단 지도력을 획득하는 방식, 전체로서 집단의 욕구·과업·목표, 성원들의 사회·정서적 기술 및 과업, 집단 내·외부에 있는 권위의 속성, 집단과 집단 지도력에 부과되는 환경적 요구 등을 들 수 있다(Nixon, 1979).

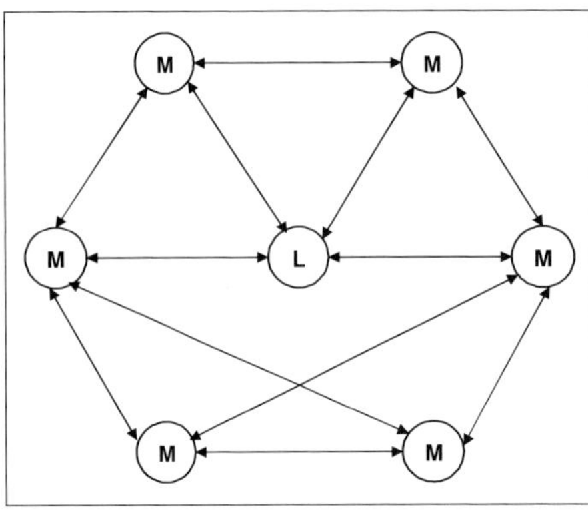

[그림 5-2] 민주형 지도력

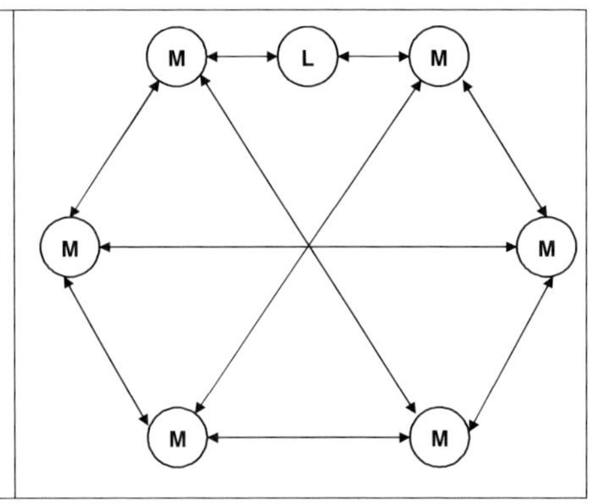

[그림 5-3] 방임형 지도력

4. 공동 지도력

공동 지도력(co-leadership)이란 두 사람 이상의 집단사회복지사가 서로 협조하여 하나의 집단을 이끄는 모형을 말한다. 이는 주로 초심 집단사회복지사가 집단실천 경험이 풍부한 집단사회복지사와 함께 집단과정을 진행한다. 여기서는 공동 지도력의 장단점과 모델을 중심으로 살펴보고자 한다.

1) 공동 지도력의 장단점

공동 지도력에 대한 경험적인 증거가 부족하므로 집단에서 두 명 이상의 집단사회복지사를 활용하는 장단점에 대해 충분히 고려해야 한다. 먼저 집단에서 공동 지도력의 장점을 살펴보면 다음과 같다(강진령, 2019; Jacobs et al., 2002; Toseland & Rivas, 2001).

첫째, 집단사회복지사의 소진(burnout)을 예방할 수 있다. 집단과정에서 성원들의 다양한 문제행동으로 집단사회복지사의 소진 가능성은 항상 잠재해 있다. 집단사회복지사가 집단과정을 이끄는 동안 다른 집단사회복지사는 문제행동을 보이는 성원에게 관심을 보임으로써 서로의 소진 가능성을 예방할 수 있다.

둘째, 성원들의 욕구를 충족하기 위해 집단사회복지사 간의 역할 분담이 가능하다. 즉, 한 명의 집단사회복지사는 목표에 집중하고, 다른 한 명은 사회·정서적 문제에 집중하는 방식으로 역할을 분담할 수 있다. 이처럼 집단사회복지사 간의 협의를 통해 상부상조하며 집단을 이끌 수 있지만, 성원들은 집단사회복지사들의 다른 역할에서 도움을 받을 수 있다.

셋째, 집단사회복지사 간의 상호 보완이 가능하다. 예를 들어 집단사회복지사가 갑작스러운 사고나 기타 사유로 집단과정에 참석하지 못할 경우, 다른 집단사회복지사가 그를 대신하여 단독으로 집단회기를 계속 진행할 수 있다. 또한 집단사회복지사가 일시적으로 정서적인 어려움을 겪는 경우, 다른 집단사회복지사가 더 적극적으로 집단과정을 이끌 수 있다. 이를 통해 어려움을 겪고 있는 집단사회복지사는 집단과정에 대한 부담과 책임감을 덜 수 있다.

넷째, 집단사회복지사 간에 피드백을 교환할 수 있으므로 전문적 성장의 기회가 된다. 즉, 집단사회복지사 간의 상호 평가와 피드백은 지지적인 동시에 도전이 될 수 있다. 특히 다른 관점에서 상호작용을 볼 수 있으므로 상호 피드백을 통해 집단사회복지사의 전문적 성장을 기대할 수 있다.

다섯째, 집단사회복지사 간의 집단운영방식과 전략에 대해 정보 교환이 가능하므로 초심 집단사회복지사에게 도움이 된다. 초심 집단사회복지사는 경험과 자신감 부족으로 집단과정에 상당한 부담감을 느낄 수 있다. 그러나 경험 많은 집단사회복지사와 함께 집단과정을 이끌게 되면, 좀 더 안정된 상태에서 집단사회복지사로서의 임상 경험을 축적할 수 있다.

여섯째, 갈등이 생겼을 때 성원들에게 적절한 갈등 해결 방법을 보여줄 모델이 될 수 있다. 집단에서 성원 간의 갈등이 발생했을 때, 성원들은 어떻게 반응하고 해결하는지에 대해 낯설어하며 혼란스러워할 수 있다. 이때 집단사회복지사 간의 갈등 해결 방법을 모델링함으로써 자신의 상황에 적용할 수 있는 방법을 배울 수 있다.

일곱째, 집단과정에서 집단사회복지사가 정서적으로 격앙된 경우, 회기 후에 다른 집단사회복지사와 함께 그 문제에 대해 탐색해 볼 수 있다. 공동 지도력인 다른 집단사회복지사는 객관적인 관찰로 유익한 피드백을 제공하며, 비밀보장이 된다. 그러나 회기 중에 이런 감정이 나타났다면, 그 회기 동안 해결하는 것이 바람직하다.

마지막으로 공동 지도력은 역전이(countertransference)를 어느 정도 방지할 수 있다. 집단사회복지사는 집단과정에서 자신의 감정을 표현하고 피드백을 교환한다. 만일 한 집단사회복지사가 역전이가 발생할 정도로 성원들의 영향을 받으면, 집단과정에 부정적인 영향을 미칠 정도로 집단사회복지사의 객관성을 왜곡시킬 수 있다. 따라서 다른 집단사회복지사가 이에 개입하여 조정함으로써 역전이의 발생을 예방할 수 있다.

이처럼 두 명 이상의 집단사회복지사가 공동으로 집단과정을 진행함으로써 얻을 수 있는 다양한 장점이 있다. 하지만 공동 지도력은 다음과 같은 잠재적인 문제를 일으킬 가능성도 있다(Corey & Corey, 2001).

첫째, 두 명 이상의 집단사회복지사가 필요하므로 비용이 많이 든다. 특히 관련 기관으로서는 전문 인력을 비효율적으로 활용하는 것으로 여겨질 수도 있다.

둘째, 집단사회복지사 간에 정기적인 회합이 없다면, 의견의 불일치로 서로 다른 목적을 추구하게 되어 집단이 양극화가 되고 집단역동성에 부정적인 영향을 미칠 수도 있다(Yalom, 1995; Herzog, 1980). 이처럼 서로 보조를 맞출 수 없는 집단사회복지사들은 각자 원하는 방향으로 집단과정을 전개하기 때문에 성원들을 혼란에 빠뜨릴 수 있다. 이러한 문제를 예방하려면, 집단사회복지사들은 정기적인 만남을 통해 집단 지도력에 관해 서로의 생각을 조율할 필요가 있다.

셋째, 집단사회복지사 간의 경쟁심, 즉 권력 다툼이나 갈등이 유발될 가능성이 크다. 예를 들어 한 집단사회복지사가 집단실천의 시작부터 주도권을 잡고 집단의 통제와 결정을 한다면, 다른 집단사회복지사는 강한 불만을 품을 수 있다. 이런 불만은 집단사회복지사 간의 관계에 영향을 주어 결국 집단에도 부정적인 영향을 미친다. 따라서 집단실천에서 갈등을 해결하는 적절한 방법들을 집단사회복지사들이 보여줌으로써 모델로서 역할을 수행해야 한다. 그러므로 집단사회복지사는 의사소통 기술을 계속해서 다듬고 감수성을 재확인함으로써 공동으로 집단을 이끄는 것이 성원들에게 더욱 생산적이고 성장 지향적인 경험이 될 수 있도록 노력해야 한다.

넷째, 집단사회복지사 간의 신뢰와 존경에 근거한 관계를 맺지 못한다면, 다른 집단사회복지사의 유능함이나 개입방법을 인정하지 않고 자신의 견해만을 고수할 수 있다. 이것도 집단사회복지사 간의 일종의 경쟁심이나 열등감에서 비롯되는 경우이다. 따라서 집단사회복지사들은 신뢰와 존경을 바탕으로 서로의 전문성을 인정하고, 최대한 상호 보완하는 방향으로 공동 지도력을 발휘해야 한다.

다섯째, 집단사회복지사가 다른 집단사회복지사에 대항하여 성원들과 결탁

하여 그들을 편드는 경우가 발생할 수 있다. 예를 들어 집단사회복지사가 다른 집단사회복지사에 대한 부정적인 반응을 집단에서 표출하거나 부정적인 감정을 해소할 기회로 삼는다면, 집단은 큰 위기에 직면할 수 있다. 또한 성원들도 의도적 혹은 비의도적으로 집단사회복지사들을 갈라놓는 일을 만들기도 한다. 따라서 집단사회복지사들은 서로의 공동 지도력을 인정하고 효율성을 높이기 위해 노력해야 한다.

여섯째, 집단사회복지사들이 너무 친하다면, 자신들의 사적인 문제를 해결하기 위해 집단을 이용할 수도 있다. 간혹 집단사회복지사는 집단 전문가로서 수행해야 할 역할보다는 자기 개인의 이익을 위해 집단을 이용하기도 한다. 이때 다른 집단사회복지사와 너무 친한 관계가 오히려 문제를 더 악화하도록 하는 경우도 발생할 수 있다.

〈표 5-1〉 공동 지도력의 장단점

장점	단점
•집단사회복지사의 소진을 예방할 수 있다. •한 집단사회복지사는 목표에 집중하고 다른 집단사회복지사는 사회·정서적 문제에 집중하는 방식으로 역할 분담이 가능하다. •집단사회복지사 간의 상호 보완을 할 수 있다. •다른 관점에서 상호작용을 볼 수 있으므로 상호 피드백을 통해서 전문적 성장을 할 수 있다. •초심 집단사회복지사의 훈련에 효과적이다. •갈등이 발생할 때, 적절한 갈등 해결 방법을 보여줄 모델이 될 수 있다. •회기에서 한 집단사회복지사가 정서적으로 격앙된 경우, 다른 집단사회복지사와 함께 이 문제에 대해 탐색해 볼 수 있다. •공동 집단사회복지사가 있으므로 역전이를 어느 정도 예방할 수 있다.	•비용이 많이 든다. •공동 집단사회복지사 간의 정기적 회합을 하지 못하면, 서로 다른 목적을 추구하게 된다. •공동 집단사회복지사 간에 권력 다툼, 갈등, 경쟁 관계 등이 발생할 수 있다. •신뢰나 존경에 근거한 관계가 아닌 경우, 상대방을 인정하지 않고 자기 뜻만 고수할 수 있다. •한 집단사회복지사가 다른 집단사회복지사에 대항하여 성원들과 결탁할 수 있다. •집단사회복지사들이 친할 경우, 자신의 사적인 문제를 해결하기 위해 집단을 이용할 수도 있다.

2) 공동 지도력의 모델

공동 지도력의 세 가지 모델, 즉 상호 교체지도 모델, 공유지도 모델, 초심자 모델을 살펴보고자 한다. 이들 모델에서 공동 지도력인 집단사회복지사들은 기본적으로 각 회기의 목표와 활동을 서로 토의해야 한다. 어떤 모델을 사용할 것인가는 집단의 목적과 목표, 두 집단사회복지사의 경험과 개인적 스타일 등에 달려 있다(Jacobs et al., 2002).

① 상호 교체지도 모델

상호 교체지도 모델(alternate leading model)은 공동 지도력의 집단사회복지사들이 기본적인 역할을 상호 교체하는 것이다. 역할을 교대로 하는 것은 주로 주어진 회기를 계획하는 동안 결정된다. 예를 들어 한 집단사회복지사가 이번 주 회기를 책임진다면, 다른 집단사회복지사는 다음 주 회기를 책임지거나 혹은 한 집단사회복지사가 회기의 중반부까지를 책임지면 다른 집단사회복지사는 마지막까지 책임을 담당할 수 있다. 집단사회복지사들은 경험도 있고 함께 어울려 작업하며 역할을 자연스럽게 이동할 시기를 잘 알고 있어야 한다.

공동 지도력인 집단사회복지사들이 접근 방법에서 다소 차이를 보이거나 그들이 집단을 반대 방향으로 서로 이끌고 있다고 생각되면, 상호 교체지도 모델을 사용할 것을 고려해야 한다. 공동 지도력은 집단사회복지사가 특정한 어느 시간 동안은 다른 집단사회복지사의 간섭에 대해 걱정하지 않고서 집단을 이끄는 주된 책임감을 느끼도록 허용해야 한다. 이것은 다른 집단사회복지사가 완전히 소극적인 역할을 한다는 것은 아니다. 이와는 반대로 다른 집단사회복지사는 현재 집단을 이끄는 집단사회복지사를 지지하는 말을 할 수 있고, 집단에 도움이 되도록 명확하게 하거나 요약해 줄 수 있다.

② 공유지도 모델

공유지도 모델(shared leading model)은 특정한 시간 동안 지도자가 정해지는 것이 아니라 지도력을 함께 나누는 것이다. 집단사회복지사들은 서로 번갈아 가며 공동으로 집단을 이끈다. 비록 이 모델은 함께 집단을 이끌지만, 때때로 활동을 하거나 개별적인 작업을 할 때는 한 집단사회복지사가 책임을 지게 된다. 또한 다른 집단사회복지사는 어느 적절한 순간에 들어갈 준비를 하며 같은 방향으로 계속 이끌어간다.

이 모델을 사용할 때 집단사회복지사들은 각자 다른 집단사회복지사의 말을 반복하지 않도록 주의해야 한다. 즉, 집단사회복지사가 어떤 것에 대해 말하면, 다른 집단사회복지사도 앞서 말한 것과 거의 비슷한 말을 할 수도 있다. 또한 집단사회복지사들이 서로의 집단 지도력에 대해 논평을 하지 않는 것이 중요하다. 집단사회복지사가 다른 집단사회복지사의 집단 지도력에 대해 계속해서 논평하면 성원들이 배제되기 때문이다.

③ 초심자 모델

초심자 모델(apprentice model)은 집단사회복지사가 다른 집단사회복지사보다 경험이 더 많은 경우로, 집단실천은 경험이 더 많은 집단사회복지사가 이끌게 된다. 경험이 많은 집단사회복지사가 다양한 상황에서 집단과정을 이끄는 것을 초심 집단사회복지사는 보기도 하고 실제로 실행함으로써 배울 수 있다. 이 모델의 장점은 경험이 부족한 집단사회복지사는 도움이 필요할 때 자신을 도와줄 집단사회복지사가 있음에 편안해할 수 있다. 또한 경험이 많은 집단사회복지사는 같이 계획하고 회기를 끝낼 때 함께 결과를 정리할 집단사회복지사가 있다는 것이다. 그리고 유능한 집단사회복지사는 집단과정을 어떻게 하면 효과적으로 이끄는지를 다른 집단사회복지사에게 가르쳐 주는 기쁨도 느낄 것이다.

결과적으로 어떤 공동 지도력의 모델을 선택하든 간에 집단실천의 결과는 많은 요소에 영향을 받는다. 가장 중요한 것은 집단사회복지사의 집단 지도력 유형, 성원들이 필요로 하는 것들, 그리고 이러한 시도를 함께 계획하고 운영할 상호 양립할 수 있는 공동 집단사회복지사로서의 유용함 등을 들 수 있다. 어떤 모델을 선택하더라도 공동 지도력인 집단사회복지사들이 집단에서 일관된 분위기를 유지하고 공동의 목표를 향해 가는 것이 가장 중요하다. 이렇게 되기 위해서는 서로의 의견을 주의 깊게 듣고 비언어적인 단서들로 서로를 이해할 수 있어야 한다. 특히 서로에게 주의를 기울이므로 공동 지도력인 집단사회복지사들은 상대방의 공동 지도력 유형이 성원들에게 미치는 효과도 잘 관찰해야 한다. 만약에 성원들이 혼란스러워하거나 참여 동기가 지속하지 않는다면, 집단사회복지사들은 공동 지도력에서 그 문제의 원인을 찾아야 한다.

CHAPTER 06

집단실천 기술

Understanding of Group Work Practice

CHAPTER

06 집단실천 기술

학습목표

- 집단과정 촉진 기술을 설명할 수 있다.
- 자료수집 및 사정 기술을 설명할 수 있다.
- 행동 기술을 설명할 수 있다.

집단사회복지사의 성격적 특성은 집단과정의 결과에 큰 영향을 미치는 요인이다. 하지만 집단사회복지사가 좋은 뜻을 가지고 열정적으로 집단을 진행하는 것이 효과적인 집단과정에 필요한 전부는 아니다. 집단사회복지사는 지도력에 필요한 성격적 특징뿐만 아니라 집단 상황과 관련한 기본적인 개입 기술이 있어야 한다. 집단실천 기술은 집단목적의 달성과 성원들의 개별 목표 달성에 도움이 되도록 집단을 돕는 활동을 말한다. 이런 기술은 개별실천에서 사용하는 기술과는 다른 측면이 있다. 또한 집단실천 기술은 학습을 통해 어느 정도 배울 수 있지만, 습득한 기술을 섬세하고 시의적절한 방식으로 사용하는 데는 기술적인 요소가 필요하다. 또한 이런 기술은 집단사회복지사가 지도감독의 경험, 실제 집단경험, 피드백 및 자신감 등과 관련이 있다(조선미, 2004; Corey & Corey, 2002). 이러한 집단사회복지사의 기술 범주를 〈표 6-1〉과 같이 집단과정 촉진 기술, 자료수집 및 사정 기술, 행동 기술 등으로 구분하여 살펴보고자 한다(Toseland & Rivas, 2012).

〈표 6-1〉 집단사회복지사의 기술 범주

집단과정 촉진 기술	자료수집 및 사정 기술	행동 기술
•성원의 참여 촉진 •주의집중 기술 •표현 기술 •반응 기술 •초점화 기술 •집단과정의 명료화 •내용의 명료화 •집단 상호작용의 지도	•확인 및 묘사하기 •정보 요청, 질문 및 탐색하기 •요약 및 세분화하기 •통합 기술 •분석 기술	•지지 •재명명 및 재정의 •성원 간의 의사소통 연계 •지시하기 •조언, 제안, 교육 •자원 제공 •자기 노출 •모델링, 역할극, 시연, 코칭 •직면 •갈등 해결

1. 집단과정 촉진 기술

집단과정 촉진 기술은 집단사회복지사가 집단과정에 긍정적 영향을 미치려는 의도가 있을 때 사용하는 기술이다. 일반적으로 집단과정 촉진 기술은 성원 간의 이해를 증진하고, 개방적인 의사소통 체계를 구축하고, 신뢰감을 형성하도록 하여 집단실천의 긍정적인 성과에 이바지한다(Toseland & Rivas, 2012).

1) 성원의 참여 촉진

모든 성원이 집단실천에 관심을 가지고 적극적으로 참여하는 것이 가장 이상적이다. 이것을 얄롬(Yalom, 1995)은 성원의 경험에 대한 보편성이라 하였다. 소외되거나 침묵하는 성원은 자기개방에 대한 두려움이 있거나, 집단에 대한 신뢰감이 형성되지 않아서 집단과정의 참여가 원활하지 않을 수 있다. 이때 집단사회복지사는 성원이 참여에 대한 부담을 느끼지 않으면서 집단과정에 참여하도록 도와야 한다. 집단과정에 성원의 참여를 촉진하기 위해 집단사회복지사는 순서대로 말하기, 말을 이어주는 질문하기, 손들기, 쓰기 과제 활동 등의 방법을 적용할 때 시선 맞추기, 몸 기울이기, 흥미와 관심 표현하기와 같은 행동을 적극적으로 이용할 필요가 있다. 성원이 집단과정에 참여함으로써 자신의 생활 경험에서 공통점과 차이점을 확인할 수 있으며, 다른 성원들의 문제 해결 방법이 자신에게 직·간접적으로 어느 정도 도움이 되는지를 알게 된다. 이처럼 성원의 참여 촉진으로 자신을 탐색하고, 집단응집력이 형성되고, 상호 원조가 발달하고, 의사결정을 공유하게 된다.

2) 주의집중 기술

주의집중 기술(attending skills)은 집단사회복지사가 성원들의 비언어적 행동(눈 맞춤, 몸짓 등)과 언어적 행동(감정이입, 존경, 따뜻함, 신뢰, 진실성, 정직성 등)의 모든 것에 주의를 집중함으로써 상대방의 말과 행동에 대한 느낌과 존중의 메시지를 동시에 전달하는 능력이다. 이 기술은 긍정적인 상호작용의 관계(rapport), 수용의 분위기 및 성원 간의 응집력을 형성하는 데 유용하다. 효과적인 주의집중 기술에는 성원들의 말을 반복하거나 다른 말로 표현하는 것, 좀 더 자세하게 설명해 달라고 요청하는 것, 성원들이 말한 내용의 이면에 숨어 있는 의미에 감정이입해서 반응하는 것, 성원들과 눈 맞춤을 하거나 고개를 끄덕임으로써 그들에게 관심이 있다는 것을 표현하는 것 등이 해당한다. 집단사회복지사는 어떤 성원에게 주의를 기울인다고 하여도 그 성원에 대한 다른 성원들의 반응을 파악함으로써 집단과정에 참여한다(Middleman & Wood, 1990).

3) 표현 기술

표현 기술(expressive skills)은 성원들이 자기 생각이나 느낌을 자유롭고 편안하게 표현하도록 원조함으로써 집단과정을 촉진한다. 집단사회복지사는 집단의 중요한 문제나 과업 혹은 직면한 이슈 등에 대해 요약함으로써 성원들이 자기 생각과 감정을 자유롭게 표현하도록 원조해야 한다. 또한 성원들도 적당한 시점에 목적 지향적인 방식으로 자기 생각과 감정을 가능한 한 자유롭게 표현해야 한다. 성원들은 종종 집단이나 다른 성원들에게 영향을 미치는 이전의 금기 영역에 대해서 공개적으로 논의함으로써 이익을 얻을 수 있다. 자기개방은 이런 목적을 위해 효과적으로 사용할 수 있는 표현 기술이다. 즉, 성원들이 말하기를 주저하거나 어려워하는 주제와 관련하여 먼저 집단사회복지사가 자기 생각, 가치, 느낌, 태도 등을 드러내는 자기개방을 함으로써 개방적인 의사소통이 이루어질 수 있는 계기가 된다.

4) 반응 기술

반응 기술(responding skills)은 집단목적과 성원의 개별 목표 달성에 도움이 된다. 집단사회복지사는 포착하기 힘든 메시지를 파악하여 설명하거나, 성원들과 집단에 더 적합하게 메시지를 수정하는 것이 반응 기술의 예이다. 특히 집단사회복지사는 미래의 집단과정에 영향을 미치는 특정한 반응을 끌어내기 위해 선별적으로 반응 기술을 사용할 수 있다. 예를 들어 집단사회복지사의 반응이 성원의 노력을 지지한다면, 그는 그 과업이나 행동을 계속 수행할 것이다. 하지만 집단사회복지사가 성원의 말이나 행동에 동의하지 않으면, 그는 집단사회복지사의 말에 반응하거나 혹은 침묵하면서 그 말이나 행동을 계속하지 않을 것이다. 따라서 집단사회복지사는 성원의 특정한 의사소통에 선별적으로 반응함으로써 이후의 의사소통 유형에 영향력을 행사할 수 있다.

5) 초점화 기술

초점화 기술(focusing skills)이란 언어적 의사소통의 흐름을 지도하거나 특정 시점에서 집단목적과 일치하는 주제를 집단에서 지속적이고 의도적으로 다루는 것을 말한다. 이 기술의 목적은 관심의 초점을 유지하는 것으로 집단과정이 이전의 상황으로 되돌아가도록 하거나 새로운 주제로 이동할 수 있도록 하는 것이다. 이처럼 집단사회복지사는 집단과정에서 집단목적이나 회기별 목표에 맞는 주제와 같은 특정 방향에 초점을 둠으로써 의사소통의 초점을 유지하도록 도와야 한다. 예를 들어 "조금 전의 이야기는 문제의 초점에서 벗어나고 있다는 느낌이 듭니다." 등의 말로 분위기를 전환할 수 있다. 초점화 기술로는 명료하게 하는 것, 정교하게 질문하기, 특정한 의사소통의 반복하기, 특별한 주제로 토론 범위를 제한하기 등이 있다. 이처럼 집단이 본래의 주제에 초점을 유지하도록 집단사회복지사가 원조함으로써 성원들이 관련 없는 부분에 대한 의사소통을 줄이고, 그 주제에 대해 더 심도 있는 탐색을 할 수 있게 된다.

6) 집단과정의 명료화

집단과정의 명료화 기술은 성원들이 어떻게 상호작용하는가를 자신들이 명확하게 인식하도록 도와준다. 예를 들어 집단사회복지사는 암묵적인 집단규범, 특정 성원의 역할, 특정한 상호작용 유형 등을 언급함으로써 집단과정의 명료화 기술을 적용할 수 있다. 또한 집단사회복지사는 성원들에게 특정한 상호작용 유형을 관찰했는지, 그런 상호작용이 편안한지, 혹은 성원들의 상호작용 유형에서 변화가 필요한지 등을 물어봄으로써 집단과정을 명료화할 수 있다.

7) 내용의 명료화

집단과정뿐만 아니라 성원들의 상호작용 내용을 명료화하는 것도 유익하다. 집단사회복지사는 내용의 명료화를 통해 성원의 모호하거나 불분명한 진술을 성원 스스로 좀 더 분명하게 인식하도록 함으로써 효과적으로 의사소통하도록 돕는다. 내용의 명료화 기술에는 성원들이 특정한 메시지를 잘 이해했는지를 점검하거나, 성원들이 자신을 더 분명하게 표현하도록 돕거나, 집단의 상호작용에 초점을 맞추지 못하거나, 관련 없는 이슈에 대해 논의할 때 이를 지적하는 것 등이 해당한다.

8) 집단 상호작용의 지도

집단사회복지사는 집단목적의 달성을 위해 집단의 상호작용을 특정한 방향으로 이끌 수 있다. 집단사회복지사는 성원들의 의사소통을 격려 혹은 제한하거나, 성원 간의 의사소통을 연결함으로써 집단의 상호작용 유형을 이끌 수 있다. 이 방법은 의도적으로 의사소통 유형을 선택하는 것이다(Middleman & Wood, 1990). 예를 들어 "호랑이님의 말은 달님에게 하려는 것이네요. 나를 통하는 것보다는 직접 달님에게 말하는 것은 어때요?"라고 말하는 것이다. 특히 집단과정의 역기능적인 측면을 수정하려는 집단사회복지사는 하위집단 성원 간의 의사소통을 제한하는 동시에 다른 성원 간의 의사소통을 증가함으로써 집단의 상호작용 유형을 지도할 수 있다. 또한 집단사회복지사는 성원들이 특정 문제를 탐색하거나, 문제 해결이나 과업 달성을 위해 노력하도록 원조하거나, 의사소통의 방향을 재조정하여 개방적인 의사소통을 격려함으로써 집단의 상호작용을 지도하기도 한다.

2. 자료수집 및 사정 기술

자료수집 및 사정 기술은 의사소통 유형에 영향을 미치는 계획을 수립하고 집단목적의 달성을 위해 어떤 행동 기술을 사용할 것인지를 결정하는 데 유용하다. 이 기술은 집단과정의 촉진 기술과 행동 기술 간의 연결 역할을 한다. 효과적인 자료수집과 사정 기술이 없다면, 집단사회복지사는 그 상황에 대한 충분한 이해가 없으므로 적절한 개입을 하는 것이 어려울 것이다(Toseland & Rivas, 2012).

1) 확인 및 묘사하기

가장 기본적인 자료수집 기술은 성원들이 특정 상황을 확인하고 묘사하도록 원조하는 것이다. 이 기술을 통해 집단이 직면한 문제나 과업에 지속해서 영향을 미치는 요인을 정확하게 파악할 수 있다. 집단사회복지사는 성원들이 문제의 성격을 가능한 분명하고 정확하게 표현하도록 원조해야 한다. 성원들이 문제를 정확하게 이해하기 위해서 집단사회복지사는 그 문제의 현재와 과거 측면을 모두 확인하고 묘사할 필요가 있다. 또한 집단사회복지사는 성원들이 그 상황을 여러 관점에서 볼 수 있도록 다양한 준거 틀, 대안적인 해석 및 문제해결 가능성 등을 제시하여 도움을 제공해야 한다.

2) 정보 요청, 질문 및 탐색하기

어떤 상황을 확인하고 묘사하기 위해서 성원에게 정보를 요청하고, 질문하고, 탐색함으로써 자료를 수집하는 기술이다. 집단사회복지사는 성원들의 문제와 관심사를 명확히 하고, 그들에게 도움이 되는 추가적인 정보를 파악함으로써 집단의 범위를 확대한다. 특히 질문하기(questioning)는 필요한 정보나 문제를 좀 더 깊이 탐색하기 위하여, 지금까지 나온 여러 이야기 간의 관련성을 알아보기 위하여, 또는 다른 이유로 사용한다. 따라서 집단사회복지사는 성원들이 분명하게 답변할 수 있는 질문을 하도록 주의해야 한다. 이중 질문이나 가치가 포함된 질문, 민감한 주제나 특정 성원에 대한 질문이나 탐색하기 등은 성원들이 오해하거나 도전으로 받아들일 수 있으므로 각별한 주의가 필요하다.

3) 요약 및 세분화하기

집단이 직면한 문제나 관심사에 대한 정보를 논의할 때, 집단사회복지사는 요약과 세분화하기 기술을 이용할 수 있다. 요약(summarizing)하기란 집단과정에서 논의된 내용의 핵심을 묶어 간략하게 재진술하는 기술이다. 집단사회복지사가 요약하면, 성원들은 그 문제에 대해 다시 한번 생각할 기회가 된다. 또한 성원들과 집단사회복지사는 문제 해결에 필요한 후속 조치를 발견하며, 성원들은 집단에서 일어난 것에 대한 자신의 인식을 비교해 볼 기회가 된다. 요약하기를 사용할 수 있는 경우는 어떤 성원이 너무 길게 말하거나, 한 가지 주제가 끝나고 다른 주제로 넘어가기 전 그리고 한 회기의 집단이 종결되는 시점 등이다(정성란 외, 2019). 이 기술을 사용할 때 집단사회복지사보다는 성원들이 내용을 요약하고 다른 성원들이 이에 대해 반응하도록 하는 것이 좋다. 이처럼 요약은 핵심 내용을 정리하는 한편, 초점을 구체화함으로써 집단 분위기를 전환하는 데 유용한 기술이다.

다음으로 세분화하기 기술(partializing)은 복잡한 문제나 쟁점을 다룰 때 작은 단위로 세분하는 것이다. 즉, 세분화하기 기술은 복잡한 문제를 한 번에 하나씩 탐색하면서 전체를 부분적으로 나누고 정리하는 데 도움을 준다. 이처럼 문제가 복잡하거나 어려워서 해결할 수 없을 때 문제의 다양한 측면을 세분함으로써 성원들의 문제 해결 동기를 증진할 수 있다.

4) 통합 기술

성원들의 언어적인 것과 비언어적인 의사소통을 통합하는 기술(synthesizing)은 자료수집과 사정에 매우 유용하다. 이 기술에는 성원들의 행동이나 말의 의미를 연결하며, 숨겨진 의제를 표현하고, 명확하지 않은 느낌과 생각을 분명히 밝히며, 성원들의 행동이나 말에 내포된 주제나 경향을 지적하여 의사소통을 연결하는 것 등이다. 통합 기술은 성원이 어떻게 다른 성원들에게 인식되는지에 관한 피드백을 제공하는 데 유용하다. 하지만 이 기술을 사용할 때 집단사회복지사는 이용 가능한 사실과 관련하여 상당한 추측과 판단이 개입되므로 주의해서 사용하여야 한다.

5) 분석 기술

자료를 수집하여 조직하면, 집단사회복지사는 정보를 통합하여 집단에서 진행된 것을 사정하기 위해 분석 기술(analyzing skills)을 이용한다. 분석 기술에는 자료의 유형을 파악하고, 자료 간의 차이를 확인하며, 사정에 필요한 자료를 얻을 수 있는 계획이나 구조를 세우는 것 등이다.

3. 행동 기술

행동 기술은 집단목적의 달성과 성원들의 욕구 충족을 위해 집단사회복지사가 주로 사용하는 기술이다(Toseland & Rivas, 2012).

1) 지지

지지는 인간의 상호작용 가운데 가장 기본적인 형태로 성원들에게 용기를 북돋워 주는 말과 행동을 전달하는 것으로 집단사회복지사의 핵심 기술이다. 집단과정에서 지지는 성원들이 낯선 환경에 적응하면서 직면하게 되는 불안에 대처하고 자기 생각이나 감정을 다른 성원들과 나눌 수 있도록 돕는다. 따라서 집단사회복지사는 성원들이 집단에서 다루는 주제와 관련하여 자기 생각과 감정을 표현하도록 격려하며, 자신의 관심사를 공유할 기회를 제공하며, 자신의 의견을 표현하고, 성원들의 말에 반응함으로써 그들을 지지한다. 또한 지지는 성원 간의 경험을 공유하고 서로에게 감정이입의 반응을 통해 성원을 돕는 것이다. 종종 지지 기술은 성원의 장점을 언급하거나, 집단에 참여하는 것이 자신의 문제 해결에 도움이 될 수 있다고 말하거나, 앞으로도 계속 향상될 것이라는 희망을 품게 하는 것 등이 포함된다.

실제로 집단에서 지지 기술이 필요한 상황으로는 성원이 위기에 직면했을 때, 감정적으로 어려워할 때, 다루기 어려운 문제를 과감히 다루고자 할 때, 약속한 행동이나 새로운 행동을 시도할 때, 과거의 습관에서 벗어나고자 노력할 때, 바람직하지 못한 행동을 제거하려고 시도할 때, 건설적인 변화를 시도하면서도 변화에 대한 확신이 부족할 때 등이다. 이럴 때 집단사회복지가 보인 지지를 바탕으로 성원들은 자신의 문제를 탐색하고 새로운 행동을 시도할 만큼 집단을 안전한 장소로 인식한다면, 지지 기술의 효과는 극대화될 것이다. 따라서 집단사회복지사는 모든 성원의 경험과 의견을 존중하는 집단문화가 형성되도록 집단을 돕는 것이 매우 중요하다.

2) 재명명 및 재정의

어떤 성원 혹은 집단의 가장 큰 장애물은 다른 관점에서 그 문제를 볼 수 없다는 것이다. 재명명 및 재정의를 통해 성원들은 자신의 문제나 상황에 대해 새로운 관점에서 볼 수 있다. 특히 재명명(reframing)이란 어떤 문제나 상황에 대해 성원이 부여하는 의미를 수정함으로써 성원의 관점을 긍정적인 방향으로 변화시키려는 기술이다. 따라서 집단사회복지사는 집단이나 성원이 직면한 문제나 관심사에 대해 다른 관점에서 볼 수 있도록 재명명 및 재정의를 해야 한다. 성원이 그 문제나 상황을 다른 관점에서 본다면, 문제로 인식하기보다는 변화나 성장의 기회로 활용할 수 있다. 따라서 집단사회복지사는 성원들과 다른 관점에서 집단의 위치를 고려하여 시의적절하게 대안적인 관점을 제공할 수 있어야 한다(강진령, 2012).

3) 성원 간의 의사소통 연계

성원 간의 의사소통을 연계하는 것은 집단에서 어떤 성원의 말과 행동에 대해 다른 성원들의 반응을 공유하도록 하는 기술이다. 즉, 집단사회복지사는 비슷한 상황에 있는 성원의 메시지를 연계함으로써 성원 간의 관계에 대하여 인식할 수 있도록 도움을 주어야 한다. 이런 과정을 통해 성원들은 공감대를 형성하여 의사소통하며, 좀 더 깊은 수준의 감정을 표현할 수 있다. 이 기술은 성원 간의 상호작용과 집단응집력을 향상하는 데 사용할 수 있다. 일반적으로 집단실천의 초기 단계에서 성원들은 다른 성원보다는 주로 집단사회복지사와 의사소통을 하는 경향이 있다. 이처럼 성원들이 서로 서먹한 사이일 때 공통의 관심사를 공유함으로써 집단응집력을 촉진하는 기술이다(정성란 외, 2019). 따라서 성원 간의 의사소통을 연계하는 기술은 성원들이 집단사회복지사와 의사소통하는 것이 아니라 성원 간의 의사소통이 촉진되도록 돕는 기술을 말한다. 예를 들어 "집단에서 OO처럼 느끼는 성원이 있습니까?" 같은 질문을 통해 성원 간의 의사소통을 연계할 수 있다. 이처럼 집단사회복지사는 성원들이 서로 돕거나 도움을 요청하도록 촉구하거나, 성원의 말이나 행동에 대해 다른 성원들이 반응하여 표현하도록 제안할 수 있다.

4) 지시하기

지시하기는 집단사회복지사가 집단이나 성원들이 어떤 것을 행동으로 옮기도록 요구하는 것이다. 주로 집단사회복지사는 집단과정에 성원이 참여하도록 돕거나 토론을 이끌거나, 새로운 정보를 공유하거나 특정 문제를 사정할 때 지시하기를 사용한다. 이처럼 지시하기는 주로 성원들의 탐색이나 도전을 촉진하기 위해 집단사회복지사가 사용한다. 하지만 지시하기는 명령처럼 들릴 수 있다는 점에서 성원들의 저항이나 오해를 초래할 수 있다. 그러므로 집단사회복지사는 성원의 승인 없이 또는 집단목적의 달성을 위한 방향을 결정하는 토의 과정에 성원들을 참여시키지 않고 지시하기 기술을 사용해서는 안 된다. 집단사회복지사는 지시하는 것에 대해 성원들이 어떻게 반응할 것인가를 유의하면서 사용해야 한다. 이러한 지시하기는 성원의 참여를 증가시키는 기술과 함께 사용될 때 효과적이다.

5) 조언, 제안, 교육

집단사회복지사는 성원들이 새로운 행동을 습득하고, 문제를 이해하며, 문제 상황을 변화할 수 있도록 돕기 위해 조언, 제안, 교육 등의 기술을 사용할 수 있다. 이 기술들은 성원들이 문제 해결에 대해 새로운 생각을 할 수 있도록 돕지만, 그들이 받아들일 준비가 되었을 때 사용하여야 한다. 그리고 성원들의 이해 수준을 고려하여 분명하게 제시하여야 한다. 집단사회복지사만 이 기술들을 사용하는 것이 아니라, 성원들도 자기 삶의 경험, 정보, 자원, 의견 등을 조언하거나 제안하는 원조 체계를 구축하도록 도와야 한다.

조언(advice)은 성원에게 도움이 되는 말이나 해야 할 것을 추천하거나 제안하는 것을 의미한다. 조언할 때 유의사항은 성원들이 조언을 원하는지를 탐색해야 하며, 조언을 받았을 때 감정을 고려해야 한다. 집단사회복지사는 성원에게 명령하기보다는 그들이 참고할 수 있는 임시적인 생각을 제공하는 것이다. 예를 들어 "당신이 고려했으면 하는 것이 있습니다. ~을 해 보는 것을 조언합니다."라고 말하는 것이다. 일반적으로 다음과 같은 방법으로 조언하였을 때 성원들은 이를 수용하며 유용하게 활용한다(Northen & Kurland, 2001). 성원들에게 진정으로 필요한 조언을 제공했을 때, 조언이 현재 생활여건과 연결되는 방법으로 제시되었을 때, 조언이 성원의 자아와 일치할 때, 조언이 성원의 복지에 이익이 되는 방법으로 제시되었을 때, 조언에 대한 성원의 반응이 의사결정 과정에서 나타날 때 등이다.

제안(suggestions)은 대안적인 아이디어의 제공을 통해 변화를 이끄는데, 주로 성원이 비생산적이거나 불건전하거나 안전에 위협이 될 수 있는 행동을 실행하려고 할 때 사용된다(강진령, 2012). 예를 들어 "어떤 성원은 ~에 참여함으로써 도움이 되었다고 합니다." "당신이 방금 말한 것이 이 상황에 적용되는지를 알아보기 위해 이에 대해 잠깐 생각해 볼까요?"라고 하는 것이다. 어떤 제안이라도 충분한 근거 이유와 지식을 바탕으로 제공되어야 한다.

6) 자원 제공

집단사회복지사는 기관이나 지역사회의 다양한 가용 자원들을 사정하여 성원들이 이용할 수 있도록 정보를 제공하거나 의뢰를 통해 원조해야 한다. 집단사회복지사는 다른 성원들이 이용하는 자원들을 성원들이 탐색하게 함으로써 자신에게 필요한 자원을 발견하도록 도와야 한다. 특히 과업집단에서는 다양한 자원을 갖춘 성원들을 포함함으로써 자원의 공유를 통해 집단목적의 달성을 도와야 한다.

7) 자기 노출

집단사회복지사는 집단에서 의사소통을 더 깊게 하기 위하여 적절한 정도의 자기 노출을 하여야 한다. 자기 노출을 통해 자신이 성원들의 상황을 잘 이해한다는 것을 알게 하고, 또한 어려운 정서적 이슈에 대해서 말하는 것이 집단에서 안전하다는 것을 나타낼 수 있다.

8) 모델링, 역할극, 시연, 코칭

모델링(modeling)은 집단사회복지사나 어떤 성원이 특정 상황에서의 행동에 대해 시범을 보임으로써 다른 성원들이 관찰하여 모방하게 하는 것이다. 즉, 집단사회복지사는 바람직한 의사소통 방법을 직접 수행함으로써 성원들이 메시지를 전달하는 적절한 방법을 배우도록 한다. 예를 들어 소극적인 성원을 독려하여 적극적인 성원에 대한 관찰과 모방을 유도함으로써 의미 있는 학습이 일어나도록 동기를 부여하는 것이다.

역할극(role playing)은 성원들이 서로 도움이 되는 특정 상황을 실제로 연기해 보는 것이다. 역할극의 목적은 대인관계 상황에서 성원들의 기능을 사정하고, 특정한 반응 양식을 발전하도록 하는 것이다. 이러한 반응 양식은 피드백이나 새로운 반응의 시연 동안 집단사회복지사나 다른 성원들의 코칭을 통해 개선될 수 있다. 또한 역할극은 우호적인 집단환경에서 시행되지만, 성원들이 미래 상황에서 자신의 반응을 개선하도록 준비하는 기능이 있다.

시연(rehearsing)은 역할극 이후의 피드백을 토대로 새로운 행동이나 반응을 연습하는 것이다. 새로운 행동의 습득과 습관화된 행동을 관두는 것은 어려우므로 성원들은 새로운 반응을 여러 번 연습해야 한다. 역할극을 통해 습득된 적절한 개입 방법을 좀 더 잘 적용할 수 있도록 과제를 제시하기도 한다. 이러한 시연을 통해 성원들은 직면할 수도 있는 상황에 대한 두려움을 해소하고, 상황에 따라 적절히 대응할 수 있는 자신감을 향상하는 효과가 있다(조흥식 외, 2009).

코칭(coaching)은 특정한 반응을 재현하도록 성원들을 원조하기 위해 언어적 및 신체적 교육을 이용한다. 즉, 코칭은 대인관계에서 반응하는 방법에 대해 자세하게 알려주고 시범을 보여서 교육하는 것이다.

9) 직면

직면(confrontation)이란 성원의 삶에서 의미, 영향 그리고 목적이 있는 것으로 보이는 행동, 사고, 감정, 태도 등에서 비일관성, 왜곡, 불일치를 극복하도록 원조하기 위해 집단사회복지사가 성원의 행동을 명확히 하고, 탐색하고, 도전하는 능력을 의미한다. 즉, 직면은 성원의 행동이 집단의 기능을 방해하거나 말과 행동이 일치하지 않을 때, 이런 모순점에 대하여 솔직하게 지적함으로써 성원이 각성하도록 도와주는 기술이다. 예를 들어 "한편으로 당신은 ~라고 말하지만, 다른 한편으로 당신은 ~라고 말합니다."라는 형식을 사용한다(Carkhuff & Anthony, 1979). 이러한 직면을 통해 성원들은 자기 인식과 이해 증진, 저항의 극복과 변화를 촉진하게 된다.

하지만 직면은 민감성이 요구되며 정서적 부담이 크기 때문에 성원과의 신뢰감 형성이 전제되어야 한다. 동시에 그 성원에 대한 진솔한 보살핌과 세련된 직면 기술의 활용 능력이 함께 요구된다. 직면은 신뢰감이 형성된 후에 따뜻한 태도와 부드러운 어조로 구체적인 행동에 대해 느낌을 전해야 하며, 평가나 판단 없이 객관적인 사실을 있는 그대로 진술해야 한다. 그러므로 집단사회복지사는 직면을 통해 성원의 변화를 강요해서는 안 되며, 집단실천의 발달 단계와 성원들의 준비상태와 같은 상황을 주의 깊게 사정하여 그들이 거부하지 않을 것이라는 확신이 있을 때 이 기술을 사용해야 한다. 이처럼 직면을 주의 깊게 사용한다면, 성원들은 자신에 대해 정직한 평가를 하고, 다른 성원들의 반응보다 자신의 반응에 더 관심을 기울이게 하는 효과가 있다(강진령, 2019).

10) 갈등 해결

집단실천에서 갈등은 주로 성원 간의 의견 불일치, 지위에 따른 영향력 행사, 목표의 불일치 등이 주요 원인이다. 이러한 갈등은 집단이 발달하면서 자연적으로 발생하기 때문에 집단사회복지사는 갈등 발생에 대해서 부정적으로 반응하기보다는 유용하게 활용할 기회로 인식해야 한다. 이처럼 성원 간의 갈등이나 집단 외부 환경과의 갈등을 해결하는 기술은 가장 중요한 행동 기술의 하나이다. 불필요한 갈등을 예방하기 위해 집단사회복지사는 집단의 규칙을 개발하고 유지하도록 도와야 한다. 또한 성원 간의 갈등을 완화하기 위해 그들이 갈등에 직면하게 하는 한편, 건설적인 방법인 조정, 협상, 중재 등의 기술을 사용하여 상호작용을 촉진하여야 한다. 또한 성원들이 집단 외부 환경과 갈등이 있을 때, 집단사회복지사가 갈등 상황에 직접 개입하거나, 갈등 해결에 필요한 기술을 개발하도록 성원들을 돕거나, 집단 외부 사람과 접촉을 통해 갈등을 해결해야 한다.

CHAPTER 07

프로그램 활동

CHAPTER

07 프로그램 활동

학습목표

- 프로그램 활동의 가치를 설명할 수 있다.
- 프로그램 활동의 종류를 설명할 수 있다.
- 프로그램 활동의 선정 지침과 수행 지침을 설명할 수 있다.

집단실천에서 프로그램 활동은 집단의 존재를 지배하는 가장 필수적인 부분이며, 성원들과 집단을 위한 목적인 동시에 수단이 된다. 일반적으로 프로그램 활동은 집단과정을 통해 집단목적을 달성하기 위해 사용한다. 이러한 프로그램 활동은 집단사회복지사의 개입 도구로서 집단발달과 능력에 따라 집단의 형성 프로그램, 유지 프로그램 및 종결 프로그램 등의 목적으로 활용할 수 있다(Henry, 1981).

이러한 프로그램 활동의 목적은 성원 간의 바람직한 상호관계를 촉진하고 함께 성장하며 풍부한 사회 경험, 사회 적응 및 문제 해결 등에 도움을 제공하는 것이다. 특히 집단실천에서 집단사회복지사가 프로그램 활동을 선택하는 기준을 제시하면 다음과 같다. 첫째는 기관의 사명과 집단의 목적 달성에 적합한 프로그램, 둘째는 성원들의 욕구와 상호관계의 정도, 셋째는 집단사회복지사의 능력, 넷째는 프로그램 활동이 지닌 가치 등이다. 따라서 프로그램 활동은 성원들을 중심으로 계획하고 그들의 욕구에 부응할 수 있어야 하며, 그 과정에서 성원들의 능력이 최대한 발휘되도록 해야 한다. 이처럼 집단의 목적과 성원들의 목표 달성에 영향을 미치는 프로그램 활동을 이해한다면, 집단사회복지사는 가장 창의적인 방법으로 프로그램 활동을 집단실천에 활용할 수 있을 것이다.

1. 프로그램 활동의 가치

집단실천에서 프로그램 활동의 활용은 언어적 상호작용을 보충하거나 보완하는 등 성원들과 집단에 다양한 방법으로 이바지할 수 있다. 이러한 프로그램 활동의 가치를 살펴보면 다음과 같다(Northen & Kurland, 2001; Balgopal & Vassil, 1983).

첫째, 프로그램 활동은 성원들의 스트레스 감소와 정신건강에 필수적인 만족감 및 창의력에 대한 욕구를 충족시켜 준다. 즐거운 프로그램 활동은 성원 자신과 주변 상황에 대해 새로운 관점을 가질 수 있도록 돕는다. 또한 프로그램 활동을 통해 발견되는 창의력은 성원들의 장점과 과거의 성공적이고 만족스러운 경험을 움직여서 삶의 만족감을 줄 수 있다.

둘째, 프로그램 활동을 통해 다양한 상황 속에서 나타나는 성원들의 행동을 직접 관찰함으로써 성원들과 집단의 욕구를 사정하는 데 도움이 된다. 즉, 다양한 프로그램 활동에서 성원 간의 상호작용을 관찰함으로써 상황에서 나타나는 성원들의 반응이나 경향을 파악할 수 있다. 집단사회복지사는 이런 관찰을 집단실천에서 바로 이용할 수 있을 뿐만 아니라 성원들이나 집단을 대상으로 활용할 수도 있다.

셋째, 프로그램 활동은 성원들의 생각, 감정, 경험 등에 대한 언어적 의사소통을 촉진하기 위한 보조 수단으로 활용할 수 있다. 대부분 성원은 자기 생각, 감정, 경험 등에 대해 다른 성원들 앞에서 정확하게 표현하는 데 어려움이 있다. 하지만 어떤 주제와 관련된 기사나 사진 혹은 게임 등을 활용하는 프로그램 활동을 통해서 성원들은 직접 말하는 것보다 더 쉽게 집단에 참여할 수 있다. 따라서 프로그램 활동은 집단 토론을 보조하면서 성원 간의 의사소통 질이나 내용을 향상할 수 있다.

넷째, 상대방의 숨겨진 감정과 의미를 이해하는 반영적인 활동이나 문제 해결 프로그램 활동에서 이루어지는 집단 토론을 통해 성원들은 궁극적으로 자신, 다른 성원, 집단 상황 등에 대한 이해를 향상할 수 있다.

다섯째, 적절한 프로그램 활동은 성원 간의 관계 형성을 촉진할 뿐만 아니라 결과적으로 집단응집력을 향상한다. 즉, 성원들은 프로그램 활동을 통해 경험을 공유함으로써 성원 간에 의미 있는 관계를 형성함에 따라 집단응집력을 향상할 수 있다.

여섯째, 프로그램 활동은 성원들이 다른 성원들과 자신이 지닌 것을 나눌 기회를 제공한다. 예를 들어 선물 교환이나 장기자랑을 통해 다른 성원들에게 물질적인 것뿐만 아니라 긍정적인 지지와 격려를 제공할 수 있다.

일곱째, 프로그램 활동을 통해 성원들은 자신의 발달 단계에 적합한 지식과 기술을 습득함으로써 할 수 있다는 긍정적인 태도를 보임에 따라 자아존중감을 향상할 수 있다. 즉, 집단에서 가상적인 상황과 관련된 역할극과 같은 프로그램 활동을 활용하는 것은 성원들에게 학습 기회 및 지지적인 환경을 제공하는 것이다. 프로그램 활동을 통해 성원들은 새로운 지식과 기술을 습득함으로써 자신의 자아존중감을 향상해 일상생활에서 좀 더 어려운 도전을 시도할 가능성을 키우게 된다.

여덟째, 프로그램 활동은 성원들의 의사결정과 수행 능력의 향상에 도움이 된다. 프로그램 활동을 통해 집단에서 특정 문제의 탐색과 그 문제의 대안적인 해결책을 파악함으로써 성원들이 의사결정을 잘하도록 준비시킨다.

아홉째, 프로그램 활동은 성원들과 집단에 영향을 미칠 수 있는 환경을 더욱 잘 활용하거나 변화시키기 위해 활용된다. 즉, 집단의 문제 해결 과정을 활용하여 환경의 장애물을 제거하기 위한 행동을 결정할 수 있으며, 그 결정을 실행하는 데 필요한 프로그램 활동을 수행할 수 있다.

2. 프로그램 활동의 활용

집단실천에서 프로그램 활동을 효과적으로 활용하기 위해서는 집단사회복지사의 집단과정에 대한 이해와 실천 기술이 필요하다. 사정 과정에서 인간 발달에 대한 지식과 기술, 집단실천 발달 단계에 대한 이해와 각 단계에서 집단과 성원들의 욕구에 대한 이해, 프로그램 활동을 집단목적과 연결하는 기술 등은 집단실천에서 프로그램 활동을 더 의미 있게 활용하기 위해 필요하다(Northen & Kurland, 2001).

1) 인간 발달과 사정

성원들의 성장과 변화의 수단으로 프로그램 활동을 활용하기 위해서는 성원들과 집단에 대한 사정을 근거로 주어진 상황에 적절하게 적용해야 한다. 성원들은 같은 프로그램 활동에 대해 다양한 방식으로 반응한다. 예를 들어 집단실천에서 프로그램 활동을 활용할 때 만족스러운 사회 경험이 부족한 성원이 새로운 경험을 시도한다면, 집단사회복지사는 많은 지지를 해야 한다. 반면에 만족스러운 사회 경험이 풍부한 성원은 집단에서 자신이 습득한 기술을 적용할 수 있다.

프로그램 활동 내용은 성원들의 문화적 규범과 가치와 관련 있는 것을 선택할 필요가 있다(Delgado, 1983). 즉, 집단실천에서 활용하려는 프로그램 활동은 성원들이 현재 경험하는 대인관계 혹은 환경과 관련된 것이어야 한다. 또한 프로그램 활동의 내용은 지지적인 것이 좋고, 경쟁보다는 협력을 강조하거나 현재 중심으로 구성하는 것이 필요하다.

2) 집단실천의 발달 단계

집단목적의 달성을 위한 프로그램 활동을 계획할 때, 집단사회복지사는 집단실천의 발달 단계에 따른 성원들과 집단의 욕구에 대한 사정이 필요하다(Henry, 1992). 예를 들어 집단실천의 초기 단계에서 적합한 프로그램 활동은 성원들이 서로 친해질 수 있고 긴장을 완화하며, 성원 간의 공통점을 강조하고 성취감을 느낄 수 있는 것으로 구성해야 한다. 또한 명확한 구조화와 어느 정도의 유연성이 있는 프로그램 활동은 성원 간의 상호작용에서 안전한 환경을 제공할 수 있다. 집단실천의 중간 단계에서 프로그램 활동은 성원들이 갈등 해결 방법, 경쟁하는 방법, 의사결정 방법 등을 배울 수 있도록 구성할 필요가 있다.

집단실천의 종결 단계에서 프로그램 활동은 이전의 경험을 반복하여 성원들이 자신의 향상과 성취를 인식하도록 돕는 것으로 준비해야 한다. 종결 단계에서 프로그램 활동은 모든 성원의 상황에 초점을 두면서도 집단에서부터 지역사회로 이동할 수 있도록 강조하는 것이어야 한다. 이를 위해 종결 파티나 수료식을 통해 사진을 찍거나 선물을 교환함으로써 성원들의 상실감과 관련된 감정을 다루어야 한다. 이처럼 종결 단계에서 프로그램 활동은 성원들에게 회고, 검토, 평가 등의 기회가 되어야 한다. 이런 프로그램 활동의 내용을 통해 성원들이 서로 얼마나 친해졌는지, 서로에게 어떤 도움이 되었는지, 집단을 얼마나 그리워할 것인지 등에 관해 이야기를 나누는 것이 필요하다.

3) 프로그램 활동과 집단목적의 연계

집단실천에서 프로그램 활동을 활용하는 중요한 이유는 집단목적의 달성에 큰 도움이 되기 때문이다. 프로그램 활동은 기관과 사회·문화적 환경의 상황 속에서 성원들의 개별 목표와 집단목적의 달성을 위한 하나의 수단이다. 따라서 프로그램 활동을 활용할 때, 집단사회복지사는 그 프로그램 활동의 목적이 무엇인지를 분명히 확인하는 것이 중요하다. 프로그램 활동을 선택할 때, 집단사회복지사는 그 프로그램 활동과 원하는 결과 및 집단 내·외부의 다른 경험으로 연결될 가능성을 함께 고려해야 한다(Northen & Kurland, 2001).

집단실천에서 집단목적의 달성을 위해 다양한 프로그램 활동을 활용할 수 있다. 예를 들어 게임, 역할극, 그림 그리기, 노래 등을 활용할 수 있고, 어떤 집단에서는 게임과 같은 하나의 프로그램 활동을 집단과정에서 집중적으로 활용하기도 한다. 따라서 집단사회복지사는 노래 집단, 요리 집단, 드라마 집단, 레크리에이션 집단 등을 구성할 수 있다. 이때 집단사회복지사는 그 활동 분야의 전문가가 아닌 자신이 이런 프로그램 활동을 해야 하는 이유를 찾도록 노력해야 한다. 첫째, 집단사회복지사는 개인과 집단의 발달에 관한 관심이 있을 뿐만 아니라 집단과정 및 성원 간의 상호관계에 대한 지식과 기술이 있기 때문이다. 둘째, 집단목적에 관한 관심으로 집단사회복지사는 집단에 대한 지도력이 있기 때문이다. 즉, 집단실천에서 집단사회복지사는 프로그램 활동을 성원들의 개별 목표와 집단목적을 달성하는 하나의 수단으로 간주하기 때문이다.

경험이 부족한 집단사회복지사는 프로그램 활동을 너무 강조하여 성원들의 감정과 대인관계, 집단실천 발달 등에 대해 충분한 관심을 기울이지 못할 가능성이 있다. 그 결과 집단과 성원들이 프로그램 활동에 대해 거부감을 보이거나, 과제에 대해 집중하지 않거나, 심지어는 집단 해체의 원인으로 작용할 수 있다. 프로그램 활동을 활용하는 집단에서 집단사회복지사는 관심의 초점을 프로그램 활동보다는 언어적인 내용과 활용 방식에 두고, 특정 목표와 심리·사회적 기능의 영역에서 집단이 목적을 달성할 수 있도록 도와야 한다.

3. 프로그램 활동의 종류

집단실천에서 사용 가능한 여러 종류의 프로그램 활동이 있다. 이들은 각기 다른 기능을 가지고 상호 보완하면서 성원들의 다양한 욕구를 충족시키는 도구로 사용될 수 있다. 따라서 집단사회복지사는 특정 프로그램 활동을 선택할 때, 그것을 언제 어떻게 사용해야 하는지와 집단과 성원들에게 어떤 영향을 미칠 것인가에 대해 충분히 생각해야 한다. 여기서는 가장 일반적으로 사용하는 프로그램 활동을 중심으로 살펴보고자 한다(Jacobs et al., 2002).

1) 게임

집단사회복지사들이 가장 공통으로 사용하는 활동은 게임이다. 게임은 단순한 놀이에서부터 운동경기와 같이 경쟁하면서 승자와 패자가 구분되는 것까지 다양하다. 집단은 게임을 통해서 성원 간의 짝과 조합을 이루는 구조를 형성하며, 성원들은 웃거나 놀라는 등의 정서적 반응을 보이기도 한다. 집단실천의 초기 단계에서 집단사회복지사는 어색한 분위기의 해소, 성원 간의 상호작용 증진과 기존 상호작용의 변화 등을 위해 게임을 적절하게 이용해야 한다. 게임을 통해서 성원들은 자신의 긴장을 풀고, 긴장을 다루는 새로운 방법을 탐색하고, 집단의 정서적 분위기를 바꾸기도 한다.

2) 쓰기 활동

쓰기 활동은 모든 프로그램 활동의 종류 중에서 가장 융통성이 있고 유용한 것 중의 하나이다. 쓰기 활동은 성원들이 목록을 작성하고, 질문에 대답하고, 문장 완성 항목을 채우며, 반응을 쓰거나 문제 또는 주제와 관련된 점검표를 작성하는 활동으로 구성된다. 쓰기 활동의 장점은 성원들이 쓰기 과제를 완성하는 동안 집중하고, 그 과정이 끝났을 때 집단에서 자기 생각이나 반응을 편안하게 말하는 것이다. 이러한 쓰기 활동의 예를 살펴보면 다음과 같다.

① 문장 완성 활동

문장 완성 활동은 성원들이 여백이 있는 진술문의 빈칸을 채우는 것이다. 대체로 성원들은 다른 성원들이 무엇을 적었는지 궁금하므로 문장 완성 활동은 성원 간의 흥미와 에너지를 불러일으킨다. 일반적으로 회기 동안 토론을 위해서 집단사회복지사는 한 개의 문장만을 사용할 수도 있다. 집단과정에서 유용하게 사용할 수 있는 문장 완성 질문의 예를 살펴보면 다음과 같다.

첫째는 집단실천의 초기 단계에서 활용할 수 있는 질문으로 소개 활동의 직후나 첫 회기 후반에 쉽게 적용할 수 있다. 이 질문들은 성원들이 집단의 일원이 되는 것과 자신에 대한 많은 생각과 감정을 공유할 기회를 제공한다. 또한 이런 질문들은 어떻게 집단을 이끌 것이고, 그 집단에서 어떤 일이 일어날 것인가에 대한 반응을 집단사회복지사가 사용할 수 있게 해준다.

- 이 집단에서 나는 ______________________ 느낀다.
- 이 집단에서 나는 ______________ 할 때, 가장 편안함을 느낀다.
- 나는 집단사회복지사가 ______________ 할 때, 짜증이 난다.

두 번째의 문장 완성 형태는 성원들이 자신을 어떻게 보는가에 관한 토론을 유도하려는 의도로 만든 것이다.

- 나의 가장 큰 장점은 ______________________________이다.
- 나는 ______________________________을(를) 향상할 필요가 있다.
- 내가 가장 두려워하는 것은 ______________________________이다.

② 목록 작성 활동

성원들에게 목록을 작성하도록 하는 것은 쓰기 활동 중의 하나이다. 목록의 예로는 취미, 중요한 사람, 자신의 재능, 친구나 가족에게 바라는 것 등을 들 수 있다. 목록을 작성하는 것은 간결한 형태로 자기 생각을 요약하므로 성원들에게 초점을 맞추는 데 유용하다. 목록이 완성되면, 집단사회복지사는 성원들에게 부분 혹은 전체 목록을 나누도록 할 수 있고, 두 명 혹은 세 명씩 짝을 지어 목록을 공유하도록 요구할 수 있다. 예를 들어 성원들에게 현재 각자가 경험하는 스트레스의 내용을 목록화하도록 요구할 수 있다. 성원들이 작성하면, 집단사회복지사는 세 명씩 짝을 짓도록 하여 처음에는 가정이나 학교에서의 스트레스로부터 다른 스트레스로 그 목록들을 주제로 토론하도록 요구할 수 있다.

③ 쓰기 반응 활동

쓰기 반응 활동은 집단사회복지사가 제시한 문제나 질문에 성원들이 여러 가지 방법으로 대답하도록 하는 것이다. 예를 들어 성원들이 자신의 성공에 관한 신문기사나 묘비명을 작성하거나, 영화나 비디오를 시청하거나, 책을 읽은 후 종이에 반응을 작성한다. 그런 후에 집단사회복지사는 성원들에게 작성한 내용을 공유하라고 요구하면, 성원들은 자신이 작성한 내용을 발표하고 그것에 대해 성원들이 반응을 보이는 것이다.

④ 일기

성원들은 회기 동안 있었던 일에 대해 간단히 일기를 작성한다. 이러한 활동은 과제로 다음 주에 가져오게 하거나 회기의 마지막 부분에 활용할 수 있다. 만약 회기 내에 진행하려면, 집단사회복지사는 성원들이 일기를 작성하도록 대략 5분 정도의 시간을 할당한다. 일기는 집단사회복지사에게 회기에 대한 즉각적인 피드백과 쓰기 활동에 대한 의견을 듣는 기회를 제공한다. 또한 일기를 통해 집단사회복지사는 성원들이 집단으로부터 무엇을 얻었고, 다음 회기에서 토론할 주제에 대해 아이디어를 얻을 수 있다. 그리고 일기 쓰기를 통해 집단사회복지사는 성원들에게 답장을 작성할 수 있다. 이때 집단사회복지사는 희망과 용기를 주는 말, 명확한 요약 또는 성원이 어떻게 집단경험을 이용할 수 있는지에 대한 제안 등을 답장으로 쓸 수 있다. 하지만 집단사회복지사가 일기를 읽기 때문에 성원들이 솔직히 반응하지 않을 것 같으면, 성원들에게 일기를 제출하지 않아도 된다고 말해야 한다.

3) 동작 활동

동작 활동은 성원들의 신체적인 움직임이 필요하다. 동작은 성원들이 일어서서 긴장을 푸는 것에서부터 서서 손을 잡고 한 성원이 원 안으로 들어오는 것을 막는 것과 같은 다양한 활동이 있다. 이러한 동작 활동 중에서 몇 가지를 살펴보면 다음과 같다.

① 자리 바꾸기

이 활동은 성원들이 서서 돌아다니다가 자신이 앉을 다른 의자를 찾는 것이다. 이 활동의 목적은 성원들이 긴장을 풀고, 여기저기 다니다가 자리가 바뀔 때마다 옆에 앉은 다른 성원과 대면하기 위한 것이다.

② 주위를 무리 지어 돌아다니기

이 활동은 성원들이 주위를 돌아다니면서 '시선 마주치기나 피하기', '다른 성원의 손을 가볍게 부딪치기' 등과 같은 것을 하는 것이다. 돌아다니는 동안 할 수 있는 구체적인 활동은 그 활동의 목적에 달려 있으며, 돌아다니기는 3분 이상 지속하지 않는다. 이 활동은 성원이 다른 성원들과 편안함을 느끼도록 하는 것으로, 다른 성원들과의 상호작용에 대한 자신의 느낌을 알고자 할 때 사용할 수 있다.

③ 가치 연속선

이 활동에서 성원들은 제시된 문제에 대해 어떻게 생각하고 느끼는가에 따라 각자의 위치를 정한다. 집단사회복지사는 상징적으로 회기 장소에서 어떤 위치를 정해, 한쪽은 하나의 관점을 나타내는 것으로 하고, 다른 한쪽은 그 반대의 관점을 나타내는 것으로 정한다. 회기 장소의 중앙에 성원들을 서게 한 다음, 성원들은 두 개의 지정된 장소 사이의 연속선(예: 학교를 좋아한다 - 싫어한다)을 정하여 각자의 위치로 움직이도록 한다. 지정된 장소로 이동함으로써 얻는 이점은 모든 성원이 동시에 자신의 위치를 확인할 수 있다는 것과 제시된 문제에 대해 어떤 느낌이 있는지를 모든 성원이 시각적으로 볼 수 있다는 것이다. 또한 이 활동을 통해 체계의 변화가 나타나는데, 성원이 그 위치에 머무는 대신에 움직일 기회와 함께 다른 성원들의 위치를 볼 기회를 제공해 준다. 모든 성원은 자신의 발로 행동하는 것과 같이 말하고 있다.

④ 목표를 향해 걷기

이 활동에서 성원들은 두 줄로 몇 발자국씩 간격을 띄워 서로 교차하게 줄을 선다. 성원들은 목적지를 향해 다른 성원들 사이를 교대로 걸으면서 부딪치기, 막기, 방해하기 등과 같은 걸림돌을 만나게 된다. 이 활동에서 중요한 것은 걸림돌이 되는 성원들은 목표를 향해 가는 성원들이 경험해야 할 것들을 놓치지 않도록 그리고 불가능하게는 하지 말고 웃지도 않아야 한다. 따라서 집단사회복지사는 성원들의 활동이 너무 과격하거나 장난같이 되지 않도록 주의를 기울여야 한다.

⑤ 당신은 얼마나 멀리 왔나요?

이 활동에서 집단사회복지사는 성원들을 나란히 서게 하고, 가상의 선을 목표로 설정하여 현재 성원들이 목표에 얼마만큼 도달했는가를 생각하게 한다. 그런 다음 그 선을 중심으로 성원들이 위치를 잡게 한 후에, 토론하도록 할 수 있다. 또한 집단사회복지사는 한 발짝 앞으로 나아감으로써 성원들의 목표 단계를 상징화하고, 다음 단계를 위해 그들이 무엇을 할 수 있는지를 이야기하도록 할 수 있다.

⑥ 집단에 대한 느낌 조각

이것은 원 안에서 성원들이 각자의 신체와 손을 사용하여 집단에 대한 자신의 느낌이 어떠한지를 조각하는 활동이다. 현재 집단과정이 잘 진행되지 않고, 어떤 장애물이 있다고 집단사회복지사가 믿는다면, 이 활동은 큰 도움이 될 것이다. 이 활동을 통해 집단사회복지사는 집단에 관한 성원들의 생각과 느낌을 끌어낼 수 있다.

⑦ 가족 조각

집단사회복지사는 성원이 다른 성원들을 선택해서 자신이 성장할 때의 가족 또는 현재의 가족을 조각하게 한다. 예를 들어 아버지는 손을 들게 하거나 멀리 혼자 떨어져 있게 할 수도 있다. 이때 성원이 집단사회복지사의 의도를 충분히 이해하지 못한 것으로 보이면, 당신의 생각을 전달하는 것이 중요하다. 예를 들어 "부모님 간의 관계는 어떤가요?" 좋은 관계라면 손을 잡게 할 수도 있고, 불편한 관계라면 등을 돌리게 할 수도 있다. 조각하는 성원도 직접 조각품이 되기보다는 다른 성원을 세우는 것이 좋다. 성원이 자신의 가족을 조각하고, 다른 성원들은 그 성원이 가족을 어떻게 조각하는지를 보면서 흥미를 느낀다. 조각이 완성되면, 조각한 성원에게 자신의 작품을 설명하도록 부탁한다. 작품에 관해 이야기한 후에 조각가가 원하는 대로 작품을 재배치하여 이야기하는 것도 필요하다. 일반적으로 이 활동은 성원의 가족 역동성을 가시화할 뿐만 아니라 과거와 현재의 가족관계를 토론하는 데 사용할 수 있다.

⑧ 집단 조각

집단 조각은 성원이 자신의 집단을 어떻게 바라보는지를 조각하는 활동이다. 성원은 다른 성원들과의 관계와 역할을 어떻게 보는지에 따라서 그들의 위치를 정한다. 이런 활동은 생활시설이나 쉼터 등 성원 간에 서로 잘 아는 집단에서 시행하기 좋은 활동이다. 이것은 성원이 다른 성원들을 어떻게 보는지를 알 수 있는 피드백 활동의 역할을 한다.

⑨ 거점 찍기

성원들이 서로 손을 잡고 원을 만든 후에, 집단을 이동시키기 위한 목적으로 모든 성원에게 자신이 원하는 지점을 선택하게 한다. 대다수 성원은 마음속으로 특정한 지점을 선택할 것이고, 또 모두 손을 잡고 있으므로 다양한 역동성이 발생할 것이다. 그리고 손을 놓지 않고 이동하게 하면, 성원들은 끌고, 밀고, 포기하거나, 바닥에 무릎을 꿇거나, 넘어지는 등의 다양한 모습이 나올 것이다. 집단사회복지사는 2~3분 후에 그 활동을 멈추게 한 다음, 성원들의 다양한 반응을 조사한다. 이 활동의 목적은 성원들이 원하는 것을 얻는 것이 얼마나 힘든가 하는 것에 초점을 맞추기 위한 것이다.

⑩ 개인적 공간

이 활동은 성원 간에 너무 가깝지 않게, 팔 길이 정도로 원안에 서 있게 한 다음, 집단사회복지사는 성원들에게 눈을 감고 자신의 앞, 뒤, 옆, 머리 위에 있는 주위의 공간을 느끼라고 지시한다. 그다음 집단사회복지사는 성원들에게 자신의 팔을 뻗쳐서 '자신의 공간' 밖으로 과감하게 나아가라고 지시한다. 이때 성원들은 다른 성원들과 부딪히게 된다. 대체로 성원들이 위치한 장소의 안전한 정도와 모험하는 감정을 중심으로 토론이 이루어진다. 이 활동을 통해 집단사회복지사는 일상생활의 공간이나 환경에 대한 성원들의 감정에 관해 토론을 이끌 수 있다.

⑪ 동상되기

이 활동은 성원들에게 서로 마주 보고 일정한 거리를 두고 서라고 지시한다. 셋을 세는 동안 성원들은 집단 내에서 또는 밖에서 자신을 바라본다고 생각하는 대로 동상이 되어 본다. 이 활동은 성원들에게 자기 자신을 표현할 기회를 제공한다는 장점이 있다.

⑫ 동작 활동의 사용 이유

프로그램 활동으로 동작 활동을 사용하는 이유는 다음과 같다. 첫째, 동작 활동은 토론 활동과는 다른 어떤 것을 경험할 기회를 성원들에게 제공한다. 둘째, 동작 활동은 토론 활동과 비교해서 성원들이 일상생활에서 발생한 것들을 더 쉽게 기억한다는 것이 효과이다. 셋째, 동작 활동은 대체로 모든 성원이 일어서서 어떤 것을 하지만, 토론 활동은 몇몇 성원들만 참여하는 경우가 많다. 넷째, 동작 활동은 성원들에게 긴장을 풀고 주위를 살펴볼 기회를 제공한다. 너무 오랫동안 앉아 있거나 그 형식이 변하지 않고 계속된다면, 성원들은 피곤해하거나 지루해할 것이다. 다섯째, 동작 활동은 연속선의 어느 위치에 성원들을 세우듯이 활동으로 말할 수 있게 한다. 그러므로 동작 활동은 성원들에게 어떤 동작을 하게 하고, 자신이 한 것처럼 자신의 위치를 설정한 이유에 대해 의견을 말할 수 있도록 유도하는 방법이 될 수 있다.

⑬ 동작 활동에서 주의할 점

상황이나 집단에 따라 동작 활동을 사용하는 것이 부적절할 때가 있다. 집단사회복지사는 나이가 많거나 건강상의 문제가 있는 성원들에게 격렬한 동작 활동을 하게 해서는 안 된다. 격렬한 움직임이 필요하다면, 의자나 책상 등과 같은 물건들을 안전하게 치워야 한다. 또한 성원들은 서로에게 피해를 줄 수 있는 안경이나 물건들은 미리 치워야 한다. 어떤 동작 활동은 신체적인 접촉을 해야 하는데, 어떤 성원은 다른 성원들과 신체 접촉을 원하지 않을 수도 있다.

4) 미술과 공예 활동

미술이나 공예 활동은 성원이 특정한 작품을 만들거나 그리는 것에 참여하게 하는 활동이다. 성원들과 협력하여 참여하는 게임과는 달리, 혼자서 하는 미술이나 공예 활동을 통해 성원들은 창의성과 경쟁의식 혹은 협동심 등을 경험하면서 비언어적 방식으로 의사소통하도록 도울 수 있다. 또한 미술이나 공예 활동은 말로 표현하기 어려운 성원의 정서 상태를 추상적인 이미지나 색깔의 사용을 통해 알아보는 기회가 된다. 미술과 공예 활동에서 성원들은 자르고, 풀칠하며, 색칠하거나 재료를 변화시켜 어떤 것을 만든다. 이런 활동을 통해 성원들은 집단에 집중하고, 에너지를 창출하고, 토론을 자극하며, 다른 방법으로 자신을 표현한다. 이런 활동은 어려움을 동일시하거나 감정을 곧바로 표현하는 아동에게 특히 도움이 된다.

미술과 공예 활동은 주로 종이 가방, 신문지, 잡지, 가위, 풀, 접착제 등이 사용된다. 모든 성원이 이러한 재료들을 함께 펼친 후에, 최근에 신문이나 방송에서 본 것 중에서 자신에게 인상적인 것이나 자신의 꿈을 말하게 할 수 있다. 그다음 성원이 말한 것과 관련된 단어, 문장, 그림 등을 잘라내게 한다. 성원들이 집단에서 함께 나누고 싶은 것은 종이 가방의 바깥 면에 붙이게 하고, 공유하고 싶지 않은 것들은 가방 안에 넣게 한다. 어느 정도 진행된 이후에 성원들은 자신의 종이 가방 안과 밖에 있는 것을 발표한다. 이 활동은 성원들을 이해하거나 성원 간의 모습을 공유하는 데 도움이 된다.

5) 음악 활동

집단에서 음악 활동, 즉 노래를 부르거나, 작사, 악기 연주, 춤을 추는 것 등을 통해서 성원들은 많은 이익을 얻을 수 있다. 성원들은 음악 활동에 함께 참여함으로써 통일감을 형성하고, 정서를 순화하며, 다른 성원들을 이끌거나 따라 하는 기회를 경험한다. 춤은 말보다는 몸짓을 통해서 자신을 표현하도록 성원을 도울 수 있다. 또한 음악 감상을 통해 자기 자신에 대한 이해를 증진하는 기회가 되기도 한다. 악기를 배우거나 연주함으로써 자신의 스트레스 해결, 새로운 문화의 접촉 및 잠재능력을 개발하는 계기가 될 수 있다.

6) 요리

요리는 음식이 지닌 특수성 때문에 음식을 만들고 나누어 먹는 과정을 통해 성원들의 긴장이 풀어지고 집단의 참여도가 향상된다. 특히 음식을 만드는 준비 과정은 성원 간의 협동심을 향상하기 때문에 아동, 청소년, 발달장애인 등에게 자주 활용된다. 요리 과정을 통해 요리 기술의 습득, 음식의 특성 이해 및 식사 예절의 방법 등을 배울 수 있다.

7) 여행이나 캠핑

집단실천에서 여행이나 캠핑을 통해 성원들은 다양한 사회적 관계를 경험함으로써 사회적 기술을 습득하게 된다. 특히 비행 청소년이나 지체장애인에게 여행이나 캠핑은 인생의 전환점이 되기도 한다. 나쁜 날씨나 집을 떠나 생활하면서 겪게 되는 어려움을 함께 극복하는 과정을 통해 성원들은 인간적으로 성숙하는 경험을 하게 된다.

8) 역할극이나 연극

성원들이 역할극이나 연극에 참여함으로써 타인의 상황을 이해할 수 있다. 특히 문제 상황에서 특정한 반응을 보이는 역할 연기자의 행동은 그 성원에 대한 집단사회복지사의 사정에도 도움이 된다. 또한 역할극 상황에서 시험적으로 해보는 문제 해결 방법은 성원들의 현실적인 문제 해결 능력을 향상하기도 한다. 성원들은 가장 성공적이라 생각되는 접근을 선택할 수 있으며 앞으로도 활용하도록 준비하는 것이 된다. 또한 성원들이 연극을 위해 그 주제를 토론하는 동안 연극 중의 상황과 인물에 대한 자신의 의견과 감정을 표출하는 기회를 얻게 된다.

9) 상상 활동

상상 활동은 성원들이 자신의 감정, 소망, 의심, 고통 등에 대해 더 많이 알도록 도와준다. 특히 성원들이 긴장하고 있을 때, 평화로운 광경을 상상하게 함으로써 긴장을 완화하도록 도울 수 있다. 또한 상상 활동은 성원들에게 일시적으로 정신적 도피처를 제공하기 위해 특정한 사건과 인물을 상상해 보도록 요청하는 것이다. 예를 들어 집단사회복지사는 성원들에게 회기 장소에 있는 물건(창문, 의자, 책상 등)이 된 것처럼 자신을 상상해 보도록 천천히 말하면서 지시한다. 또한 성원들이 활동하는 동안 눈을 감거나 뜰 수 있는 선택권을 준다면, 그들은 상상 활동을 더 편안하게 수행한다. 그리고 성원들에게 그 물건이 되었을 때 느낌이 어떠한지, 어떤 생활이 그 물건과 같은지, 일상생활에서 그 물건의 역할 등을 질문함으로써 그들의 상상을 유도할 수 있다.

10) 일반적인 읽기 활동

일반적인 읽기 활동은 짧은 일화, 시 또는 이야기를 성원들이 읽도록 요구하는 것이다. 어떤 읽기는 종종 생각하도록 자극하거나 특정 주제 또는 문제에 깊게 초점을 맞추는 데 목적이 있다. 예를 들어 프로스트(Robert Frost)의 시, '가지 않은 길'[5]은 영감을 줄 수 있는 시로서 성원들이 대중을 따르지 않고 특

---

5) 프로스트는 「가지 않은 길」(The road not taken)을 케네디 대통령의 취임식 때 백발을 휘날리며 이 시를 낭독하였다. (중략) 오랜 세월이 지난 후 어디에선가, 나는 한숨지으며 이야기할 것입니다. 숲 속에 두 갈래의 길이 있었고, 나는 사람들이 적게 간 길을 택했다고. 그리고 그것이 내 모든 것

별한 존재가 되도록 한다. 이 시를 읽음으로써 성원들은 각자의 인생에서 선택과 관련된 사건을 떠올리게 된다. 그 선택으로 아주 큰 차이가 있을 수 있으므로 인간은 심사숙고 끝에 타당한 이유를 근거로 한 길을 선택한다. 어떤 성원은 다른 성원들이 거의 지나간 적이 없는 길을 갈 수도 있다. 대체로 이 시를 읽고 난 후에 성원 간에 다양한 토론이 진행될 수 있다.

일반적인 읽기 활동을 집단사회복지사가 사용할 때 그 집단의 목적을 고려해야 한다. 읽기 활동의 재료는 집단목적과 관련된 생각을 끌어내는 것이어야 한다. 시 낭송이나 재연을 요구할 때 집단사회복지사는 성원들의 지적 능력을 고려해야 한다. 성원들의 나이와 교육 수준에 따라서 흥미 있는 읽기 활동의 재료를 잘 선택해서 사용해야 한다.

11) 피드백 활동

피드백 활동은 서로에 대한 감정과 생각을 공유하기 위한 것으로 성원이 다른 성원들에게 피드백하기 전에 무엇을 말할지 충분히 생각할 시간을 주어야 한다. 집단사회복지사는 피드백의 장점을 1~2분 정도 설명한다. 피드백 활동의 방법들을 살펴보면 다음과 같다.

① 첫인상

어떤 성원의 첫인상을 성원들이 함께 이야기하는 활동이다. 이것은 첫 회기나 성원의 첫인상을 바꿀 기회가 되는 마지막 회기에 사용할 수 있다. 마지막 회기에 사용한다면, 그 성원을 처음 만났을 때와 지금은 어떻게 인식하고 있는지의 차이를 들을 기회가 된다.

을 바꾸어 놓았다고.

② 너에게 주는 선물

집단사회복지사는 성원들에게 주고 싶은 선물을 포스트잇에 적어 활동지에 붙여 놓는다. 선물을 전달하고 싶은 성원이 다른 성원에게 가서 공개적으로 선물 내용(피드백)을 설명하고, 선물을 전달한다. 피드백을 받은 성원은 자신의 느낌을 표현하고, 다시 다른 성원에게 가서 자신의 선물을 공개적인 피드백을 함께 전달한다. 이미 받은 성원에게는 갈 수 없다. 선물 내용은 칭찬, 강점, 아쉬운 점 등을 반영하는 선물이 골고루 섞일 수 있도록 안내한다. 모든 성원이 서로에게 선물 내용을 전달한 후 성원들은 느낀 점이나 알게 된 점을 나누도록 한다.

12) 신뢰 활동

성원들은 서로 나누기 때문에 성원 간의 신뢰 정도는 집단사회복지사가 느끼는 집단역동성이다. 성원 간의 신뢰 관계가 형성되지 않거나 집단에서 더 많은 신뢰가 필요하다고 생각된다면, 다음과 같은 신뢰 프로그램 활동을 시행할 수 있다.

① 믿고 들어올리기

중앙에 한 성원을 두고 다른 모든 성원이 원을 만들고 서서 약 1분 동안 원 주변을 부드럽게 움직인다. 이 시간 동안 원 안에 있는 성원은 눈을 감고, 발은 가능한 한 움직이지 않고, 다른 성원들은 침묵한다. 그런 다음 성원들은 발, 허리, 어깨, 머리 등을 잡고 점차 자신의 머리 위로 그 성원을 들어 올린다. 그 성원은 아래로 떨어지지 않기 위해 집단을 신뢰해야 한다. 집단사회복지사는 들어 올려진 것과 들어 올리는 책임에 초점을 두고 토론을 이끌 수 있다.

② 믿고 넘어지기

이 활동은 두세 명의 성원이 짝을 지어서 한 성원이 서 있고 한 명 또는 두 명의 성원이 그 성원의 뒤에 위치한다. 앞에 서 있는 성원이 뒤쪽으로 넘어지면, 다른 성원들은 그 바닥으로부터 안전거리를 유지하면서 그 성원을 붙잡는다. 이 활동에서 주의할 점은 딱딱한 바닥 위에서 시행하기는 어려우며, 다른 성원들은 넘어지는 성원을 받쳐줄 만큼 힘이 있어야 한다.

③ 믿고 따라 걷기

한 성원은 눈을 가리고 다른 성원은 안내자로서 돕는 역할을 수행하되, 서로의 역할을 바꿔가면서 시행한다. 이 활동에서 안내자는 지시해서는 안 되며, 눈을 가린 성원은 안내자를 신뢰하는 경험을 해보는 것이다. 체험 활동의 효과는 적어도 10분 정도 해야 나타나며, 문, 의자, 계단 등이 있는 곳에서 성원이 걸을 수 있게 하는 것이 좋다. 활동 후에 대부분 시간은 성원 간의 신뢰를 주제로 토론하는 것에 집중해야 한다. 즉, 신뢰가 무엇인지, 구체적인 대답이 나올 수 있도록 해 본다. 예를 들어 "안내자는 계속해서 상세하게 말을 해주었습니다. 그래서 저는 별로 무섭거나 두렵지 않았습니다." 또한 모든 성원이 돌아가면서 안내하는 것과 안내받는 것 중 어느 편이 더 좋았는지 그 이유를 서로 나누는 것도 성원 간의 신뢰의 중요성을 깨닫는 데 도움이 된다.

13) 도덕적 딜레마 활동

도덕적 딜레마에 관한 이야기를 성원들이 읽고, 그 상황을 어떻게 다룰지를 결정한다. 이런 이야기에는 구조 보트에 남을 사람을 결정하는 것, 생존을 위해 음식을 훔치는 것 등이 있다. 이러한 내용을 활용하거나 집단사회복지사가 만든 이야기를 사용할 수도 있다. 도덕적 딜레마 활동은 가치, 정의, 공평성 등을 주제로 토론할 때 자주 사용된다. 이것은 한 회기 동안 토론 과정을 위해 30분 동안 할 수 있는 활동으로 사용할 수 있다.

4. 프로그램 활동의 선정 지침

집단사회복지사는 특정 유형의 상호작용을 증진하는 프로그램 활동을 선택하고 준비함으로써 성원들과 집단발달을 도모해야 한다. 적절한 프로그램 활동을 선택하기 위해서는 성원들의 욕구와 기능, 집단목적, 집단실천의 발달 단계 등 다양한 요인을 고려해야 한다. 따라서 집단사회복지사는 다양한 집단에서 이용할 수 있는 프로그램 활동 목록을 작성하여 활용할 필요가 있다. [그림 7-1]은 프로그램 활동이 특정 집단의 욕구에 부합하는지를 평가하기 위한 절차이다(Toseland & Rivas, 2012). 이런 절차를 통해 집단사회복지사는 집단실천의 프로그램 활동을 선정할 수 있다.

이런 프로그램 활동의 선정 절차를 기초로 집단목적과 성원의 개별 목표를 달성하기 위해 활용할 수 있는 프로그램 활동의 선정 지침을 구체적으로 살펴보면 다음과 같다(Sheafor et al., 2003; Vinter, 1985).

첫째, 선정한 프로그램 활동이 집단목적과 목표, 개별 목표 등의 달성에 적합한지를 고려해야 한다. 즉, 성원들에게 도움이 되고, 집단실천 발달을 향상하고, 집단목적과 목표 및 개별 목표의 달성에 도움이 되는 프로그램 활동을 선택해야 한다.

둘째, 집단실천의 발달 단계에 따라 프로그램 활동을 적절히 활용해야 한다. 즉, 집단실천의 발달 단계를 고려하여 특정 프로그램 활동을 긍정적으로 활용하여야 한다. 예를 들어 성원 간에 친밀성의 증진이 필요한 초기 단계에서는 서로 친밀한 의사소통과 상호작용을 할 수 있는 프로그램 활동을 선정해야 한다.

① 집단의 목적 및 목표와 일치하는 프로그램 활동의 구체화

⇩

② 프로그램 활동의 목표를 구체화

⇩

③ 이용 가능한 시설, 자원, 시간 내에서 할 수 있는 프로그램 활동의 구체화

⇩

④ 성원들의 흥미와 동기, 나이, 기술 수준, 신체적·정신적 상태, 주의력 정도 등에 기초해서 잠재적으로 가능한 프로그램 활동의 목록 작성

⇩

⑤ 다음 사항을 고려하여 프로그램 활동을 구분
- 활동의 특성(시간, 구조 등)
- 활동의 신체적 조건(섬세한 운동 근육, 힘 등)
- 활동의 사회적 조건(상호작용, 언어, 사회기술 등)
- 활동의 심리적 조건(감정의 표현, 사고, 동기 등)
- 활동의 인지적 조건(시간, 장소, 사람에 대한 인식 등)

⇩

⑥ 구체적 목표의 달성에 가장 적합한 프로그램 활동 선택

[그림 7-1] 프로그램 활동의 선정 절차

셋째, 프로그램 활동을 선정할 때 집단사회복지사는 항상 "나는 성원들의 어떤 행동과 태도를 격려하기를 원하는가?"의 질문에 대한 답을 고려해야 한다. 집단사회복지사는 집단에서 성원들을 격려하는 행동을 유도하거나 가르치는 프로그램 활동을 선정해야 한다. 특히 특정 프로그램 활동은 다음 중에서 한 가지 혹은 그 이상의 것들을 끌어내야 한다(Schaefer & Reid, 1986). 즉, 의사소통, 규칙 준수, 자기 훈련, 자립, 협동, 규범과 기대의 인식, 경쟁, 공격의 통제, 힘과 권위의 주제를 다루는 것 등이 그 내용이다.

넷째, 프로그램 활동을 선정할 때 성원들의 나이, 지적 수준, 발달 단계, 신체적 능력, 인내심, 흥미, 집중력, 통제와 보호의 욕구, 사회적 기술 등과 같은 요인들과 집단의 크기도 동시에 고려해야 한다.

다섯째, 프로그램 활동은 성원들에게 호감과 흥미와 도전을 제공해야 하지

만, 좌절을 일으키는 것은 적절하지 않다. 예를 들어 아동이나 청소년에게 적합하지만, 노인이나 장애인에게는 적합하지 않은 프로그램 활동이 있기 때문이다.

여섯째, 프로그램 활동을 선정할 때 성원 간의 관계 정도를 고려해야 한다. 프로그램 활동은 혼자 할 수 있는지, 몇 명이 혹은 전체 집단이 할 수 있는지, 어느 정도의 친밀성이 요구되는지, 프로그램 활동이 개인 중심적인지 혹은 집단 중심적인지 등을 고려해야 한다.

일곱째, 프로그램 활동을 선정할 때 성원들에게 필요한 기술과 지식이 무엇인지를 주의 깊게 고려해야 한다. 예를 들어 언어적 의사소통, 쓰기, 읽기, 협동, 경쟁, 기억력, 판단력, 자기 통제, 지시를 따르는 능력 등이 필요한 것인지를 파악해야 한다. 따라서 성원들의 능력과 관련 없는 프로그램 활동은 가능한 피해야 한다.

여덟째, 선정한 프로그램 활동에서 집단사회복지사는 어떤 역할을 수행하는지를 주의 깊게 고려해야 한다. 프로그램 활동은 집단사회복지사에게 어떤 역할, 즉 교사, 지도자, 조언자, 계획가, 경찰관, 심판, 시간을 알리는 사람, 교통수단 제공자, 음식 제공자 등을 하도록 요구하는지를 고려해야 한다.

아홉째, 프로그램 활동의 규칙은 성원들에게 어떤 영향을 미치는지를 고려해야 한다. 예를 들어 프로그램 활동의 규칙은 순위를 매기거나 편을 가르고, 계속된 경쟁으로부터 '실패자'를 제외하거나, 그 규칙으로 인한 좌절과 한계에 성원들이 대처할 수 있는지 등을 고려해야 한다.

열째, 프로그램 활동은 가용 자원, 물리적인 환경, 집단 일정 등과 적합한지를 고려해야 한다. 예를 들어 프로그램 활동을 진행할 때 어느 정도의 시간이 소요되고 어떤 공간이 필요한지, 필요한 장비나 도구를 확보하여 사용할 수 있는지, 그리고 그것은 안전한지 혹은 소란스러운지 등을 고려해야 한다.

5. 프로그램 활동의 수행 지침

집단사회복지사가 프로그램 활동을 진행할 때 고려할 사항을 살펴보면 다음과 같다(Jacobs et al., 2002).

① 성원들이 집단사회복지사의 지시를 따르는지 확인

프로그램 활동에서 집단사회복지사는 기대했던 대로 성원들이 잘 참여하는지를 관찰해야 한다. 예를 들어 중요한 의미가 있고 생각을 촉진하는 프로그램 활동에서 성원들이 집단사회복지사의 지시에 잘 따르지 않고 웃고 말하는 것을 보았다면, 집단사회복지사는 개입해야 한다. 만일 집단사회복지사의 지시에 대해 성원들이 혼란스러워한다면, 다시 분명하게 설명과 지시를 내려야 한다.

② 성원이 함께 참여하지 않는 것을 허락

프로그램 활동 동안 성원이 함께 참여하는 것을 불편하게 느끼거나 대답하지 못할 때 집단사회복지사는 그냥 통과시킬 필요도 있다. 이런 상황이 발생할 때, 집단사회복지사는 그 성원에게 관심을 두고 더 불편해하지 않도록 해야 한다.

③ 정서적 반응을 다룸

성원의 사적인 문제에 초점을 두는 프로그램 활동을 할 때, 집단사회복지사는 한 명 혹은 그 이상의 성원들에게 정서적으로 반응하도록 준비시켜야 한다. 상상 활동, 피드백 활동, 동작 활동 등은 다른 프로그램 활동보다 정서적 반응을 준비시키는 경향이 있지만, 어떤 프로그램 활동은 강한 감정을 불러일으키기도 한다. 집단사회복지사가 느끼기에 특정 성원의 정서적 반응이 너무 강하다면, 프로그램 활동이 끝날 때까지 그 성원은 잠시 쉬도록 배려하는 것이 좋다.

④ 프로그램 활동의 변화 및 중단

집단과정에서 집단사회복지사는 때때로 프로그램 활동의 변화 또는 중단을 결정해야 한다. 즉, 집단사회복지사가 예상했던 반응이 나타나지 않거나 혹은 토론하기에 좋은 다른 주제가 제기되었을 때, 프로그램 활동을 변경하거나 중단하는 것이 바람직하다. 이를 위해서 기획 단계부터 다른 프로그램 활동을 대안으로 준비하는 것이 필요하다.

⑤ 시간 공지

집단사회복지사는 프로그램 활동 시간이 어느 정도 남았는지를 성원들에게 알려주어야 한다. 이를 위해서 별첨이나 일지 등에 프로그램 활동 순서를 제시하는 것도 하나의 방법이다. 이처럼 집단과정의 남은 시간을 알려주는 것은 성원들이 프로그램 활동의 목표를 달성하도록 돕기 위한 것이다. 또한 집단사회복지사는 프로그램 활동에 대한 성원들의 반응을 관찰하면서, 원래 계획된 시간보다 길게 혹은 짧게 집단과정의 시간을 조절할 수도 있다.

⑥ 집단사회복지사의 참여 여부 결정

집단사회복지사는 자신이 프로그램 활동에 참여할지 혹은 참여하지 않을지를 선택해야 한다. 참여하지 않으면 집단사회복지사는 성원들의 행동을 가까이서 관찰하면서 초점을 맞추도록 도와줄 수 있고, 성원들이 말하는 것을 듣고 행동하는 것을 볼 수 있다. 또한 집단사회복지사가 참여하지 않는 다른 이유는 자신의 선택이나 말에 성원들이 너무 의존할 수도 있기 때문이다. 따라서 집단사회복지사는 자신의 참여가 성원들에게 도움이 될 수 있을 때만 참여해야 한다.

반면에 프로그램 활동에 집단사회복지사가 참여하는 것이 도움이 될 때도 있다. 예를 들어 성원들에게 집단사회복지사를 알리는 데 도움이 된다. 보통 성원들은 집단사회복지사의 선택, 생각, 반응, 피드백 등에 많은 관심이 있다. 만일 성원들과 집단사회복지사 간에 관계 형성이 되지 못했다면, 성원들은 집단에서 개인적인 자원을 나누지 않으려고 할 수도 있다. 또한 집단사회복지사의 참여는 피드백이 필요한 상황이거나 특정 성원을 돕기 위해 짝을 이룬 프로그램 활동에서 도움이 될 수 있다. 그리고 성원들의 수가 홀수여서 사람이 부족할 때도 집단사회복지사는 참여할 수 있다.

CHAPTER 08

집단실천의 사전 단계

Understanding of Group Work Practice

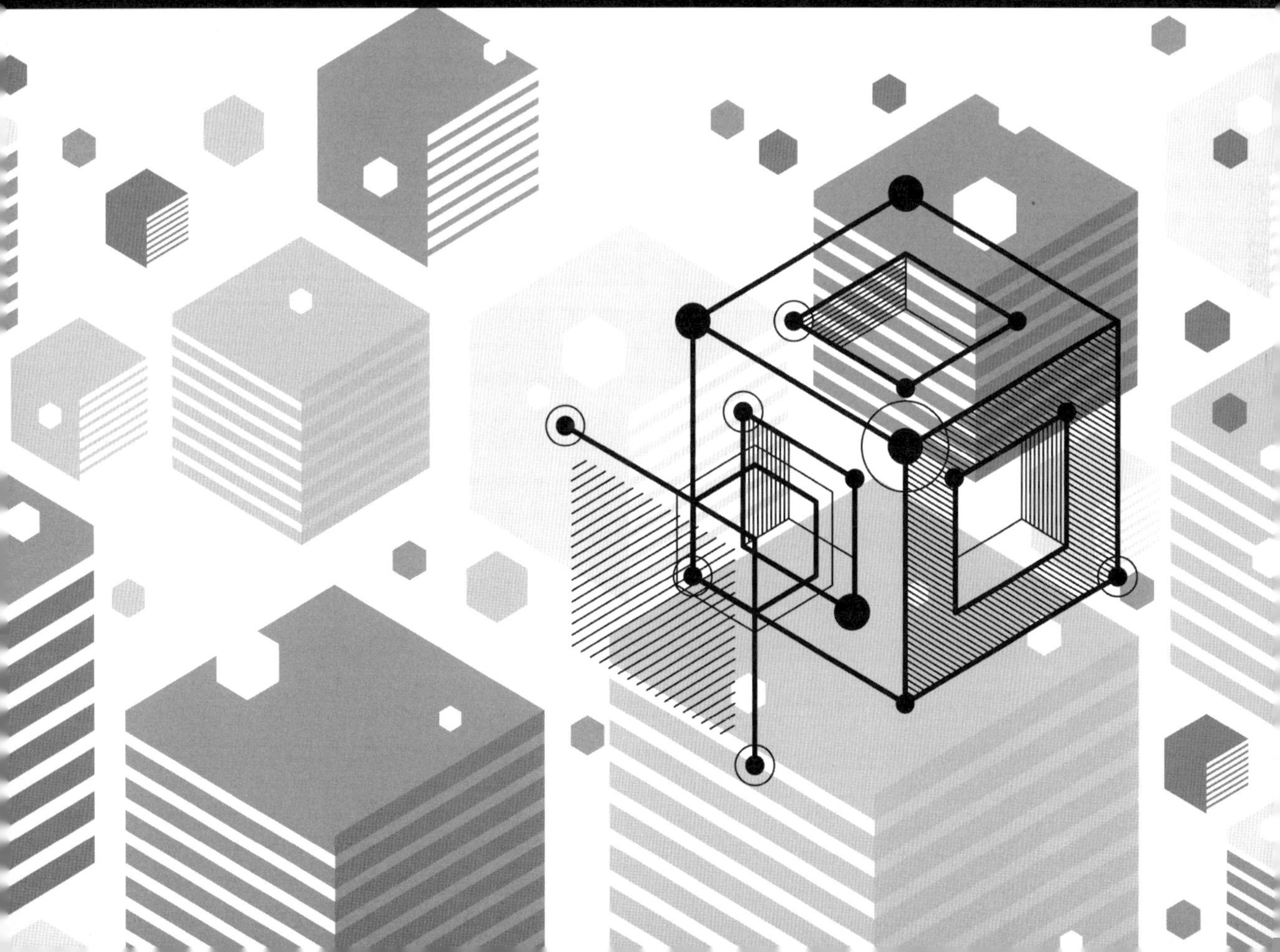

CHAPTER

08 집단실천의 사전 단계

학습목표

- 집단실천의 계획 모델을 설명할 수 있다.
- 집단실천 계획서를 작성할 수 있다.
- 집단실천 계획서 작성 시 주의사항을 설명할 수 있다.

집단실천의 사전 단계(pregroup stage)는 집단실천의 기획 단계라고도 한다. 이 단계에서 집단은 실제로 존재하는 실체가 아니며 집단사회복지사의 생각 속에 존재하는 하나의 허상에 불과하다. 즉, 사전 단계는 집단사회복지사와 성원들이 하나의 집단으로 대면하기 이전의 단계를 말하며, 이 단계부터 집단사회복지사는 집단에 관여한다(김종옥·권중돈, 1993).

집단실천을 계획하고 준비하는 집단사회복지사의 노력 정도에 따라 그 성과가 달라지기 때문에 집단실천의 사전 단계는 매우 중요하다. 〈표 8-1〉에서와 같이, 집단사회복지사는 자신의 역할과 기능에 대해 충분히 생각하고 준비해야 하며, 집단실천의 기획 과정을 체계적으로 준비해야 성원들에게 의미 있는 집단경험을 제공할 수 있다. 특히 집단실천에 참여하는 성원들과 사전 접촉을 통해 개별 목표를 설정할 필요가 있다. 이는 각 성원이 언제 집단과정을 종결할 것인지의 판단기준이 된다. 집단실천을 기획할 때, 집단사회복지사가 가장 먼저 해야 할 것은 집단실천 계획서를 세부적으로 작성하는 것이다. 이러한 집단실천 계획서는 집단의 구성과 관련된 기획과 집단발달의 전반에 대한 기획으로 구분할 수 있다.

〈표 8-1〉 집단실천의 사전 단계에서 성원 및 집단사회복지사의 역할

성원의 특성	집단의 특성	집단사회복지사의 역할
• 잠재적 성원들의 임시 구성 • 집단의 구조 임시 설정 - 모임 장소, 횟수, 기간, 규칙 • 집단의 내용, 목적, 목표를 임의 설정 • 잠재적 성원들의 욕구 파악 • 잠재적 성원들과의 사전 접촉 - 개별 목표 설정	(해당 없음)	• 잠재적 성원들의 욕구 및 목표 파악 • 집단목적을 명료하게 설정하고 설명 • 집단 구성에 영향을 미치는 요인 파악 (예: 기관 정책, 장소, 의뢰, 공동 지도력과의 협의)

출처: 김성이 외(2004). p. 199.

먼저 집단을 구성할 때 집단사회복지사는 성원, 전체 집단, 집단환경 등에 초점을 두어야 한다. 성원에 대한 초점에서는 성원들의 욕구, 관심사, 참여 동기, 집단에서 달성하고자 하는 목표 등을 고려해야 한다. 다음으로 집단사회복지사는 집단목적과 성원 간의 상호작용 결과로서 발달할 수 있는 역동성, 즉 집단의 구성, 구조 및 내용 등을 고려함으로써 전체 집단에 초점을 두어야 한다. 또한 집단사회복지사는 기관, 지역사회 및 전체 사회의 상황 등이 집단에 영향을 미치는 것을 고려함으로써 집단이 기능하는 집단환경에 초점을 맞추어야 한다.

다음으로 집단실천 발달의 전반에 대한 기획을 수립해야 한다. 초기 단계 동안 집단사회복지사와 성원들은 집단목적을 달성하기 위한 방법을 좀 더 구체적으로 계획해야 하며, 집단사회복지사는 성원들을 세밀하게 사정해야 한다. 이러한 사정은 집단실천의 중간 단계와 종결 단계에서 추가적인 활동을 기획하는 데 도움이 된다(Toseland & Rivas, 2012). 효과적인 집단실천을 위한 기획을 수행하는 사전 단계에서 집단사회복지사가 고려해야 할 요인 또는 구성요소를 살펴보면 다음과 같다.

1. 집단실천의 계획 모델

집단실천을 제공하는 기관과 사회적 상황 속에서 집단사회복지사는 여섯 가지 집단실천 계획 모델의 영역을 고려해야 한다(Northen & Kurland, 2001). 즉, 욕구(잠재적 성원들의 문제나 어려움, 관심사는 무엇인가?), 목적(집단목적과 목표는 무엇인가? 성원의 개별 목표는 무엇인가? 집단목적과 목표와 성원의 개별 목표 간에는 어떤 연관성이 있는가?), 구성(성원 수는 몇 명인가? 성원들의 공통점과 차이점은 무엇인가? 집단사회복지사는 누구인가?), 구조(집단실천의 회기 수와 빈도, 회기 시간 등과 관련하여 고려할 사항은 무엇인가? 집단환경을 위해 준비할 사항은 무엇인가?), 내용(프로그램 활동의 내용은 무엇인가? 집단실천에서 활용 가능한 자원은 무엇인가?), 사전 접촉(성원은 어떻게 확보할 것인가? 그들을 어떻게 준비시킬 것인가?) 등이다. 이러한 영역들은 사회적 상황 및 기관 상황과 함께 고려해야 한다. 문화나 지역사회와 기관의 환경 등에 존재하는 신념과 조건은 집단실천에 영향을 미칠 수 있으므로 집단사회복지사는 사전 계획 과정에서 이런 것들을 고려할 필요가 있다.

집단실천 계획 모델의 영역 간의 관계는 [그림 8-1]과 같다. 가장 먼저 고려해야 할 것은 잠재적 성원들의 욕구인데, 집단목적에 관한 결정은 직접적으로는 욕구에서 비롯된다. 또한 구성, 구조, 내용, 사전 접촉 등과 같은 다른 영역들도 잠재적 성원들의 욕구와 집단목적과 관련이 있으므로 동시에 고려해야 한다. 사회적 상황과 기관 상황은 집단실천 계획의 모든 영역을 포함하면서 이들에 영향을 미친다.

어떤 경우에 집단사회복지사는 성원의 자격(membership)이 이미 결정되어 있어서 성원들의 구성에 선택의 여지가 없는 집단과 함께 활동할 수도 있다. 예를 들어 학교에서 특정 학급의 모든 여학생을 대상으로 계획할 수도 있고, 생활시설에 거주하는 모든 아동을 대상으로 할 수도 있다. 이런 집단실천의 계획 모델은 [그림 8-2]와 같이, 영역 간의 관계가 아무것도 없는 것에서 시작한 집단과 유사하다. 이 모델의 특징은 계획 과정이 구성에서부터 시작되며, 집단 사회복지사는 성원이 되고자 하는 사람들의 욕구를 파악할 필요가 있다. 집단 목적은 성원들의 욕구로부터 나오고 구조, 내용, 사전 접촉 등이 그 뒤를 따르게 된다. 그리고 사회적 상황과 기관 상황은 집단실천 계획의 모든 영역을 포함하면서 이들에 영향을 미친다.

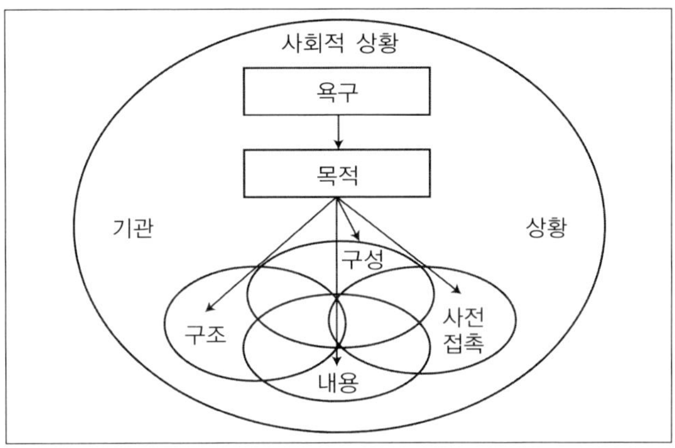

[그림 8-1] 성원이 사전에 결정되지 않았을 경우의 계획 모델

출처: Northen & Kurland(2001). p. 112.

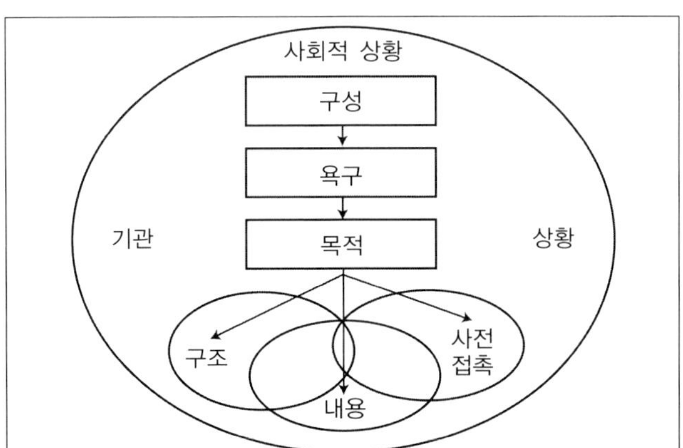

[그림 8-2] 성원이 이미 결정되었을 경우의 계획 모델

출처: Northen & Kurland(2001). p. 112.

1) 사회적 상황

모든 집단은 진공 상태에 그냥 머물러 있는 것이 아니라, 집단과 성원들이 소속되어 있으면서 준거 틀을 제공하는 다양한 지역사회로부터 영향을 받는다. 지역사회는 먼저 지리적인 지역사회 혹은 서비스 지역으로 병원이나 학교가 있다. 다음은 사회적인 지역사회로 나이, 종교, 민족 등과 같은 특성을 근거로 자연스럽게 형성되어 성원들은 가치관, 규범, 세계관 등을 공유할 수도 있다. 그리고 가까운 확대가족은 또 다른 중요한 지역사회이다.

어떤 지역사회는 지역주민의 욕구와 관심을 충족시켜 줄 다양한 종류의 서비스와 자원이 존재하지만, 다른 지역사회는 서비스와 자원이 전혀 없을 수도 있다. 따라서 집단실천을 계획하는 집단사회복지사는 이러한 서비스와 자원의 가용성과 접근성을 충분히 고려해야 한다. 집단사회복지사가 지역사회의 기존 서비스와 자원을 인식하는 것은 그것들의 틈새를 파악하는 단서가 되며, 계획 중인 집단과 연계하여 활용할 수 있는 자원을 파악할 수 있다.

집단실천의 계획 과정에서 집단사회복지사는 잠재적 성원들이 집단실천에 대해 품고 있는 태도를 고려하는 것이 중요하다. 이런 태도는 주로 문화적 규범과 신념에 의해 영향을 받는다. 예를 들어 일반적으로 성원은 '낯선 사람'인 집단사회복지사에게 자신의 개인적인 문제를 이야기하는 것이 어려울 뿐만 아니라 '낯선 사람들'인 다른 성원들과 이야기하는 것은 더욱 부담스러운 일이다(Bilides, 1990). 이런 성원의 태도를 집단사회복지사가 이해하는 것은 계획 과정, 특히 집단실천의 내용과 사전 접촉을 고려할 때 큰 도움이 된다. 따라서 집단사회복지사는 잠재적 성원들에게 제공하려는 집단실천에 대해 어떻게 말하고 제시할 것인가를 고려해 볼 필요가 있다. 또한 집단사회복지사는 잠재적 성원들이 집단실천에 참여함으로써 얻을 수 있는 이점을 구체적으로 제시하여야 한다. 동시에 집단사회복지사는 집단실천의 내용과 잠재적 성원들의 대인관계 수준을 고려하고, 이런 것들이 그들의 문화적 특성과 일치하는지를 살펴보아야 한다. 구성하려는 집단의 사회적 상황을 고려할 때, 집단사회복지사는 다음과 같은 질문들에 대답해야 한다(Northen & Kurland, 2001).

첫째, 잠재적 성원들이 속해 있는 주요 지역사회는 어떤 것들이 있는가?

둘째, 지역사회의 기존 서비스와 자원 그리고 이들의 틈새는 무엇인가?

셋째, 기존 서비스와 계획 중인 집단실천과의 관계는 어떠한가?

넷째, 잠재적 성원들에게 사회적 또는 가족적으로 중요한 사람은 누구인가?

다섯째, 잠재적 성원들은 집단실천에 대해 어떤 태도를 보이는가?

여섯째, 이러한 태도가 계획 과정, 특히 집단실천의 내용과 사전 접촉에 주는 시사점은 무엇인가?

2) 기관 상황

일반적으로 집단실천은 기관의 서비스 전달체계 내에서 이루어지기 때문에 기관의 사명, 목적, 자원, 잠재적 성원 등이 집단 구성에 큰 영향을 미친다. 특히 기관의 정책과 구조 및 절차는 집단실천의 접근성, 지속성, 형평성, 질 등과 같은 문제에 영향을 미친다. 이처럼 기관 상황은 집단실천의 계획에 영향을 미치는데, 이는 기관의 다양한 여건이 잠재적 집단을 구성하는 노력에 영향을 미치기 때문이다. 따라서 집단사회복지사는 기관 내부의 지지를 확보하기 위해 잠재적 집단의 구성과 관련된 기관의 기능, 실천 방법, 정책 등을 정확하게 파악하여야 한다.

집단실천에 대한 기관 내의 부정적인 태도는 과거 경험에서 비롯된 것이다. 예를 들어 과거 집단에서 어떤 성원의 소란스럽고 파괴적인 행동 때문에 기관은 집단실천에 대해 부정적인 태도를 보일 수 있다. 따라서 집단사회복지사는 집단실천에 대한 기관의 부정적인 태도를 형성한 요인을 파악한 후에 집단을 구성하는 것이 좋다. 이처럼 기관의 과거 경험을 파악함으로써 집단사회복지사는 집단실천에 대한 기관의 부정적인 태도를 다룰 수 있다(Northen & Kurland, 2001). 이와 함께 기관 책임자나 실무자가 집단실천에 대해 잘못된 인식을 하고 있으면, 성원들과 집단에 좋지 못한 결과를 초래할 수 있다. 따라서 집단실천을 계획하는 집단사회복지사는 참여자는 누구이며, 어떤 서비스를 제공하여 무슨 변화를 기대하며, 그 결과는 어떻게 평가할 것인가 등과 같은 정보를 기관 책임자나 다른 사회복지사들에게 제공해야 한다(Lonergan, 1982).

또한 집단 구성의 가능성을 파악하기 위해 집단사회복지사는 기관 상황의 분석을 통해 기관에서 어느 정도나 지원할 수 있는지를 파악해야 한다. 나아가 집단 구성의 전제 조건인 기관의 승인과 지지를 얻고자 할 때, 집단사회복지사는 참고해야 할 기관 내의 다양한 요인을 파악할 필요가 있다(Brager & Holloway, 1978; Germain & Gitterman, 1980). 이처럼 집단사회복지사는 집단에 제공할 수 있는 기관의 전반적인 지원 수준을 사정함으로써 잠재적 집단이 속해 있는 기관 상황을 평가할 수 있다. 이러한 기관의 상황과 관련하여 집단사회복지사는 다음과 같은 질문을 고려해야 한다(Northen & Kurland, 2001).

첫째, 기관의 사명 및 목적과 잠재적 집단은 어떤 관련이 있는가?

둘째, 잠재적 집단을 승인하고 지지할 수 있는 기관 내의 주요 직원들은 누구이며, 그들의 승인과 지지를 얻을 수 있는 가장 좋은 방법은 무엇인가?

셋째, 기관 내에 존재하는 집단실천에 대한 태도는 무엇이며, 그런 태도가 잠재적 집단을 성공적으로 구성하는 데 도움이 되는가? 만일 기관 내에 부정적인 태도가 있다면, 그것을 어떻게 극복할 것인가?

넷째, 기관은 과거 집단과는 어떤 경험을 했는가? 긍정적이라면 무엇을 얻었고, 부정적이라면 해결 방법은 무엇인가?

다섯째, 기관은 집단을 위해 어떤 자원(예: 직원의 시간, 재정, 공간 등)을 제공할 수 있는가?

여섯째, 서비스를 제공하는 기관과 지역사회 간의 관계는 어떠한가? 지역사회에서 기관의 위치와 평판은 잠재적 집단에 어떤 영향을 줄 것인가?

일곱째, 집단 구성의 계획에 직·간접적으로 영향을 미칠 수 있는 기관의 정책과 요구사항은 무엇인가? 이러한 기관의 정책과 요구사항이 잠재적 집단의 복지에 부합하지 않는다면, 예외 규정을 만들 수 있는가?

여덟째, 기관 직원들의 협력, 협조, 조정 등을 위해 어떤 활동이 필요한가?

2. 집단실천 계획서 작성

집단실천을 계획하고 준비사항들을 일정한 형식에 따라 문서로 만든 것이 집단실천 계획서이다. 집단실천 계획서는 기관이나 외부로부터 재정적 지원을 받는 데 필요한데, 서면으로 작성된 계획서는 잠재적 성원들에게 집단에 대한 정확한 정보를 제공한다. 또한 집단사회복지사는 집단실천 계획서의 작성 과정을 통해 집단실천과 관련된 사항을 점검하는 기회가 된다. 이처럼 집단실천 계획서를 상세하게 작성한다면, 집단사회복지사는 자신이 해야 할 역할과 기능을 이해하며, 집단과정에서 발생할 수 있는 문제점을 예방할 수 있고, 성원들은 의미 있는 집단경험을 할 수 있다.

집단실천 계획서를 작성할 때 집단사회복지사는 가장 먼저 집단실천의 필요성과 이론적인 근거를 명확히 하고, 그것을 기초로 세부 계획서를 작성해야 한다. 따라서 집단실천 계획서는 집단의 목적과 목표, 그것을 달성하기 위한 제반 절차와 전략, 예상되는 효과 등에 대해 분명하고 구체적으로 작성해야 한다. 일반적으로 집단실천 계획서를 작성할 때, 〈표 8-2〉와 같은 내용에 대한 질문들의 대답을 고려해야 한다(강진령, 2019).

〈표 8-2〉 집단실천 계획서 작성 시 고려사항

구분	질문내용
① 집단의 필요성	• 지금 집단이 필요한 이유는 무엇인가? • 잠재적 성원들이 직면한 문제나 욕구는 무엇인가? • 집단의 이론적 배경 혹은 선행 경험의 근거는 무엇인가?
② 집단의 목적 및 목표	• 집단의 목적은 무엇인가? • 집단의 목표(산출 및 성과목표)는 무엇인가? • 집단의 하위 목표는 무엇인가?
③ 집단의 주제 및 활동	• 집단의 회기별 주제는 무엇인가? • 집단의 목적과 목표를 달성하기 위해 어떤 프로그램 활동을 활용하는가?
④ 집단의 구성	• 누구를 대상으로 하는가? • 성원의 동질성 혹은 이질성 원칙을 어떻게 활용할 것인가? • 전체 성원의 수는 몇 명으로 할 것인가?
⑤ 집단의 유형	• 지지, 교육, 성장, 치유, 사회화, 자조집단 중 어떤 집단을 할 것인가? • 개방집단, 폐쇄집단 중 어떤 집단으로 할 것인가? • 단독 혹은 공동으로 운영할 것인가?
⑥ 성원의 선발	• 성원은 어떤 절차 과정을 통해 선발하는가? • 개별 면접 혹은 집단 면접을 활용할 것인가? • 다른 전문가나 기관으로부터 의뢰를 수용할 것인가? • 성원의 자발적 혹은 비자발적 선택에서 어떤 것을 택할 것인가?
⑦ 집단의 일정	• 전체 몇 회기로 할 것인가? • 얼마나 자주 모일 것인가? • 한 회기의 시간은 몇 시부터 몇 시까지 할 것인가? • 예비 모임의 일정은 언제, 어디서, 어떻게 할 것인가?
⑧ 집단의 환경	• 집단회기의 장소는 어디로 하며, 어떻게 확보할 것인가? • 집단의 회기 장소에서 특별히 고려할 환경과 조건은 무엇인가? • 재정적 자원은 어떻게 확보할 것인가?
⑨ 집단의 홍보	• 홍보의 내용은 어떻게 구성할 것인가? • 언제, 어디서, 어떻게, 누구를 대상으로 그 내용을 홍보할 것인가?
⑩ 평가	• 성원의 집단경험은 언제, 어떻게, 어떤 내용을 평가할 것인가? • 사전검사와 사후검사에 사용할 측정 도구는 무엇인가?
⑪ 기대효과와 추후 관리	• 집단경험으로 얻을 수 있는 성원의 기대효과(단기, 중장기)는 무엇인가? • 추후 회기는 어떻게 운영할 것인가?

출처: 강진령(2019). pp. 362-363.

1) 집단의 필요성

현시점에서 이러한 종류의 집단을 해야 할 구체적인 이유, 잠재적 성원들이 직면한 문제와 욕구 파악, 그리고 그것들을 해결하거나 충족하기 위해서는 어떤 이론적 배경이나 선행 경험의 근거를 확인해야 한다. 특히 집단실천을 통해 잠재적 성원들이 도움을 받고자 하는 욕구, 문제, 관심사 등을 파악하기 위해서 집단사회복지사는 인간 발달, 기관, 지역사회 등에 관한 지식이 필요하다. 사람은 각 발달 단계의 발달 과업을 달성할 욕구, 생애과정에서 직면하는 삶의 전환기와 위기에 효과적으로 대처하고 싶은 욕구 그리고 건강·교육·경제적 안정·여가·사회적 관계와 같은 기본적 욕구를 충족시킬 기회를 얻고자 하는 욕구 등이 있다(Northen & Kurland, 2001).

집단과정은 사회적 관계와 역할 기능 측면에서 성원들의 욕구를 충족시킬 수 있도록 돕는 강력한 힘이 될 수 있다. 따라서 집단사회복지사는 집단실천의 계획 과정에서 잠재적 성원들의 욕구를 최대한 파악하려고 노력하는 것이 중요하다. 잠재적 성원들에 대한 사정을 통해 집단사회복지사는 계획된 집단실천에 참여할 사람들에 대해 생각할 기회를 가질 수 있다. 잠재적 성원들이 확인되면, 집단사회복지사는 직접 면접과 관찰, 가족이나 그들과 활동 경험이 있는 사회복지사 등을 통해 자료를 수집하여 집단목적의 설정과 연결하여야 한다.

잠재적 성원들의 욕구 사정에서 중요한 사항은 집단사회복지사가 집단과업이라고 인식하는 것을 그들도 공유하는가 하는 것이다. 집단과업의 인식이 일치하면 집단응집력이 향상되고, 집단 기능에 대한 성원들의 만족도가 증가하며, 집단목적의 달성에 방해가 되는 장애 요인을 해결하는 데 집단사회복지사가 시간을 낭비하지 않아도 된다는 것이 장점이다(Toseland & Rivas, 2012). 또한 집단사회복지사는 잠재적 성원들의 집단에 대한 욕구, 목적, 과업의 인식 정도 등에 대한 정보를 수집해야 한다. 이러한 과정을 통해 집단사회복지사는 잠재적 성원들의 집단에 대한 헌신 정도를 예측할 수 있다.

잠재적 성원들이 비자발적으로 집단에 참여할 때 저항하는 성원이 될 수 있는데, 집단사회복지사는 이러한 실무 상황에 대비해야 한다. 즉, 법원의 명령이나 교사나 부모로부터 의뢰된 경우와 같이 의무적 혹은 비자발적으로 집단에 참여한 성원은 저항하는 행동을 보일 수 있다. 따라서 집단사회복지사는 이러한 성원의 저항하는 행동을 해결할 수 있도록 개입 계획을 준비해야 한다. 또한 잠재적 성원들을 모집하고 오리엔테이션을 준비하는 모든 과정에서 집단사회복지사는 집단 참여에 대한 잠재적 이익의 목록과 기대효과를 그들과 공유할 필요가 있다. 또한 잠재적 성원들을 사정할 때 집단사회복지사는 그들이 실제로 집단에 참여할 때 어떤 장애물이나 어려움이 있는지를 확인해야 한다. 이와 함께 집단사회복지사는 기관이나 지역사회에서 이용 가능한 자원을 확인하는 것도 실무 상황에서 접할 수 있는 어려움을 해결하는 데 도움이 된다.

이러한 사전 계획 과정에서 잠재적 성원들의 욕구를 사정할 때 집단사회복지사는 다음과 같은 질문들을 고려할 필요가 있다(Northen & Kurland, 2001).

첫째, 계획 중인 집단에 참여할 잠재적 성원들의 욕구는 무엇인가? 또한 기관과 다른 사회복지사, 관계자, 집단사회복지사 등이 인식하는 욕구는 무엇인가?

둘째, 이러한 욕구 중에서 중요한 유사점과 차이점은 무엇인가? 욕구에 대한 인식이 어떻게 상호 보완될 수 있는가? 서로 다른 욕구 중에서 명료화되거나 합의되어야 할 것은 무엇인가?

셋째, 잠재적 성원들의 사회적 상황에서 그들의 욕구(예: 가치관, 태도, 경제적인 여건, 지역사회 자원 등)에 영향을 미칠 수 있는 것은 무엇인가?

넷째, 잠재적 성원들의 발달적 욕구는 무엇인가?

다섯째, 계획 중인 집단에서 다루어야 할 욕구는 무엇인가?

2) 집단목적 및 목표 설정

집단실천의 사전 단계에서 집단사회복지사의 중요한 과업 중의 하나는 집단목적[6]과 목표를 명확하게 설정하고, 그것의 달성을 위해 자신의 전문적 능력을 실천하는 것이다. 일반적으로 집단목적은 성원들의 개별 목표를 포괄할 정도로 넓어야 하지만, 충분히 구체적으로 설정해야 한다. 집단목적이 분명하게 설정되어 성원들이 잘 이해한다면, 성원들은 적극적으로 집단과정에 참여할 뿐만 아니라 집단실천의 방향 상실도 예방할 수 있다. 즉, 집단목적과 목표가 분명하게 설정된다면, 잠재적 성원들이 집단에서 무엇을 함께 할 것인가를 결정하는 데 도움이 된다.

모든 집단은 목적을 설정하지만, 그것의 모호성 때문에 목적 달성에 실패하거나 심지어는 집단이 해체되기도 한다. 일반적으로 집단목적은 잠재적 성원들의 확인된 욕구를 충족하기 위해 기관이나 집단사회복지사가 집단을 구성하기로 할 때 어느 정도 정해진다. 이러한 집단목적을 알리는 진술에는 집단 모임의 이유나 문제에 대한 정보, 집단과정의 내용, 달성하고자 하는 집단목적과 성원의 개별 목표의 범위 등에 대한 정보가 포함된다.

집단실천의 초기 단계부터 성원들은 집단목적과 목표[7]를 주제로 토론하며,

---

6) 집단목적에 대한 진술에는 상황, 대상, 내용, 의도 등 4가지 요소가 포함되어야 한다. '상황'은 성원이 처해 있는 상황이나 현재 상태를 명시하며, '대상'은 집단실천의 잠재적 성원을 제시하고, '내용'은 참여할 성원이 경험하게 될 집단실천의 포괄적인 내용을 명시한다. 그리고 '의도'는 집단에 참여한 성원이 종결 후 변화될 궁극적인 기대 효과를 명시한다. 이를 더 자세하게 표현해 보면 다음과 같다. 즉, (어떤 상황에) 있는 ~(대상)에게 ~(무슨: 내용) 프로그램을 제공함으로써 ~(무엇: 직접적 결과)을 향상하여 ~(무엇: 궁극적 기대 효과) 하도록 하는 데 목적이 있다.

7) SMART로 불리는 목표 설정의 지침을 살펴보면 다음과 같다. ① 구체성(specific)으로 확실한 단어를 사용하여 명시해야 하며, 목표는 가능하면 양적인 개념으로 정해야 한다. ② 측정 가능성(measurable)으로 측정 도구는 목표가 달성된 정도를 평가하는 데 필요하다. ③ 달성 가능성(attainable)으로 목표는 현실적이고 도전적이며 달성 가능해야 한다. ④ 결과 지향성(results oriented)으로 목표가 바라는 방향으로 끝이 나도록 초점을 맞추기 위해 '완성하다, 얻다, 만들어내다, 증가하다' 등과 같은 단어로 표현되어야 한다. ⑤ 시간 제한성(time bound)으로 목표를 완성하

성원 간의 상호작용을 통하여 좀 더 구체적으로 설정하여야 한다. 이를 위해 집단사회복지사는 성원들이 제기할 수 있는 질문을 예상하고, 집단의 기능에 방해가 되는 장애물을 파악하고, 잠재적 의제 항목을 확인하고, 집단사회복지사와 성원들의 역할을 명확히 함으로써 회기를 철저히 준비하여야 한다(Toseland & Rivas, 2012).

사전 계획 과정에서 집단목적과 목표의 설정과 관련하여 집단사회복지사는 다음과 같은 질문들에 대한 대답을 고려하여야 한다(Northen & Kurland, 2001).

첫째, 잠재적 성원들이 생각하는 집단목적과 목표는 무엇인가? 또한 외부 지원기관, 다른 사회복지사, 관계자 등은 집단목적과 목표를 무엇으로 생각하는가?

둘째, 집단목적과 목표에 대한 성원 간의 인식에서 중요한 유사점과 차이점은 무엇인가? 또한 이들의 인식이 보완적인가 아니면 상충적인가? 집단목적과 목표에 대한 성원 간의 인식에 대한 차이 가운데 조정할 부분은 무엇인가?

셋째, 집단사회복지사가 임시로 설정한 집단목적과 목표는 무엇인가? 그것을 잠재적 성원들에게 간결하면서도 명료하게 설명할 방법이 있는가?

넷째, 임시로 설정한 집단목적과 목표는 잠재적 성원들의 욕구 충족과 어떤 관련성이 있는가?

3) 집단실천의 주제 및 프로그램 활동

집단사회복지사는 잠재적 성원들의 욕구 충족을 위해 집단실천의 회기별 주제와 프로그램 활동 내용을 선정한다. 이러한 집단실천의 회기별 주제와 프로그램 활동 내용을 선정할 때 집단사회복지사는 관련 내용을 구체적으로 작성하는 것이 중요하다. 회기별 주제와 프로그램 활동 내용이 구체적으로 작성되

기 위한 시한을 구체적으로 설정해야 한다.

면, 집단실천은 그 목적에서 벗어날 가능성이 그만큼 줄었다는 의미이다.

4) 집단의 구성

집단의 구성은 모든 잠재적 성원에게 유익한 경험이 될 수 있는가와 직결된 사항이다. 여기서는 집단의 구성 과정에 필요한 잠재적 성원들의 결정, 그들의 동질성과 이질성, 집단 크기 등을 중심으로 살펴보고자 한다.

① 잠재적 성원들의 결정

집단의 구성에서 가장 먼저 이루어지는 것은 잠재적 성원들을 결정하는 것이다. 집단목적을 기초로 공통된 욕구를 가진 잠재적 성원들을 선정하되 성별, 나이, 교육 수준, 문제의 유형과 관심사, 성격 특성, 직업 등과 같은 요소들을 고려해야 한다(강진령, 2012).

② 성원들의 동질성과 이질성

잠재적 성원들이 결정되면, 집단을 구성할 때 집단사회복지사는 집단을 동질집단으로 할 것인가 아니면 이질집단으로 할 것인가를 고려해야 한다. 일반적으로 집단목적의 달성과 유지를 위해 집단의 동질성과 이질성의 특성을 동시에 고려해야 한다. 집단의 동질성과 이질성의 특성을 결정할 때 집단사회복지사는 성원의 성, 나이, 결혼 여부, 지적 능력, 교육 수준, 성격의 차이, 사회 · 경제적 지위, 성원이 경험하는 문제의 종류, 그 문제에 대한 대처능력 등을 고려해야 한다(Flapan & Fenchel, 1987). 예를 들어 성원들의 교육 수준 차이가 심하다면, 의사소통 문제가 발생할 뿐만 아니라 교육 수준이 낮은 성원을 무시하거나 냉소적으로 반응하여 집단응집력을 방해하는 요소로 작용할 수도 있다(이가옥 외, 2004). 따라서 집단의 구성은 성원 간의 흥미를 유발할 수 있을 정도의 차이와 서로에 대해 편안함을 느낄 정도의 유사성을 충분히 갖추고 있어야 한다. 이러한 성원의 동질성과 이질성의 원칙을 살펴보면 다음과 같다.

먼저 성원의 동질성이란 성원들의 집단 참여 목적이 비슷해야 하며, 어떤 개인적 특성도 유사해야 한다는 것이다. 즉, 집단에 참여하는 성원들의 참여 동기나 목적, 성별, 나이, 종교, 교육 수준, 성장배경, 출신 지역, 사회경제적 지위 등과 같은 개인적 특성에서 비슷한 사람들로 구성된다. 이러한 동질성은 성원 간의 의사소통을 촉진해 상호 간의 관계 형성을 증진할 뿐만 아니라 집단응집력을 향상한다는 것이 장점이다. 성원의 동질성을 높이기 위해 사전에 각자의 욕구 수준을 파악할 필요가 있다. 이처럼 동질집단은 공동의 관심사로 인해 지지와 이해를 쉽게 받기 때문에 사적인 부분으로 감춰왔던 자신의 감정을 솔직하게 표현할 수 있으며, 집단의 상황은 성원이 다른 성원들과 하나가 되는 경험을 제공한다. 그러나 동질집단에서 성원들은 서로를 잘 이해하고 있다고 생각하므로 이질집단의 성원처럼 상호 간의 자극이나 반론을 제기하는 경우가 드물다. 따라서 집단과정의 수준은 이질집단보다 피상적이며, 토론하는 문제에 대해 성원들은 흥미가 없는 것처럼 보일 수 있고, 계속되는 행동 변화의 가능성과 현실 검증에 대한 기회가 부족할 수도 있다(전재일·이성희, 2002).

다음으로 성원의 이질성은 성원들의 개인적 특성에 차이가 있다는 것이다. 성원 간의 인생 경험, 대처기술 수준, 전문성의 정도 등이 서로 다른 이질집단은 성원들에게 폭넓은 관점과 견해를 제공하기 때문에 개인의 문제 해결을 자극하거나 상호 학습의 기회를 제공한다. 문화, 사회계층, 생활방식, 거주 지역, 의사소통 유형 등이 서로 다른 성원으로 집단을 구성함으로써 상호 간의 차이점을 발견하고 이해하며, 다양한 사람이 주는 피드백을 통해 새로운 행동을 실험하거나 대인관계의 기술을 배울 수 있다. 이처럼 다양한 사람들로 구성된 사회에 적응해야 하는 성원들은 미리 작은 사회를 경험해 보는 장점이 있다. 그러나 이질집단에서 성원들은 서로 연관될 수 없는 현실로 인해 자신의 문제를 표출하고 유대관계를 형성하는 데 많은 시간이 걸릴 수 있다. 또한 집단실천의 초기 단계에서 많은 방어와 저항이 있을 수 있고, 이러한 좌절로 인해 성원이 중도에 탈락할 수도 있다. 이질집단에서는 성별, 교육 수준, 사회경제적 지위, 지역 등에 따라서 끼리끼리 모이는 하위집단이 더 많이 생겨날 수도 있는 것이 단점이다.

집단을 구성할 때 일반적으로 적용되는 원칙은 '최적 거리의 법칙(the law of optimum distance)'인데, 집단은 안정성을 보장할 만큼 동질적이면서 집단의 생명력을 보장할 만큼 이질적이어야 한다는 것이다(Redl, 1953). 이 원칙에 따르면 집단역동성이란 성원 간의 상호 지지와 상호 원조라는 전제에 근거한 것이다. 즉, 집단은 성원이 흥미를 느낄 수 있도록 이질적인 동시에 성원이 편하게 느끼고 서로 이해할 수 있을 정도로 동질적이어야 한다.

이러한 집단 구성을 위해 다른 유용한 방법은 가시 고슴도치의 원칙과 노아 방주의 원칙을 적용하는 것이다(김혜란 외, 2022; Reid, 1997). 먼저 가시 고슴도치의 원칙(porcupine principle)이란 몸통에 가시가 많은 가시 고슴도치는 강한 눈보라가 치는 숲속에서 체온을 유지할 만큼 충분히 서로 밀착해야 하지만, 서로 찔려 죽지 않을 정도로 밀착해야 한다는 것에서 유래된 것이다. 성원들은 동질성을 유지해야 하지만, 동질성이 너무 강한 집단은 유지될 수 없다는 것이다. 반면에 성원들이 너무 다르다면, 집단은 기능하지 못할 것이다. 따라서 성원들의 동질성과 이질성 간의 균형을 유지하는 것이 집단 구성의 원칙이다.

다음으로 노아 방주의 원칙(noah's ark principle)이란 노아가 방주에 태운 모든 종류의 동물을 최소한 두 마리씩 선택했다는 창세기의 기록에서 유래된 것이다. 즉, 집단을 구성할 때 집단사회복지사는 성별, 교육 수준, 생활양식 등의 특성에서 한 사람만을 선택하지 않도록 유의해야 한다는 것이다. 예를 들어 집단 구성에서 남녀가 모두 포함되는 집단이라면, 적어도 남녀 모두 두 명 이상이 있어야 한다는 것이다. 그렇게 하지 않는다면, 다른 성원들과 구별되는 특성이 있는 특정한 성원은 집단의 희생양이 될 가능성이 크다.

이처럼 집단을 구성할 때 집단사회복지사는 집단의 동질성과 이질성 원칙 간의 균형을 이루도록 해야 한다. 이러한 원칙으로 집단을 구성할 때 집단사회복지사는 성원이 다른 성원들과 어떻게 상호작용하며, 전체 집단에 어떤 영향을 미칠 것인가의 문제도 고려해야 한다. 특히 이러한 동질성과 이질성 원칙보다 더 중요한 것은 성원이 집단실천에 자발적으로 참여하느냐 혹은 그렇지 못하느냐가 그 결과를 결정하는 중요한 요소이다. 자발성과 참여 동기가 부족한 성원은 집단실천의 결과가 좋지 못하거나 중도에 탈락할 가능성이 있기 때문이다.

③ 집단의 크기

집단실천에서 최적의 크기란 없지만, 집단의 적정 규모는 성원 간의 상호작용과 만족도 및 집단역동성에 큰 영향을 미친다. 따라서 집단의 크기는 집단실천의 목적, 성원의 나이와 기능 수준, 타인에 대하여 알고자 하는 성원의 욕구, 집단유형, 집단에서 탐색할 문제나 관심의 범위, 집단사회복지사의 경험 정도, 집단운영에서 현실적으로 고려할 사항 등에 따라 달라질 수 있다(Tillitski, 1990). 일반적으로 집단의 크기는 모든 성원이 집단실천의 목적을 효과적으로 달성할 수 있을 정도로 매우 작아야 하는 동시에 집단과정이 지루하지 않고 성원 간의 상호작용이 풍부하여 만족스러운 경험을 할 수 있을 만큼 충분히 커야 한다(Bertcher & Maple, 1985). 즉, 집단이 너무 커서 성원의 역동성을 충분히 다루지 못하거나 성원의 개인적인 문제를 다룰 시간적 여유가 없거나, 집단이 너무 작아서 심리적으로 참여에 대한 압박을 받는다면 집단실천의 성공적인 결과나 경험은 기대하지 못할 것이다.

이처럼 집단의 크기가 작으면 집단실천의 목표를 수정하거나 성원의 변화하는 욕구를 충족시키는 데 있어 더욱 유연할 수 있다. 또한 성원들의 참여와 상호관계 및 친밀성 등에 대한 요구는 더 많아지고, 집단사회복지사는 성원에게 더 쉽게 다가갈 수 있다(Gitterman & Shulman, 1986). 하지만 너무 작은 크기의 집단은 다양성, 활력, 성원 간의 친교를 위한 자원 등을 충분히 제공할 수 없게 되어 성원들의 긍정적인 변화를 촉진할 수 있는 역동적인 힘이 상쇄될 수 있다. 또한 성원 간의 참여와 친밀성에 대한 부담감이 너무 크기 때문에 오히려 비효율적으로 될 수도 있다. 이와 반대로 집단의 크기가 커지면 성원 간의 상호작용과 그에 대한 반응도 많아지지만, 성원의 개별적 관심과 성원 간의 상호작용은 줄어들고, 어떤 성원은 집단에 참여할 수 없게 된다. 즉, 모든 성원이 한마디씩 돌아가며 이야기하는 마치 광고 시간처럼 되기 때문에 원활한 상호작용이 일어나기가 어렵다. 또한 집단의 크기가 클수록 성원의 익명성이 증가하면서 집단과정에 적극적으로 참여하지 않고 물러설 기회도 많아지고, 의사소통은 주로 성원보다는 집단사회복지사나 전체 집단으로 향하게 된다(Northen & Kurland, 2006).

일반적으로 집단의 크기는 나이가 어릴수록 적은 숫자로 구성하는 것이 바람직하며, 성인일수록 다소 많은 사람으로 구성할 수도 있다. 하지만 모든 성원의 참여를 기대하고 밀접한 관계를 강조한다면, 5~12명 이내의 소집단이 가장 바람직하다(Reid, 1981). 이 정도 집단의 크기는 성원 간의 원만한 상호작용의 기회를 제공하는 동시에 모든 성원이 집단과정에 참여하여 '집단'이라는 감정의 느낌이 드는 정도로 볼 수 있다. 때때로 성원이 결석하거나 집단과정 동안 일부 성원은 집단에 참여하지 않을 수도 있다는 것을 예상해 볼 수 있다. 집단사회복지사는 집단의 크기를 결정하거나 성원을 선발할 때 이러한 현실을 염두에 두어야 한다. 한두 명의 성원이 불참할 수도 있고 일부 성원의 탈락 때문에 최적의 성원 수가 유지되지 않을 경우를 대비하여 성원을 추가로 확보해 두는 것이 집단과정을 운영하는 데 도움이 된다.

5) 집단의 유형

집단목적의 달성에 가장 적합한 집단유형을 결정하고, 개방집단 혹은 폐쇄집단으로 운영할 것인지와 집단사회복지사의 수를 결정한다.

① 집단유형 선정

집단의 구성을 통해 성원들이 결정되면, 집단사회복지사는 집단목적에 따른 유형 중에서 어떤 유형의 집단이 가장 적합한지를 결정한다. 즉, 지지집단, 교육집단, 성장집단, 치유집단, 사회화집단, 자조집단 중에서 집단목적의 달성을 위해 가장 적합한 집단유형을 결정한다. 집단유형이 결정되면, 집단사회복지사는 집단의 목적과 자신의 역할을 분명하게 설정할 수 있다.

② 폐쇄집단과 개방집단

집단사회복지사는 집단목적에 따라 집단을 운영하기 위해서 폐쇄집단으로 할 것인가 혹은 개방집단으로 할 것인가를 결정해야 한다. 먼저 폐쇄집단(closed groups)은 집단의 종결까지 처음에 참여했던 성원들로만 유지되며, 집단과정 중간에 탈락자가 발생하여도 새로운 성원을 충원하지 않는다. 이처럼 집단과정의 시작부터 성원들이 계속해서 참여하므로 성원 간의 응집력과 결속력 및 일체감이 매우 높고, 역할이나 규범이 안정적이며, 지속적인 상호작용이 가능하다. 또한 장점은 성원의 역할 행동을 예측할 수 있고, 성원 간의 협력이 많으며, 성원의 구성이 안정적이므로 회기 계획이 쉽다는 것이다. 폐쇄집단은 성원의 성과를 강화할 필요가 있는 교육집단이나 정해진 내용의 양육기술을 교육하고 훈련하는 것을 목적으로 하는 10대 미혼모집단 등이 그 예이다.

그러나 폐쇄집단은 성원의 결석이나 탈락이 있을 때는 의미 있는 상호작용이 급격히 줄어들거나 집단 분위기가 위축될 염려가 있다. 그뿐만 아니라 두

명 이상의 성원이 중도에 탈락할 때는 운영할 수 없어 조기에 종결될 수도 있고, 새로운 생각, 관점, 기술 등의 유입이 없어서 소수 의견이나 집단 외부의 견해를 무시한 채 집단사고[8]에 빠질 위험성도 있다(Janis, 1972). 특히 새로운 생각이나 관점의 유입이 없어서 효율성이 낮아지는 집단일지라도 성원은 집단에 순응하라는 요구를 받을 수도 있다.

다음으로 개방집단(open groups)은 집단과정 동안 일관된 크기를 유지하기 위해 집단이 허용하는 범위 내에서 새로운 성원을 언제든지 받아들인다. 이러한 개방집단[9]에는 성원의 가입과 탈퇴가 언제든지 가능한 집단, 일정한 성원의 수를 정해 놓고 성원이 탈퇴하면 새로운 성원을 받아들이는 집단 등이 있다(Henry, 1988). 폐쇄집단과 비교해서 개방집단의 장점은 전체 집단 기능의 변화 없이 새로운 성원의 가입과 그 성원의 아이디어나 자원을 활용할 수 있고, 그 성원의 가입으로 집단과정에 활기를 불어넣을 수 있다는 것이다. 또한 성원이 원할 때 집단에 참여할 수 있으며, 원하는 만큼 오랫동안 계속해서 참여할 수 있다는 점이다. 이러한 개방집단의 예로는 병원에서 운영되는 치료집단, 자조집단, 그리고 위기상황에 직면하여 긴급하거나 일시적인 도움이 필요한 사람을 위한 집단 등을 들 수 있다(Aguilera & Messick, 1982).

그러나 개방집단의 단점으로는 지도력의 손실, 성원의 교체, 집단 정체감의 상실 등으로 인해 집단의 안정성이 감소하고 응집력이 낮아질 수 있다는 것이다. 또한 새로운 성원의 충원으로 기존 성원들의 문제 해결이나 집단과업을 달성하려는 노력을 방해할 수도 있다(Schopler & Galinsky, 1990). 특히 새로운 성원이 집단에 합류하는 데 어려움이 있을 수도 있는데, 일종의 텃세가 작용하

---

8) 어느 집단에서나 일어날 수 있는 집단사고(group thinking)는 집단응집력이 너무 강하기 때문에 부지중에 발생한다. 특히 매우 높은 정도의 응집성, 정책 결정 집단의 고립, 공정한 지도력 전통의 결여, 방법과 절차에 대한 규칙이나 규범의 결여 등이 집단사고의 유발조건이 된다.

9) 다른 모델로는 사회복지사가 곧바로 성원의 공백을 채울 수 있는 누군가를 찾는 대체모델(replacement model)이 있고, 성원이 일정 시간 동안 계약하여 새로운 성원이 추가되지는 않지만, 초기 성원이 중도에 나갈 수 있는 개량모델(reformed model)이 있다(Hepworth et al., 1997).

여 집단과정의 흐름이 멈춰지거나 후퇴하기도 한다. 따라서 새로운 성원을 충원할 때 집단사회복지사는 집단에서 성원의 변동 문제를 충분히 논의함으로써 집단의 기본적인 특성을 유지할 필요가 있다. 이와 함께 새로운 성원이 준비하고 집단에 통합될 수 있도록 일정 기간 그 성원에게 관심을 기울일 필요가 있다. 집단사회복지사가 개방집단을 운영한다면, 모든 성원이 참여할 수 있는 회기는 지금뿐일지도 모른다는 것을 알려주는 것이 좋다. 즉, 회기마다 해결할 수 있는 문제만을 다루는 것이 필요하다. 집단사회복지사는 그 회기 동안 성원 간의 상호작용을 통해 구체적인 해결 방안을 찾아야 할 책임이 있다. 이와 함께 회기를 통해 성원들은 무엇을 배웠고 어떤 것을 느꼈는지를 탐색할 수 있도록 충분한 종결 시간을 남겨두어야 한다는 점도 잊지 말아야 한다.

③ 집단사회복지사의 수

집단사회복지사는 집단실천을 혼자서 혹은 공동으로 진행할 것인지를 결정해야 한다. 일반적으로 집단실천은 한 명의 집단사회복지사가 진행하지만, 두 명 이상의 집단사회복지사가 집단과정에 참여하는 공동 지도력(co-leadership)을 활용할 수도 있다. 이처럼 공동 지도력을 활용할 때는 그것의 장단점을 반드시 고려하여 집단실천의 목적 달성을 위해 최적의 선택을 해야 한다(강진령, 2012).

6) 성원의 선발

모든 잠재적 성원이 집단의 성원이 되기에 적합한 것은 아니다. 집단사회복지사는 어떤 사람이 집단실천에 참여하여 도움을 받을 수 있는지를 확인해야 한다. 집단사회복지사는 잠재적 성원들과의 직접적인 면접이나 관찰, 그들의 가족이나 아는 사람과의 면접 등을 통해 그들의 관심사, 욕구, 문제 등에 대해 구체적인 정보를 수집하고 이를 집단목적과 연결해야 한다. 이러한 사정 과정을 통해 집단사회복지사는 집단목적을 설정하고 모집할 수 있는 잠재적 성원들에 대해 생각할 기회를 얻게 된다.

어떤 사람이 잠재적 성원이 될 수 있는지를 사정할 때 중요하게 고려할 사항은 다음과 같다. 첫째, 집단이 직면한 과제나 관심사라고 집단사회복지사가 생각하는 것을 잠재적 성원이 공유하는지를 확인해야 한다. 즉, 잠재적 성원이 집단실천의 필요성을 느끼며, 그것에 관심이 있는지를 집단사회복지사가 파악해야 한다. 집단과업에 대해 잠재적 성원과 집단사회복지사의 인식이 일치하면, 집단의 결속력이 나타나고, 집단 기능에 대한 성원의 만족도가 증가하며, 집단목적의 달성 과정에서 나타나는 장애 요인이나 저항을 극복하는 데 집단사회복지사가 시간을 많이 할애하지 않아도 된다는 것이 장점이다.

둘째, 참여를 원하는 잠재적 성원은 반드시 도움받기를 원해야 하고, 자기의 관심사나 문제를 기꺼이 말해야 하며, 집단 분위기에 잘 적응할 수 있어야 한다. 즉, 집단실천에 대한 자발성과 참여 동기를 적절하게 갖춘 잠재적 성원이 적당하다(이장호·김정희, 1992). 의무적으로 혹은 비자발적으로 집단실천에 참여하는 잠재적 성원은 집단의 필요성을 느끼지 못하여 상당한 저항을 보일 수도 있다. 특히 잠재적 성원이 집단실천의 참여에 대한 책임을 인정하지 않거나 억지로 받아들이는 경우, 집단사회복지사는 이런 잠재적 성원을 선발해서는 안 된다. 집단실천에 참여하려는 잠재적 성원은 적어도 자신의 선택에 대한 책임을 져야 하고, 자신의 문제를 인정하며, 변화하려는 의지가 있어야 한다(강진령, 2012). 이처럼 자신의 의지와는 상관없이 강제조치에 의해 의무적으로 혹은 비자발적으로 참여하는 잠재적 성원은 대체로 변화 동기가 부족하고 자기개방을 두려워하지만, 집단사회복지사는 그들이 집단실천에 적극적으로 참여할 수 있도록 철저한 준비를 해야 한다. 이를 위해 집단사회복지사는 잠재적 성원과의 개별 면접을 통해 집단과정에 참여함으로써 얻을 수 있는 긍정적인 측면을 설명하여 집단과정에 대한 저항이 완화될 수 있도록 노력해야 한다. 이와 함께 집단사회복지사는 비언어적 프로그램을 통해 신뢰감을 형성하고, 비자발적으로 참여한 이유와 그로 인해 느끼는 감정을 토론할 기회를 제공해야 한다. 이처럼 자발성과 참여 동기가 부족한 성원이 집단실천에 참여할 때 어려움이 있지만, 지나친 자발성과 비현실적 참여 동기는 오히려 집단과정에 피해를 주기도 한다(이장호 · 김정희, 1992). 따라서 집단실천에 참여하는 잠재적 성원들을 모집하고 집단을 소개하기 위해서는 집단의 장점들을 구체적으로 제시하여야 한다.

셋째, 잠재적 성원의 사회 · 정서적 능력과 성격에도 관심을 가져야 한다. 잠재적 성원의 현실 검증 능력, 의사소통 능력, 인식 능력, 타인과의 감정 공유 능력 등의 수준이 높을수록 집단실천을 통해 더 많은 도움을 얻을 수 있다. 즉, 잠재적 성원이 의사소통 능력과 의지가 있으며, 견해 및 관점이 다른 사람과도 잘 지낼 수 있고, 또한 자신의 행동을 이해하고 경험을 공유하는 데 개방적인 것이 바람직하다. 반면에 너무 공격적인 사람, 적대적인 사람, 위기 상황에 처한 사람, 독점적인 사람 등은 집단실천에서 적절한 기능을 발휘하는 것이 어렵다.

이런 사항들을 고려하여 집단사회복지사는 접수 면접(intake interview)이나 의뢰를 통해 잠재적 성원들을 선발한다. 공동 지도력의 경우에는 두 사람이 함께 접수 면접에 참여하는 것이 바람직하다. 접수 면접 과정에서 집단사회복지사는 잠재적 성원들에게 집단목적, 회기 시간과 장소, 전체 회기 등 집단운영과 관련된 정보, 집단과정 등을 간략하게 설명해야 한다. 이런 접수 면접과 의뢰는 각 성원이나 전체 집단을 대상으로 시행할 수도 있다(Klein, 1972). 특히 집단과정과 관련된 내용으로는 집단에서 성원이 자신을 솔직하게 개방하면 자신과 다른 성원들에게도 도움이 된다는 것과 집단목적 및 집단과정 등을 개략적으로 설명해야 한다(윤관현 외, 2006). 집단실천 이전에 어느 정도 준비가 된 성원은 그렇지 않은 성원보다 중도 탈락률이 감소하고, 집단과정에 적극적으로 참여하며, 더 많은 의사소통을 하므로 집단실천의 결과가 좋다. 집단사회복지사도 이러한 접수 면접을 통해 성원들을 미리 알고 전반적인 집단과정을 생각하는 기회가 되기 때문에 많은 도움이 된다.

7) 집단의 일정

집단목적의 달성과 밀접한 관련이 있는 집단의 일정은 집단의 회기 수와 빈도, 회기 시간 등으로 구분하여 살펴보고자 한다.

① 집단의 회기 수

집단의 회기 수는 집단목적과 성원의 특성에 따라 다양하고 융통성 있게 정해야 하지만, 실제로 집단실천이 진행되는 기관이나 대상자의 특성에 따라 행정적으로 결정되는 경우가 대부분이다(윤관현 외, 2006). 예를 들어 학생을 대상으로 하거나 대학생이 사회복지현장실습에 참여하는 경우에는 해당 학기와 관련하여 집단실천의 준비 기간을 제외하고 보통 8~12회기로 구성되는 것이 일반적이다. 그러므로 집단사회복지사는 현실을 고려하여 집단의 목적과 성원의 특성이 적절하게 반영된 집단의 회기 수를 정해야 한다. 이처럼 집단의 회기 수는 집단의 목적과 성원의 욕구와 특성 등과 밀접한 관련이 있으며, 대체로 12회기 정도로 구성된 단기집단이 본질에서 더욱 제한된 다양한 욕구와 집단목적을 달성하는 데 매우 효과적이다(이현주, 2014; Northen & Kurland, 2006). 하지만 종결 시점이 정해져 있는 치료집단의 경우, 성원 간의 신뢰감과 집단응집력의 발달을 위해서는 대략 20회기 정도의 시간이 적절하다(Reid, 1991). 일반적으로 성원들의 나이가 많은 집단일수록 회기 수가 늘어나는 것이 보통이며, 고등학생이나 대학생 대상의 집단은 10~15회기 정도가 적당하다. 이는 성원인 학생의 행동과 생활습관이 변화될 수 있을 정도의 긴 기간이면서 지루하거나 타성에 젖지 않을 정도의 짧은 기간이기 때문이다(강진령, 2019). 따라서 집단실천을 시작할 때, 집단의 회기 수와 종결 시기를 분명히 정해 두어야 한다. 이렇게 집단의 회기 수가 정해지면, 모든 성원은 시간의 제약을 의식하여 집단목적의 달성을 위해 노력할 뿐만 아니라 그들의 저항을 줄이고 집단과정을 촉진할 수 있기 때문이다.

② 집단회기의 빈도

집단회기의 빈도에 대한 절대적인 규칙은 없지만, 대체로 성원들의 발달 수준과 주의집중 시간의 길이에 따라 집단회기의 빈도가 결정된다. 즉, 나이가 어리거나 정신적 기능 수준이 낮은 성원으로 구성되는 집단회기의 빈도는 시간의 길이를 짧게 하는 대신에 더 자주 모이는 것이 좋다(Corey & Corey, 2017). 집단이 어느 정도 자주 모일 것인가와 모임의 소요 시간은 사전에 고려해야 할 영역으로 집단의 목적, 문제의 심각성, 성원의 특성에 따라 결정된다. 가장 일반적인 집단회기의 빈도는 일주일에 한 번 정도이며(Northen & Kurland, 2006), 개방집단이나 위기집단은 집단회기의 빈도를 더 자주 가질 수 있다.

③ 집단회기의 시간

집단회기의 적절한 시간은 성원의 특성, 집단의 크기 및 회기의 빈도 등을 고려하여 결정하는 것이 좋다. 특히 집단회기의 시간은 그 회기의 목표 달성과 성원의 집중 능력 등을 고려해야 한다. 일주일에 한 번 모이는 집단은 도입, 활동, 종결의 시간을 포함해 대략 1시간 30분 정도로 지속하는 것이 바람직하며, 학교 현장에서는 학교 수업 시간의 길이와 일치하는 것이 보통이다(윤관현 외, 2006). 이처럼 적절한 집단회기의 시간은 모든 성원이 집단과정에 충분히 몰입할 수 있도록 길어야 하면서 지루해지지 않을 정도가 바람직하다. 또한 집단에서 일정 시간 상호작용을 유지할 수 있는 성원의 능력을 고려하여 결정해야 한다.

집단회기의 시간과 관련하여 집단사회복지사는 일단 정해진 시간에 시작하고 끝내야 한다는 것을 유의해야 한다. 보통 회기의 끝부분이 가장 활발하므로 경험이 부족한 집단사회복지사는 끝나는 시간을 연장하고 싶은 강한 유혹을 받는다. 집단회기의 시간을 연장한다면, 성원들은 제한성에 대한 학습과 현실 검증에 대한 경험의 기회가 박탈된다(이형득 외, 2002). 따라서 특별한 경우가 아니라면, 집단회기의 정해진 시간은 반드시 지키는 것이 좋다.

8) 집단환경의 준비

집단사회복지사는 회기 장소, 특별한 준비사항, 재정 자원의 확보 등을 통해 집단환경을 준비해야 한다.

① 회기 장소

집단실천을 준비하면서 중요한 것은 집단이 계속해서 사용할 수 있는 집단회기의 장소를 확보하는 일이다. 정해진 회기의 장소를 계속해서 사용할 수 있다는 것은 집단에 대한 성원들의 동일시와 지속성의 느낌을 줄 뿐만 아니라(이현주, 2014; Northen & Kurland, 2006) 집단에 대한 기관의 관심을 확인할 수 있는 지표이다. 이러한 회기 장소의 물리적 환경은 성원들에게 정서적 안정감, 친밀감, 비밀보장, 집중도 등의 측면에서 상당한 영향을 미치기 때문에(Flapan & Fenchal, 1987) 주어진 여건에서 최상의 조건을 만들어야 한다.

집단회기의 장소는 성원들의 접근 편의성을 고려해야 하는데, 어떤 회기 장소는 그들에게 불편함을 초래할 수도 있기 때문이다. 또한 집단회기의 장소는 크기, 가구, 좌석 배치, 전반적인 분위기 등을 고려해야 한다. 회기 장소의 크기는 성원들의 참여와 활동에 영향을 미치기 때문에 집단의 목적과 프로그램 활동 내용을 참고로 계획해야 한다. 즉, 집단 토의와 성원 간의 친밀한 관계를 촉진하기에 이상적인 장소는 조용하면서도 필요한 프로그램 활동을 할 수 있을 만큼 충분히 커야 하며, 성원들의 사생활과 비밀이 보장되어야 한다(Corey et al., 2012). 외부에서 다른 소리가 들린다면, 성원들은 불안하여 자기개방을 하지 않거나 소극적인 집단 참여로 이어져 긍정적인 결과를 기대하기가 어렵다. 따라서 집단회기의 장소를 선택할 때 집단사회복지사는 다음과 같은 사항을 고려할 필요가 있다(강진령, 2019). 첫째, 조용하고 사생활이 침해받지 않는 안정된 공간 환경이어야 한다. 둘째, 성원의 수에 알맞을 정도로 적당한 넓이의 공간이어야 한다. 셋째, 좌석이 안락하고 정돈된 상태로 배치된 장소이어야 한다.

이처럼 집단회기 장소의 물리적 환경인 공간의 적절성과 분위기는 성원들의 관계 형성 및 집단응집력에 큰 영향을 미칠 수 있으므로 세심한 배려가 필요하다. 특히 집단회기 장소의 물건(예: 분필, 칠판, 장난감 등)은 성원에게 어떤 활동을 시사해 준다(Garvin, 1997). 즉, 집단이 비공식적인 토론을 할 때는 편안한 소파나 마루에 앉을 때 필요한 방석을 준비하여야 하며, 공식적인 과업을 수행할 때는 원탁 탁자를 준비하여 분위기를 조성할 필요가 있다. 이처럼 회기의 장소를 결정하는 것과 더불어 좌석 배치도 사전에 계획되어야 한다. 일반적으로 좌석 배치의 형태는 성원들이 몸을 돌리지 않고도 쉽게 보면서 다른 구성원들의 말을 들을 수 있을 정도의 거리 내에 자연스럽게 원형 구조로 배치한다. 원형 구조는 집단실천을 수행하는 데 민주적인 환경을 제공하며, 모든 성원에게 동일한 발언 시간을 보장하는 최적의 구조다. 이럴 때 집단사회복지사는 성원들과 눈 맞춤을 할 수 있고, 그들의 비언어적 행동을 관찰할 수 있다는 것이 장점이다. 이런 장점은 성원들도 마찬가지로 서로에게 집중할 수 있는 효과가 나타날 수 있다(엄명용 외, 2020). 특히 집단실천의 초기 단계에 원형 구조로 탁자를 배치하는 것은 성원들을 분리하지만, 어색함이나 불편함을 덜어주는 데 도움이 될 수 있다. 하지만 집단실천에서 비언어적인 의사소통이 중요하므로 시간이 지난 후 서로 익숙해지면, 탁자를 치우고 모든 성원이 서로 볼 수 있도록 하는 것이 바람직하다(조선미, 2004). 덧붙여 날씨의 변화가 집단역동성에 영향을 미치지 못하도록 냉·난방 시설이 잘 갖춘 곳이라면, 집단회기의 장소로는 최적이라고 할 수 있다.

② 특별한 준비사항

집단사회복지사는 집단에 참여하는 성원의 특성을 고려하여 특별히 필요한 것을 준비해야 한다. 예를 들어 노인이나 장애인을 대상으로 시행하는 집단은 교통편, 회기 장소의 안정성, 편안한 의자 등이 필요하다. 특히 집단회기의 장소는 1층에 있는 것이 좋지만, 2층 이상일 때는 반드시 승강기가 있어야 한다. 이처럼 특수한 성원들의 회기 장소는 집단실천의 결과에 영향을 미칠 수 있는 매우 중요한 물리적 환경이다. 성원들은 편안하고 조용하고 안전하다고 느낄 수 있는 회기 장소에서 자신의 이야기를 진솔하게 나눌 수 있어야 한다. 너무 덥거나 춥거나 해서 성원들의 신경이 다른 쪽으로 가지 않도록 해야 하며, 공간도 너무 넓어서 주위가 흩어지거나 너무 좁아서 불편하지 않을 정도가 되도록 준비하는 것이 중요하다.

이와 함께 집단의 회기 시간도 성원들의 상황을 고려해서 결정해야 한다. 예를 들어 직장인 대상의 집단은 점심시간이나 퇴근 후인 저녁 시간을 이용하여 성원들이 일상생활에서 맡은 책임이나 업무에 지장을 주지 않도록 배려해야 한다. 필요한 경우 부가적인 서비스(예: 유아를 돌볼 수 있는 놀이시설, 간식 등)도 고려해야 한다(엄명용 외, 2020). 이러한 간식과 음료수는 집단실천의 공간과 분리하여 집단과정에 방해가 되지 않아야 한다.

③ 재정 자원의 확보

집단사회복지사는 집단의 회기 동안 필요한 재정 자원을 어떤 방법으로 확보할 것인지에 대해 관심을 가져야 한다. 이를 위해 소속 기관의 지원 정도와 후원 등 전반적인 재정 상황을 고려하여야 한다. 집단실천에 필요한 주요 비용은 프로그램 활동을 위한 준비물, 지도감독 비용, 복사비, 통신비, 다과비, 교통비 등이 해당한다.

9) 집단의 홍보

집단의 홍보는 집단실천에 대해 널리 알리고, 더 많은 잠재적 성원들이 참여할 수 있도록 한다는 점에서 의의가 있다. 집단의 홍보방법은 잠재적 성원들이 집단을 어떻게 받아들일지 그리고 어떤 사람들이 참여할지에 영향을 미친다. 집단의 홍보방법으로는 잠재적 성원들과의 직접적인 접촉, 사회복지기관이나 공공장소에 안내문이나 포스터 게시, 관련 기관의 홈페이지에 홍보, 인쇄물 배포나 대중매체를 이용하는 홍보, 웹사이트나 SNS를 이용한 온라인 홍보, 집단 경험자에 의한 홍보, 공개강좌 등이 있다. 가장 효과적인 홍보방법으로는 집단실천을 통해 도움이 될 것으로 보이는 잠재적 성원들과 직접 접촉하여 집단과정을 알리는 공개강좌를 시행하거나 그들에게 집단을 소개하는 안내문과 신청서를 발송하는 것이다(Toseland & Rivas, 2012). 예를 들어 청소년 대상 프로그램이라면, 먼저 집단실천에 대한 홍보물을 사회복지기관이나 학교 등의 게시판에 부착한다. 그 후에 사회복지기관이나 학교에서 청소년을 대상으로 관련 주제에 대해 공개강좌를 시행하면서 프로그램의 취지나 내용을 소개한다. 이런 방법을 통해 잠재적 성원들은 집단실천의 성격을 이해하고, 비현실적인 기대를 해소할 수 있고, 자신이 그 집단에 관심이 있는지를 명확하게 판단할 수 있으며, 집단사회복지사에 대한 신뢰감도 형성된다.

이러한 집단의 홍보를 통하여 집단사회복지사는 집단목적에 부합하는 적절한 수의 잠재적 성원들을 확보하여야 한다. 홍보 과정에서 집단사회복지사는 잠재적 성원들이 집단에 어느 정도 관심이 있는지를 파악하는 데 도움이 되는 다음과 같은 방법을 활용하여야 한다. 첫째, 기관 내에서 집단을 구성할 때는 동료 직원, 기관의 기록 또는 주소록 등을 활용하여 기관 내·외부에서 잠재적 성원들을 모집한다. 둘째, 잠재적 성원들이 기관이나 사회복지사에게 특정 서비스를 요구하기도 하는데, 이 경우에는 별도의 홍보 과정이 필요하지 않을 수도 있다. 셋째, 서비스 대기자 중에서 집단실천을 통해 이득을 얻을 수 있는지를 확인하기 위해 기관의 대기자 명부를 활용할 수도 있다. 넷째, 기관 내에 잠재적 성원들이 부족하면, 다른 기관들에 의뢰를 요청할 수 있다. 특히 특정 인구사회학적 특성이나 문제를 가진 사람으로만 집단을 구성할 때는 다른 기관들의 도움이 절대적으로 필요하다. 다른 기관에 의뢰할 때, 잠재적 성원들을 확인할 수 있는 담당 직원에게 집단의 목적을 분명하게 설명해야 한다.

10) 평가

집단실천의 경험에 대한 평가이다. 즉, 잠재적 성원들이 집단실천에 참여하면 어떤 효과를 얻게 되는가를 평가한다. 또한 언제, 어떻게, 어떤 내용을 중심으로 성원들의 집단실천 과정과 결과에 대해 평가할 것인가? 집단실천의 목적과 목표 및 개별 목표를 달성했는가를 확인할 평가방법과 타당하고 신뢰할 수 있는 측정도구를 제시한다.

11) 기대효과와 추후 관리

기대효과와 추후 관리를 준비해야 한다. 즉, 집단실천을 통해 성원이 얻을 수 있는 기대효과는 무엇인가? 추후 회기는 어떻게 운영할 것인가? 잠재적 성원들이 집단에 참여함으로써 어떤 효과를 얻게 되는가는 집단의 필요성 및 목적과 밀접한 관계가 있다. 집단사회복지사는 집단의 필요성과 목적을 성공적으로 달성하면, 성원들이 어떤 이점을 얻을 수 있는지를 구체적으로 기술한다(강진령, 2012). 또한 추후 관리는 어떻게 시행할 것인지를 구체적으로 작성한다.

12) 집단실천 계획서 및 회기 계획서 작성

집단실천 계획서의 작성과 관련한 고려사항을 검토하여 집단의 구성 및 운영에 대한 질문들의 답을 찾았다면, 집단실천 계획서에는 [그림 8-3]과 같이 먼저 집단명과 집단사회복지사 이름, 참여자 대상과 성원 수, 기간 및 회기 장소와 관련된 집단환경 등을 기술해야 한다. 이후에 ① 집단실천의 시행 배경이나 개요, ② 집단목적에 관한 서술, ③ 집단 목표에 관한 기술, ④ 회기별 내용, ⑤ 평가 계획, ⑥ 예산 등이 포함되어야 한다.

이러한 집단실천 계획서가 완성되면, 집단사회복지사는 [그림 8-4]와 같은 집단실천 회기 계획서를 작성해야 한다. 집단사회복지사는 회기 계획서를 작성할 때 준비 단계, 도입 단계, 활동 단계, 마무리 단계로 구성하며, 각 단계에 필요한 내용과 적절한 시간 배분을 하여야 한다. 준비 단계는 집단실천을 위한 준비사항을 확인하며, 도입 단계는 지난 회기의 활동을 다시 생각하는 기회를 제공하며, 본 회기의 목표를 제시한다. 일반적으로 도입 단계는 10~15분 정도를 배정한다(Jacobs et al., 2002).

집단명		집단사회복지사명	
대상		성원 수	
기간		회기 장소	

1. 시행 배경(프로그램 개요)

2. 목적

3. 목표

목표 1	
목표 2	
목표 3	

4. 회기별 내용

회기	주제	목표	활동 내용	준비물
1				
2				
3				
4				
5				
6				
7				
8				

5. 평가 계획

목표	평가 방법	
1.		
2.		
3.		

6. 예산

[그림 8-3] 집단실천 계획서

집단명				집단사회복지사명	
회기		일시		회기 장소	

1. 회기의 목표(세부목표)

2. 프로그램 활동 내용

구분	주제	활동 내용	소요 시간	준비물
준비				
도입				
활동				
마무리				

3. 활동 자료

4. 유의사항 및 과제

[그림 8-4] 집단실천 회기 계획서

활동 단계는 그 회기의 목표를 달성하기 위한 활동에 초점을 둔다. 성원 간의 의미 있는 상호작용과 참여가 이루어지는 단계이므로 세심하게 계획을 세우는 것이 중요하다. 성원들이 활동 내용에 몰입할 수 있도록 동기를 부여하고 우호적인 집단 분위기를 조성하는 것이 필요하다. 또한 성원들이 경험을 공유하는 과정에서 성원 간의 발표순서와 방법 등을 구체적으로 제시하여야 한다. 이때 활동 내용에 필요한 자료들도 구체적이며 상세하게 준비하여야 한다.

마무리 단계에서는 그 회기를 요약하고 종결한다. 이 단계에서 집단사회복지사는 성원들이 집단실천의 활동 단계에서 배우거나 느낀 것을 통합할 수 있도록 요약 형식의 활동을 계획해야 한다. 집단사회복지사는 회기의 내용을 요약하고, 성원들이 무엇을 배우고 느꼈는지, 그것을 실생활에서 어떻게 실천할 것인지를 과제로 부여하고, 다음 회기의 일정과 내용을 간략히 설명하는 것으로 계획을 세워야 한다(천성문 외, 2017).

3. 집단실천 계획서 작성 시 주의사항

집단실천 계획서를 작성하는 과정에서 집단사회복지사가 전형적으로 범하는 실수를 살펴보면 다음과 같다(Jacobs et al., 2002).

① 무계획 혹은 애매한 계획

집단실천 계획서를 작성할 때 집단사회복지사는 계획을 세우지 않거나 집단 과정에 전혀 도움이 되지 않는 너무 막연한 계획을 세우는 것이 가장 큰 실수이다. 체계적인 집단실천 계획서는 성원들에게 의미 있고 효과적인 회기를 만드는 데 큰 도움이 된다.

② 너무 많은 계획

무계획과 반대되는 것으로 한 회기에서 프로그램 활동을 너무 많이 계획하는 것이다. 한 회기에서 다루기에는 너무 많은 것을 계획하면, 성원들은 의미 있는 주제를 피상적으로만 다룰 수 있다. 여러 가지 프로그램 활동을 대충하는 것보다 하나의 주제라도 의미 있게 다룰 수 있도록 충분한 시간을 확보하는 것이 더 좋다. 이처럼 집단사회복지사가 한 회기에 너무 많은 프로그램 활동을 계획함으로써 성원들은 그것을 통해 배울 수 있는 시간이 부족하다. 그 결과로 성원들은 프로그램 활동을 통해 반응, 감정, 생각, 느낌 등을 공유하고 변화시키기보다는 프로그램 활동의 연속처럼 여겨질 것이다.

③ 의미 없거나 부적절한 프로그램 활동

집단사회복지사는 집단목적의 달성과 관련이 없거나 성원들의 관심을 끌지 못하는 주제를 선택하거나 때때로 재미없는 프로그램 활동을 계획하여 우호적인 분위기를 만들지 못한다. 예를 들어 첫 회기부터 가족 문제와 관련된 민감한 주제를 다룬다면, 성원들은 아직 그 주제나 문제를 다루거나 피드백을 주고받을 충분한 준비가 되어 있지 않다. 이처럼 의미 없거나 부적절한 내용으로 프로그램 활동을 계획하는 것은 집단사회복지사와 집단실천에 대한 성원들의 불만으로 나타날 수 있다.

④ 부적절한 시간 배정

집단사회복지사는 집단의 주제에 대해 성원들이 어떤 중요한 의미를 깨달을 수 있도록 충분한 시간을 허락해야 한다. 즉, 집단에서 성원들이 어떤 것을 배우고, 개인적인 통찰을 얻고, 제시된 과제를 완성할 수 있도록 회기의 시간을 배정해야 한다. 하지만 도입 단계의 프로그램 활동에 너무 많은 시간을 배정한다면, 활동 단계에서 성원들은 더 의미 있는 자기 탐색의 시간은 그만큼 줄어들 것이다. 따라서 집단사회복지사는 가장 중요한 내용에 많은 시간을 배분해야 하며, 집단실천의 발달 단계에 따라 적절하게 시간을 배정해야 한다.

⑤ 부적절한 순서 배정

집단목적의 달성과 성원들의 흥미를 끌기 위해서 집단사회복지사는 프로그램 활동 내용의 순서를 적절하게 배정해야 한다. 즉, 좋은 집단실천 계획서는 논리적으로 타당한 순서가 있지만, 그렇지 않은 계획서는 회기별 주제나 목적과 관련 없는 내용을 프로그램 활동에 배정한다. 예를 들어 심각한 주제를 다루면서 성원들의 흥미에 중점을 두는 프로그램 활동 내용을 계획하여 배정하는 것이다.

⑥ 흥미로운 시작의 실패

집단사회복지사는 집단회기의 시작부터 흥미로운 프로그램 활동을 배정하여야 한다. 그렇지 못할 경우, 성원들은 부정적인 태도나 말을 통해 집단실천에 소극적으로 참여할 수 있으므로 집단회기의 시작은 성원들의 흥미를 끌 수 있는 재미있는 내용으로 시작해야 한다.

⑦ 준비 활동의 부족

집단사회복지사는 회기의 도입 단계에서 시행하는 준비 활동에 너무 많은 혹은 너무 적은 시간을 배정해서는 안 된다. 집단사회복지사는 지난 회기를 정리하는 방법으로 회기의 도입 단계에 너무 많은 시간을 배정하거나, 준비 활동을 계획하지 않는 실수를 종종 범하기도 한다. 따라서 집단사회복지사는 전체 집단회기를 참조하여 적절한 준비 활동을 할 수 있도록 시간을 배정하는 것이 중요하다.

CHAPTER 09

집단실천의 초기 단계

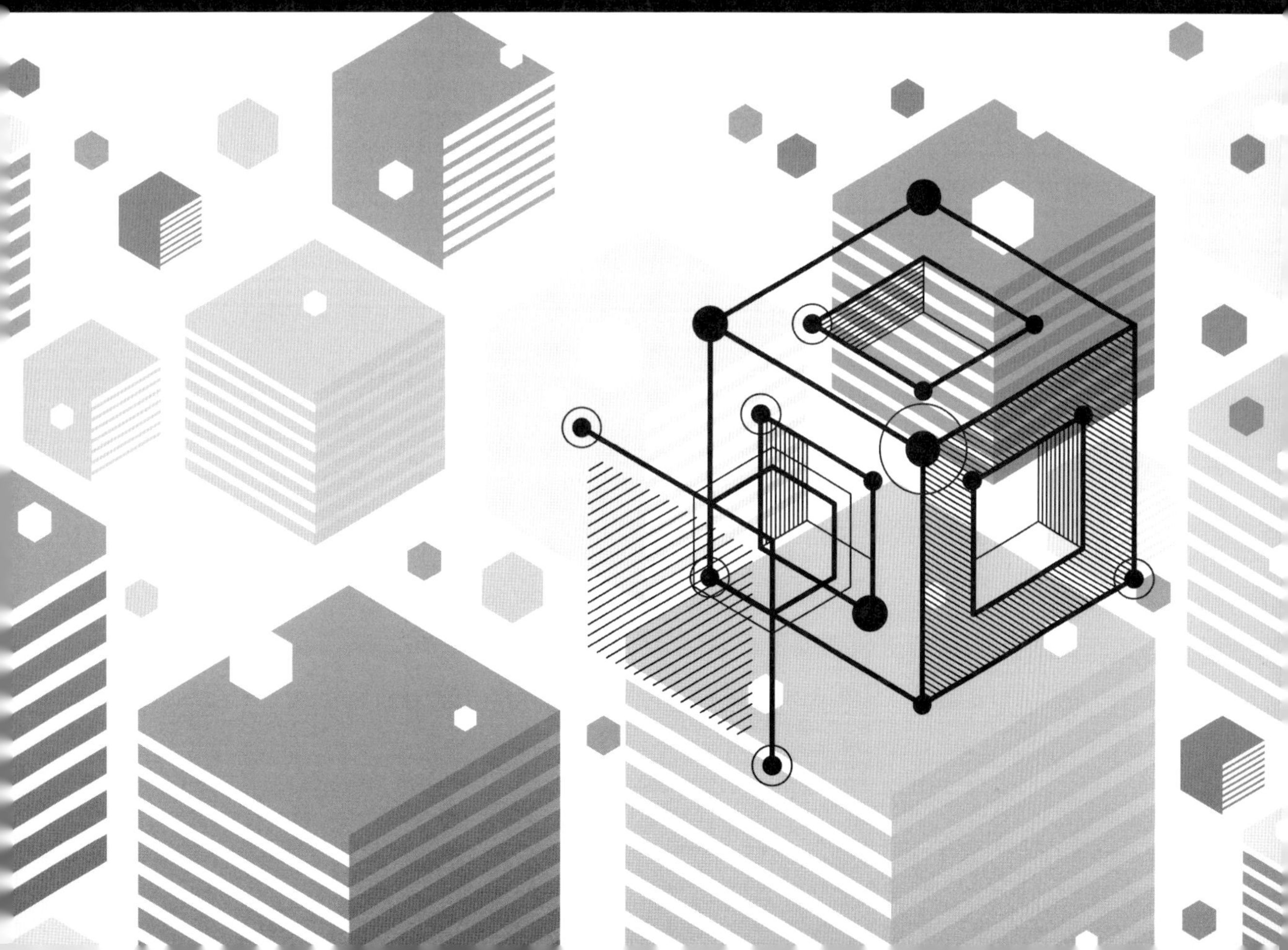

CHAPTER

09 집단실천의 초기 단계

학습목표

- 집단실천의 예비모임을 설명할 수 있다.
- 집단실천 초기 단계의 특징을 설명할 수 있다.
- 집단실천 회기의 시작과 종결 방법을 설명할 수 있다.

집단실천의 초기 단계는 오리엔테이션과 탐색이 특징이며, 성원들이 서로를 알아가는 시간으로 집단사회복지사가 가장 준비를 많이 해야 한다. 이 단계에서 집단사회복지사는 성원들이 집단에 참여하게 된 이유를 설명하고, 서로 소개하며, 신뢰와 수용적인 분위기를 만드는 것이 중요하다. 또한 성원들과 집단의 행동을 지배하는 분명하게 표현된 혹은 암묵적인 집단규범을 설정하고, 집단에 대한 느낌과 기대를 나눈다. 이 단계에서 성원들은 자신의 희망과 기대뿐만 아니라 두려움과 주저함도 표현하는 특징이 있다(Corey & Corey, 2002).

이때 집단사회복지사의 수용적이고 반영적인 반응은 모든 성원에게 민감하게 작용해서 집단에 대한 신뢰감 형성을 촉진하게 된다. 이 외에도 집단사회복지사는 성원들이 자기개방을 어느 정도나 할지를 스스로 결정하도록 하고, 자신이 느끼는 감정을 자유롭게 표현하도록 하며, 경청과 피드백 나누기의 중요성을 강조하고, 성원들의 긍정적인 측면을 발견하여 집단실천에 적극적으로 참여하도록 격려함으로써 집단과정을 촉진하여야 한다.

1. 예비모임

1) 오리엔테이션

집단실천에 참여할 성원들이 확정된 후에, 집단사회복지사는 그들과 예비모임을 시행할 필요가 있다. 예비모임은 성원들이 서로를 알게 되는 기회인 동시에 집단실천에 대한 기본적인 이해를 도울 수 있다. 집단사회복지사는 예비모임을 통해 성원들과 집단실천에서의 유의사항이나 궁금한 사항, 집단과정에 대한 설명, 집단경험을 통해 얻을 수 있는 점 등 집단실천 전반에 대해 오리엔테이션을 시행하는 것이다. 이러한 오리엔테이션(orientation)을 시행하는 것은 성원들의 집단실천에 관한 생각과 기대를 확인하여 개별화에 초점을 맞출 수 있고, 집단과정에 관한 정보를 제공하고, 성원들의 불안감을 해소하여 집단실천의 성과에 직접적인 영향을 미치는 장점이 있다. 이처럼 예비모임을 통해 성원들의 비현실적인 기대와 불안을 줄이고, 적극적인 자세로 집단과정에 참여하도록 준비시킴으로써 집단실천 경험이 전혀 없는 성원에게 많은 도움이 된다. 이러한 예비모임은 집단사회복지사에게도 도움이 되는데, 집단실천을 시작하기 전에 성원들과 대화를 나눔으로써 상호 신뢰감을 증진할 수 있기 때문이다(강진령, 2019).

예비모임에 참여하지 못한 성원이 있다면, 집단실천의 회기 시작 전에 반드시 예비모임에서 시행한 오리엔테이션을 진행할 필요가 있다. 이러한 예비모임에서 집단실천의 성격과 집단과정을 설명함으로써 성원들이 집단에 적극적으로 참여하도록 동기를 부여하는 것이 중요하다. 그러한 동기부여는 성원이 생각하는 집단사회복지사의 역할, 집단과정, 집단을 통해 달성할 수 있는 것 등의 기대로 결정된다. 따라서 집단사회복지사는 성원들이 상호 합의하여 설정한 집단목적과 목표를 달성하도록 동기부여를 촉진하는 일을 해야 한다.

2) 계약

예비모임에서 성원들로부터 집단에 전념하겠다는 계약을 시행하는 것이 좋다. 집단실천에서 계약이란 기관의 대표자로서 집단사회복지사와 성원 간의 기대, 의무, 책임 등에 대해 구체적으로 상호 합의하는 것을 말한다. 계약을 맺는 이유는 집단사회복지사와 성원의 집단실천이 각자의 관점에서 공식적 성격을 띠게 되기 때문이다. 기본적으로 계약의 내용에는 성원들이 탐색하고 싶은 문제와 변화를 원하는 행동이 무엇인지 등이 포함된다. 이것은 집단에서 성원들이 수행해야 할 일에 대해 생각해 보도록 격려하는 방법이 될 수 있다. 계약을 통해 성원들은 적극적이고 책임감 있는 태도를 보인다.

계약에 대해 좀 더 자세히 살펴보면 다음과 같다. 먼저 집단 절차에 대한 계약인데, 집단사회복지사는 집단실천의 시작 전에 집단회기의 기간과 빈도를 정함으로써 집단 절차를 결정해야 한다. 이러한 회기의 기간과 빈도에 관한 결정은 집단의 목적과 성원들의 욕구와 밀접한 관련이 있다. 회기의 빈도는 집단 절차에 대해 계약할 때 포함해야 할 사항으로서 성원들이 집단에 얼마나 많은 시간을 할애할 수 있는지를 고려해야 한다. 이와 함께 출석, 비밀보장, 집단에서 행동을 통제하는 규칙, 회기 시간이나 장소, 집단사회복지사가 사용하는 평가 방법 등도 포함되어야 한다. 또한 집단사회복지사는 성원들의 개별 목표를 계약하는 과정도 동시에 시작해야 한다. 〈표 9-1〉과 같이 집단 계약은 집단사회복지사와 성원 간에 말이나 서면으로 이루어질 수 있는데, 때에 따라서는 법적 계약을 할 수도 있다(Toseland & Rivas, 2012).

다음으로 성원들의 개별 목표에 대한 계약인데, 예비모임을 시행할 때 집단사회복지사는 모든 성원이 집단의 참여를 통해서 달성하고 싶은 개별 목표를 설정하도록 도와야 한다. 각 성원의 개별 목표 설정은 자신의 특정한 문제나 집단에 참여한 이유를 탐색함으로써 시작할 수 있다. 집단사회복지사는 성원들이 문제점에 대해 충분히 토론한 후에 개별 목표를 설정하도록 도움을 주어야 한다. 성원들의 개별 목표에 대해 계약할 때는 가능하다면 구체적으로 설정하는 것이 좋다. 그렇게 함으로써 성원들은 자신에게 기대되는 것이 무엇인지를 정확하게 이해할 수 있을 뿐만 아니라 평가에도 도움이 되기 때문이다.

〈표 9-1〉 집단 계약의 예

1. 집단성원으로서 나는 다음 사항에 동의한다.
① 모든 집단회기에 참석한다.
② 집단회기 시간에 지각하지 않는다.
③ 집단회기 동안 말했던 것을 집단 외부의 어떤 사람에게도 말하지 않겠다.
④ 다음 집단회기 전까지 하기로 동의한 과제, 독서, 연습, 다른 의무사항 등을 이행하겠다.
⑤ 집단회기 동안 시행하는 모든 프로그램 활동에 적극적으로 참여하겠다.

2. 집단사회복지사로서 나는 다음 사항에 동의한다.
① 집단회기를 철저히 준비한다.
② 모든 집단회기를 제때 시작하고 정해진 시간에 끝낸다.
③ 회기에 필요한 다과와 프로그램 활동 재료를 제공한다.
④ 집단운영과 관련하여 슈퍼바이저와 논의하며, 집단 외부에서는 말하지 않는다.
⑤ 집단의 문제 해결에 도움이 되는 정도와 성원들의 만족도를 파악하기 위하여 집단회기를 평가한다.
⑥ 성원들의 문제 해결에 도움이 되는 기관과 지역사회의 적절한 자원을 제공한다.

집단성원 : 서명 :
집단사회복지사 : 서명 :

이처럼 계약 과정에서 간혹 집단사회복지사는 '갑'의 관점에서 형식적 혹은 사무적으로 설명할 때가 있고, 성원은 '을'의 상황에서 얼떨결에 동의할 수도 있다. 이런 상황이 발생하지 않도록 집단사회복지사는 성원의 상황과 심정을 헤아리는 따뜻한 마음이 필요하다. 이와 함께 집단사회복지사는 성원들을 도와주는 전문가인 동시에 그들의 마음을 어루만지는 치료자의 역할을 수행해야 한다.

이처럼 예비모임을 통해 집단과정에 대한 안내가 원활하게 이루어진다면,

성원들은 집단과정에 적극적으로 참여할 가능성은 그만큼 커질 수 있다. 대다수 성원은 집단과정에 대한 경험이 없으므로 집단에서 무엇을 어떻게 해야 하는지에 대해 모른다는 점을 집단사회복지사는 항상 염두에 두고 예비모임을 준비해야 한다.

3) 첫 회기

첫 회기 시작 전에 성원들의 참여를 독려하기 위해 집단사회복지사는 전화나 문자 등을 활용하는 사전점검이 요구된다. 집단실천에서 첫 회기는 집단사회복지사가 다루어야 할 다양한 집단역동성과 흐름이 있으므로 가장 중요하면서도 어렵다. 첫 회기는 다음 회기들의 분위기와 역동성에 영향을 미치기 때문에 집단사회복지사는 흥미 있고 가능한 긍정적이며 신뢰할 수 있는 집단 분위기를 조성할 수 있도록 노력해야 한다. 이를 위해 집단사회복지사는 여기 지금의 경험을 적극적으로 표현함으로써 성원들이 자기개방의 방법을 습득할 수 있도록 모범을 보여야 한다. 또한 집단사회복지사는 긍정적인 어조를 사용하는 성원들의 진술이나 그들의 긍정적인 측면에 초점을 맞춤으로써 성원들의 자기표현과 수용을 위한 자신감을 심어주어야 한다.

첫 회기 동안 집단사회복지사는 내용(무엇에 관한 집단인지)과 과정(성원 간의 상호작용, 편안한 수준, 태도 등)에 주의를 기울여야 한다. 첫 회기부터 성원들은 집단사회복지사를 평가하고, 집단실천이 자신에게 도움이 될 것인가를 평가한다. 이때 집단사회복지사는 특정 성원에게만 너무 오랫동안 초점을 맞추지 않는 것이 중요하다. 또한 다른 성원을 공격하거나 비하하지 말 것, 비밀보장의 준수, 출결 상황 등과 같은 규칙도 첫 회기에서 다루어야 한다(Jacobs et al., 2002).

첫 회기를 종결할 때 집단사회복지사는 회기를 요약·정리하고, 집단목적과 목표에 관하여 다시 언급한다. 그런 후에 다음 회기의 목표나 기대에 대해 간단하게 의견을 나눈 다음 첫 회기를 종결한다. 첫 회기가 잘 진행되지 않았다면, 집단사회복지사는 그 원인을 파악하여 수정한 후에, 두 번째 회기는 좀 더 철저하게 준비하여야 한다(강진령, 2012).

4) 집단실천의 운영 지침

집단사회복지사는 다음과 같은 집단실천의 운영 지침을 충분히 숙지한 후에 집단실천의 회기를 진행하여야 한다(전요섭, 2020).

① 집단사회복지사는 실시하게 될 프로그램 활동을 사전에 선정하고 순서를 정한다. 집단사회복지사는 프로그램 활동의 내용을 충분히 숙지한 다음, 집단에서 실시할 프로그램 기록지를 사전에 복사하여 배포한다.

② 집단사회복지사는 모든 성원이 서로 얼굴을 잘 볼 수 있도록 원형으로 앉게 하고, 집단사회복지사도 성원으로 함께 참여한다.

③ 집단사회복지사는 성원 간의 신뢰감을 형성하여 변화를 촉진한다.

④ 집단사회복지사는 프로그램 활동을 시행하기 전에 그 방법을 성원들에게 충분히 설명하여야 한다. 또한 마무리 활동에서 간단한 과제를 제시하여 회기에서 배운 내용을 일상생활에서 적용하도록 해야 한다. 그리고 다음 회기의 도입 단계에서 과제 수행의 소감을 나누는 시간을 가져 실제 적용 능력을 높이도록 해야 한다.

⑤ 집단사회복지사는 집단과정을 끝내고 피드백을 시행할 때, “이 집단과정에서 느낀 점과 자기 생각을 정리하여 발표하는 시간을 갖겠습니다.”라고 말함으로써 시작한다. 이때 집단사회복지사는 느낌에 대한 발표를 강요해서는 안 된다.

⑥ 집단사회복지사는 성원이 피드백을 발표할 때, 부정적이거나 저항적인 태도를 보이더라도 수용하여야 한다.

⑦ 집단사회복지사는 성원들이 시간의 촉박함을 느끼지 않도록 발언을 제한하는 일이 없도록 해야 한다. 프로그램 활동이 예상보다 많은 시간이 소요될 때, 다음 프로그램 활동을 연기하거나 포기하더라도 현재 프로그램 활동의 마무리를 잘해야 하며, 피드백의 분위기가 손상되지 않도록 해야 한다.

⑧ 모든 질문은 집단사회복지사에게 하도록 하고, 성원 간에 귓속말이나 분위기를 해치는 잡담을 금해야 한다.

⑨ 집단사회복지사는 성원에 대한 어떤 편견도 갖지 않도록 노력해야 한다.

⑩ 집단사회복지사는 부드러운 태도로 진행하되, 유머 감각을 사용하여 성원들의 긴장을 풀어주는 것이 좋다.

2. 초기 단계의 특징

일반적으로 집단실천의 초기 단계에서 나타나는 집단역동성의 주요한 특성은 조심성과 임의성이다. 즉, 성원들은 여기서 우리는 무엇을 함께 할 것인가? 다른 성원들과 집단사회복지사는 어떤 사람인가? 집단이 나에게 기대하는 것은 무엇인가? 등에 대한 의문이 있다. 낯선 사람과 환경에 대한 불안감과 함께 성원들이나 집단사회복지사에 대한 신뢰감이 낮기 때문이다. 그래서 다른 성원들과 집단사회복지사가 어떤 사람인지를 파악하기 위해 계속해서 탐색하며, 그들이 자신이 원하는 종류의 사람이 아니라고 생각되면 접근하지 않고 피하게 된다. 이처럼 성원들은 집단에 대한 기대감과 어떤 경험을 할 것인가에 대한 불안감을 동시에 보이는 양가감정이 나타난다. 이러한 양가감정은 첫 회기를 시작하면서 성원들이 서로 먼저 말을 걸거나 관심 가져주기를 기다리는 경향으로 이어지기도 한다. 이로 인해 성원들은 말의 속도가 빨라지거나, 불안한 몸짓을 하기도 하며, 때로 긴장되어 이런 분위기에 적응하기 어려워하기도 한다(강진령, 2019). 이런 특징이 나타나는 집단실천의 초기 단계의 집단역동성을 접근 회피 갈등(approach – avoidance conflict)이라고 부른다.

처음으로 성원 간의 접촉이 시작될 때 성원은 다른 성원들을 평가하기 시작한다. 이런 평가는 그 성원의 의상이나 용모 등 주로 비언어적 실마리가 근거가 된다. 또한 성원 간의 의사소통 내용과 상호작용 방법은 사교적인 모임과 비슷하다. 즉, 서로에 대해 예의를 갖추고 친밀해지기 위해 어색한 대화를 나누며, 자신의 이야기보다는 다른 사람의 사건이나 상황을 말하거나, 정서적으로 부담되는 문제는 언급하지 않는 경향이 있다. 대체로 성원들은 집단실천의 초기 단계에서 이루어지는 상호작용을 통해 집단 내에서 자신의 위치를 발견하려고 한다. 이때 집단 분위기가 성원의 긍정적인 것과 부정적인 것 모두를 수용할 정도로 안전하다고 인식되면, 집단에 대한 성원의 신뢰도는 높아질 수 있다. 즉, 집단사회복지사와 다른 성원들이 존중이나 수용적인 자세로 경청한다면, 성원은 자신의 더 깊은 내면까지 다룰 용기를 얻게 된다. 모든 성원은 경험이 서로 다르므로 각자의 경험을 현재 집단에서 행동 지침으로 활용하는 경향이 있다. 사실상 모든 성원은 불안하므로 집단사회복지사는 이런 불안을 서로 나누고 탐색하도록 하는 것이 그들에게 큰 도움이 된다.

집단실천의 초기 단계 동안 성원들은 집단과정을 통해 무엇을 얻고 싶은지, 즉 집단 참여의 목표가 무엇인지가 모호하고 분명하지 않은 것이 일반적이다. 대부분 성원은 집단규범이나 기대되는 행동에 대해서도 잘 알지 못하기 때문에 침묵하거나 쑥스러워하기 마련이다. 더구나 집단사회복지사가 비구조화된 방식으로 집단과정을 진행한다면, 모호한 상황 때문에 성원들의 불안 수준은 더욱 높아질 수 있다. 그 결과 성원들은 상당히 힘들어할 것이고, 집단사회복지사에게 집단실천의 방향을 제시해 달라고 요구할 수도 있다.

이처럼 집단실천의 초기 단계에서 성원들이 표현하는 불안이나 다른 부정적인 반응에 대해 집단사회복지사가 어떤 방식으로 처리하느냐에 따라 성원과의 신뢰감이 형성될 수도 있고 그렇지 않을 수도 있다. 그러므로 첫 회기부터 성원들의 자기표현은 집단을 시험하는 특성이 있다는 점을 염두에 두고, 집단사회복지사는 개방성과 수용적인 태도로 부정적인 이야기를 다루는 것이 필요하다(조선미, 2004). 무엇보다도 집단실천의 초기 단계에서 집단사회복지사는 성원들이 집단에 대해서 긍정적인 기대를 하고, 바람직한 참여 태도와 행동을 배울 수 있도록 안전하고 생산적인 집단 분위기를 만들기 위해 노력해야 한다. 따라서 집단사회복지사는 성원들에게 온화함, 신뢰, 유익함, 이해, 긍정적인 배려 등을 보여주어야 한다. 한편, 〈표 9-2〉는 집단실천의 초기 단계에서 성원과 집단의 특성, 집단사회복지사의 역할 등을 간략히 정리한 것이다.

〈표 9-2〉 집단실천 초기 단계에서 성원, 집단의 특성 및 집단사회복지사의 역할

성원의 특성	집단의 특성	집단사회복지사의 역할
• 낯선 사람과 새로운 환경에 대한 불안과 불신 • 집단사회복지사와 대화 시도 • 탐색 및 거리감 유지, 친해지려고 노력 • 성공할 수 있을 것인가에 대한 불안감 • 집단과정에 대한 양가적인 태도	• 집단, 집단사회복지사, 성원에 대한 오리엔테이션 • 집단규범, 가치, 대화 양식 등을 설정 • 집단목적의 공유 • 성원 간의 공통점 모색 → 집단응집력에 영향	• 성원의 불안감 감소 • 모든 성원이 집단의 목적 공유 • 성원 간의 공통점을 발견하여 연결 • 집단규범이 설정되도록 도움 • 비밀보장에 관해 설명 • 성원이 집단사회복지사에게 의존하므로 집단사회복지사의 적극적인 개입 필요

출처: 김성이 외(2004). p. 199.

3. 집단사회복지사의 과업

집단실천의 초기 단계에서 집단사회복지사는 성원들이 자신을 집단의 일부로 느끼고 집단목적의 달성을 향해 함께 활동을 시작할 수 있는 공통의 기초를 발견하도록 도와주어야 한다. 이를 위해서 집단사회복지사는 개방적이고 솔직한 의사소통을 촉진하며, 집단과정을 민주적으로 운영하여 신뢰할 수 있는 집단 분위기를 만들어야 한다. 집단실천의 초기 단계에서 집단사회복지사가 수행해야 할 과업은 다음과 같다(Toseland & Rivas, 2012).

1) 집단사회복지사의 역할 설명

첫 회기에서 집단사회복지사가 수행해야 할 첫 번째 과업은 가벼운 인사로 자신과 자신의 역할을 소개하는 것이다. 먼저 집단사회복지사는 성원들의 참여를 환영하는 내용, 자신의 이름과 직위 및 앞으로 운영될 집단실천과 관련된 경력, 성원들에 대한 첫 느낌과 기대 등을 중심으로 간략하게 나누면서 성원들의 소개를 준비시킨다. 집단사회복지사의 소개가 끝난 후에는 날씨와 같은 가벼운 주제로 회기를 시작할 수 있다. 이런 방식은 낯선 상황에서 자신을 노출해야 하는 성원들의 긴장감과 불안감을 완화하는 데 도움이 된다.

집단사회복지사는 자신을 간단하게 소개한 후에 집단에서 자신의 역할에 대해 간략히 설명해야 한다. 성원들이 집단사회복지사의 역할을 정확하게 알지 못한다면, 그들의 불안은 증가하면서 문제 해결 과정에 소극적으로 참여할 가능성이 크다. 따라서 회기 동안 집단사회복지사는 어떤 역할을 수행하는지를 설명해야 한다. 즉, 교육자, 촉진자, 적극적인 지도자, 치료자 또는 이러한 몇 가지 역할을 함께 수행할 것인지를 설명해야 한다. 이처럼 집단사회복지사의 역할을 설명함으로써 성원들이 집단사회복지사에게 어떤 요구를 할 수 있게 된다(Jacobs et al., 2002). 이때 집단사회복지사는 자신이 지닌 기술과 자원에 대해서는 겸손하게 말하고, 자신을 모든 문제를 해결할 수 있는 권위적 인물이 아니라 많은 정보를 가지고 성원들을 도울 수 있는 사람으로 설명해야 한다.

이와 함께 집단사회복지사는 이전에 유사한 문제나 관심사를 가진 집단과의 성공적인 실무 경험이 있다면, 그것을 성원들에게 알려주는 것이 좋다.

2) 성원의 소개

집단사회복지사의 소개와 역할에 대한 설명이 끝나면 성원들의 소개 시간이 필요한데, 성원들의 소개 시간은 상호작용의 출발점이다. 그러므로 수용적이고 안전한 분위기에서 성원들은 자기소개를 통해 각자의 관심사와 흥미의 공유 및 서로에 대해 알 기회를 가짐으로써 성원 간의 신뢰 관계를 형성하는 계기를 마련해야 한다. 집단사회복지사는 소개 시간을 통하여 성원들의 생활경험, 어려움, 관심사, 감정 등에서 유사성이 있다는 점이 드러나도록 해야 한다. 따라서 집단사회복지사는 집단목적을 고려하여 어떤 정보를 공유하는 것이 좋은지를 결정하고, 모든 성원이 자신을 소개할 때 그 정보를 말하도록 권하는 것이 좋다. 성원의 나이, 가족관계, 장래 계획 등을 말하기보다는 자기 이름과 자기가 어떤 사람이며 무엇을 좋아하고 싫어하며, 요즈음 무엇에 관심이 있는지 등을 말하도록 하는 것이 바람직하다. 이때 집단실천의 참여 이유나 기대 등을 표현하면 더욱 좋다. 즉, 집단사회복지사는 성원들이 형식적인 소개가 아니라 자신의 인간적인 모습과 관심사를 소개하도록 분위기를 조성하고, 그에 따른 보충 질문을 하도록 집단을 이끄는 것이 필요하다. 이러한 소개 시간에 성원들이 집단과정에서 사용할 별칭을 정하게 하는 것이 필요하다. 별칭은 수식어를 앞에 첨가하여 '세상을 감싸 안을 호랑이'로 정할 수 있다. 별칭을 사용하는 목적은 각자의 희망이 담긴 별칭을 집단과정 동안 사용함으로써 자신이 집단에 참여한 목적을 계속해서 기억하기 위함이다. 특히 자신의 이름 대신 별칭을 사용함으로써 비밀을 유지할 수 있다. 또한 성, 나이, 직급 등에 매이지 않고 인간 대 인간으로 서로 마주할 수 있는 장점이 있기 때문이다.

성원들의 자기소개 방법을 살펴보면 다음과 같다(강진령, 2019). 첫째, 성원들이 일정한 순서 없이 자발적으로 자신을 소개하는 것이 가장 일반적인 방법이다. 이 방법을 사용할 때 집단사회복지사의 시범적인 자기소개는 각 성원이 자신을 어떻게 소개해야 하는지의 구체적인 예가 될 수 있다. 이때 경험이 부족한 집단사회복지사가 가장 많이 범하는 실수는 관련 없는 정보를 성원들이 이야기하도록 내버려 두거나, 어떤 성원이 너무 오랫동안 자기소개를 하도록 내버려 두는 것은 다른 성원들을 지겹게 만들 수 있다.

둘째, 첫 번째 성원이 자신을 소개하면 다음 성원이 첫 번째 성원의 이름을 말하고 나서 자신을 소개하는 '이름 쌓기'가 있다. 이는 성원들이 주의를 집중하게 하여 단시간에 다른 성원들의 이름을 기억하도록 하는 방식이다. 주로 학생들이 이런 방법을 좋아하고, 이름을 외우는 데 도움이 된다.

셋째, 성원 간의 상호작용을 촉진하기 위해서 두 명씩 짝이 되어 각자의 짝을 소개하는 방법이다. 즉, 두 명의 성원이 짝이 되어서 집단실천의 참여 동기나 집단에서 얻고자 하는 것과 같은 준비된 질문으로 서로 면접하고, 자신이 면접한 성원을 다른 성원들에게 소개하는 방식이다. 이 방법은 집단사회복지사의 제안으로 이루어지며, 경청하는 것을 가르치고 성원들에게 서로 더 잘 알게 하는 기회를 제공한다. 하지만 이 방식은 대체로 시간이 오래 걸리기 때문에 소집단에 적합하다.

넷째, 모든 성원이 한 방향으로 이동하면서 한 명씩 만나면서 인사를 나누는 방법이다. 집단 크기가 클 때(12명 이상일 때) 사용하는 방법으로 첫 회기의 처음 4~5분 동안 성원들이 빙빙 돌면서 서로 만나게 한다. 이처럼 성원들이 서로 만나서 소개하는 활동이 빠르게 진행된다. 이 방법은 집단사회복지사가 도착하지 않은 몇 명의 성원을 기다리고, 다른 성원들은 조용히 앉아 있을 때 사용하면 큰 도움이 된다(Jacobs et al., 2002).

이처럼 성원들의 소개 방법을 선택할 때, 집단사회복지사는 집단유형, 회기 시간의 길이, 집단 분위기, 집단 크기, 집단목적, 성원들의 특성 등을 고려하여야 한다. 즉, 집단사회복지사는 성원들의 소개 시간을 어떻게 진행할 것인가를 생각하고 있어야 한다. 일반적으로 성원 간의 이름을 기억하게 하는 가장 쉬운 방법은 큰 이름표를 이용하는 것이다. 이런 소개 방법을 통해 집단사회복지사는 성원들의 친밀감을 증진하고, 편안한 분위기를 마련하여야 한다.

3) 집단실천의 구조화

집단실천의 구조화란 집단과정을 촉진하기 위해 집단목적, 내용, 집단운영방법, 집단규범과 규칙, 집단사회복지사의 역할과 성원의 역할 등을 설명하거나 소개하는 것을 말한다. 구조화는 주로 집단실천의 예비모임이나 첫 회기에서 집중되지만, 집단실천의 발달 단계에 따라 계속해서 시행할 수 있다. 이때 집단사회복지사는 집단실천 발달 단계의 수준에 적합한 정도의 구조화를 시도하는 것이 필요하다. 구조화의 정도가 너무 낮으면, 성원들은 불안할 수 있다. 반면에 구조화의 정도가 너무 높으면, 성원들의 자율성이 침해되거나, 집단사회복지사에게 의존하며, 경직된 집단 분위기가 초래될 수 있다(남미애·윤숙자, 2013). 성원들의 의존성을 부추기지 않으면서도 자율성을 촉진하는 방향으로 집단을 구조화해야 한다. 이 단계에서 구조화의 목표는 성원들이 자신의 두려움, 기대, 개별 목표를 확인하고 표현하도록 돕는 것이다.

이처럼 집단실천에서 구조화의 정도는 집단목적에 따라 달라진다. 특히 구체적인 목적을 설정한 시간 제한적인 집단에서 집단사회복지사가 집단실천의 방향을 제시하고 지도력을 발휘하기를 성원들은 기대한다. 또한 그 집단에서는 회기 전에 일정표나 의제를 정하는 것이 일반적이며, 집단의 목적과 운영방법에 대해 집단사회복지사가 더 많은 책임을 지게 된다. 따라서 집단사회복지사는 집단실천의 구조화를 위해 노력할 뿐만 아니라 자신이 모델이 되어 집단에서 바람직한 행동을 직접 실천하여야 한다. 집단실천의 초기 단계에서 이런 기회는 쉽게 올 수 있는데, 그 이유는 성원들의 대화 방향이 다른 성원보다는 집단사회복지사에게 집중되기 때문이다. 이러한 현상을 피하고 성원 간의 상호작용을 활성화하려면, 집단사회복지사는 적극적 경청 기술을 통해 성원들에게 반응하고 연결함으로써 집단과정에 관한 교육 기회로 활용해야 한다.

4) 집단의 목적과 성원의 개별 목표 설정

집단사회복지사는 집단목적을 분명하고 간결하게 설명해야 한다. 특히 성원들에게 집단목적을 설명할 때 긍정적인 방식으로 제시함으로써 그들이 집단과정에 대해 우호적인 기대를 하게 되는 효과를 얻을 수 있다(Frank, 1961). 예를 들어 집단목적에 대한 진술은 '무엇을 감소한다'라는 것보다 '무엇을 성취한다'라는 것처럼 긍정적으로 표현하는 것이 바람직하다. 또한 집단목적을 설명할 때 집단사회복지사는 집단과정을 후원하는 기관의 기능에 대해서도 간략하게 설명해야 한다. 이러한 설명을 통해 성원들은 기관이 제공하는 서비스 범위 내에서 그것을 받을 수 있다는 기대를 하게 된다.

집단실천을 시작할 때 설정한 집단목적은 고정불변한 것이 아니라 발달 단계에 따라 집단과 성원들의 기능 사정을 통해 계속 규정되고 수정되는 변화 과정을 겪는다. 집단사회복지사와 모든 성원이 집단목적과 목표를 함께 설정하는데, 이런 과정을 통해 성원들의 적극적인 참여를 촉진할 수 있기 때문이다. 이런 과정에서 집단사회복지사와 성원 간의 관계가 발전하면, 성원들의 욕구와 관심사를 탐색하고 관심 분야에 관한 대화가 시작된다. 성원들은 계속해서 자신과 자신의 상황에 대한 감정을 환기하고 공동의 관심 영역을 발견하며, 자신의 상황이 향상될 수 있다는 점을 인식함에 따라 집단목적과 목표는 더욱 분명해진다(Northen & Kurland, 2001).

집단실천이 점점 발달하면서 집단목적의 의미도 발달하게 된다. 집단목적의 의미는 집단의 목표와 성원의 개별 목표가 달성되는 방법을 파악하고 명료화하면서 더욱 심화하고 확장된다. 때때로 집단실천에서 많은 집단이 조기에 중단되는 이유는 집단목적과 목표의 설정 과정이 생략되어 있기 때문이다. 집단목적과 목표에 대한 성원들의 명확하고 분명한 합의는 그들의 에너지를 활용하는 데 필수적인 요건이다.

집단목적과 목표가 설정되면, 집단사회복지사는 모든 성원이 각자의 개별 목표를 설정하도록 도와주어야 한다. 성원들이 구체적인 목표가 있다면, 집단실천에서 무엇을, 어떻게 할 것인지를 분명히 알 수 있을 뿐만 아니라 어느 정도의 성과가 있는지를 평가할 수 있다. 몇몇 성원은 구체적인 목표를 가지고 집단실천에 참여하지만, 대부분 성원은 개별 목표에 대한 인식이 부족하거나 스스로 구체적인 목표를 설정하는 것에 대해 어려움을 느낀다. 따라서 집단사회복지사는 성원들에게 개별 목표 설정의 필요성을 설명하고, 그것을 설정하도록 동기를 북돋아야 한다. 이때 집단사회복지사는 개별 목표 설정과 달성에 대한 책임은 성원들에게 있다는 점을 확인시켜 그들이 자발적이고 능동적으로 집단실천에 참여하도록 이끌어야 한다. 성원의 개별 목표가 설정되면, 이를 문서화하고 종결 단계에서 개별적으로나 집단과 함께 목표의 달성 정도를 평가하는 것이 바람직하다.

5) 성원의 동기부여

모든 성원의 관심사와 참여 동기를 아는 것은 집단실천을 통해 달성하려는 목표 설정의 준비과정이다. 집단사회복지사는 성원들과 상호 합의하여 설정한 집단의 목적과 목표를 달성하도록 그들의 동기부여를 촉진해야 한다. 성원들의 기대와 동기부여를 확인하는 방법은 집단목적의 달성을 방해하거나 촉진하는 그들의 심리적, 사회적, 환경적 요인 등이 무엇인지를 열거하도록 하는 것이다. 이를 위해 성원들이 짝을 지어서 이러한 요인들을 토론함으로써 집단사회복지사는 그들이 원하는 것을 파악할 수 있고, 집단목적을 좀 더 명확히 할 수 있다. 또한 집단사회복지사는 성원들의 개별 목표 달성을 원조하고 동기부여를 위해서 그들이 변화에 대한 양가감정을 극복하고, 변화가 있을 때의 상황을 미리 검토하고, 지지와 긍정적 피드백을 통해 자기 확신과 자존감을 향상하도록 도와야 한다. 이런 과정을 통해 성원들은 두려움, 양가감정, 걱정 등을 줄이면서 자신의 개별 목표를 달성하려는 동기부여가 된다.

집단과정에서 집단사회복지사가 범하기 쉬운 일반적인 실수는 성원들이 어떤 기대도 하지 않는 상황임에도 불구하고 그들에게 집단실천에 대한 기대를 묻는 것이다. 이런 상황은 성원들이 집단실천에 출석하도록 강요받았거나 수업이나 과제를 하지 않기 위해 집단에 참석할 때 발생할 수 있다. 이럴 때 집단사회복지사가 질문해도 성원들은 거의 반응을 보이지 않거나 집단실천의 목적과는 다른 반응을 보일 것이다. 이런 상황을 다루는 좋은 방법은 집단실천에 대해 어떤 기대를 하는 성원이 있는지를 물은 후, 그 기대에 관한 생각을 계속해서 강요할 것이 아니라 빨리 흥미로운 프로그램 활동으로 넘어가야 한다 (Jacobs et al., 2002).

6) 집단규칙 설정

집단실천의 초기 단계에서 집단사회복지사의 중요한 과업은 성원들과 함께 집단규칙을 만들고 공유하는 것이다. 집단규범(group norm)은 윤리나 도덕처럼 성원들에게 실천을 요구하는 행동기준으로 일종의 권장사항이지만, 집단규칙(group rule)은 구체적으로 명시되며 위반에 대한 벌이나 제재 방침이 설정된 행동기준이다(강진령, 2012). 먼저 집단사회복지사가 필요한 집단규칙을 제시하여 설명한 다음, 성원들이 다른 집단규칙을 제시하도록 할 수 있다. 또는 집단사회복지사가 집단규칙이 필요한 이유를 설명한 다음, 성원들과 협의를 통해 정할 수도 있다. 이처럼 성원들이 집단규칙을 만드는 데 참여하는 것은 성원들의 주인의식 함양과 집단규칙을 더 잘 준수하는 데 도움이 된다. 어떤 방식이든 정해진 집단규칙에 대해서 성원들이 질문하고 논의하는 과정을 통해 그들이 그것의 내용을 충분히 이해하도록 안내해야 한다. 모든 집단에서 공통으로 적용되는 집단규칙을 살펴보면 다음과 같다(엄명용 외, 2020).

첫째, 집단사회복지사는 집단에서 성원 간에 논의된 내용을 집단 밖에서 말하는 것을 금지하는 비밀보장 원칙을 집단규칙으로 설정한다. 이를 위해 집단에서 비밀보장의 중요성을 강조하고 그것과 관련하여 토론함으로써 성원들이 집단을 안전하게 만들 책임이 있음을 느끼도록 해야 한다. 집단에서 나누었던 내용이 외부로 유출되지 않는다는 것을 확신하면, 성원들은 신뢰감이 형성되고 자유롭게 자기 생각, 감정, 문제 등을 표현한다. 하지만 성원들의 문제가 자신이나 주위 사람에게 위협적일 때, 집단사회복지사는 그들의 안전을 위해 필요한 대책을 마련해야 하므로 비밀보장의 한계에 대해서도 알려야 한다. 이러한 비밀보장 원칙은 집단회기 중 적절한 때나 회기가 끝나기 전에 재차 강조해야 한다.

둘째, 집단사회복지사는 성원들과 그들의 행동과 관련된 집단규칙을 논의하고 결정해야 한다. 예를 들어 출석과 지각과 같은 집단 참여 시간과 관련된 사항, 다른 성원을 비난하거나 공격적인 행위 금지, 친구나 주변 사람을 집단에 데리고 오는 것에 대한 사항 등과 관련된 집단규칙을 성원들과 함께 결정해야 한다. 이 외에도 가장 기본적인 집단규칙으로는 성원들의 말을 경청하기, 다른 성원들의 생각과 감정을 존중하기 등이다.

셋째, 첫 회기나 초기 단계에서 모든 집단규칙을 설정할 필요는 없다. 집단회기가 진행되면서 성공적인 집단과정에 필요한 집단규칙을 성원들과 함께 추가하는 것이 바람직하다.

4. 실천 지침

집단실천의 초기 단계에서 성원들은 희망과 기대뿐만 아니라 경험하지 못한 것, 집단사회복지사와 다른 성원들과의 관계, 자신이 집단의 성원으로 포함될 수 있는지 등에 대해 불안하고 불확실한 느낌을 표현할 수 있다. 이러한 성원들의 반응을 집단사회복지사가 어떻게 다루느냐에 따라 신뢰감의 형성이 좌우된다. 따라서 집단사회복지사는 성원들과 긍정적인 관계(rapport)를 형성하는 것과 그들이 집단에 적응할 수 있도록 원조하는 것이 주요 과업이다. 이처럼 집단에 적응하도록 성원들을 돕기 위해서는 다음과 같은 실천 지침을 적용해야 한다(Northen & Kurland, 2001).

첫째, 집단사회복지사는 성원들이 자기 자신에게 초점을 맞추도록 해야 한다. 물론 성원들이 자신을 개방하기 위해서는 안전함과 신뢰감을 느껴야 한다. 성원들이 자기 탐색을 하지 않고 다른 성원들에게 초점을 맞출 때 집단사회복지사는 성원들이 자기 자신의 반응에 초점을 맞추도록 도와야 한다.

둘째, 집단사회복지사는 성원들이 '지금 여기'의 상호작용에 초점을 맞추도록 도와야 한다. '지금 여기'에서 발생하는 현상과 경험을 다루는 것은 좀 더 깊은 개인적인 문제를 탐색할 수 있는 발판이 될 수 있다. 이것이 무엇보다 중요한 이유는 성원들이 변화하고자 하는 자신의 특정한 행동의 측면을 확인할 수 있을 뿐만 아니라 그들의 현재 행동 양식은 집단 밖에서 다른 사람들과 상호작용하는 방식을 반영하기 때문이다. 이를 위해 집단사회복지사는 성원들이 다른 사람들에게 보고하는 방식으로 말하기보다 지금 무엇을 경험하는지를 말하도록 계속해서 격려해야 한다.

셋째, 집단사회복지사는 성원들에 대한 자신의 감정 반응을 인식해야 한다.

또한 모든 성원을 수용하고 공감하며 진실하게 대하면서 관계 형성을 위해 필요한 것이 무엇인지를 생각해야 한다.

넷째, 집단사회복지사는 성원들과의 관계 형성에서 수용과 공감 및 진실한 모습을 보이도록 노력하며, 집단에 참여하는 그들의 노력에 대해 정서적인 지지를 제공해야 한다. 또한 집단은 성원들의 욕구를 충족시킬 수 있는 잠재력이 있고, 성원 간의 공통점을 파악하여 설명하고, 집단에 참여할 때 성원들이 느낄 수 있는 일반적인 느낌을 인정해야 한다.

다섯째, 집단사회복지사는 성원들이 집단실천의 계획에 적응할 수 있도록 도와야 한다. 이때 성원들에게 기본적인 정보를 제공하며, 계획을 수정하기 위한 제안이나 피드백을 모색하며, 성원들의 개별 목표가 집단의 목적 내에서 달성할 방법을 논의해야 한다. 또한 집단사회복지사와 성원들의 역할에 대한 기대를 명확히 하며, 회기의 시간과 장소 및 빈도 등과 같은 집단 일정에 대해서도 간략히 설명해야 한다.

여섯째, 집단사회복지사는 집단 토론과 프로그램 활동에서 성원 간의 상호작용을 촉진해야 한다. 이때 성원들이 서로 질문하고 답할 수 있도록 제안하고, 성원뿐만 아니라 집단사회복지사와도 활발한 상호작용이 이루어지도록 해야 한다.

일곱째, 집단사회복지사는 집단의 목적과 존재 이유에 대해 성원들로부터 임시적인 동의를 얻어야 한다. 첫 회기부터 그것을 어떻게 검토하고 반응을 모색할 것인지 노력하고, 집단실천의 계획과 관련하여 동의를 구하며, 모든 성원이 집단에 관심을 가지고 다음 회기에도 꼭 참석하기를 기대한다는 희망을 표현해야 한다.

5. 집단회기의 시작과 종결 방법

집단회기의 시작과 종결은 여러 측면에서 집단역동성과 집단과정 및 집단의 성과 등에 영향을 미칠 수 있으므로 중요하다. 따라서 집단사회복지사의 전문적 능력은 집단회기의 시작과 종결 방법에 대한 지식과 기술을 갖추는 것이다. 일반적으로 집단회기를 시작하고 끝내기 위해서는 일정한 구조와 절차가 있다. 집단회기의 시작과 종결을 위해 집단사회복지사가 알아야 사항을 살펴보면 다음과 같다.

1) 집단회기의 시작

집단회기를 시작할 때 집단사회복지사는 처음 몇 분 동안 성원들이 집단과정에 참여하기 위한 준비 작업을 하도록 시간을 허락할 필요가 있다. 일반적으로 집단사회복지사는 다음의 세 가지 사항을 중심으로 집단회기를 시작할 수 있다(강진령, 2019).

첫째는 지난 회기와 관련된 느낌과 미해결 사항을 언급하는 것이다. 집단회기의 시작은 지난 회기의 내용과 과정을 간략히 언급함으로써 회기와 회기 사이를 연결해야 한다. 이때 지난 회기에서 중요한 정보를 노출한 성원에게는 어떻게 지냈는지를 물어보거나, 성원이 수행한 일에 대해 더 많은 생각을 하게 할 수도 있다. 이 기법은 회기 사이를 연결하고 성원의 추후 관리(follow-up)를 위한 기회가 된다(Corey et al., 2004). 이처럼 미해결 사항을 다루지 않고 진행한다면, 집단과정의 걸림돌이 될 수 있으므로 이를 적절히 언급함으로써 집단과정을 촉진하는 원동력으로 활용해야 한다.

집단회기를 시작할 때 집단사회복지사의 진술로는 “지난 회기에서 논의된 내용 중에서 이번 시간에 더 다루어야 할 사안이 있다면, 함께 나누기로 하겠습니다.", "회기를 시작하기 전에 각자 지난 일주일을 잠시 돌아보고 함께 나누고 싶은 것이 있으면 말씀해주시기 바랍니다.", "오늘 집단회기에 참석하려고 준비하는 동안 혹은 오는 길에 어떤 생각이나 느낌이 들었습니까?" 등을 들 수 있다. 이런 진술로 시작하거나, 지난 회기에 참석하지 못한 성원에 관해 관심을 보이거나, 새로운 성원을 소개하는 것으로 회기를 효과적으로 시작할 수 있다. 이런 과정에서 집단사회복지사는 성원이 말할 때마다 성급하게 반응하여 다른 성원들의 참여를 방해하지 않도록 조심해야 한다.

둘째는 성원들과 집단회기의 목표를 나누는 것이다. 집단회기를 시작하면서 지난 회기에서 해결하지 못한 사안을 다룬 후에 이번 회기의 목표를 논의한다. 즉, 집단사회복지사는 "집단에서 무엇을 얻기를 원하십니까?", "집단이 종결했을 때 자신이 얻었거나 배웠다고 말하고 싶은 것은 무엇입니까?", "오늘 무엇을 말하고 싶은지 돌아가면서 한두 문장 정도로 말씀해 주시기 바랍니다." 등과 같은 진술을 성원들에게 말함으로써 회기의 목표를 나눌 수 있다. 혹은 성원들이 둘씩 짝을 지어 이번 회기의 목표에 대해 논의하도록 한 후에 어떤 이야기를 나누었는지 말하는 방법도 있다. 이런 활동은 성원들이 회기에 적극적으로 참여하도록 돕는 방법이다. 이때 장황하게 말하는 성원이 있다면, 집단사회복지사는 차단 기법을 활용하여 다음 기회가 주어질 때 더 구체적으로 말하도록 안내해야 한다.

셋째는 공지사항을 전달하는 것이다. 공지사항이란 모든 성원이 알고 있어야 할 기관의 방침이나 집단에서 공유할 필요가 있는 소식 등을 말한다. 이처럼 집단회기를 시작할 때 집단사회복지사는 집단과정에 필요한 공지사항을 정리하여 전달하는 시간을 갖는 것이 필요하다.

2) 집단회기의 종결

집단회기의 종결은 회기에서 다룬 내용과 과정에 대해 정리하는 시간이다. 특히 집단실천의 초기 단계에서 집단회기를 종결할 때 집단사회복지사는 성원들이 집단과정과 자신의 참여 태도를 되돌아보고, 집단경험의 의미를 부여하고 평가할 시간을 제공해야 한다. 이를 위해 성원들에게 이번 회기의 좋았던 점과 그렇지 못했던 점을 되돌아보고, 다음 회기 전까지 집단 밖에서 무엇을 할 것인지를 이야기하며, 회기에서 무엇을 경험했는지를 표현할 기회를 제공해야 한다. 이처럼 집단사회복지사가 회기의 마무리에 관심을 기울인다면, 성원들은 집단에서 배운 내용을 정리할 수 있게 된다.

집단사회복지사는 다음과 같은 사항을 중심으로 집단회기를 종결할 수 있다. 첫째, 집단사회복지사는 집단회기 중에 다루었던 핵심 내용과 집단과정을 요약해서 강조한다. 이렇게 함으로써 성원들이 집단회기의 종결 후에도 그 내용을 기억할 수 있도록 도울 수 있다. 집단회기의 요약은 대체로 집단사회복지사가 담당하지만, 성원들이 할 수도 있다. 성원들은 집단회기에 대한 반응, 생각과 느낀 점, 집단과정을 통해 얻은 것 등을 요약함으로써 집단회기를 평가할 수 있다. 집단회기의 평가를 통해 집단사회복지사는 다음 회기의 목표 설정과 구체적인 계획을 수립할 수 있다는 점에서, 성원들은 자신이 중요하게 인식한 경험에 초점을 맞추어 정리하는 기회가 된다는 점에서 각각 의의가 있다.

둘째, 집단사회복지사는 성원들이 계획하고 있는 행동 변화의 목표를 정리하고, 실현 가능한 수단을 실천하도록 적극적으로 격려하고 지지한다. 즉, 성원들이 다음 회기까지 실천할 목표와 계획을 구체화하도록 그들의 실천 의지를 격려한다. 이런 과정에서 비현실적인 측면이 있다면, 집단사회복지사는 성원들과 실천 목표와 실행 계획을 정리함으로써 그 부분을 수정하고 실천 가능한 목표와 실행 계획을 수립하도록 도울 수 있다. 이런 과정을 통해 성원들은 다음 회기에서 자신의 개별 목표와 계획에 대한 실천 결과를 평가하고, 이에 대한 구체적인 피드백을 통하여 더욱 생산적인 행동을 습득할 수 있다.

셋째, 이번 회기를 통해 무엇을 얻었는지에 대해 성원들이 소감을 나눈 후, 그들의 반응을 집단사회복지사가 정리하거나 요약한다. "오늘 집단과정의 내용 중에서 자신에게 가장 도움이 된 것은 무엇입니까?", "이번 회기 동안 자신이 얻은 것은 무엇입니까?" 등의 질문을 할 수 있다. 이런 질문을 통해 성원들은 이번 회기에서 무엇을 얻었는지를 탐색할 기회가 되는 동시에 일상생활에서 집단경험을 생산적으로 적용할 계기가 된다. 즉, 다른 성원들과의 관계를 통해 깨달은 것과 행동 변화에 대해 소감을 나눌 뿐만 아니라, 부정적인 경험에 대해 어떤 변화를 시도할 것인가를 고려하는 기회가 될 수 있다.

넷째, 집단사회복지사는 이번 회기에서 해결하지 못한 사항을 성원들과 함께 확인해 보는 것이다. 집단회기를 끝내기 전에 다소 미흡하게 다룬 문제가 있거나 감정이나 생각의 표현이 불충분했다고 생각되는 성원이 있다면, 좀 더 표현할 기회를 제공한다. 예를 들어 소나기가 가장 소극적으로 참여하였다면, "소나기는 이번 회기가 어땠는지 말씀해 주시겠어요?"라고 물을 수 있다. 그러나 종결 시간은 제한되어 있으므로 집단사회복지사는 성원들의 동의를 얻어 해결하지 못한 사항을 다음 회기로 유보할 수도 있다. 그러나 긴급한 상황이라면, 종결 시간을 다소 늦추는 것에 대해 성원들에게 동의를 구한 후에 그 사안을 다루어야 한다. 이처럼 성원들이 자신의 미해결된 사항을 언급하는 것만으로도 그들의 감정과 생각을 정리하거나 문제 해결에 도움이 된다. 그뿐만 아니라 성원들에게 다음 회기에서 그 문제에 대해 다시 논의할 수 있음을 확인시켜 준다는 점에서 의미가 있다(Jacobs et al., 2002).

다섯째, 다음 회기의 목표 설정과 성원들의 관심사를 알아보는 것이다. 즉, 집단사회복지사는 성원들이 다음 회기 때 안건으로 삼고 싶은 주제, 질문, 문제 등이 있는지를 파악함으로써 집단회기 간의 연결고리를 만든다. 그리고 성원 간의 피드백을 통해 강점, 잠재능력, 새롭게 성취한 것 등과 같은 긍정적인 부분에 초점을 맞춤으로써 성원들에게 생산적인 변화를 위한 용기와 자신감을 심어줄 수 있다.

여섯째, 이번 회기와 집단과정에 대한 집단사회복지사의 소감과 반응을 구체적으로 나누는 것이다. 이를 위해 집단사회복지사는 "이번 회기에 대한 저의 생각과 관찰한 것을 나누고 싶습니다."라고 말할 수 있다. 또한 마무리 과정에서 소감을 묻는 말에 대해 성원들이 "아주 좋았다.", "많은 도움이 되었다."라는 일반적이거나 막연한 반응을 보이면, 집단사회복지사는 좀 더 구체적인 용어로 표현할 수 있도록 그들을 도와야 한다. 이처럼 마무리 작업은 집단사회복지사와 성원들이 집단과정에서 경험한 것을 이해하도록 돕고, 그들이 더욱 능동적으로 집단에 참여할 수 있도록 자극하는 효과를 기대할 수 있다(박민수, 2006).

CHAPTER 10

집단과정에 대한 사정

Understanding of Group Work Practice

CHAPTER

10 집단과정에 대한 사정

학습목표

- 성원의 기능 정도를 사정하는 방법을 설명할 수 있다.
- 집단의 기능 정도를 사정하는 방법을 설명할 수 있다.
- 집단환경의 기능 정도를 사정하는 방법을 설명할 수 있다.

사회복지실천에서 사정(assessment)이란 클라이언트 체계에 대해 정보를 수집하고 조직화하여 판단하는 것을 말한다. 집단실천에서 사정의 초점은 집단의 유형이나 개입 전략에 따라 달라질 수 있다. 그러나 집단사회복지사는 반드시 성원과 집단 및 집단환경 모두에 초점을 두고 사정을 해야 한다. 집단은 계속해서 발달하기 때문에 사정 또한 그 발달 단계의 욕구를 충족하는 집단과정을 위해 이루어져야 한다. 즉, 사정은 집단실천의 초기 단계에서 집중적으로 이루어지지만, 집단실천의 모든 발달 단계 동안 계속해서 시행해야 한다. 여기서는 성원, 집단, 집단환경 등에 대해 사정하는 방법을 살펴보고자 한다(Hepworth et al., 1997).

1. 사정의 개념 및 사정 과정

사정이란 수집된 자료를 해석하고 의미를 부여함으로써 최종적으로 문제를 규정하여 실천의 방향을 결정하는 일이다. 따라서 사정이란 원조 과정의 기반이 되는 과정인 동시에 산물이다(Siporin, 1975). 즉, 과정으로서의 사정은 자료를 수집하고, 조직화하며, 수집된 자료에 관해서 판단하는 것을 말한다. 그리고 산물로서의 사정은 개입 계획의 수립에 유용한 집단과 성원의 기능에 대해 언어적 또는 문서로 진술한 것을 말한다.

사정은 집단실천의 초기 단계에 집중되지만, 지속적인 과정으로서 성원과 집단에 대한 적절한 사실을 파악하는 것을 기점으로 집단사회복지사는 성원의 특성, 문제, 잠재능력 등에 대한 의견을 수립하게 된다. 이것은 자연스럽게 성원의 기능을 향상하는 방법, 집단과 그 집단환경을 변화시키는 방법에 대한 계획을 수립하는 것으로 연결된다.

집단실천의 초기 단계에서 사정을 시작할 때 집단사회복지사는 집단과 성원들에 대해 불완전하고 불충분한 자료를 가지고 있지만, 점차 자료를 수집하여 정보의 공백을 보충한다. 성원과 집단에 대한 정보가 수집되면서 집단사회복지사는 체계적으로 정보의 분류와 조직화를 시작한다. 집단사회복지사는 자료를 수집하고 분석할 때 가능한 한 성원들을 적극적으로 참여시킴으로써 개입대상의 결정과 목적을 선택하기 위해 그들의 도움을 받아야 한다. 이처럼 자료의 수집과 조직화가 진행됨에 따라 집단사회복지사의 사정 범위는 축소되고, 문제에 대한 개입방법, 대처방법, 완화방법 등을 판단한다(Toseland & Rivas, 2012).

사정 과정에서 집단사회복지사가 고려할 기본 가정 중의 하나는 인간 행동은 개인과 환경 간의 상호작용의 산물이라는 점이다. 인간 행동은 사람과의 상호작용 관계망의 구조와 기능 그리고 거기서 그 사람의 역할과 지위의 측면에

집단명		집단사회복지사명	
회기 일시 및 시간		회기 장소	
참석자 명단(　　명)			
결석자 명단(　　명)			

1. 목표 및 하위목표

1. 목표:
2. 하위목표
   2-1.
   2-2.

2. 프로그램 활동 내용

구분	활동 내용	소요시간
도입		
활동		
마무리		

3. 과정 기록
   1) 모임 전 단계(자리 위치 표시)
   2) 모임 단계
   3) 모임 후 단계

4. 평가
   1) 목표 달성 및 프로그램 활동 평가
   2) 집단역동성(sociogram으로 표시)
   3) 성원의 개별 평가(개인의 변화, 참여도, 집단사회복지사 및 성원과의 관계)
   4) 집단사회복지사 자신에 대한 평가(역할 및 의도적 개입)

5. 집단과정의 문제점 및 해결방안

문제점	해결 방안

6. 다음 집단회기 계획

[그림 10-1] 집단과정 일지

서 이해될 수 있다. 따라서 집단사회복지사의 사정은 성원, 성원과 연결된 사람, 성원이 속해 있는 사회 체계 등과 관련이 있다. 이와 함께 집단사회복지사가 더 정확한 사정을 위해 활용할 수 있는 실무 원칙은 [그림 10-1]의 집단과정 일지를 토대로 주관성이나 편견이 배제된 객관적 사실에 근거하여 사정하려고 노력하는 것이다. 동시에 성원, 집단, 집단환경 등의 기능 정도를 사정하여 개입 계획을 수립해야 한다. 이러한 성원, 집단, 집단환경 등에 대해 사정하는 방법을 구체적으로 살펴보면 다음과 같다(김종옥 · 권중돈, 1993; Toseland & Rivas, 2012).

2. 성원의 기능 사정

성원의 기능 사정은 성원이 자신을 관찰하여 보고하는 방식으로 가능하지만, 집단실천에서 성원의 기능 사정은 집단회기에서 나타나는 성원의 행동 및 인식에 초점을 맞추어 사정하는 것이 좋다. 집단실천에 참여하는 대다수 성원은 대인관계에서 자기 자신과 타인에게 스트레스를 일으키는 행동상의 역기능적인 측면을 가지고 있다. 하지만 성원들은 자신의 행동 유형을 인식하지 못하기 때문에 대인관계에서 문제가 발생하는 원인을 알지 못한다. 이때 집단사회복지사의 역할은 성원들이 자신의 행동 유형을 인식하고, 행동을 변화하도록 도와주는 것이다. 이를 위해서 집단사회복지사는 성원들의 반복적인 행동 유형과 그 행동과 밀접히 관련된 인식에 초점을 맞추어야 한다.

일반적으로 성원의 행동 유형은 다른 성원과의 상호작용하는 방식을 관찰하거나 집단에서의 역할을 확인함으로써 알 수 있다. 집단에서 성원은 집단 과업을 수행하거나 문제 해결을 직접 돕는 역할을 맡을 수도 있으며, 집단 기능의 유지와 변경 및 강화하는 것 등과 관련된 역할을 맡을 수도 있다. 또한 성원의 개별 목표만 추구하는 자기중심적 역할을 수행할 수도 있다. 이처럼 집단에서 성원의 역할은 다른 사회적 상황에서의 역할을 그대로 반영하는 것이므로, 성원이 맡은 역할에 대한 사정은 매우 중요하다. 다시 말해서 성원들이 집단에서 얼마나 기능적으로 또는 역기능적으로 행동하는가에 대한 사정도 중요하다. 〈표 10-1〉은 성원의 기능적 행동과 역기능적 행동의 예이다(Hepworth et al., 1997). 집단에서의 역할이나 성원 간의 상호작용 방식은 다른 사회적 상황에서의 역할과 상호작용을 그대로 반영하는 것이므로 집단에서 이러한 사정은 필요하다.

〈표 10-1〉 성원의 기능적 행동과 역기능적 행동

기능적 행동	역기능적 행동
• 성원이나 중요한 타인에 관하여 관심의 표현 • 지도력을 보여주는 것 • 자신을 분명하게 표현 • 다른 성원을 지지하고 협력 • 초점을 유지하고 집단목적의 달성을 위해 돕는 것 • 감정을 공개적으로 그리고 적절하게 표현 • 다른 성원이 말한 것을 정확하게 인지하고 이해한 것을 전달 • 건설적인 피드백에 대해 공개적이고 적극적으로 반응 • 집단이 설정한 지침에 따라 활동 • 자신의 행동에 대해 책임짐 • 자신을 변화하기 위해 시도함 • 의사결정에서 다른 성원의 의견을 고려함 • 토론에 참여하고 다른 성원들도 참여하도록 도움 • 다른 성원의 장점과 성장에 대해 긍정적인 피드백 제공 • 자신의 장점과 성장의 인정 • 유머를 적절히 사용	• 다른 성원의 말을 중단하거나 생각을 무시 • 회유하거나 생색내기 • 과소평가, 비판, 빈정대기 • 논쟁, 비난, 공격, 욕설하기 • 말로 집단을 지배 • 섣부른 조언하기 • 비언어적으로 싫어하는 것과 불만을 표시 • 말을 너무 크게 하거나 험담하기 • 집단에 무관심하거나 방관자 역할을 하거나 주제에서 벗어나거나 관련 없는 이야기를 함 • 주의를 분산시키는 신체적인 움직임 • 신체적으로 공격적이거나 야단법석을 떠는 것 • 다른 성원을 놀리거나 흉내를 내는 것 • 파괴적인 하위집단을 형성하는 것 • 지적으로 말하거나 진단하는 것 • 자신에 초점을 맞추는 것을 피하거나 개인적 문제와 연관된 감정이나 걱정을 억제함

인식 유형은 성원이 자신과 다른 성원, 세상 등에 대해서 인식하고 생각하는 습관이거나 전형적인 형태를 말한다. 인식 유형은 종종 성원의 말에서 파악할 수 있는데, "나는 실패자야", "나는 절대로 잘할 수 없어", "나는 무엇을 해도

안 돼"라는 진술은 부정적인 자기 인식을 반영한다. 이처럼 집단사회복지사는 집단회기에서 나타난 성원의 행동과 인식 상의 특성을 기록하여 모든 성원의 행동에 대한 프로파일을 만들어야 한다. 이를 통해 성원의 장단점을 한눈에 파악할 수 있고, 집단실천의 발달 단계에 따라 얼마나 긍정적으로 변화 또는 성장하는지를 쉽게 확인할 수 있다. 특히 성원을 사정할 때, 그의 장단점을 모두 사정하여야 한다. 성원의 장점에 대한 강조는 그의 자존감을 높여줄 뿐만 아니라 다른 성원들이 모방하도록 할 수 있다.

사정 과정 동안 집단사회복지사는 성원들의 욕구는 무엇이며, 그것이 집단에 어떤 이바지를 할 수 있으며, 그의 문제나 관심사에 대처할 개입방법은 어떤 것인지를 파악하기 위해 성원의 기능 정도를 사정해야 한다. 성원의 기능 정도를 사정할 수 있는 다양한 방법 중에서 가장 일반적으로 사용하는 방법을 살펴보면 다음과 같다(김종옥 · 권중돈, 1993; Toseland & Rivas, 2012).

1) 성원의 자기 관찰

자기 관찰이란 성원이 자신의 행동을 검사하고 사정하는 것을 말하는데, 보통 성원은 집단 외부에서 자신의 행동을 검사하고 다음 회기 때 수집된 자료를 집단에 간략히 보고한다. 성원의 회고적인 자기 관찰은 자신의 행동에 대한 통찰력을 증진하므로 치료적 효과가 있다. 그리고 성원이 자신의 행동 유형에 대한 인식이 있다면, 집단사회복지사는 개입할 수 있다.

집단에서 성원은 회기 사이에 자신의 행동을 관찰하여 다음 회기에서 그 결과를 알려주어야 한다. 그러나 대부분 성원은 자신이 관찰한 행동에 대해 정확한 자료를 유지 또는 기억하지 못하는 경향이 있다. 이러한 문제점을 보완하기 위해 도표, 일지나 일기, 문제 카드, 자기 평정 척도 등을 사용할 수 있다.

첫째, 도표는 성원이 관찰한 자신의 행동을 도표로 작성함으로써 정보를 조직적이고 가시적으로 보여준다. 도표를 활용하는 다양한 방법이 있지만, 행동이 일어났을 때 즉시 기록해야 하는 부담이 있다.

둘째, 일지나 일기는 행동이 일어난 후에 성원이 자신의 기억을 근거로 편리한 시간에 기록하는 것이기 때문에 도표보다 부정확한 방법이다. 그러나 편리함 때문에 성원들이 선호하는 경향이 있다.

셋째, 문제 카드는 집단에서 논의된 주제와 관련된 문제 행동이 다음 회기까지 집단 외부에서 얼마나 나타났는지에 대해 성원이 간략히 기술한다. 그리고 집단에서 사정자로 선정된 다른 성원이 문제 행동을 개선하려는 성원의 진전 정도를 평가한다. 이러한 문제 카드는 사정과 평가를 위해 사용할 수 있다.

넷째, 자기 평정 척도는 개입의 표적이 되는 성원 자신의 문제 행동과 관련된 행동, 감정, 사고 등에 대한 다양한 수준을 확인한다. 그런 후에 성원과 집단사회복지사가 함께 자기 평정 척도를 만들어서 성원이 자신의 문제 행동에 대해 기록하는 방법이다.

2) 집단사회복지사의 관찰

집단사회복지사는 회기 동안 성원들을 관찰함으로써 그들의 기능 정도를 사정하여야 한다. 대부분 사회복지실천 현장에서 집단사회복지사는 성원의 기능 정도를 사정하기 위해서 관찰을 사용하지만, 특정 영역에서는 다음과 같은 방법을 통해 성원의 기능 정도를 사정한다(Toseland & Rivas, 2012).

첫째, 자연적 관찰이다. 즉, 집단사회복지사가 집단에서 모든 성원의 행동을 관찰하여 [그림 10-2]에 기록함으로써 각 성원의 기능 정도를 파악한다. 집단에서 자유롭게 상호작용하는 성원은 집단 외부의 일상생활에서도 비슷한 행동을 수행하기 때문이다. 집단사회복지사는 반복적인 관찰을 통해 성원의 행동 유형과 대처 방식을 확인할 수 있다. 그러나 집단사회복지사의 관찰에도 한계

성원명		집단명	
집단목적			
성원의 목표			

회기	일시	참석 여부/ 참석 인원	개인의 변화 정도 및 내용	참여도	집단사회복지사 와의 관계	다른 성원과의 관계
1						
2						
3						
4						
5						
6						

〈종합평가〉

[그림 10-2] 개별 성원 분석표

가 있으므로 다른 방법들과 함께 사용해야 한다.

둘째, 역할극, 소시오드라마, 사이코드라마 등은 개입을 위한 중요한 사정 도구들이다. 집단사회복지사는 이런 활동을 통해 성원들의 행동을 관찰할 수 있다.

셋째, 모의검증은 특정한 역할극 상황에서 성원의 기능을 사정하는 방법이다. 즉, 사정의 대상이 되는 성원을 제외하고 다른 성원들은 실생활과는 다른 가상의 역할을 수행하도록 지시한다. 모의검증 동안 그 성원의 행동에 대한 사정에 다른 성원들이 참여한다. 그 성원의 행동을 측정하기 위한 척도는 집단목적이나 목표와 관련이 있어야 한다. 예를 들어 자기주장훈련 집단에서는 다른 성원과 말할 때 느끼는 불안 수준과 특정 상황에서 자신의 권리를 효과적으로 주장하는 반응 등에 초점을 두고 사정한다.

넷째, 성원의 기능 정도는 프로그램 활동을 통해서도 사정할 수 있다. 아동집단에서 집단사회복지사는 놀이나 게임을 통해 성원의 참여 정도를 확인할 수 있다. 예를 들어 몸짓만을 이용하는 게임을 통해 성원이 특정 상황에서 어떤 행동을 하는지를 사정할 수 있으며, 협동을 요구하는 게임을 통해서는 서로의 차이를 협상할 수 있는 능력을 사정할 수 있다. 청소년 집단에서는 파티, 식사, 운동 등을 통해 성원의 사회적 기술과 발달 정도를 사정할 수 있다. 이처럼 프로그램 활동은 성원의 나이와 적합한 것으로 선정해야 하며, 성원이 집단에서 변화시키고자 하는 행동과 연관되어야 한다.

3) 집단 외부인의 보고

집단사회복지사는 성원을 잘 아는 집단 외부인이 제공하는 정보를 기초로 성원의 기능 정도를 사정할 수도 있다. 이때 가족이나 친구 등 외부인이 제공하는 자료에는 소문, 제삼자의 말, 직접 관찰 등에 의한 것일 수 있으므로 집단사회복지사는 그 자료에 대한 신뢰도와 타당도를 사정해야 한다.

3. 집단의 기능 사정

집단에 대한 사정 영역의 범위는 집단의 의사소통과 상호작용 유형, 집단응집력, 사회적 통제 기제, 집단문화 등 집단역동성의 차원이 해당한다. 집단의 의사소통과 상호작용 유형에 대한 사정은 전체 집단의 상호작용이 성원 간에 지지적인지, 집단은 목적 달성을 위해 건설적인 방향으로 향하고 있는지, 집단 내의 권력이나 자원은 일부 성원이 독점하는지 아니면 공유되는지, 집단에서 의사결정은 민주적인 방식으로 이루어지는지 등을 포함한다.

집단실천의 기능이 효과적인지를 파악하기 위해서 집단사회복지사는 집단 내의 하위집단을 확인하고, 그 하위집단이 집단에 미치는 영향도 사정해야 한다. 하위집단의 형성 자체만으로는 집단에 해로운 것은 아니다. 성원은 하위집단으로부터 더 많은 지지를 받기도 하고 친밀감을 형성하기도 한다. 그러나 하위집단이 집단 내의 다른 성원들과 친밀한 관계를 허용하지 않는 배타적인 집단으로 전락하거나 집단목적의 달성을 방해하는 경우에는 부정적인 결과를 초래할 수 있다(Hepworth et al., 1997). 이러한 하위집단의 형성을 파악하기 위해서 집단사회복지사는 성원 간의 수용과 거부를 나타내는 사회도(sociogram)를 이용할 수 있다. 집단실천의 발달 단계에 따라 작성된 소시오그램을 통해 집단의 특징적 상호작용, 집단 내의 소외자, 결탁 또는 경쟁 관계 등을 발견하여 유용하게 활용할 수 있다.

대부분 사회복지실천 현장에서 집단사회복지사가 집단의 기능을 사정할 때 주로 이용하는 방법은 주관적인 관찰과 집단 기능에 대한 반영이다. 이러한 사정도구들과 비교해서 좀 더 구조화된 사정도구를 활용하는 것이 성원들에게 집단의 기능 정도를 명확하게 인식시킬 수 있는 장점이 있다. 여기서는 의사소통과 상호작용 유형, 성원 간의 매력과 집단응집력, 사회적 통제 기제, 집단문화 등을 사정하는 방법을 중심으로 살펴보고자 한다(Toseland & Rivas, 2012).

1) 의사소통과 상호작용 유형 측정

의사소통과 상호작용 유형은 집단실천의 초기 단계부터 형성되므로 집단사회복지사는 이 시기 동안 발달하는 이러한 것에 특별한 관심을 두고 사정해야 한다. 의사소통과 상호작용 유형에 대한 면밀한 사정을 통해 잠재적 문제를 예측하고, 성원 간의 의사소통을 촉진하고, 집단의 목적이나 성원의 개별 목표를 달성하는 데 도움이 되는 중요한 정보의 표현을 촉진할 수 있다. 집단실천에서 의사소통과 상호작용 유형을 측정하는 방법을 살펴보면 다음과 같다.

① 의미분화 척도

집단실천에서 의사소통이나 상호작용의 의미를 측정하는 주요 방법은 의미분화 척도(semantic differential scale)이다. 즉, 의미분화 척도란 의의차별 척도라고도 하는데, 두 개의 상반된 내용 중에서 하나를 선택하도록 요청하는 척도로서 성원이 다른 성원을 사정하는 데 활용할 수 있다. 일반적으로 〈표 10-2〉와 같이 7점 척도의 사정도구를 사용하여 의사소통과 상호작용의 의미를 분화하여 사정한다. 의미분화 척도를 이용하여 사정할 수 있는 영역으로는 다른 성원에 대한 평가, 다른 성원의 능력에 대한 인식, 다른 성원의 활동에 대한 인식 등으로 나눌 수 있다(Osgood et al., 1957). 즉, 어떤 성원의 상호작용이 평가, 능력, 활동 등과 관련된 것인지를 범주별로 구분한다. 그런 다음 상호작용이나 의사소통에서 획득한 점수를 합산하며, 그 범주에 포함된 상호작용의 수로 나누면 세 가지 범주에서 각 성원의 평균 점수를 얻을 수 있다. 이러한 의미분화 척도를 사용하여 사정함으로써 성원의 상호작용이나 의사소통 유형에 대해 서로 어떻게 지각하고 있는지를 비교할 수 있다. 예를 들어 성원 달님은 성원 별님을 긍정적으로 평가하지만, 성원 햇님은 부정적으로 평가할 수 있다.

〈표 10-2〉 의미분화 척도의 예

귀하는 ________에 대하여 어떻게 느끼십니까? 적당한 곳에 V하여 주십시오.

	7 전적으로 그렇다	6 많이 그렇다	5 조금 그렇다	4 보통 이다	3 조금 그렇다	2 많이 그렇다	1 전적으로 그렇다	
1. 크다	___	___	___	___	___	___	___	작다(능력)
2. 가치 없다	___	___	___	___	___	___	___	가치 있다(평가)
3. 빠르다	___	___	___	___	___	___	___	느리다(활동)
4. 차갑다	___	___	___	___	___	___	___	뜨겁다(활동)
5. 행복하다	___	___	___	___	___	___	___	슬프다(평가)
6. 약하다	___	___	___	___	___	___	___	강하다(능력)
7. 선하다	___	___	___	___	___	___	___	나쁘다(평가)
8. 긴장되어 있다	___	___	___	___	___	___	___	이완되어 있다(활동)
9. 강인하다	___	___	___	___	___	___	___	부드럽다(능력)
10. 활동적이다	___	___	___	___	___	___	___	수동적이다(활동)
11. 무겁다	___	___	___	___	___	___	___	가볍다(능력)
12. 공정하다	___	___	___	___	___	___	___	불공정하다(평가)

활동 = (항목3 + 항목4 + 항목8 + 항목10)/4 = 점

능력 = (항목1 + 항목6 + 항목9 + 항목11)/4 = 점

평가 = (항목2 + 항목5 + 항목7 + 항목12)/4 = 점

출처: Toseland & Rivas(2012). p. 250.

② 집단 상호작용 빈도 기록표

집단 상호작용 빈도 기록표는 [그림 10-3]과 같고, 성원 간 또는 성원과 집단사회복지사 간에 이루어지는 상호작용의 빈도를 계산하여 집단의 의사소통을 사정하는 방법이다. 전체 집단과정을 관찰하여 기록하는 것이 가장 좋은 사정방법이지만, 관찰자의 피로를 덜어주기 위해 한 가지 특정 행동에 대해서만 기록하는 빈도 기록방법, 일정 시간 간격(매 5분 간격으로 처음 2분만 측정)을 두고 관찰하여 기록하는 간격 기록방법, 특정 시간(30초마다)을 설정하여 기록하는 시간 표집 기록방법 등을 사용한다. 집단사회복지사가 집단과정을 진행하면서 집단 상호작용 빈도 기록표를 활용하여 집단을 사정하는 것은 매우 어렵다. 따라서 관찰자를 두거나, 녹화해서 집단과정이 끝난 후 녹화 테이프를 보

면서 성원들의 상호작용 빈도를 기록해야 한다. 이때 집단사회복지사는 성원들의 행동을 관찰하는 것에 대해 사전 동의를 받아야 한다(엄명용 외, 2020).

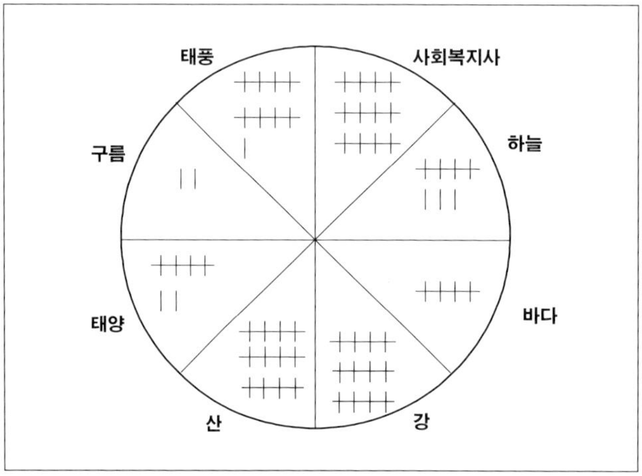

[그림 10-3] 집단 상호작용 빈도 기록표의 예

출처: Toseland & Rivas(2012). p. 251.

2) 성원 간의 매력과 집단응집력 측정

집단실천의 초기 단계에서 성원은 다양한 이유로 집단이나 다른 성원에 끌리는 감정을 가지게 된다. 따라서 집단사회복지사는 집단의 어떤 속성 때문에 성원이 끌리는 감정을 가지게 되는지를 사정하여야 한다. 집단에서 성원 간의 매력과 집단응집력을 측정하는 방법으로는 소시오메트리(sociometry)를 활용하는 것이다. 소시오메트리는 성원 간의 사회적 선호도, 즉 개인적 수용과 거부 및 집단 내의 대인관계 등을 평가하는 데 사용하는 기법이다.

사회측정학에서는 사회도(sociogram)를 활용하여 상호작용을 도표화한다. 사회도는 집단에서 성원 간의 질적인 관계를 파악하기 위한 도구로서 모레노(Moreno, 1934)가 개발한 방법이다. 집단에서 성원의 끌리는 정도나 성원 간의 선호도는 집단실천의 프로그램 활동 내용에 따라 달라질 수 있다. 그러므로 집단사회복지사는 집단목적의 달성과 유지 기능과 관련하여 집단 내에 어떤 형태의 정서적 흐름이 이루어지는가를 사정하여야 한다.

소시오메트리를 활용하는 두 가지 방법을 살펴보면 다음과 같다. 먼저 성원에게 모든 성원의 이름을 기록하도록 한 후에, 각 성원에 대한 호감도를 평가하도록 요청한다. 호감도는 '가장 선호한다'(5점)부터 '가장 선호하지 않는다'(1점)로 구성된 5점 척도를 활용한다. 모든 성원이 부여한 호감도 점수를 합산한 것이 각 성원의 호감도 수준이며, 전체 점수를 평균하면 성원 간의 선호도와 정서적 결속을 파악할 수 있다(Moreno, 1956). 특히 소시오매트릭스(sociomatrix)는 성원과 다른 성원 간의 관계를 선호(1), 무관심(0), 거부(-1)의 점수를 부여한 후, 이를 종합하여 집단 내의 자생적 서열 관계와 선호 인물을 파악한다. 집단의 크기가 크거나 사회도의 작성이 어려울 때 주로 사용한다. 또한 선호신분지수(choice status index)는 선호총수/(성원 수 - 1)의 공식을 사용하여 계산할 수 있다(Lawless, 1972). 여기서 가장 높은 점수를 얻은 성원이 집단에서 가장 선호하는 인물인데, 그 집단의 자생적 리더로 볼 수 있다.

다음으로 사회도(sociogram)는 집단 내의 선호 관계를 한눈에 볼 수 있도록 도표로 작성한 것으로 성원 간의 전체적인 관계 유형, 집단 내의 하위집단 간의 역학 관계, 성원 간의 사회적 서열 관계 등을 쉽게 파악할 수 있다. 사회도를 작성할 때는 다양한 상징적인 기호를 사용한다. [그림 10-4]는 사회도의 예인데, 각종 기호로서 성원 간의 관계를 표시하고 있다. 실선은 호감을 느끼는 관계, 점선은 무관심한 관계, 끊어진 선은 불편한 관계를 의미한다. 화살표는 호감의 방향을 의미하며, 화살표가 없는 선은 상호관계를 의미한다. 또한 관계의 강도, 거부, 걸림 등을 나타내기 위해 다른 색깔을 사용할 수도 있다. 집단실천의 발달 단계에 따라 사회도를 반복해서 작성하여 비교한다면, 집단의 특징적인 상호작용이나 대인관계 유형과 성원 간의 안정성과 변화를 명확히 파악할 수 있다. 아울러 집단사회복지사가 성원들의 행동을 관찰하는 것만으로 파악하기 힘든 집단 내의 소외자, 2인군, 3인군, 하위집단, 경쟁 관계 등을 사회도를 통해 파악할 수 있다.

그러나 사회도는 다음과 같은 한계점이 있다(Toseland & Rivas, 2012). 첫째는 집단의 비공식적 구조 내에서 성원의 지위는 파악할 수 있지만, 성원의 실제적인 행동을 표시할 수 없다. 둘째는 집단과정의 특정한 순간만을 포착하고 있어 관찰 및 사정도구로 사용하기에는 편리하지만, 그 현상의 이유를 설명할 수 없으므로 특정 개입방법을 결정할 때 이용할 수 없다.

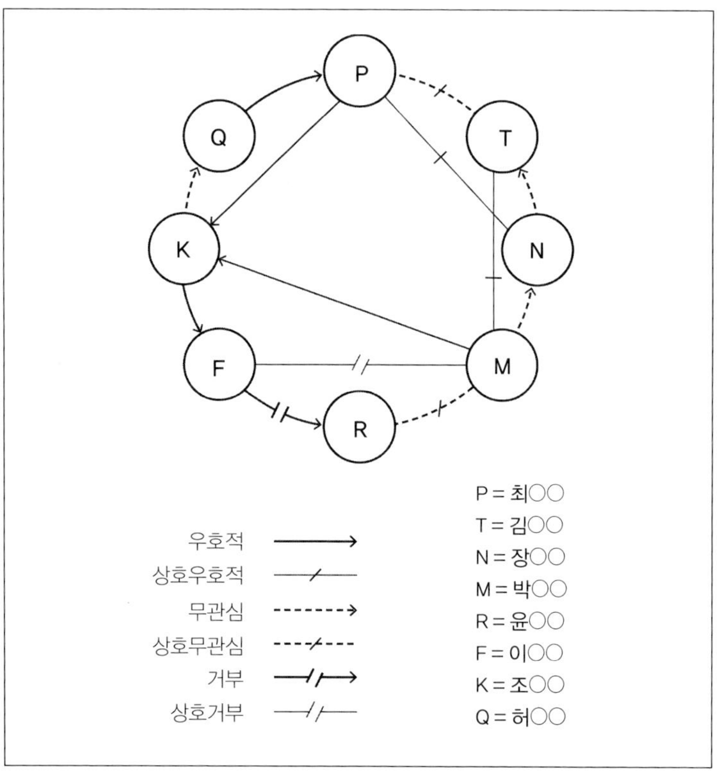

[그림 10-4] 사회도의 예

출처: Toseland & Rivas(2012). p. 253.

3) 사회적 통제 기제의 측정

사회적 통제 기제는 일반적으로 집단규범, 역할, 지위 등과 관련된다. 첫째, 집단은 집단규범을 설정하여 집단에서 수용되는 행동과 수용될 수 없는 행동을 규정한다. 이러한 집단규범은 집단과정 자체에 대한 성원의 만족도에 큰 영향을 미친다. 집단규범은 집단목적, 지도력, 외부인과의 관계보다 성원에게 더 큰 영향을 미칠 수 있다. 그러므로 집단사회복지사는 집단규범을 분명하게 인식하고, 집단목적과 배치되는 규범을 정확하게 사정하여 집단의 목적과 성원의 개별 목표 달성에 유익한 방향으로 수정하여야 한다. 둘째, 초기 단계에서 성원의 잠정적 역할이 나타나기 시작하는데, 집단사회복지사는 그 역할이 적절한지를 사정하여 집단과 성원의 기능을 촉진하는 역할을 개발하도록 원조하여야 한다. 셋째, 성원의 지위는 집단 내에서 어느 정도의 사회적 통제 기제를 행사할 수 있는가에 영향을 미친다. 그러므로 성원의 지위에 대한 정확한 사정을 통해 집단사회복지사가 집단과정에 개입했을 때 보일 수 있는 반응을 예측할 수 있어야 한다. 초기 단계에서는 성원과 집단사회복지사가 사용할 수 있는 권력 기반을 사정해야 한다. 이런 사정을 통해 집단사회복지사는 전체 집단에 대해 효과적인 개입 전략을 수립할 수 있고, 성원은 서로 자원을 공유할 수 있는 상호 원조 체계를 갖출 수 있게 된다(남세진·조흥식, 1998).

특히 사회적 통제 기제의 사정을 위해 집단사회복지사는 집단규범을 확인하고, 그것이 성원과 전체 집단에 도움이 되는지 또는 해가 되는지를 판단해야 한다. 기능적이거나 역기능적인 집단규범의 예를 살펴보면 〈표 10-3〉과 같다. 일반적으로 집단규범이란 특정 상황에서 성원이 어떻게 행동해야 하는가에 대한 성원 간의 공유된 신념이나 무언의 기대를 의미한다. 모든 집단은 규범을 발달시키며 어떤 집단규범이 정해지면, 그것은 상황에 대한 집단의 반응이나 집단이 성원에게 제공하는 치료적 경험의 정도에 영향을 미친다. 따라서 집단사회복지사는 발달하는 집단규범을 확인하고, 변화를 위한 긍정적인 분위기를 만드는 방식으로 집단규범에 영향을 주어야 한다(Hepworth et al., 1997).

〈표 10-3〉 집단규범의 예

기능적 규범	역기능적 규범
• 자신의 개인적인 것을 자발적으로 드러낸다. • 집단사회복지사를 존경한다. • 개인적인 문제 해결에 초점을 둔다. • 성원이 집단 토론에 참여하고 집단의 초점이 되도록 동등한 기회를 부여한다. • 자신의 문제와 관련된 어떤 주제에 대해서도 말할 수 있다. • 다른 성원들과 직접 의사소통을 한다. • 집단과업을 달성하는 방식에서 방해물이 되는 것에 관해 이야기한다.	• 자기개방을 피하는 피상적인 주제만 토론한다. • 기회가 있을 때마다 집단사회복지사에 대해 불평하고 비난한다. • 문제에 대해 불평만 하고, 해결하기 위해 노력하지 않는다. • 공격적인 성원이 집단을 지배하도록 내버려 둔다. • 감정적으로 강렬하거나 미묘한 주제에 대해서는 말하지 않는다. • 집단사회복지사에게 직접 조언한다. • 장애물을 무시하고 집단 문제에 관해 이야기하는 것을 피한다.

4) 집단문화의 측정

집단문화는 성원이 공통으로 가지고 있는 신념, 가치, 관습, 전통 등으로 이루어지는데, 이러한 집단문화는 집단실천의 결과에 큰 영향을 미친다. 집단실천의 초기 단계에서 집단사회복지사는 집단문화가 성원과 집단에 도움이 되는지를 사정해야 한다. 하지만 집단문화는 서서히 발전하는 특성이 있으므로 초기 단계의 사정은 잠정적인 것에 불과하다. 따라서 집단사회복지사는 계속된 사정을 통해 초기 단계의 사정 내용을 보완해야 한다. 그리고 일단 형성된 집단문화는 바꾸기가 상당히 어려우므로 집단사회복지사는 집단문화가 완전히 형성되기 전에 성원들과 그것에 대해 의견을 교환하고 공유하여야 한다.

전체 집단의 영역별 기능을 사정할 수 있는 포괄적인 측정도구는 '체계적 중다수준 집단관찰도(systemic multiple level observation of group: SYMLOG)'이다(Bales, 1980; Bales et al., 1979). 체계적 중다수준 집단관찰도는 26개의 행동지표에 대해 성원의 자기보고 방식을 이용하거나 관찰자가 객관적으로 관찰하여 성원 간의 관계와 집단의 기능을 사정하는 도구이다. 각 행동지표는 3점 척도로 구성되어 있고, 성원의 관계에 대해 세 가지 차원에서 도표로 나타낸 것이다(Toseland & Rivas, 2012).

[그림 10-5]에서와 같이 첫째 차원인 수평축은 우호적 대 비우호적 관계를 의미한다. 둘째 차원인 수직축은 도구적 대 정서적으로 표현적 차원을 의미한다. 셋째 차원인 원의 크기는 지배적 대 복종적인 것을 의미한다. 따라서 원이 크면 클수록 지배적임을 의미하며, 원이 작으면 작을수록 복종적임을 의미한다. [그림 10-5]에서는 김○○이 가장 지배적인 성원이며, 장○○이 가장 우호적이고 정서적으로 표현적인 성원이다.

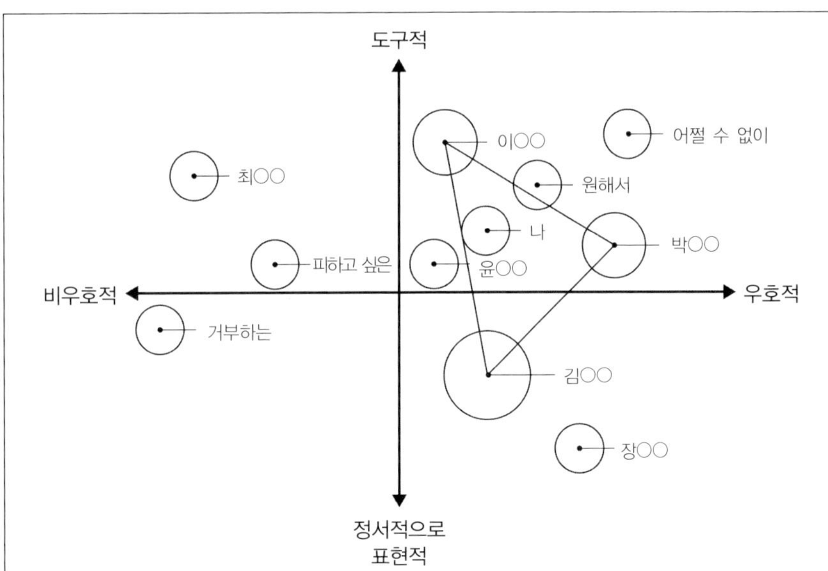

[그림 10-5] 체계적 중다수준 집단관찰도(SYMLOG diagram)

출처: Toseland & Rivas(2012). p. 254.

또한 모든 성원은 세 가지 차원의 체계적 중다수준 집단관찰도 영역에 대해 자신과 다른 성원들이 수행하는 행동을 평가함으로써 자신의 가치를 평가할 수 있다. [그림 10-5]에서 볼 수 있듯이, 가치와 관련된 평가는 '피하고 싶은, 거부하는, 원해서, 어쩔 수 없이' 등으로 표시되어 있다.

체계적 중다수준 집단관찰도를 통해서 집단문화를 다양하게 사정할 수 있는데, 가장 기본적인 방식은 성원이 작성한 것을 서로 비교하는 방법이다. 즉, 성원이 서로의 관계에 대해 어떻게 생각하고 있는지, 성원이 평가하는 지위가 서로 일치하는지 등을 사정할 수 있다. 다른 방법으로는 성원의 그림을 합해서 전체 집단의 그림을 만들어서 전체 집단문화를 분석하는 것이다. 예를 들어 가장 지배적인 성원은 누구인지(그림에서 원의 크기로 표시), 어떤 성원이 지배적인 하위집단에 포함되는지(그림에서 지배적인 삼각관계는 김○○, 박○○, 이○○ 등임), 성원의 끌림 정도는 어떠한지(그림에서 거리로 표시하여 멀수록 끌림 정도는 약함), 그리고 누가 과업(도구적) 지도자인지(그림에서 이○○) 또는 정서적(정서적으로 표현적) 지도자인지(그림에서 김○○) 등을 분석할 수 있다. 또한 체계적 중다수준 집단관찰도를 통해서 모든 성원의 특정 역할에 관해서도 확인할 수 있다. 예를 들어 [그림 10-5]에서 최○○은 비우호적이고 도구적 차원의 축에 있는데, 이것으로 볼 때 그는 고립자 또는 희생양일 수 있다. 과연 그 성원이 그런 역할을 수행하는지를 그림에 대한 다양한 해석을 통해 논의할 수 있다.

체계적 중다수준 집단관찰도는 사정도구로서 가치가 있지만, 다음과 같은 한계점도 있다. 우선 매우 복잡하고 그 방법을 배우는 데 많은 시간이 걸린다는 점이다. 더 심각한 한계점은 하나의 체계적 중다수준 집단관찰도를 완성하는 데 3시간 정도가 걸린다는 점이다. 따라서 성원들이 체계적 중다수준 집단관찰도를 작성하는 것 자체가 부담되며, 단기간 운영되는 치료집단에서는 적용하기가 어렵다는 점이다(Toseland & Rivas, 2012).

4. 집단환경의 사정

집단의 기능에 영향을 미치는 집단환경에 대한 사정은 성원에게 영향을 미치는 환경적 요인에 대한 사정과는 구분되어야 한다. 그러나 성원과 집단의 기능에 영향을 미치는 집단환경은 집단실천에서 중요한 요인이다. 이러한 집단환경을 사정하기 위해서는 다음과 같은 세 가지 수준에 초점을 두어야 한다 (Corey & Corey, 1997; Toseland & Rivas, 2012; Yalom, 1995).

1) 기관에 대한 사정

집단에 대한 기관의 영향을 사정할 때 집단사회복지사는 기관이 집단의 목적에 어떤 영향을 주는지, 어떤 자원이 집단에 할당되는지, 기관에서 집단사회복지사의 지위는 어떠한지, 서비스 전달체계인 기관이 집단에 대해 어떤 태도를 보이는지 등을 사정해야 한다.

먼저 기관이 집단목적에 어떤 영향을 주는지를 사정하기 위해서는 집단을 후원하는 기관의 목적을 파악해야 한다. 기관의 목적을 파악하는 과정을 통해 집단사회복지사는 집단목적을 수립할 수 있는 부수적인 이점을 얻을 수 있다.

기관은 자원의 할당을 통해 집단에 영향을 미칠 수 있다. 따라서 집단사회복지사는 효과적으로 집단이 기능하는 데 어떤 자원이 필요한지를 먼저 확인해야 한다. 그다음에 집단사회복지사는 집단실천에 필요한 자원을 기관이 충분히 할당할 수 있는지를 사정하며, 만일 기관의 자원이 부족하다면 필요한 자원을 확보할 방안을 마련하여야 한다. 따라서 집단사회복지사는 회기 장소나 재정적 지원 등과 같은 자원을 기관으로부터 확보할 수 있는지를 정확하게 사정해야 한다.

기관에서 집단사회복지사의 지위는 집단실천에 영향을 미칠 수 있다. 즉, 지위가 낮은 집단사회복지사는 자원을 확보하는 데 어려움을 경험할 가능성이 크다. 집단사회복지사의 낮은 지위 때문에 발생할 수 있는 문제를 해결하기 위해 그는 동료 직원들에게 도움을 요청해야 한다.

기관의 서비스 전달체계도 집단실천의 노력에 큰 영향을 미칠 수 있으므로 집단사회복지사는 기관이 집단실천을 얼마나 강조하는지를 사정해야 한다. 특히 잠재적 성원의 모집과 접수에 대한 기관의 정책도 집단실천에 영향을 미칠 수 있으므로 접수 담당 사회복지사는 집단실천에 대한 충분한 정보가 있어야 한다(Toseland & Rivas, 2012).

2) 기관 간의 환경 사정

집단의 환경을 사정할 때 집단사회복지사는 집단실천과 관련된 다른 기관들의 상황에 관해서도 관심을 가져야 한다. 예를 들어 비슷한 집단실천을 운영하는 기관이 있는지, 다른 기관도 집단실천에 대한 욕구가 있는지, 다른 기관의 서비스나 프로그램 중에서 성원이 이용할 만한 것이 있는지, 다른 기관의 집단실천과 연계함으로써 얻을 수 있는 이점은 무엇인지 등을 사정하여야 한다.

유사한 집단실천을 제공하는 기관이 없다면, 그 프로그램을 다른 기관들에게 적극적으로 홍보할 필요가 있다. 이를 통해서 기관 간의 서비스 중복을 예방할 수 있고, 집단실천에 대한 의뢰를 받을 수 있고, 다른 기관과 공동으로 집단실천을 제공할 수도 있다.

3) 지역사회의 환경 사정

지역사회 환경이 집단실천에 미치는 영향을 사정할 때, 집단사회복지사는 집단실천에서 다루고자 하는 문제를 지역사회는 어떤 태도를 보이느냐에 초점을 맞추어야 한다. 예를 들어 치료집단에서 다루는 문제가 지역사회의 가치와 상반되는 것이라면, 성원에게 낙인 효과가 나타날 수 있다. 지역사회에서 집단실천을 인정하지 않거나 낙인이 되면, 성원은 집단실천에 참여하지 않거나 중도에 탈락하는 결과가 나타날 수 있다. 또한 집단실천 자체를 비밀로 할 수 있고, 모집된 성원의 신원을 밝히지 않을 수 있다. 이러한 집단실천의 예로는 가정폭력, 알코올 중독, 도박 등을 치료하는 집단이다. 따라서 지역사회에서 그 문제를 수용하는 정도를 먼저 사정한 후에, 집단사회복지사는 지역사회가 집단실천에 대해 어느 정도 지지적인지를 사정하여야 한다(Toseland & Rivas, 2012).

5. 실천 지침

집단과정에 대한 사정에서 집단사회복지사는 집단실천에서 성원들의 의미를 탐색하고, 권한과 불확실성에 대처할 수 있도록 돕기 위해서는 다음과 같은 실천 지침을 적용해야 한다(Northen & Kurland, 2001).

첫째, 집단사회복지사의 권한 사용, 자신과 성원을 대상으로 적대감과 차이점에 대한 반응을 지속해서 점검한다.

둘째, 집단사회복지사는 적극적 경청과 비언어적 행동의 관찰을 근거로 성원의 집단실천 참여를 사정하고, 집단의 구조와 과정 및 내용, 집단에서의 스트레스, 집단과 다른 체계의 관계 등에 대한 변화를 사정한다. 이러한 사정의 목적은 성원과 집단의 장점과 문제점을 파악하고, 성원 간의 공통점을 발견하며, 집단이 일차적인 변화 매개체가 되도록 하는 것이다.

셋째, 집단사회복지사는 성원 간의 지지적인 관계 강화를 통해 정서적 지지를 보여 주고, 공동 관심사와 염려를 파악하며, 성원의 능력에 따라 집단의 자율성을 장려하고, 권한의 분배와 활용과 관련된 갈등을 줄이기 위해 문제 해결 과정을 활용한다.

넷째, 집단사회복지사는 성원이 자신의 긍정적 · 부정적 감정을 탐색할 수 있도록 돕고, 분노와 적대감, 불안, 불평, 염려 등을 표현할 수 있도록 허락하며, 이를 이해하고 다룰 수 있도록 돕는다.

다섯째, 집단사회복지사는 집단실천의 발달에 영향을 미치는 집단역동성의 하위차원인 상호 원조를 촉진하는 의사소통 유형, 집단의 가치와 규범에 관한 집단문화 등에 초점을 둔다.

여섯째, 집단사회복지사는 성원의 관심과 욕구가 집단목적의 달성 과정에서 어떻게 충족될 수 있는지를 입증하고, 정서적 지지를 제공하며, 새로운 성원의 가입을 집단이 준비할 수 있도록 돕고, 결석에 관해 추후 확인하는 방법을 통해 성원들의 멤버십을 향상한다.

일곱째, 집단사회복지사는 문제 해결 과정, 지지와 탐색, 정보 제공과 조언, 명료화, 공감을 겸비한 직면 등과 같은 기술을 선택적으로 활용하여 갈등을 통제한다.

여덟째, 집단사회복지사는 성원의 참여를 바탕으로 분명하게 규정된 집단목적과 관련해서 집단운영 및 프로그램 활동 내용에 대한 계약의 핵심적인 요소들을 점검한다.

CHAPTER 11

집단실천의 중간 단계

CHAPTER

11 집단실천의 중간 단계

학습목표

- 집단실천의 중간 단계에서 집단사회복지사가 수행해야 할 과업을 설명할 수 있다.
- 집단실천의 중간 단계에서 집단사회복지사가 사용할 수 있는 개입방법을 설명할 수 있다.
- 집단실천의 중간 단계에서 집단사회복지사가 수행해야 할 실천 지침을 설명할 수 있다.

집단실천의 초기 단계 특징인 성원 간의 낮은 신뢰감과 소속감, 불안 및 저항 등을 성공적으로 다루었다면, 집단은 좀 더 생산적인 중간 단계로 나아가게 된다. 집단실천의 가장 핵심적 단계인 중간 단계에 접어들면, 성원들은 집단에 대한 소속감이 증가하고, 다른 성원들과 집단사회복지사에 대한 신뢰감도 증가하며, 집단과정을 알게 되고 집단규범을 적극적으로 실천하게 된다. 성원 간의 갈등은 오히려 집단 내에서 토론 주제가 되고, 갈등을 통해 상호 이해의 폭과 깊이를 더하게 된다. 상호 신뢰를 바탕으로 자기개방적이고 직접적인 방법으로 피드백하면서, 성원 간의 응집력이 높아지고, 직면과 통찰을 통해 실천지향적인 새로운 변화를 촉진하게 된다. 자기수용과 자기개방을 통하여 성원들은 개인적인 성장을 경험함으로써 방어적인 태도의 필요성은 점차 줄어들고, 집단에는 치료 분위기가 고조된다.

집단실천의 중간 단계에서 나타날 수 있는 성원과 집단의 특성, 집단사회복지사의 역할 등을 살펴보면 〈표 11-1〉과 같다. 성원은 집단과 다른 성원들에 대한 탐색이 줄어들면서 정서적으로 유대감을 형성할 수 있는 성원들과 하위 집단을 형성한다. 하위집단 간에 경쟁 관계가 발생하면 이들 간에 알력이 발생하지만, 이를 원만하게 해결하면 집단과정을 촉진하는 계기가 된다. 집단실천의 중간 단계에 성공적으로 진입하게 되면, 성원은 다른 성원들과의 차이점을 인정하고 수용하며, 자신이 집단에 이바지할 수 있는 것을 모색한다. 나아가 집단의 중요성을 내면화하여 집단 참여가 증가하며, 이는 집단응집력과 다른 성원들과의 유대감과도 깊은 관련이 있다. 또한 성원들은 더는 집단사회복지사에게 의존하지 않고, 각자의 삶에서 경험하는 심각한 문제나 마음도 솔직하게 공개하기 시작한다.

집단실천의 중간 단계에서 집단사회복지사의 개입은 눈에 띄게 줄어들고, 구조화의 정도가 약해지지만, 오히려 집단은 매우 역동적으로 된다. 성원들은 상호작용하도록 지시받는 것이 아니라, 스스로 상호작용 방법을 배워서 실행한다. 즉, 집단사회복지사가 서로 피드백을 하라고 요구하기 전에, 성원 간에 개인적인 피드백이 이루어진다. 집단과정에 대한 자신감이 향상되고 피드백 교환이 활발해지면서 성원들을 더 잘 알고 이해하게 되며, 서로 도우면서 자신이 처한 인생의 문제와 상황에 대해 좀 더 책임 있는 행동을 취하게 된다. 성원 간의 배려, 보살핌, 지지 수준 등이 높아지면서 성원은 자신과 다른 성원에 대해 더 많은 것을 배우게 된다(연문희·강진령, 2002). 이 단계에서 집단사회복지사는 집단 내의 갈등이나 하위집단을 파악하고, 모든 성원에 대한 개별적인 사정과 평가를 계속해야 한다. 또한 집단목적과 각 성원의 개별 목표가 어느 정도 성취되었는지를 점검하여야 한다(엄명용 외, 2020). 또한 성원들의 변화와 성장을 촉진하는 요소는 직면(confrontation)이다. 우호적인 집단환경에서 이루어지는 직면은 성원들의 말과 행동을 검토하게 만들고 통찰을 행동으로 옮기게 하는 일종의 초대장이다. 따라서 집단사회복지사는 성원들이 직면할 때, 자신이 시범을 보임으로써 성원들이 배울 수 있도록 도와야 한다. 이러한 직면을 통해 성원은 자신에 대해 정직한 평가를 하고, 다른 성원들의 반응보다 자신의 반응에 더 관심을 기울이게 하는 효과가 있다(강진령, 2019).

〈표 11-1〉 집단실천의 중간 단계에서 성원, 집단의 특성 및 집단사회복지사의 역할

성원의 특성	집단의 특성	집단사회복지사의 역할
• 집단에 대한 탐색이 점차 감소 • 성원이 짝을 이루는 하위집단 발생 • 하위집단 간의 알력 발생 • 자신의 지위와 역할 모색 • 성원의 독특성 인정, 집단에 대한 공헌 모색 • 집단의 중요성을 내면화 • 집단사회복지사에게 덜 의존하게 되고 자신의 의사 표현 시작	• 집단의 문화, 행동, 규범, 갈등이 발생하고 이를 해결 • 성원의 지위, 위계질서, 역할, 리더 등이 형성 • 성원과 리더를 실험하고 신뢰할 수 있음 • 성원 간의 공통점, 차이점을 인정하고 존중 → 집단응집력의 발달	• 집단의 현 위치 파악(진행 상황, 갈등, 협조 체계 등) • 성원에 대한 평가(태도, 관계, 행동, 동기, 목표 등) • 집단의 목적과 목표를 재확인하고 모든 성원의 참여 유도 • 성원 간의 공통점과 차이점 파악 • 집단 리더에 대한 실험 인정 • 성원이 다양한 경험을 할 수 있도록 도움 • 직면 • 집단의 갈등 해결

출처: 김성이 외(2004). p. 199.

1. 집단사회복지사의 과업

집단실천의 중간 단계에서 집단사회복지사는 집단과 성원들이 집단목적과 목표를 달성하도록 격려하고, 그것에 필요한 집단규범과 문화를 만들도록 도와주며, 그것에 방해가 되는 걸림돌을 극복하도록 돕는다. 집단과 지도력 유형에 따라 다르지만, 중간 단계에서 집단사회복지사가 수행해야 할 주요 과업을 살펴보면 다음과 같다(김종옥 · 권중돈, 1993; Toseland & Rivas, 2012).

1) 집단회기의 준비

집단사회복지사가 집단과정을 효과적으로 진행하기 위해서는 집단과 모든 성원의 욕구를 계속해서 사정하여야 하며, 확인된 욕구를 다음 회기에서 충족시키기 위해 계획을 세워야 한다. 특히 집단사회복지사는 한 회기가 끝나고 다음 회기까지의 기간을 최대한 활용하여 성원들의 토론을 자극하고 흥미를 유발할 수 있는 프로그램을 준비해야 한다.

집단회기를 효과적으로 준비하는 방안으로는 과제의 준비, 역할극의 개발, 흥미로운 프로그램 활동의 선정, 지난 회기의 재검토와 평가, 앞으로의 회기에 대한 가시적 일정 제시와 사전 연습, 다양한 프로그램 활동 목록 작성(프로그램명, 구체적인 프로그램 실시방법, 적용 가능한 대상 등) 등을 들 수 있다. 이처럼 집단사회복지사는 집단회기의 효과적 준비를 통해 회기별 목표를 분명히 설정하고, 이것을 달성하기 위한 계획을 구체적으로 수립해야 한다.

2) 집단구조화

집단구조화(group structuring)란 성원들이 바람직한 방향으로 변화하도록 원조하고 집단과정을 촉진하기 위해 계획적이고 체계적이며 시간 제한적인 개입을 한다는 것을 의미한다. 집단구조화를 위한 가장 기본적인 활동으로는 각 회기가 정시에 시작하고 끝난다는 사실을 성원들이 알게 하거나, 이번 회기에서 다룰 문제나 주제가 무엇인지를 명확히 하는 것이다. 또한 집단과정의 의사소통과 상호작용 유형을 설정하여 모든 성원이 참여할 기회를 부여하도록 토론 과정을 구조화하거나, 회기가 끝날 즈음에 새로운 주제를 제시하기보다는 그때까지 일어난 상호작용을 요약하여 결론을 맺는 것이다. 그리고 집단과정의 초점을 유지하는 활동과 지금까지 진행된 것을 요약하는 활동도 집단구조화의 방법이다.

집단구조화의 장점으로는 집단목적과 목표의 달성을 촉진하며, 집단사회복지사가 계획적이고 체계적으로 개입할 수 있고, 공동의 관심사와 다양한 문제의 대처기술에 대해 성원 간의 토론과 지지를 촉진하며, 자원을 적절하게 활용할 수 있도록 한다는 점이다. 또한 성원 간의 상호 지지체계를 형성할 수 있으며, 성원들이 적은 시간을 할애하여 새로운 반응과 행동양식을 학습할 수 있으며, 성원 · 하위집단 · 집단 · 집단환경 등 다양한 영역에 개입할 수 있다는 것이 장점이다. 집단구조화의 정도는 집단마다 다르다. 일반적으로 지지집단은 낮은 수준의 집단구조화가 효과적이며, 치유집단과 성장집단은 높은 수준의 집단구조화가 효과적이다.

3) 성원의 목표 달성 원조

집단실천의 중간 단계에서 집단사회복지사는 대부분 시간을 성원들이 각자의 목표를 달성하도록 원조하는 데 할애해야 한다. 성원들의 목표 달성을 원조하기 위한 활동으로는 각자가 자신의 목표를 인식하고, 구체적인 개입 계획을 수립하고, 그것을 실행에 옮기려는 의지를 증진하고, 실행에 옮길 수 있도록 원조하는 것 등이 포함된다.

성원들의 목표 달성을 위한 개입은 성원, 집단, 집단환경 등 세 가지 차원에서 이루어져야 한다. 첫째, 성원에 대한 개입 수준은 성원들의 비합리적 사고와 신념 및 감정 상태를 변화하도록 원조하는 것, 성원들의 대인관계 행동이나 기술을 변화시키는 것, 성원들의 심리 · 사회적 및 물리적 환경을 변화할 수 있도록 원조하는 등의 개입방법을 포함한다.

둘째, 집단에 대한 개입은 집단역동성의 하위 차원을 중심으로 개입한다. 즉, 집단에서 이루어지는 의사소통과 상호작용 유형에 대한 개입, 집단의 매력을 증진하는 개입, 집단규범 · 역할 · 지위 · 위계 구조 등과 같은 사회적 통제 기제를 효과적으로 사용하는 것, 집단목적의 달성에 도움이 되는 집단문화를 창출하도록 개입하는 것 등이다.

셋째, 집단환경에 대한 개입으로는 집단실천을 후원하는 기관의 지원을 확대하는 것, 기관 간의 연계망을 형성하는 것, 지역사회에서 사회문제와 집단실천에 대한 이해를 증진하는 것 등을 포함한다.

4) 집단실천 발달에 대한 평가와 모니터링

평가와 모니터링은 성원들과 집단사회복지사 모두에게 피드백을 제공한다. 이런 피드백을 통해 집단사회복지사는 개입 계획을 변경하거나 집단의 유지에 필요한 방안을 마련할 수 있다. 그러나 이러한 평가와 모니터링은 집단실천의 중간 단계에서만 수행하는 것이 아니라, 모든 발달 단계에서 집단사회복지사가 수행해야 한다.

집단실천의 중간 단계에서 피드백을 얻을 수 있는 가장 일반적인 방법은 각 회기가 끝났을 때 성원들이 그 회기에 대해 평가하거나 아니면 2~3번의 회기마다 한 번 정도 평가하는 것이다. 그러나 평가 횟수는 집단과정에 대한 성원들의 피드백이 얼마나 필요한가에 달려 있다. 이러한 평가와 모니터링 방법으로는 구두 평가나 서면 평가 방법 모두를 사용하기도 한다. 집단실천의 중간 단계에서 시행할 수 있는 또 다른 평가 방법은 성원들이 자신들의 행동을 관찰하고 평가하는 것, 성원들과 친숙한 외부인이나 다른 성원들이 그 성원의 행동을 평가하고 보고하는 방법 등이다.

5) 성원의 참여와 권한 부여

집단실천의 중간 단계에서 집단사회복지사의 주요 과업은 성원들이 집단과정에 완전히 참여하게 하고, 집단 내·외부에서 자신의 삶에 대한 책임을 질 수 있도록 권한을 부여하는 것이다. 이를 위해서 집단사회복지사는 성원들의 강점에 대해 신뢰를 표현하고, 목표 달성을 위해 노력하는 과정에서 그들이 부딪힐 수 있는 장애물과 어려움을 인식하도록 원조해야 한다. 이와 함께 집단사회복지사는 집단실천의 내용과 방향은 성원들에게 달려 있다는 것을 알게 하고, 성원 간의 원조에 대해서 칭찬하며, 새로운 행동과 활동을 집단 내·외부에서 시도하도록 그들을 격려해야 한다. 성원들의 참여를 촉진하고 권한을 부여한다는 것은 집단사회복지사가 그들에게 안내와 지도를 하지 않는다는 것이 아니며, 집단실천에서 성원들의 투입과 피드백을 집단사회복지사가 진지하게 고려해야 한다는 의미이다.

6) 저항하는 성원의 독려

집단사회복지사는 집단의 성원이 되기를 원치 않는 비자발적인 성원과 함께 집단실천을 해야 하는 때도 있다. 비자발적으로 집단실천에 참여하여 저항하는 성원은 자신의 문제에 대해 자신의 의견을 자유롭게 표현할 수 있도록 비심판적이며 안전한 집단분위기를 만들어 주는 것이 중요하다. 저항은 집단과정 중에 어떤 이유에서든 성원이 불편함을 느낄 때 그것을 회피하거나 그것으로부터 벗어나고자 하는 성원의 행동을 의미한다. 저항 반응은 자신과 다른 성원들이 사적인 문제나 심층적인 고민거리를 탐색하지 못하도록 방어하려는 무의식적인 시도이기도 하다. 이처럼 저항하는 성원은 집단에서 자신이 달성해야 할 개별 목표를 설정하지 않으려는 경향이 있다. 이때 그 성원이 자신의 문제에 대처하지 않음으로써 발생할 수 있는 결과에 초점을 맞추고, 성원 간에 건설적인 직면을 하도록 하는 것이 참여 동기를 촉진하는 데 도움이 된다. 집단과정에 소극적으로 참여하거나 저항하는 성원은 개별 목표를 달성하려고 노력하는 과정에서 걸림돌을 자주 만나게 된다. 그런 결과로 그 성원은 변화에 대한 동기가 약화하며 변화에 대한 신념체계에 부정적인 영향을 미칠 수 있다. 이처럼 소극적으로 참여하거나 저항하는 성원은 신념 체계를 변화시키거나 외부 환경을 이용하는 방법을 활용하는 것이 효과적이다.

2. 개입방법

집단실천의 중간 단계에서 성원, 집단, 집단환경의 문제를 해결하거나 완화하는 데 사용할 수 있는 개입방법을 살펴보면 다음과 같다(김종옥·권중돈, 1993; Toseland & Rivas, 2012).

1) 성원에 대한 개입

① 성원의 내적 수준에서의 개입

성원의 내적 수준에서의 개입 초점은 그의 인지, 사고, 신념, 가치, 감정, 감각 및 정서 등이며, 성원의 심리·사회적 발달이 역기능적 또는 비합리적 신념체계를 형성하는 데 영향을 미칠 때 개입한다. 집단사회복지사가 성원의 내적 변화를 일으키기 위해서는 원조 과정 전반을 알아야 한다. 성원의 내적 수준에서 개입의 첫 단계는 사고, 감정, 행동 등을 정확히 파악하고, 그것들을 서로 분별할 수 있도록 돕는 것이다. 성원은 자신의 감정을 말로 표현하는 데 어려움을 느끼거나, 사고와 감정을 구분하지 못할 수도 있다. 따라서 집단사회복지사는 성원이 자신의 사고, 감정, 행동 등을 파악하고 분별할 수 있도록 도와야 한다. 두 번째 단계는 자기 탐색 과정을 통해 성원이 사고, 감정, 행동 간에 어떤 관련성이 있는지를 인식하게 하는 것이다. 일반적으로 사고, 감정, 행동 등은 상호 연관성이 있으므로 성원의 사고, 감정, 행동 등을 변화시키기 위해서는 이들 간의 관련성을 인식하여야 한다. 세 번째 단계는 성원의 역기능적 감정과 행동 유형을 유지하는 사고와 신념의 비합리성을 성원 자신이 분석하도록 도와야 한다. 성원의 비합리적인 사고와 신념은 절대적인 사고에 기반을 두고 있으므로 집단사회복지사는 성원이 절대적 사고를 하는지를 파악해야 한다. 네 번째 단계는 비합리적 혹은 왜곡된 사고, 신념, 관련된 감정 상태를 변화시키도록 성원을 원조하는 것이다. 이를 위해 집단사회복지사는 인지 재구조화, 재정의, 인지적 심상 기법, 점진적 이완 기법, 체계적 둔감법 등의 변화 기법을 사용하여야 한다.

② 대인관계 수준에서의 개입

대인관계 수준에서의 개입은 성원들이 집단 내·외부의 타인과 관계를 맺는 방식에 초점을 두며, 성원의 대인관계 기술이 부족한 경우에 개입한다. 집단은 성원이 대인관계 기술을 시험하고 다른 성원들로부터 피드백을 받을 수 있는 자연적 실험실이다. 따라서 모든 성원은 서로의 대인관계 모델이 될 수도 있고, 다양한 상황의 역할극을 통해 학습할 수도 있다. 특히 다른 성원이 행동하고 말하는 것을 보거나, 새로운 행동을 반복하여 실천에 옮김으로써 학습하는 것이 바람직한 방법이다.

③ 환경적 수준에서의 개입

환경적 수준에서의 개입은 성원과 관련된 심리·사회적 및 물리적 환경이 초점이며, 성원의 문제를 완화할 수 있는 환경적 자원이 부족한 경우에 개입한다. 이를 위해 성원에게 필요한 특별한 자원을 연결하고, 사회적으로 고립된 성원의 사회적 관계망을 확대한다. 또한 성원의 행동 변화를 방해하는 물리적 환경을 변화할 수 있도록 원조한다. 즉, 성원이 바람직한 행동을 했을 때 주어지는 정적 강화물을 유지하고, 성원의 개별 목표 달성을 촉진할 수 있는 방향으로 물리적 환경을 수정하도록 원조한다.

2) 집단에 대한 개입

성원들이 집단목적과 목표 달성을 원조하기 위해 집단과정을 변화시키고자 할 때, 집단사회복지사는 집단에 초점을 맞추어야 한다. 이때 초점을 두고 개입해야 할 네 가지 영역을 살펴보면 다음과 같다.

① 의사소통과 상호작용 유형의 변화

집단사회복지사는 집단과정에서 이루어지는 의사소통과 상호작용 유형의 빈도, 기간, 참여 기회의 배분 또는 내용 등을 변화시키기 위해 개입한다. 성원들은 집단과정의 상호작용에 참여함으로써 더 많은 이익을 얻을 수 있으므로 집단사회복지사는 그들의 상호작용 빈도를 평가하여 상대적으로 참여 정도가 낮은 성원에게 개입한다. 또한 의사소통의 내용이 집단실천의 과업에서 벗어나지 않도록 해야 하며, 집단 토론을 이끌어가도록 성원들에게 요구하거나 특정 주제에 대한 각자의 의견을 제시하도록 요구하는 방법을 사용하여 집단과정에 개입할 수 있다.

② 집단응집력의 변화

집단응집력과 성원 간의 매력은 집단 기능에 긍정적인 영향을 미치기 때문에 집단사회복지사는 집단의 응집력 향상과 매력 있는 단위가 될 수 있도록 개입해야 한다. 집단응집력과 성원 간의 매력을 향상하는 방법으로는 집단에 적극적 혹은 건설적으로 참여하는 성원을 칭찬하거나, 서로 지지하는 성원의 노력을 인식하게 하거나, 의사소통에 참여할 기회를 적절하게 배분하거나, 다과회를 통한 인간적인 접촉 기회를 부여하는 것 등도 포함된다. 이와 함께 등산이나 여행 등의 흥미 있는 프로그램 활동을 만들거나, 성원들이 토론 주제를 선택하도록 격려하거나, 성원들이 집단목적과 목표 달성의 방향으로 계속해서 나아가고 있다는 점을 확신시켜 주는 방법 등도 집단응집력과 매력을 긍정적으로 변화시키는 방법에 해당한다.

③ 사회적 통제 기제의 효과적 사용

집단실천에서 규범, 역할, 지위 등과 같은 사회적 통제 기제는 집단의 기능을 향상하는 데 효과적으로 사용할 수 있다. 사회적 통제 기제가 너무 강하게 작용하는 집단에서 성원은 자신이 제한받고 억압받는 느낌이 들 수 있다. 반면에 사회적 통제 기제가 거의 작용하지 않는다고 느끼는 집단에서 성원 간의 상호작용은 혼란스럽고 예측 불가능하여 집단의 기능이 중지될 것이다. 이처럼 사회적 통제 기제는 성원들의 존경을 받는 집단사회복지사가 가장 효과적으로 사용할 수 있다. 따라서 집단사회복지사는 사회적 통제 기제를 적절하게 이용함으로써 성원들이 집단에서 규범적으로 그리고 기능적으로 통합될 수 있도록 원조해야 한다.

④ 집단문화의 변화

집단실천의 중간 단계에서 집단사회복지사는 집단문화가 집단목적의 달성에 도움이 되는지를 고려해야 한다. 집단문화에 개입하는 방법을 살펴보면 다음과 같다. 첫째, 성원들이 공통으로 지닌 신념 체계에 도전하는 방법이다. 둘째, 집단실천에서 논의될 수 없는 금기사항과 관련된 문화와 지배적인 문화 특성을 지적함으로써 기존의 집단문화를 변화시킬 수 있다. 셋째, 성원들의 긍정적인 행동을 강화하기 위해 그런 행동을 할 때마다 정적 강화물과 교환하는 계약을 맺음으로써 집단문화를 변화시킬 수 있다.

3) 집단환경에 대한 개입

① 기관의 집단실천 지원 확대

집단실천을 제공하는 기관에 더 많은 지원을 요청하기 전에, 먼저 집단사회복지사는 기관에 대해 철저한 이해가 있어야 한다. 즉, 집단사회복지사는 기관의 이념, 목적, 장기 발전 계획, 현재의 욕구 등을 정확히 이해하고, 이에 상응하는 집단실천 계획서를 작성하여야 한다. 이러한 집단실천 계획서는 집단실천의 장점을 중심으로 작성하여야 한다. 이런 활동을 통해 기관 책임자들과 집단실천의 중요성에 대한 공감대를 형성함으로써 기관 차원에서 집단실천에 더 많이 지원하도록 여건을 마련해야 한다.

② 기관 간의 연계망 형성

집단환경에 대한 개입에는 기관 간의 연계망을 형성하는 것이 포함된다. 기관 간의 연계는 다른 기관에서 유사한 인구 계층과 사회문제를 다루는 집단사회복지사와 만남으로써 형성될 수 있다. 기관 간의 연계망을 형성함으로써 얻을 수 있는 이점을 살펴보면 다음과 같다. 첫째, 다른 기관에 유사한 유형의 집단실천이 있는 경우에 개입을 의뢰할 수 있다. 둘째, 집단실천에 대한 비교적 욕구를 파악할 수 있다. 셋째, 동일 지역 내에서의 집단실천의 중복을 예방할 수 있다. 넷째, 집단사회복지사 간의 임상 지식과 실천 경험을 교류할 수 있다. 다섯째, 새로운 집단실천의 개발을 위한 로비활동을 전개할 수 있다.

③ 지역사회의 인식 증진

지역사회 주민의 지지 정도에 따라 집단과정의 성패가 좌우되므로 지역주민에게 지역사회 내에 존재하는 사회문제에 대한 인식을 증진하고, 집단실천이 이런 문제의 완화와 제거에 효과적인 서비스라는 점을 인식시키는 것이 필수적이다. 지역사회 문제와 집단실천에 대한 지역주민의 인식 증진을 위한 방법을 살펴보면 다음과 같다. 지역주민을 대상으로 욕구 조사를 시행하거나, 자원 부족 때문에 집단실천에 참여하지 못하는 잠재적 성원들에 대한 기관의 통계자료를 활용하거나, 집단실천이 필요한 지역사회 문제에 대한 공청회를 개최할 수도 있다. 이와 함께 집단사회복지사는 지역주민을 조직화하여 지역사회 자체의 변화를 도모하는 로비활동과 사회 행동의 기술을 사용함으로써 집단실천에 대한 지역사회와 주민의 인식을 증진하고 필요한 자원을 획득할 수 있다.

3. 실천 지침

집단실천의 중간 단계에서 집단사회복지사는 성원들의 사회적 기술을 향상하고 집단목적의 달성과 관련된 개별 성원, 대인관계, 환경적 수준의 문제 등에 대처하도록 상호 원조하는 과정에 참여한다. 이러한 목적을 달성하기 위해 집단실천의 중간 단계에서 집단사회복지사가 수행해야 할 실천 지침을 살펴보면 다음과 같다(Northen & Kurland, 2001).

첫째, 집단사회복지사는 집단과정 동안 자신의 활동 영역에 대해 계속해서 생각해야 한다. 즉, 집단사회복지사 자신의 감정, 의견, 경험 등이 성원들과 집단을 대상으로 효과적으로 일하는 데 어떻게 도움이 되고 방해가 되는지를 이해해야 한다.

둘째, 집단사회복지사는 성원들의 집단실천 참여를 계속해서 사정해야 한다. 즉, 성원들이 획득한 지위, 새로운 지식과 기술을 배우거나 문제에 대처하려는 동기와 능력을 사정하며, 집단이 성원들의 욕구를 충족시켜 주는 체계로 발달하는지, 집단환경이 집단목적의 달성에 기회나 장애가 되는지를 계속해서 사정해야 한다.

셋째, 집단사회복지사는 성원 간의 지지적인 관계를 더 강화해야 한다. 즉, 집단사회복지사는 적절한 유형의 지지를 제공하며, 성원들의 욕구를 파악하고, 그들의 역기능적인 행동을 다루기 위해 직면을 활용해야 한다.

넷째, 집단사회복지사는 필요하다면 개별 면접을 통해 성원들이 집단실천에 더 효과적으로 참여할 수 있도록 도와야 한다. 집단실천의 프로그램 활동 내용과 관련이 없는 문제에 성원들이 대처할 수 있도록 돕거나 그런 성원을 집단의 외부 자원에 의뢰해야 한다.

다섯째, 집단사회복지사는 집단목적의 달성에 적합한 프로그램 활동 내용을 선정하여 성원들이 집단과정에 집중할 수 있도록 도와야 한다. 이러한 프로그램 활동 내용의 일반적인 주제로는 행동 · 문제 · 환경 등에 대한 핵심적인 지식을 습득하는 것, 대인관계의 이해를 향상하는 것, 생애 전환기와 위기 상황에서 스트레스 대처방법을 배우는 것, 사회적 역할 수행에서 능력을 개발하는 것, 적절한 의료 · 복지 · 여가 · 교육 등의 자원을 개발하고 활용하는 것, 사회관계망을 확장하거나 변화시키는 것, 환경적인 걸림돌을 제거하도록 노력하는 것 등이 적합하다.

CHAPTER 12

집단실천의 종결 단계

Understanding of Group Work Practice

CHAPTER

12 집단실천의 종결 단계

학습목표

- 집단실천의 종결 유형을 설명할 수 있다.
- 집단실천의 종결 단계에서 집단사회복지사가 수행해야 할 과업을 설명할 수 있다.
- 집단실천의 종결 단계에서 집단사회복지사가 수행해야 할 실천 지침을 설명할 수 있다.

집단실천에서 의미 있게 집단과정을 종결하는 것은 집단사회복지사의 가장 어려운 과제 중 하나이다. 집단사회복지사가 집단실천의 종결을 어렵게 생각하는 가장 큰 이유는 일반적으로 성원들과 헤어지는 것을 불편하게 느끼기 때문이다. 비슷한 예로는 친구와 만난 후에 작별 인사를 하는 것과 같은 일상적인 헤어짐에서 찾아볼 수 있다. 사람들은 헤어짐을 여러 차례 지연시키고 다시 만날 때를 계속해서 이야기한다. 아마도 이번 만남이 마지막이라는 사실을 부정하기 위해 이러한 행동을 하는 것 같다. 대체로 사람들은 다른 사람과 오랫동안 만나고 헤어지는 짧은 순간 동안 가장 중요하고 솔직한 이야기를 나눈다. 이처럼 일반적으로 사람과 헤어질 때 불편함을 느끼기 때문에 집단실천에서도 집단사회복지사나 성원 모두 종결을 주저할 수 있다.

이처럼 집단실천의 종결 단계는 다른 성원들과의 집단경험을 통해 변화되고 획득한 것들을 총체적으로 정리해서 일상생활에 좀 더 효율적으로 적용할 수 있도록 한다는 점에서 매우 중요한 시점이다. 집단실천의 종결 단계에서 성원과 집단의 특징, 집단사회복지사의 역할은 〈표 12-1〉과 같다. 종결 단계에서 성원들은 집단에서의 긍정적인 경험을 집단 내·외부에서 표현하기 시작하는데, 이는 곧 집단실천의 종결이 다가오고 있음을 암시하는 지표이다. 예를 들어 성원들은 다음과 같은 표현을 한다. "저번에 말씀하신 것을 했더니 많은 도움이 되었습니다." "처음 시작할 때와 비교해 보면 많은 부분에서 긍정적인 변화가 있어요."

또한 종결 단계에서 성원 간의 의사소통은 여러 방향에서 이루어지며, 집단사회복지사의 개입이 없어도 성원들은 주제와 관련된 토론을 자유롭게 한다. 이처럼 집단과정에서 집단사회복지사의 도움이 필요 없거나 의존 정도가 점점 낮아지기 때문에 혹은 집단실천의 종결을 예상하여 소극적인 자세를 취하면서 결석하는 성원의 빈도가 증가하기도 한다. 이처럼 성원들은 집단의 종결에 대해 양가감정과 퇴행 행동이 발생하며, 때로는 집단적인 행동이나 위협을 장난스럽게 던져 보는 일도 있다. 이러한 현상은 종결에 대한 저항의 일종으로 성원들이 새롭게 탐색할 문제의 제시를 꺼리기 때문이다(강진령, 2019). 따라서 집단사회복지사는 성원들이 이별을 받아들이고 집단실천의 종결이 새로운 출발의 시기라고 인식할 수 있도록 도와야 한다. 그리고 집단에서의 경험은 실생활에서 하나의 준거 틀로 활용하는데, 성원들은 집단실천에서 배웠던 생활기술이나 대인관계 기술을 자신의 실생활에서 적용하기도 한다. 이처럼 성원들이 집단과정에서 습득한 것들을 계속 적용할 수 있도록 집단사회복지사는 도움을 아끼지 않아야 한다.

집단실천의 종결 단계에서 집단사회복지사는 종결이 다가오고 있음을 알림으로써 성원들이 집단실천의 종결을 준비하도록 해야 한다. 또한 집단의 목적과 각 성원의 개별 목표 달성 정도를 파악할 필요가 있다. 다른 성원과 비교해서 목표 달성 정도가 낮은 성원들은 부정적인 생각을 품을 수 있으므로 세심한 관심과 함께 달성한 목표를 긍정적으로 수용하도록 도울 필요가 있다(엄명용 외, 2020). 무엇보다도 집단사회복지사는 성원들의 이별에 대해 아쉬움과 해결하지 못한 과제를 다루어야 한다. 특히 집단사회복지사는 특별한 관심을 가지고 집단실천의 종결에 따른 성원들의 감정에 반응해야 한다. 모든 성원에 대해 충분한 지지와 격려를 해야 하며, 필요한 경우에는 긍정적인 피드백을 제공해야 한다. 그러나 예기치 못한 종결이 발생하여 집단실천의 초기 단계에 계획했던 집단의 목적과 성원의 개별 목표를 모두 달성하지 못할 수도 있으므로 집단사회복지사는 예외적인 상황에 대한 지식과 민감성도 필요하다.

〈표 12-1〉 집단실천의 종결 단계에서 성원, 집단의 특성 및 집단사회복지사의 역할

성원의 특성	집단의 특성	집단사회복지사의 역할
• 성원이 자신의 성공담을 집단에서 표현 • 자유로운 대화 • 저조한 집단 참여 • 집단의 종결에 대한 양가감정과 퇴행 발생 • 집단경험이 자신의 실생활에서 준거 틀이 됨	• 집단의 종결에 대한 논의 • 집단에서 얻은 성과를 일관되게 유지 • 성원, 집단, 집단사회복지사에 대한 이별 준비	• 집단 종결의 준비(집단의 종결이 임박함을 알림) • 집단 종결에 대한 욕구, 목적의 달성 정도, 성과의 유지 정도 등을 점검 • 집단 종결에 대한 성원의 반응 점검 • 남은 기간 성취해야 할 일과 과정 토의 • 성원의 성과에 대한 논의 • 집단사회복지사의 감정 처리

출처: 김성이 외(2004). p. 199.

1. 종결 유형

집단실천에서 볼 수 있는 다양한 종결 유형이 있지만, 여기서는 크게 네 가지로 구분하여 살펴보고자 한다(Hepworth et al., 1997).

1) 성원의 탈퇴

성원은 다양한 이유로 집단실천을 중도에 그만두게 되는데, 대체로 그 이유를 집단사회복지사나 다른 성원들과 공유하지 않는 경향이 있다. 일반적으로 성원의 중도탈락 문제는 계획 과정에서의 오류나 집단과정에 대한 부적절한 준비 때문에 발생한다(Kurland, 1978). 성원의 중도탈락은 집단사회복지사나 집단에 대한 불만족일 수도 있는데, 집단사회복지사는 이러한 불만족을 탐색할 기회를 갖지 않았을 수도 있다. 이처럼 어떤 성원이 탈퇴 이유를 집단사회복지사나 집단에 알리지 않고 중도에 그만두게 될 때, 집단사회복지사는 그 성원을 직접 만나서 무슨 이유로 탈퇴하는지를 확인할 필요가 있다.

성원이 집단을 탈퇴하는 것은 종종 개인적인 실패로 볼 수 있으므로 탈퇴하는 성원뿐만 아니라 다른 성원들도 다양한 감정을 느낄 수 있다. 따라서 그 성원의 탈퇴 이유에 관해 이야기를 듣는 것이 필요하다. 집단을 떠나는 성원은 전체 집단 앞에서 집단을 떠나는 이유를 직접 말하거나, 그것이 어렵다면 자기 뜻을 글로 표현하여 전달하는 것이 가장 이상적이다. 그러나 대체로 탈퇴하는 성원은 그렇게 하지 않기 때문에 집단사회복지사나 다른 성원들은 탈퇴한 성원을 만나 탈퇴 이유를 알아보는 것이 필요하다.

2) 시간제한에 따른 계획된 종결

기간을 정해 놓고 집단실천을 제공하는 기관은 그것에 부합하는 집단의 종결을 계획해야 한다. 집단사회복지사는 집단실천을 준비하면서 시간제한을 염두에 두고 계획을 세우며, 집단실천을 시작할 때 이를 성원들에게 정확히 전달해야 한다. 예를 들어 방학이나 학기 동안 실습생이 집단실천을 제공할 경우, 시간제한에 따른 계획된 종결을 준비해야 한다.

시간제한은 사회복지실천 현장의 현실적인 조건 때문에 필요한 동시에 정해진 시간 내에 어떤 성과를 기대하기 때문에 집단사회복지사와 성원 모두가 열심히 집단과정에 참여하는 결과로 나타난다. 또한 집단실천의 종결 시기를 미리 알고 집단에 참여하는 것은 이별이나 분리와 관련된 감정을 해결할 수 있는 충분한 시간을 성원에게 제공한다는 점에서 장점이 있다. 하지만 이런 방식으로 집단실천을 종결하면, 일시에 많은 성원이 집단과정에 참여할 수 없게 된다는 것과 정해진 기간에 성원들의 문제 해결이나 목적 달성을 하지 못할 수도 있다는 단점이 있다.

3) 목적 달성으로 인한 종결

정해진 기간 내에 집단목적이 달성되었기 때문에 종결하는 경우로 가장 성공적인 집단실천의 종결 유형이다. 이러한 집단실천의 종결 반응으로 성원들은 '기쁨의 눈물'을 보이기 쉽다. 성원들은 자신의 성취를 기뻐할 것이며, 그 성취는 자신감과 자존심을 높여 줄 것이다(Zastrow, 1993).

집단목적의 달성으로 종결해도 집단사회복지사는 성원들의 정서적 반응을 다루는 것이 중요하다. 집단실천의 일정이 길면 길수록 성원들과 집단사회복지사 사이에서 일어나는 관계의 정서적 반응이 친밀하므로 더욱 주의해야 한다. 어떤 성원은 집단실천의 종결이 다가온다고 예고한 시점부터 새로운 문제를 제기하거나 문제가 재발하였다고 보고할 수도 있다. 이는 집단실천의 종결에 대한 성원들의 두려움과 저항 때문에 관계를 연장하고자 하는 소망의 표현으로 볼 수 있다(엄명용 외, 2020).

4) 집단사회복지사의 종결

집단사회복지사도 집단과의 관계를 종결할 수도 있는데, 집단사회복지사가 집단과 종결하는 이유는 다양한 상황적인 요인들이 작용할 수 있다. 즉, 다른 부서나 업무로의 배치, 퇴직, 건강이나 가족 문제 등의 이유로 집단사회복지사가 집단과 종결해야 할 경우도 발생할 수 있다. 이럴 때 성원들은 버림받은 감정, 배신감, 거부당한 느낌으로 마음에 상처를 입을 수 있으므로 집단사회복지사는 모든 성원이 자신의 감정을 솔직하게 표현할 기회를 주고 그것을 극복할 수 있도록 격려해야 한다. 또한 집단사회복지사도 자신이 떠나는 이유를 구체적으로 설명하고, 자신의 감정을 솔직하게 표현하는 것이 필요하다.

특히 심각한 심리·사회적 문제를 가진 성원들로 구성된 집단에서 상실의 문제에 대해 집단사회복지사는 공감 기술로 잘 해결해야 한다. 만일 성원들이 이런 상실을 적절히 해결하지 못하면, 이후에도 상실의 경험을 통해 고통을 느끼거나 거기서 벗어나기 위해 에너지를 사용하게 되어 일상생활에 부정적인 영향을 미치는 심각한 사건이 될 수도 있다. 반면에 집단사회복지사와의 이별을 성공적으로 다루는 것은 성원들의 삶 속에서 경험할 수 있는 수많은 이별을 성공적으로 대처하는 방법을 배우는 데 큰 도움이 된다. 하지만 집단사회복지사의 종결은 종종 성원 간에 그리고 집단에서 서로 합의한 목적 달성을 방해할 수도 있다. 또한 집단사회복지사의 상실이 집단에 미치는 영향에 대해 충분한 준비와 고려를 하지 못하기도 한다. 종종 사회복지 실습생이 진행한 집단실천에서 집단사회복지사의 조기 상실이 자주 발생하는데, 이는 실습생의 학사 일정과 성원들의 욕구가 일치하지 않기 때문이다. 집단실천을 준비할 때 초기 계획을 잘 수립한다면, 이런 상황은 충분히 예방할 수 있으며, 집단사회복지사의 상실로 발생할 수 있는 부정적인 결과를 최소화할 수 있다(Northen & Kurland, 2001).

2. 집단사회복지사의 과업

집단실천의 종결 단계는 성원들이 집단과정에서 경험한 것의 의미를 명료화하고 습득한 것을 확인할 기회가 되기 때문에 중요하다. 따라서 집단실천의 종결 단계에서 집단사회복지사는 성원과의 전문적 원조 관계를 책임 있게 효과적인 방법으로 마무리하기 위해서는 다음과 같은 과업을 수행해야 한다.

1) 변화 노력의 유지와 일반화

집단실천의 전체 회기를 종결할 때 그동안 집단실천에서 다루어진 내용(무엇이 일어났는가?)과 집단과정(어떻게 진행되었는가?)을 되돌아보는 것이 일반적이다. 효과적인 종결 회기는 집단실천이라는 여행, 즉 처음에 성원들이 집단에 참여했을 때 어떤 상태였는지, 어떤 과정을 거쳐 지금의 종결까지 이르게 되었는지, 그리고 시간이 지나서 성원들은 어떻게 변화되었는지 등을 돌아보는 시간이다. 특히 집단실천을 회고할 때 중요한 것은 집단과정에서 성원들의 역할과 새로운 상황으로의 이행 과정에서 배운 기술들의 적용 능력을 강조하는 것이다. 이처럼 집단실천을 통해 달성한 변화를 성원들이 표현하거나 실제로 일어났던 것을 회상할수록, 성원들은 습득한 것을 통합하고 사용할 기회는 더 많아진다. 이를 통해 성원들과 집단사회복지사는 성취감을 느낄 수 있으며, 종결 이후에도 변화를 지속하는 데 효과가 있다. 그러므로 집단사회복지사는 성원들이 집단실천을 통해 달성한 구체적인 변화를 유지하고, 새롭게 습득한 행동이나 기술을 그들의 일상생활에서 일반화할 수 있도록 도와야 한다.

성원들은 개입 직후에 긍정적인 변화를 보인다고 하더라도 시간이 지나면서 그것을 유지하는 것이 어려울 뿐만 아니라 습득한 특정 기술을 다른 상황에서 적용하지 못하는 경향이 있다. 그러므로 집단사회복지사는 성원들이 자신의 능력에 대한 확신을 표현하도록 하고, 자신의 장점과 새롭게 습득한 기술을 집단 외부에서도 활용하도록 격려해야 한다. 그리고 집단실천에서 성취한 새로운 기술과 행동을 실생활에서 적용할 수 있도록 역할극(role playing)과 행동시연(behavioral rehearsal)을 반복함으로써 성원들이 자기 확신을 품도록 하여야 한다. 성원들이 달성한 변화의 유지와 일반화를 위해서는 다음과 같은 방법들을 적용해야 한다(Toseland & Rivas, 2012).

첫째, 집단사회복지사는 성원들의 일상생활과 밀접한 관련이 있는 상황이나 사례를 집단과정에서 다룸으로써 그들이 달성한 변화를 오랫동안 유지할 수 있도록 원조한다.

둘째, 집단사회복지사는 성원들의 문제나 부정적인 측면이 아니라 장점, 노력, 능력 등의 긍정적인 측면에 초점을 둠으로써 그들이 자신감을 향상하도록 원조한다.

셋째, 집단사회복지사는 성원들의 변화를 유지하는 능력을 방해하거나 저해하는 상황에 대처할 수 있도록 다양한 상황과 환경을 활용한다.

넷째, 집단사회복지사는 성원들이 변화의 부정적인 것보다는 긍정적인 결과에 초점을 맞추도록 원조한다.

다섯째, 집단사회복지사는 공식적인 집단회기의 종결 후에 추후 관리를 위한 회기나 자조집단을 구성하여 성원들의 변화를 유지하기 위한 노력을 재검토하도록 원조한다.

여섯째, 집단사회복지사는 집단 외부에서 경험할 수 있는 우호적이지 못한 환경에 대해 성원들이 어떻게 대응할지를 논의할 기회를 제공한다.

일곱째, 집단사회복지사는 성원들이 집단에서 학습한 것을 요약하거나, 습득한 대처기술을 이용하는 데 자신감을 갖도록 함으로써 자신의 문제를 스스로 해결할 수 있도록 한다.

이 외에도 집단실천을 종결할 때 활용할 수 있는 프로그램 활동 내용으로는 성원들이 집단과정에서 배운 기술을 다시 생각해보도록 하거나, 집단이나 다른 성원들에 대한 감정을 표현하도록 하거나, 각자의 향후 활동에 초점을 맞추도록 하는 것 등이 좋다. 예를 들어 종결 단계에서 시행할 수 있는 프로그램 활동으로는 간단한 다과나 식사를 함께하거나 종결을 의미하는 의식, 즉 파티, 수료증 수여, 다른 성원들에게 특별히 하고 싶은 말을 기록하여 교환하는 것 등을 들 수 있다(Garvin, 1981). 이런 의식을 창의적으로 활용하면, 성원들이 변화를 유지하고 일반화하는 데 많은 도움이 된다.

2) 집단에 대한 의존성의 감소

집단사회복지사는 집단에 대한 성원들의 의존성을 줄이기 위해 집단 외부의 지지, 성원 자신의 기술과 자원 등을 활용하도록 원조해야 한다. 집단실천의 종결 몇 주 전부터 집단실천이 곧 종결할 것이라는 사실을 상기시키는 동시에 점차 접촉의 빈도를 줄이는 것이 바람직하다. 이를 통해 성원들이 집단실천의 종결을 준비할 수 있도록 해야 한다. 이와 함께 성원들이 집단실천의 종결에 관해서 이야기할 기회를 제공해야 한다. 즉, 집단의 매력을 줄이는 방안으로 성원들이 집단에서 달성한 것을 요약하게 하거나, 집단이 더는 필요하지 않은 이유를 토론하게 한다. 집단실천의 종결 단계에서 집단사회복지사는 회기 간의 간격은 길게, 회기 시간은 짧게, 성원들의 외부 활동 참여에 대한 격려 등을 통해 성원들의 집단에 대한 중요성과 의존을 점점 줄일 수 있다.

3) 종결에 대한 감정 처리

집단실천의 종결 시점에 이르면 성원들과 집단사회복지사는 종결에 대해 긍정적인 감정뿐만 아니라 이별에 대한 부정적인 감정 등 복합적인 감정을 경험하기도 한다. 따라서 종결 회기에 성원들은 중요한 관계의 끝맺음과 관련된 다양한 감정을 서로에게 표현하는 시간이 필요하다. 일반적으로 성원들이 경험할 수 있는 긍정적인 감정으로는 목적을 달성하고 다른 성원들을 도울 수 있었다는 성취감, 만족감, 자부심, 자신에 대한 유능감 등이다. 반면에 부정적인 감정으로는 상호 간의 유대관계가 깨진다는 불안감, 자신이 거부되었다는 느낌, 상실감 등이다. 어떤 성원은 이런 감정을 다양한 방식으로 호소하는 경향이 있으므로 집단사회복지사는 주의를 기울여야 한다. 예를 들어 집단실천이 종결된다는 사실을 무시하거나 자신의 문제가 해결되지 못했다는 것을 표시하기 위해 퇴행 행동을 통해 집단실천이 필요하다는 것을 표시하기도 한다. 혹은 새로운 문제가 발생하였기 때문에 집단실천 기간의 연장을 요구하거나 집단을 대체할만한 새로운 대안을 찾으려는 모습을 보이기도 한다. 또한 어떤 성원은 불안을 통제하는 방법으로 마지막 회기 이전에 더는 집단에 참여하지 않을 것이라고 말하기도 한다. 집단사회복지사는 이런 행동을 보이는 성원들을 직면을 통해 돕거나, 그런 문제들을 성원들과 개방적으로 이야기함으로써 감정을 해소할 수 있도록 도와야 한다. 이를 통해 성원들이 자신의 느낌을 더 많이 이해할 수 있도록 하는 것이 바람직한 종결에 도움이 된다.

집단실천의 종결을 앞두고 집단사회복지사는 종결에 따른 자신의 솔직한 감정을 되돌아보고 직면할 필요가 있다. 일정 기간 친밀하고 강렬하게 이루어지는 집단실천을 종결하면서 집단사회복지사도 상실감을 포함한 다양한 감정을 경험할 수 있다. 이것은 집단사회복지사에게도 힘든 일이기 때문에, 이런 감정을 정확히 인식하고 직면해야 한다. 그렇지 않으면 집단사회복지사는 집단실천의 종결에 대해 무덤덤하거나 사무적으로 이야기하는 부정적인 태도를 보일 수도 있다. 따라서 집단사회복지사는 이런 감정을 성원들과 공유하며, 자신의 느낌을 글로 정리하는 방법을 통해 마음을 추스르는 과정이 필요하다. 또한 종결에 대한 성원들의 부정적인 감정을 완화하기 위해서 집단실천을 통해 그들이 얻은 장점을 인식하도록 하며, 그들의 양가감정을 이야기하도록 격려해야 한다. 필요하다면 집단실천이 종결하더라도 집단사회복지사와 기관이 성원들에게 해줄 수 있는 역할이 무엇인지를 분명하게 제시하여야 한다.

4) 미해결 사항 다루기

집단실천의 종결 회기에 집단사회복지사는 성원들의 미해결 문제나 미진한 사항이 없는지를 확인할 필요가 있다. 현실적으로 집단실천의 남은 기간 동안 미해결된 문제를 토론할 수 있도록 격려해야 하지만, 그 문제에 대한 탐색을 심화시키는 것은 부적절하다. 이러한 논의를 통해 성원들은 더 배울 수 있고, 향후 유사한 상황에서 자신의 생각과 감정 표현의 적절한 시기와 그 가치를 스스로 평가할 수 있을 것이다. 이렇게 했음에도 불구하고, 집단실천의 종결 후에 성원의 욕구가 충족되지 않았거나 달성하고 싶은 다른 목적이 있어서 추가로 서비스가 필요한 때가 있다. 성원들이 추가로 집단실천의 회기를 희망하면 재계약을 하거나 자조집단을 만들어 활동하도록 도울 수도 있다. 또한 종결 이후에 성원들이 새로운 위기 상황이나 문제의 재발 등으로 서비스가 필요한 상황이 발생할 수도 있다. 이때 추가로 서비스를 이용하는 방법과 필요할 경우 언제든지 집단사회복지사를 만날 수 있다는 것을 성원들에게 확실하게 전달하고 설명해야 한다.

5) 미래에 대한 계획

종결 회기는 집단과 성원들이 다음 단계로 나아가게 준비하는 시간이다. 이

시기 동안 집단사회복지사와 성원들은 집단실천이 종결한 이후의 단계를 함께 검토할 수 있다. 여기서 중요한 것은 성원들이 종결 이후에 무엇을 해야 할지에 대한 분명한 목표가 있어야 하며, 그것을 수행하는데 자신감을 가져야 한다는 것이다. 어떤 성원들은 집단과정을 통해 습득한 새로운 행동을 집단의 종결과 함께 다시 이전 상태로 되돌아가는 요요현상이 나타날 수 있다. 따라서 집단사회복지사는 미래에 대한 구체적인 계획을 성원들이 수립하도록 도와야 한다. 이를 위해 집단사회복지사는 성원들에게 6개월, 1년, 5년 후에 가장 성취하고 싶은 변화에 대해 생각해보도록 요구할 수 있다. 예를 들어 성원들은 몇 년 후 특정 시점에서 모든 성원이 만나고 있는 것을 상상하도록 하고, 그때 서로에게 가장 하고 싶은 말이 무엇인지를 작성하여 표현하도록 한다. 이때 중요한 것은 모든 성원이 실현 가능한 계획을 세우게 하는 것이다. 이런 활동을 통해 성원들은 자신의 목표를 달성하기 위해 지금 해야만 하는 것에 대해 윤곽을 그릴 수 있게 된다(Corey et al., 2004).

종결 이후에 필요한 서비스를 계획할 때 집단사회복지사는 조기에 종결한 성원에 대해서도 반드시 고려해야 한다. 추후 접촉이 없게 되면, 중도탈락자는 집단과 집단사회복지사로부터 버림을 받았다는 느낌이 들게 될 것이다. 중도탈락자는 그 집단에 계속해서 참여하지 못한 것을 자신의 상황이 희망이 없다는 것으로 받아들일 수도 있다. 따라서 집단사회복지사는 중도탈락자와 계속된 접촉을 통해 그 성원이 필요한 서비스를 받을 수 있도록 배려해야 한다.

6) 의뢰

집단실천의 종결이 완전한 중단을 뜻하는 것이 아닐 때도 종종 있다. 즉, 성원 중에서 부가적인 서비스나 자원이 필요한 경우, 집단사회복지사는 같은 기관 내의 다른 부서나 외부 기관이나 자원과 성원을 연결하는 것이 필요하다.

특히 성원이 전문적인 도움이나 특정 자원이 필요할 경우, 적합한 전문가나 기관에 대한 정보를 파악하여 의뢰함으로써 서비스의 일관성과 연속성을 유지할 수 있도록 해야 한다(성정현 외, 2005).

의뢰(referral)는 성원과 집단사회복지사가 모두 동의한 경우에만 이루어져야 하며, 집단사회복지사는 가능한 한 의뢰 과정이 성원에게 긍정적인 경험이 되도록 할 책임이 있다. 이를 위해 집단사회복지사는 의뢰 기관이나 그 기관의 부서 담당자와 성원이 과거에 어떤 접촉이 있었는지를 확인해야 하며, 의뢰 기관에 관한 기본적인 정보를 성원과 공유해야 한다. 외부 기관으로 의뢰할 때는 성원이 그 기관을 찾아갈 수 있도록 정확한 약도와 연락처를 주고, 필요하다면 집단사회복지사가 성원과 동행하는 것이 바람직하다. 의뢰 후에도 그 성원이 서비스를 잘 받고 있는지를 점검하는 것도 집단사회복지사가 수행해야 할 역할이다.

의뢰 과정이 적절하게 이루어지기 위해서 집단사회복지사는 이용 가능한 의뢰 기관과 지역사회의 자원을 충분히 파악하여야 하고, 의뢰 기관과의 원만한 관계를 유지하여야 한다. 또한 집단사회복지사는 의뢰할 때 의뢰할 기관명, 주소, 만나야 할 사회복지사에 관한 내용 등 상세한 정보를 성원에게 제공해야 한다. 이처럼 의뢰할 자원을 확보하여 성원에게 여러 대안을 소개하는 것은 집단사회복지사의 역할이지만, 최종 선택은 성원이 해야 한다. 가능한 2~3개의 의뢰 자원들을 확보하여 제시하고, 그것들의 특성과 이용조건을 상세하게 설명하고, 마지막 결정은 성원이 하도록 하는 것이 바람직하다(엄명용 외, 2020).

의뢰가 실패하는 때도 있는데, 의뢰 기관이 서비스 수급자격 요건을 강화하는 등 기관의 정책을 변경시킨 경우, 성원의 동기가 부족하거나 없는 경우, 성원이 자원을 획득하는 데 필요한 기술이 부족한 경우, 성원이 의뢰 기관과 접촉하는 데 필요한 적절한 정보를 집단사회복지사가 제공하지 못한 경우 등이 해당한다. 집단사회복지사는 추후 접촉을 통해 성원이 필요한 자원이나 서비스를 받지 못하는 이유를 평가하며, 필요한 자원과 서비스를 획득할 방법에 대해 성원과 함께 계획을 세울 수 있다.

7) 평가

집단실천에서 종결 회기는 성원들의 집단실천 경험을 평가하는 시간이다. 평가는 성원들과 집단의 목적과 목표 달성 정도를 통해 개입의 효과성을 판단할 수 있는 근거를 제공한다. 그뿐만 아니라 성원들은 집단과정의 만족과 불만족을 표현할 기회가 되며, 집단사회복지사는 평가를 통해 얻은 정보를 활용하여 집단실천 기술을 향상할 수 있다. 이처럼 평가는 집단사회복지사와 성원 모두에게 상당히 도움이 되는 정보를 제공해 줄 수 있다. 특히 평가를 통해 성원들의 개인적인 경험을 더 많이 이해하는 것은 집단사회복지사와 모든 성원에게 집단의 변화 과정을 이해하도록 돕는다.

① 평가의 장점

집단실천을 통해 성원들의 성장과 변화를 확인하기 위해 평가를 시행한다. 이러한 집단실천의 평가를 통해 얻을 수 있는 장점은 다음과 같다. 첫째, 집단실천의 효과를 정확히 파악할 수 있다. 둘째, 평가로부터 얻은 정보를 집단사회복지사의 기술을 발전시키는 데 활용할 수 있다. 셋째, 집단실천의 유용성을 제시할 수 있다. 넷째, 성원들과 집단이 합의한 목적을 수행하는 과정에서 어느 정도의 향상이 있었는지를 사정할 수 있다. 다섯째, 성원들은 집단에서 얻은 만족감과 불만족을 표현할 기회가 된다. 여섯째, 유사한 목적을 가진 집단이나 집단사회복지사에게 지식을 공유할 기회를 제공할 수 있다.

② 평가 시기

집단실천에 대한 평가도 사전 단계부터 계획되는 계속된 과정이다. 물론 평가는 집단실천의 시작, 중간, 그리고 끝 무렵 또는 끝낸 후 얼마 동안 시간이 지난 다음에 시행하는 것이 보통이다. 먼저 집단실천의 초기 단계는 성원들이 새로운 성원들과의 만남과 낯선 환경에 적응해야 하고, 집단과정에 적응해야 하는 중요한 시기이다. 따라서 이 시기에는 주로 집단실천 계획서에 반영하지 못한 정보와 상황을 파악하고, 성원 간의 관계를 평가하여 다양한 대응 방안을 마련해야 한다.

회기별 평가와 함께 집단실천의 중간 단계에서 평가는 이 시기에 성원들은 집단과정에 익숙해지지만, 집단에 대한 불만이나 집단실천의 목적과 가치에 대하여 의문을 제기할 수 있는 시점이기 때문이다. 이 단계는 집단 외에도 다른 성원들과 집단사회복지사와의 관계가 형성되어 영향을 받기 시작하며, 동기 요인과 기관의 분위기에 민감하게 반응하는 시기이기도 하다. 따라서 집단사회복지사는 다양한 상황 변화를 예의 주시하고, 이에 따른 계획의 적절한 변화를 판단하기 위해 정기적으로 평가를 시행하여야 한다.

마지막으로 최종 평가는 집단실천의 종결 후에 시행하는데, 대체로 집단실천의 목적과 목표, 집단경험 전반에 대한 평가, 프로그램에 대한 만족도 평가, 집단실천의 전반적인 진행사항 평가 등을 시행하여야 한다. 대체로 집단실천은 분명한 종결 시점이 명시되어 있다. 그러나 어떤 경우에는 시작 시점은 있어도 분명한 종결 시점이 없는 집단실천도 있다. 그래서 성원이 중도에 탈락하거나 공식적인 평가 과정 없이 집단실천은 집단실천 계획서에 제시한 것과는 전혀 다른 모습으로 시행되기도 한다. 또한 중·장기로 운영되는 집단실천은 흐지부지되어 평가 과정 자체가 의미를 잃어버릴 경우도 발생한다. 따라서 집단실천이 상황 변화에 따라 조기 종결되거나 해체될 가능성이 있더라도 최종 평가는 시행되어야 한다.

③ 평가 방법

집단실천에서 일반적으로 시행할 수 있는 평가 방법을 살펴보면 다음과 같다(이형득 외, 2002).

첫째는 표준화된 측정도구를 이용하는 방법이다. 즉, 표준화된 측정도구란 리커트 척도로 구성된 자아존중감 척도와 같이 사용 방법이나 점수 계산 절차가 일정하게 정해져 있으며, 그것을 통해 어떤 정보를 어느 정도 얻을 수 있는지 미리 알 수 있는 척도를 말한다. 이런 측정도구를 통해 집단실천의 이전과 이후의 변화 정도를 비교할 수 있다.

둘째는 공개토의 방식이다. 사전에 특별한 준비 없이 집단과정이나 혹은 성원 간의 상호작용에 대해서 느끼거나 생각하는 것을 솔직하게 의견을 교환하는 방법이다. 이처럼 별다른 준비 없이 시행할 수 있으므로 편리한 것이 장점이지만, 평가 기준이 불분명하여 일관성과 체계성을 상실할 우려가 크고 종종 시간을 낭비할 위험성도 높다.

셋째는 단어연상법이다. 집단과정이 끝난 뒤에 둥글게 서거나 앉아서 연상되는 단어들을 열거하도록 하여 그 내용을 분석하고 평가하는 방법이다. 이 방법은 시간을 절약하고 정직한 느낌을 반영하면서도 집단실천에 대한 의미 있는 자료를 제공해 줄 수 있으므로 자주 사용되고 있다.

넷째는 녹음기나 녹화 장치를 이용하는 방법이다. 이 방법은 집단과정 전체를 하나도 빠트리지 않고 기록할 수 있다. 즉, 성원들의 억양 변화나 정서적인 측면까지도 파악할 수 있어서 효과적이고 객관성을 유지할 수 있고, 피드백을 주고받을 수 있다. 이처럼 시청각 기자재를 사용할 경우에는 사전에 모든 성원에게 분명히 알리고 사전동의서를 받아야 한다. 하지만 성원들의 언행이 오랫동안 보존될 가능성 때문에 그들이 솔직하게 자신의 느낌이나 생각을 표현하는 데 지장을 받을 수도 있다.

다섯째는 집단사회복지사와 훈련받은 관찰자 혹은 기록자를 이용하여 집단과정을 기록하는 방법이다. 집단사회복지사와 집단실천에 참여하지 않는 관찰자를 선정하여 매회기 집단과정과 성원들의 행동을 관찰하여 기록하는 방법이다. 과정 기록의 목표는 성원들의 언어적 · 비언어적 정보, 성원 간의 관계와 상호작용, 집단사회복지사의 개입과 성원들의 반응에 대한 정보 등을 확보하는 것이다. 성원의 참여도를 평가하기 위해서는 모든 성원에 대해 간결한 정보를 추가하는 것이 도움이 된다. 이때 관찰자는 집단과정에 참여하지 않고 집단에서 일어난 긴장, 이완, 적개심 등의 반응을 자세, 표정, 몸짓, 그리고 특정한 버릇 등과 동기 유발의 수준, 집단의 일반적 분위기, 집단사회복지사의 기술, 집단과정에 영향을 미치는 다른 요인들을 주의해서 관찰하고 기록하여 집단에 보고한다. 예를 들어 〈표 12-2〉는 성원들의 행동을 관찰하여 점수화한 기준이다(이현주, 2014).

〈표 12-2〉 성원의 행동관찰 점수화 기준

점수	행동관찰 기준
1점	집단 진행에 전혀 개의치 않음. 눈 맞춤 없음. 말이 없음. 몸으로 하는 대화 없음. 집단사회복지사에게 반응을 거의 보이지 않음.
2점	집단사회복지사의 말을 듣기는 하지만 이야기도 질문에 답하지도 않음. 거의 말을 하지 않음.
3점	집단사회복지사의 말에 귀를 기울이지만, 묻는 말에만 답함.
4점	눈빛, 몸동작 등을 통해 협조적인 자세로 집단과정에 참여하지만, 먼저 말을 꺼내지는 않음. 스스로 말을 시작하지 않음.
5점	자신의 경험, 기억, 추억 등을 먼저 나서서 다른 성원들과 대화를 시도함
6점	집단사회복지사와 스스럼없이 이야기하고 질문에 답을 잘하며, 질문도 잘함. 대화를 이끌어 나가기도 함.

여섯째, 성원들의 출석률, 참여도, 과제물의 완성 정도, 자기 보고서, 소감문 등을 가지고 파악하는 방법이다. 특히 자기 보고서의 경우, 성원들이 자신의 행동을 계산하거나 감정과 태도에 등급을 매기거나 어떤 형태의 어려움을 경험했던 상황을 표시한다. 또한 〈표 12-3〉과 같은 소감문 작성은 성원들이

말로 표현하는 것보다 훨씬 편안하고 안정되게 반응하도록 하는 효과가 있을 뿐만 아니라 집단경험의 기록과 평가 자료로 활용할 수 있다.

〈표 12-3〉 소감문 작성

별칭 :
1. 집단실천을 경험하고 난 느낌을 간략히 적어 주십시오.
2. 집단실천에서 어떤 어려운 점이 있었습니까?
3. 집단실천에서 개선할 점이나 바라는 사항은 무엇입니까? (홍보, 안내, 시행 시기, 기간, 내용, 진행 방법, 장소, 각종 준비사항 등)
4. 집단실천을 통해 얻은 점이 있다면, 무엇입니까?
5. 자신에게 가장 도움이 된 프로그램 활동을 하나만 적어 주십시오.
6. 성원들과 같이 생각할 점이나 논의하고 싶은 것이 있다면, 적어 주십시오.
7. 집단실천을 통해 가장 기억에 남는 것을 적어 주십시오.

일곱째, 회기가 종결될 때마다 성원들과 집단사회복지사는 〈표 12-4〉, 〈표 12-5〉, 〈표 12-6〉과 같은 질문지를 작성하는 방법이다. 한계는 있지만, 집단사회복지사는 매회기 후에 이러한 질문지를 활용하여 집단실천을 통한 성원들의 태도, 신념, 행동, 감정 등의 변화 정도를 양적으로 추정할 수 있다. 또한 종결 이후에 〈표 12-7〉에서와 같이 집단실천의 전반적인 프로그램 만족도를 평가하여 집단실천의 개선을 위한 자료로 활용할 수 있다(이현주, 2014).

〈표 12-4〉 성원 자신에 대한 평가

오늘 회기에서 나는 ___________ 것으로 가장 잘 묘사될 수 있다.		
1. 성원들로부터 이해받지 못한	1 2 3 4 5 6 7	성원들로부터 이해받은
2. 성원들을 이해하지 못한	1 2 3 4 5 6 7	성원들을 이해한
3. 무익한	1 2 3 4 5 6 7	유익한
4. 의존적인	1 2 3 4 5 6 7	독립적인
5. 성원들과 멀어진	1 2 3 4 5 6 7	성원들과 친밀한
6. 슬픈	1 2 3 4 5 6 7	행복한
7. 몰두하지 못한	1 2 3 4 5 6 7	몰두한
8. 긴장된	1 2 3 4 5 6 7	편안한
9. 수동적인	1 2 3 4 5 6 7	능동적인
10. 성원들에게 도움이 되지 못한	1 2 3 4 5 6 7	성원들에게 도움이 된

〈표 12-5〉 집단에 대한 평가

오늘 회기에서 우리 집단은 ________ 것으로 가장 잘 묘사될 수 있다.		
1. 서로 갈등하는	1 2 3 4 5 6 7	서로를 지지하는
2. 집단사회복지사에게 의존적인	1 2 3 4 5 6 7	집단회복지사로부터 독립적인
3. 불만족한	1 2 3 4 5 6 7	만족한
4. 몰두하지 못한	1 2 3 4 5 6 7	몰두한
5. 긴장된	1 2 3 4 5 6 7	편안한
6. 중요하지 않은	1 2 3 4 5 6 7	중요한
7. 지루한	1 2 3 4 5 6 7	재미있는
8. 서로에게 도움이 되지 못한	1 2 3 4 5 6 7	서로에게 도움이 된
9. 과업에서 벗어난	1 2 3 4 5 6 7	과업에 충실한
10. 서로 무관심한	1 2 3 4 5 6 7	서로 관심을 가진

〈표 12-6〉 집단사회복지사에 대한 평가

오늘 회기에서 집단사회복지사는 _______ 것으로 가장 잘 묘사될 수 있다.		
1. 성원들을 이해하지 못한	1 2 3 4 5 6 7	성원들을 이해한
2. 능력이 없는	1 2 3 4 5 6 7	능력이 있는
3. 성원들로부터 멀어진	1 2 3 4 5 6 7	성원들과 친밀한
4. 혼란감을 주는	1 2 3 4 5 6 7	명확한 느낌을 주는
5. 몰두하지 못한	1 2 3 4 5 6 7	몰두한
6. 준비되지 않은	1 2 3 4 5 6 7	준비된
7. 긴장된	1 2 3 4 5 6 7	편안한
8. 도움이 되지 못한	1 2 3 4 5 6 7	도움이 된
9. 가식적인	1 2 3 4 5 6 7	솔직한
10. 심각한	1 2 3 4 5 6 7	유머가 풍부한

〈표 12-7〉 프로그램 만족도 평가

번호	내용	전혀 그렇지 않다	그렇지 않다	중간 이다	그렇다	매우 그렇다
1	프로그램은 전반적으로 만족스러웠다.					
2	프로그램의 주제와 내용은 도움이 되었다.					
3	프로그램의 내용과 수준은 내가 참여하기에 적합하였다.					
4	프로그램 시간은 적당했다.					
5	프로그램 전체 횟수는 적당했다.					
6	집단사회복지사는 프로그램을 잘 진행했다.					
7	프로그램은 편안한 장소에서 진행되었다.					
8	다음에 이런 프로그램이 진행된다면 참여하고 싶다.					
9	다른 사람에게 본 프로그램의 참여를 권하고 싶다.					
10	나는 프로그램을 통해 배운 것을 활용할 수 있다.					

8) 추후 관리

집단실천을 통해 성원들이 얻은 이득을 유지하고 강화하기 위해 밀접하게 관련된 것은 종결 이후 추후 관리(follow-up sessions)를 활용하는 것이다. 추후 관리란 집단실천의 종결이 이루어진 후 일정 기간이 지나서 성원들이 잘 적응하고 있는지를 점검하고, 그들이 집단실천을 통해 습득한 새로운 행동을 실생활에서 지속해서 실천할 수 있도록 지지 체계를 재확인하는 과정이다. 즉, 추후 관리는 성원들 스스로 수립한 계획을 얼마나 잘 실행했고, 목표를 얼마나 성취했는지에 대해 평가해 볼 수 있다는 점에서 가치가 있다(강진령, 2019). 이러한 추후 관리는 시간상으로 집단실천이 종결된 후 1~6개월 사이에 진행하는데, 전화나 서신으로 확인하거나 개별 혹은 집단 면접을 시행하기도 한다. 이러한 추후 관리는 모든 성원에게 꼭 필요한 집단실천 과정의 한 부분이다(Wells, 1981).

추후 관리는 성원들과 집단사회복지사 모두에게 도움이 된다(Wells, 1994). 성원들에게는 집단실천이 끝난 후 다시 만날 기회가 되고, 집단사회복지사에게는 집단실천이 얼마나 효과적이었는지를 평가할 기회인 동시에 필요한 경우에 부가적인 서비스를 제공할 수 있기 때문이다. 대체로 많은 성원은 집단실천의 종결 이후에도 계속해서 향상을 보이며, 집단사회복지사는 그런 이득에 대해 확신을 하고 그들에게 지속해서 노력하도록 격려해야 한다. 〈표 12-8〉에서와 같이 추후 관리는 성원들의 변화 지속성을 사정하는 기회도 되는데, 집단실천의 일시적인 영향 이상으로 얻은 것을 그들이 유지하는지를 측정할 수 있다(강진령, 2019). 계획된 추후 관리의 부가적인 이득은 집단사회복지사가 계속해서 성원들에게 관심이 있다는 것을 표현하는 것으로서 집단실천의 종결로 인한 그들의 충격을 최소화할 수 있다는 점이다(Hepworth et al., 1997).

〈표 12-8〉 추후 관리 점검사항

• 성원들은 각자의 목표를 얼마나 달성했는가? • 집단실천이 성원들에게 어떤 영향을 주었는가? • 성원들이 의뢰를 통해 어떤 이로운 점을 얻었는가? • 자조집단은 잘 운영되고 있는가? • 향후 집단실천의 개선에 필요한 정보는 무엇인가?

추후 관리가 집단실천의 과정에서 중요한 부분임을 인식하기 위해 집단사회복지사는 집단실천의 초기 단계에서 성원들에게 그 내용을 설명하고 집단과정을 진행하면서 때때로 상기시켜야 한다. 이렇게 추후 관리가 집단실천의 일부임을 분명히 하는 것은 성원들이 추후 관리를 사생활 침해나 집단사회복지사의 개인적인 호기심을 만족하려는 것으로 오인하는 위험을 예방하기 위한 것이다. 일반적으로 추후 관리에서 집단사회복지사는 집단과정 때보다 비공식적으로 성원들과 관계를 맺는다. 특히 추후 관리는 집단사회복지사의 노력을 평가할 기회가 된다. 즉, 어떤 것이 가장 도움이 되었는지 혹은 도움이 되지 않았는지를 되돌아볼 수 있다. 이러한 추후 관리를 통해 성원들은 자신들의 노력에 관한 확인과 더욱 생산적인 방향으로 실천할 수 있도록 격려를 받을 수 있으며, 성원들이 기능적으로 퇴보하는 것을 막기 위해서 집단사회복지사가 적절한 도움을 제공할 수도 있다(Bernard, 1985). 이런 도움은 집단사회복지사가 직접 할 수도 있고 다른 사회복지사에게 의뢰할 수도 있다(Kirst-Ashman & Hull, 2009).

3. 실천 지침

집단실천의 종결 단계에서 집단사회복지사는 성공적으로 종결하기 위해 인간 행동, 집단, 집단환경 등에 대한 다양한 지식이 필요하다. 성공적으로 집단실천을 종결하기 위해 집단사회복지사가 수행해야 할 실천 지침을 살펴보면 다음과 같다(Northen & Kurland, 2012).

첫째, 집단사회복지사는 이별과 관련된 자신의 감정을 인식하고 대처하도록 노력해야 하며, 성원들이 보이는 다양한 감정을 이해하고 수용해야 한다.

둘째, 집단사회복지사는 상실감, 실패 혹은 성공과 관련된 다양한 감정을 경험하는 성원들에게 수용, 공감, 진실성 등을 계속해서 보여주는 모델이 되어야 한다.

셋째, 집단사회복지사는 집단실천의 종결에 대한 성원들의 준비 정도를 평가하며, 집단실천에서 배운 것을 다른 상황으로 전환하는 데 영향을 미칠 수 있는 외적 상황에서의 차이점도 인식해야 한다.

넷째, 집단사회복지사는 성원들이 집단실천의 종결을 준비하고 핵심적인 과업 달성에 필요한 시간을 충분히 배정해야 한다.

다섯째, 집단사회복지사는 종결에 대한 성원들의 다양한 정서적 반응을 탐색하고 지지하며 명료화한다. 또한 성원들이 이별이나 목적 달성과 관련된 양가감정을 해결할 수 있도록 돕는다.

여섯째, 집단사회복지사는 성원들이 달성한 진전 상황을 점검·평가·지지하며, 나아가 그들이 얻은 것을 인정하고 아직 존재하는 욕구를 파악한다. 그리고 성원들이 해결하지 못한 과업이나 활동 혹은 문제에 대한 개입의 우선순위를 설정한다.

일곱째, 집단사회복지사는 성원들이 얻은 것을 안정화하고 집단실천에서 배운 것을 주변 환경에 일반화하도록 돕는다. 또한 성원들이 새로운 관계 형성과 파괴적인 관계의 단절을 위해 노력하도록 지지한다.

여덟째, 집단사회복지사는 성원들의 삶을 풍요롭게 해줄 기관이나 지역사회의 자원과 서비스를 그들이 활용할 수 있도록 돕는다.

아홉째, 집단사회복지사는 집단실천의 종결에 대해 성원의 가족과 같은 중요한 사람들과 이야기를 나누어야 한다. 필요하다면 성원을 위해 추가로 제공할 수 있는 서비스의 결정 과정에 중요한 사람들이 참여하도록 해야 한다.

CHAPTER 13

집단실천 프로그램 개발

CHAPTER

13 집단실천 프로그램 개발

학습목표

- 프로그램 개발과 기획의 개념을 설명할 수 있다.
- 프로그램 개발 과정을 설명할 수 있다.

최근 우리 사회에서도 인간의 삶의 질 향상에 이바지하는 각종 프로그램에 대한 진정한 가치와 무한한 가능성을 인식하게 되었다. 그에 따라 프로그램에 관한 관심이 높아지면서 다양한 프로그램에 관한 연구와 정책적인 지원 노력이 시도되었다. 하지만 여전히 사회복지 분야에서 개발되는 많은 프로그램은 비효과적이며 책임성이 부족한, 그리고 산발적이고 무계획적인 서비스의 전달에서 벗어나지 못하고 있다. 그 결과 사회복지 분야는 프로그램 홍수 시대에 살고 있지만, 전문적이며 지속적인 효과성과 효율성을 입증할만한 프로그램이 부족한 것이 사실이다. 따라서 이런 무한경쟁에서 생존하려면, 사회복지실천 현장에서 개발하는 프로그램이 단순한 일회성이 아니며 클라이언트의 삶의 질 향상에 도움이 되는 서비스라는 사실을 입증해야 한다. 이를 위해서는 프로그램 개발자가 수행하는 업무가 사회적인 목표를 달성하는 데 얼마나 이바지하는지를 객관적으로 증명할 수 있어야 한다.

사회복지실천 현장에서 프로그램 개발 과정은 인적 자원과 물적 자원을 효율적으로 배치하기 위한 의사결정의 연속이며 새로운 행동의 창출이다. 물론 집단실천에 참여한다고 모든 성원이 의미 있는 변화를 경험하는 것은 아니다. 하지만 성원들의 욕구 충족과 문제 해결에 초점을 두고 개발된 집단실천 프로그램은 성원들의 삶에 긍정적인 영향을 줄 것이다. 이러한 집단실천 프로그램을 사회복지실천 현장에서 개발하기 위해서는 프로그램 기획과 개발 과정에 대한 집단사회복지사의 이해가 절대적으로 필요하다.

1. 프로그램 기획

1) 프로그램 개발의 개념

프로그램이란 특정한 목적 달성을 위하여 자원과 기술이 투입되어 일정한 절차에 따라 이루어지는 조직의 체계적인 활동 체계를 의미한다(황성철, 2005). 특히 사회복지 프로그램은 추상적인 수준의 사회복지를 실천하는 수단이자 매개체이다. 이러한 개념을 토대로 집단실천 프로그램이란 집단목적을 달성하는 데 필요한 프로그램 활동의 선정과 실행, 평가 등에 관한 전체적인 계획이라고 할 수 있다. 이러한 맥락에서 보면, 집단실천 프로그램이란 사회복지 조직에서 시행되는 집단실천의 목적 달성을 위하여 계획된 활동들의 집합체로 정의할 수 있다. 따라서 집단실천 프로그램의 목적은 프로그램의 대상인 성원들의 긍정적인 삶의 변화, 즉 삶의 질 향상을 위해 계획된 활동들의 구조화된 집합체이다.

일반적으로 새로운 프로그램을 만들거나 기존의 프로그램을 수정 또는 보완하여 더욱 효과적인 프로그램으로 개선하려는 노력과 과정을 프로그램 개발이라고 한다. 좁은 의미의 프로그램 개발은 새로운 프로그램을 기획하거나 설계한다는 의미로 사용된다. 반면에 넓은 의미의 프로그램 개발은 새로운 프로그램을 개발하는 과정뿐만 아니라 기존 프로그램의 수정과 보완 과정을 포함하여 단계적으로 프로그램의 기획과 설계, 나아가 실행과 평가 등 전체 단계의 프로그램을 개선하는 작업을 의미한다. 즉, 프로그램 개발은 프로그램의 기본 방향을 설정하고 잠재적 성원들의 욕구나 문제를 사정하며, 프로그램 활동을 구성하기 위한 일련의 기획과 설계 과정을 통해 실제로 프로그램의 목적 달성을 위하여 프로그램을 실행하고, 그 성과를 측정하는 평가와 결과를 다시 기획과 설계에 투입하는 피드백이 포함되는 순환 과정을 의미한다(황성철, 2005). 이러한 프로그램 개발의 개념을 도식화하면 [그림 13-1]과 같다. 프로그램 개발 과정은 합리적이고 과학적인 절차가 중요하지만, 프로그램 개발자가 사회문제나 클라이언트의 욕구를 얼마나 심각하게 생각하느냐와 어떤 절차와 방법을 사용하여 해결하려고 시도하는가에 따라 프로그램 개발 과정은 달라진다(권중돈 외, 2012).

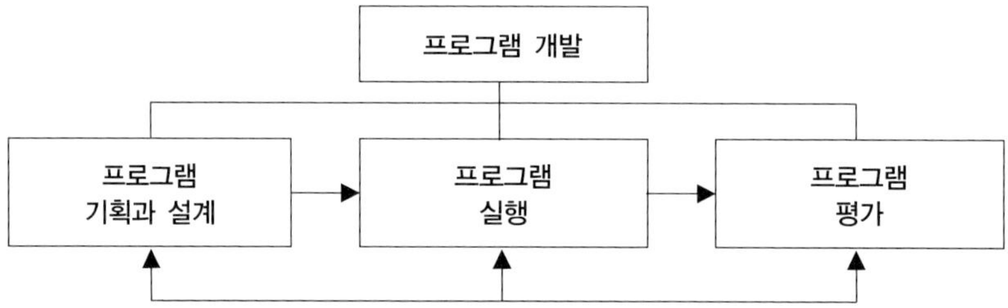

[그림 13-1] 프로그램 개발의 개념 모형

2) 프로그램 기획의 이해

기획이란 먼저 생각하는 것으로부터 시작하고 그 생각을 행동으로 옮기고 소망하는 결과를 창출할 때까지의 일련의 체계적 작업이다. 즉, 사전적 의미로 기획이란 '무언가를 하기 위해 계획을 세우는 것'으로 계획을 수립하는 과정을 의미한다. 계획이란 기획 과정을 통해서 얻어 산출물로서 어떤 일을 시행하기 전에 내용, 방법, 순서, 규모 등을 미리 생각하여 세운 내용을 의미한다(국립국어원, 2017). 이러한 의미로 보면 기획은 과정에 초점을 두지만, 계획은 결과를 강조하는 경향이 있는 것 같다. 더 구체적으로 살펴보면, 기획은 '무엇을 할 것인가?', '무엇을 만들 것인가?', '무엇이 될 것인가?' 등과 같은 목적과 방향을 설정하는 것과 밀접한 관계가 있다. 반면에 계획은 '어떻게 할 것인가?', '어떻게 만들 것인가?', '어떤 방법이 가능한가?' 등과 같은 방법론적인 측면이 강조된다(황성철, 2005).

이처럼 기획(planning)은 계획(plan)과 아이디어(idea)와는 다른 개념으로 이해될 필요가 있다. 이들의 관계는 창의성, 논리성, 현실성이라는 세 가지의 기준에 의해 구분할 수 있다(김진화, 2001). 먼저, 아이디어란 단순히 창의성의 요소만을 포함하여 새롭고 혁신적인 사상을 창출하는 행위를 의미한다. 계획이란 현실성과 논리성은 있지만, 창의성의 요소가 없는 상태를 말한다. 즉, 이미 알고 있는 내용을 실천 가능한 현실 여건을 고려하여 일정한 원칙에 의해 체계적으로 만들어 가는 것을 의미한다. 따라서 프로그램 기획은 창의성, 현실성, 논리성 모두를 겸비하는 상태라 할 수 있다. 즉, 새롭고 혁신적인 사상을 현실적 여건을 고려하여 체계적으로 만들어 가는 행위를 의미한다.

이러한 프로그램 기획의 기본 원리를 살펴보면 다음과 같다(김진화, 2001). 먼저 창의성의 원리는 프로그램 내용과 방법의 혁신성 및 독특성과 관계된다. 여기서 독특성이란 프로그램 내용과 방법이 다른 기관의 프로그램과 비교하여 독특한 차별성이 있어야 함을 의미한다. 둘째로 현실성의 원리란 계획된 프로그램 내용의 실현 가능성 차원을 말한다. 무슨 계획이든지 그 결과가 현재의 자원과 여건을 고려할 때 실현 가능한 것이어야 한다. 아무리 좋은 프로그램이라 할지라도 실현 가능성이 없으면 그 내용은 더는 가치가 없다. 실제로 프로그램 개발 과정에서 사회복지실천 현장 경험이 많은 사람을 참여시키는 것은 이런 원리에 부합하려는 노력이라 할 수 있다. 셋째로 논리성의 원리란 프로그램 개발 활동의 체계성과 합리성의 차원을 말한다. 프로그램 개발이 주먹구구식으로 이루어지면 좋은 결과를 기대할 수도 없고 전문적 활동으로 인정받을 수 없으므로 프로그램에 대한 불신을 초래하게 한다. 실제로 기획을 통해 다양한 절차와 단계를 체계적이고 합리적으로 진행해야 프로그램의 전문성을 인정받을 수 있고 프로그램의 구조가 짜임새를 갖출 수 있다.

이처럼 기획이란 계획과는 구별되는 것으로 기획은 계획을 세워나가는 과정이라 할 수 있다. 즉, 어떤 목표를 설정해 놓고 그 목표 달성을 위해 앞으로 어떤 행동을 하는 것이 바람직한가를 결정하는 과정을 말한다. 그러므로 기획은 우리가 어디 있는지, 어디로 가려고 하는지, 그곳에 어떻게 가려고 하는지, 도착했을 때 원래 정한 곳에 도착했다는 것을 어떻게 알 수 있을지 등을 합리적인 방식으로 의사결정을 하는 것이다. 이처럼 기획은 목표 설정의 역할을 하는 것이며, 계획은 기획된 목표를 실행하기 위한 구체적인 방법을 모색하는 것이다.

이상의 내용을 토대로 프로그램 기획은 프로그램 개발의 이유에 관심을 두는 것이며, 프로그램 개발을 통해서 내놓을 구체적인 결과물이 무엇인지를 결정하는 것이다. 따라서 프로그램 기획이란 프로그램 개발의 첫 번째 과정으로 크게 프로그램 개발의 필요성을 확인하고, 기본 방향을 설정하는 단계가 포함된다. 사회복지사가 프로그램을 개발할 때 기획 과정을 어느 정도나 충실하게 준비하느냐에 따라 앞으로 산출될 프로그램의 질이 결정될 뿐만 아니라 프로그램 개발이 체계적, 논리적, 객관적으로 이루어질 수 있는 토대가 마련된다. 그러므로 사회복지사가 프로그램을 개발할 때 프로그램의 불확실성을 줄이고, 합리성과 책임성을 높이며, 의사결정에서 참여자의 폭을 확대할 수 있는 합리적인 기획 과정은 반드시 거쳐야 하는 과정이다.

2. 프로그램 개발 과정

프로그램 개발 과정은 학자마다 다양하게 구분하고 있으나, 일반적으로 [그림 13-2]처럼 크게 프로그램 기획과 설계 단계, 프로그램 실행 단계, 그리고 프로그램 평가 단계로 구분할 수 있다(황성철, 2005). 여기서는 프로그램 기획과 설계 단계에 해당하는 기획 단계, 욕구 조사 단계, 목적과 목표 설정 단계, 프로그램 설계 단계 등을 각각 분리하여 프로그램 개발 과정을 살펴보고자 한다.

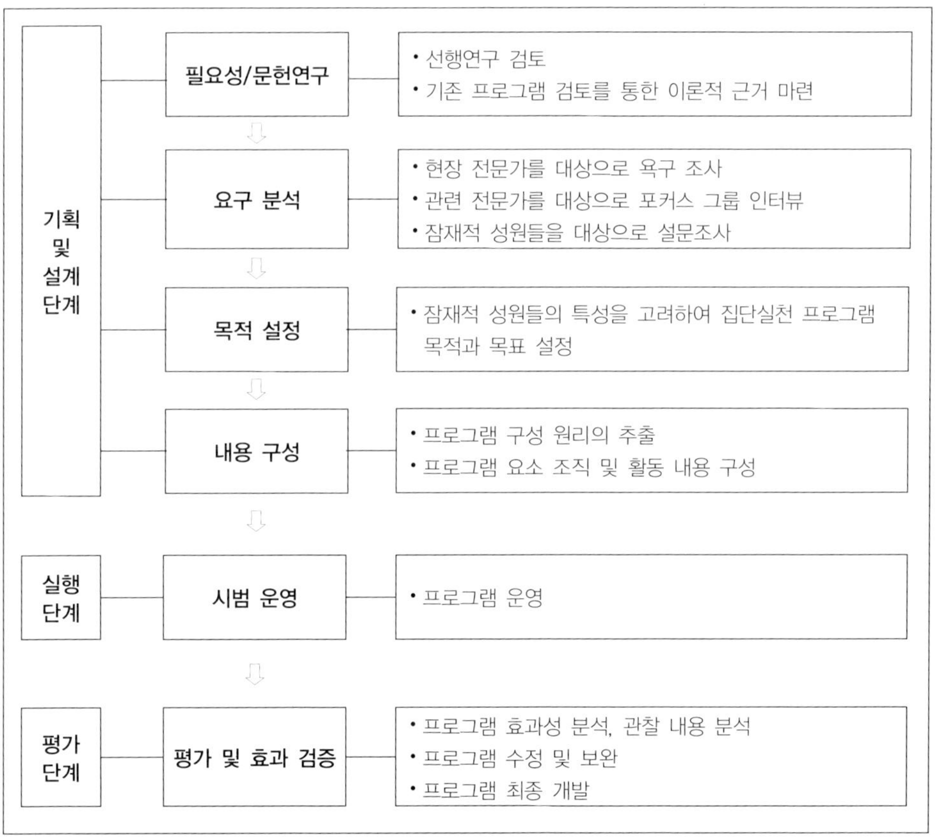

[그림 13-2] 집단실천 프로그램 개발 과정

1) 기획 단계

프로그램 기획 단계에서 가장 먼저 해야 할 것은 그 프로그램을 개발하는 이유, 즉 프로그램의 필요성이 무엇인지를 규정하는 것이다. 이것은 프로그램 개발과 관련된 상황에 대한 파악과 평가하는 과정으로 프로그램 개발의 상황 분석이라고 한다. 프로그램 개발의 상황 분석은 프로그램 개발의 기초 작업인 동시에 그것이 필요한 이유를 확인하는 타당화 과정이다. 따라서 프로그램 개발의 상황을 분석하는 것은 전체 프로그램의 밑그림을 그리는 작업에 비유할 수 있다. 이처럼 프로그램 개발은 상황 요소들과 직·간접적으로 관련이 있으므로 상황 분석을 통해 프로그램 개발에 영향을 미치는 모든 요인을 파악할 필요성이 있다.

대체로 상황 분석의 영역은 크게 네 가지로 구분할 수 있다(김진화, 2001). 첫째는 지역사회의 분석이다. 프로그램 개발은 지역사회의 상황과 여건을 고려해야 한다. 프로그램 참여가 예상되는 잠재적 성원들이 지역사회 주민이고 프로그램을 운영하는 사회복지기관이 지역사회에 소속되어 있기 때문이다. 그러므로 프로그램 개발은 지역사회의 체계적인 분석을 통해 지역사회의 다양한 여건을 수용하고 급속히 변화하는 상황에 적절히 대처해야 한다.

둘째는 소속 기관 및 조직의 분석이다. 사회복지사는 사회복지조직에 소속되어 있으므로 조직의 기능·구조·과정 등을 분석하는 것은 물론이고, 조직이 지향하는 철학적 이념, 임무, 책임 등에 대한 정확한 이해가 필요하다. 프로그램 개발은 조직의 상황 속에서 이루어지는 만큼 조직의 다양한 자원을 철저히 분석해야 프로그램 개발의 범위와 방향이 설정될 수 있다.

셋째는 사회적 맥락의 분석이다. 프로그램은 사회적 맥락을 반영해야 효용가치가 높다. 사회적 흐름과 일치되는 프로그램은 그 가치를 더 높게 평가한다. 그러므로 개발하고자 하는 프로그램이 사회적 요구와 어느 정도 일치되고 그것을 얼마나 반영할 것인가를 확인하는 작업은 매우 중요한 과제이다. 또한 사회적으로 쟁점이 되는 문제와 현안을 분석하는 것도 여기에 포함된다.

넷째는 이런 과정을 통해 어떤 이유에서 프로그램을 개발하게 되었는가에 대한 타당성 확인이다. 대체로 사회복지실천 현장에서 프로그램 개발은 사회복지기관, 클라이언트, 사회복지사, 그리고 외부의 요구 때문에 이루어진다. 어떤 요구에서 비롯되든지 프로그램 개발이 효과적으로 이루어지기 위해서는 프로그램 개발의 필요성이나 그 요구를 확인하는 과정이 필요하다. 만일 이런 과정이 적당히 진행되면, 프로그램 개발 과정 동안 다양한 제한 요인에 효과적으로 대처하는 데 많은 어려움을 경험하게 될 것이다.

한편, 집단실천 프로그램에 대한 기획은 사회문제[10)]의 분석으로부터 시작하는 것이 보통이다. 사회문제가 심각할수록 프로그램 개발의 필요성은 높아지게 된다. 따라서 집단사회복지사는 사회문제를 제대로 파악할 수 있는 통찰력을 지녀야 한다. 사회문제의 분석에서는 인간의 이성적인 삶의 질을 기준으로 하여 잠재적 성원들의 문제가 얼마나 심각한지를 객관적인 자료와 함께 제시하여야 한다. 또한 잠재적 성원들이 다른 지역과 집단보다 상대적으로 얼마나 박탈되어 있는지를 제시한다면, 그 프로그램의 필요성은 더욱 높아지게 된다.

사회문제의 원인과 실태가 정확히 파악되어야만, 차후의 욕구 사정과 프로그램 목적을 더 구체화할 수 있다. 사회문제에 대한 명확한 확인과 분석은 집단목적과 목표 설정을 위한 근거로 활용되고, 그 문제의 해결이 필요하다는 근거를 정당화한다. 사회문제의 분석 결과는 개발될 프로그램의 효과성 및 효율성과도 직결된다. 따라서 지역사회나 잠재적 성원들에게 어떤 변화가 나타나

---

10) 바람직하지 못한 사회 조건이나 상황이 사회문제가 되기 위해서는 사회 가치에 비추어 바람직하지 못하며, 상당수의 사람이 그 현상과 관련되어 고통·손해 또는 부당한 처우를 당하며, 상당수의 사람이 문제라고 인식하거나 일부 영향력 있는 사람이 문제로 인식하며, 사회가 전반적으로 개선을 원하며, 문제의 개선이 가능하며, 근본 원인이 사회 요인과 관련이 있고, 집단 또는 사회 차원의 노력으로 해결할 수 있다는 조건을 갖추어야 한다(Rubington & Weinberg, 1981).

야 하고, 그것의 사회적 비용 효과는 얼마나 될 것인지도 제시하는 것이 바람직하다. 특히 지역사회 혹은 잠재적 성원들과 관련된 문제를 분석하는 데 포함해야 할 구체적인 사항들을 살펴보면 다음과 같다(정무성 · 정진모, 2001).

첫째, 프로그램의 필요성에 대한 정보, 즉 잠재적 성원들의 파악이다. 지역사회의 상황 · 문제 · 욕구 · 이슈 등은 무엇이며, 얼마나 오랫동안 지속하였으며, 시간의 흐름에 따라 어떤 변화 과정을 거쳤으며, 그 역동성과 인과적 요인은 무엇인지 등 과거의 맥락에서 현재를 조명하는 것이 현재 상황을 가장 잘 설명하는 방법이기 때문에 매우 중요하다. 이렇게 수집된 자료들은 집단실천의 필요성, 기대하는 결과, 잠재적 성원들에게 접근하는 방법, 자원 동원의 계획 수립을 위한 기초 자료가 된다.

둘째, 기대하는 결과에 대한 정보이다. 즉, 잠재적 성원들이 기대하는 결과는 정확하게 무엇인가를 확인하는 것이 중요하다. 이는 잠재적 성원들의 기대, 사회복지조직과 집단사회복지사의 기대 등도 동시에 반영되어야 한다. 집단사회복지사는 성원들의 다양한 기대를 민감하게 수집해야 하지만, 이 때문에 비현실적인 기대를 하지 않도록 주의해야 한다. 또한 기대하는 결과는 바람직하여야 한다. 즉, 잠재적 성원들의 현재 상태가 과거 상태보다는 좋으리라는 것에 대한 확신이 있어야 한다. 다음으로 그 결과는 실현 가능한 것이어야 한다. 바람직한 장래의 상태가 현실적으로 성취될 수 있어야 한다. 이런 것들이 단순히 집단사회복지사의 판단에만 의존하지 말고 잠재적 성원들을 포함한 지역사회 주민들이 동의하는 것이어야 한다.

셋째, 기존 서비스에 대한 정보이다. 즉, 문제 해결을 위해 어떤 노력이 어디에서 얼마만큼, 또 얼마나 효과적으로 이루어지고 있는지 등을 조사해야 한다. 이를 통하여 프로그램의 중복을 예방하고, 동원할 수 있는 자원에 대한 구체적인 자료도 획득할 수 있다.

넷째, 인적 · 물적 자원에 대한 정보이다. 집단실천 프로그램을 개발하여 시행하기 전에 확보해야 할 자원과 프로그램의 진행에 따라 확보가 예상되는 자원의 증감에 따른 판단이 필요하다. 특히 외부 자원을 받아들일 경우, 프로그램의 의의가 상실될 가능성이 있는 경우에도 외부 자원을 계속해서 받아들일 것인가에 대한 논의가 있어야 한다.

다섯째, 관련 체계의 파악이다. 문제 분석 과정에서는 집단실천 프로그램 수행과 관련된 모든 체계를 파악해야 한다. 특히 서비스 참여자 체계의 경우에는 직접 혜택을 받는 성원, 집단, 기관뿐만 아니라 간접적인 혜택을 받는 집단들도 분석해야 한다.

여섯째, 조직 내 · 외의 승인 획득이다. 사회복지조직의 프로그램은 적절한 법적 타당성을 갖추고 관련 당사자의 관심과 기대로 이루어져야 한다. 따라서 지역사회 개입에 따른 사회복지조직 내 · 외의 승인이 필요하다. 내적으로는 사회복지조직의 공식적인 승인이 있어야 하며, 외적으로는 법적, 행정적, 정치적으로 문제가 없는 활동이어야 하므로 이런 상황을 확인하는 작업이 필요하다.

이와 같은 상황 분석을 토대로 집단실천 프로그램을 개발해야 할 필요성이 충분히 확인된 다음에는, 프로그램 개발의 기본 방향을 설정하여야 한다. 이는 추후 개발될 프로그램의 기본 성격과 특징, 중점 사항 등을 확인하는 것을 말한다. 여기서는 프로그램 개발의 범위와 참여 인력을 결정해야만 프로그램 개발 과정이 효율적으로 진행될 수 있다.

2) 욕구 조사 단계

① 욕구 확인

사회복지 프로그램은 참여자의 욕구나 문제를 인식하여 변화시킬 계획을 수립하고 그 계획을 실천함으로써 바람직한 상태 또는 환경을 만들어 내는 인간의 노력을 표현한 것이다. 따라서 집단실천 프로그램을 개발할 때, 먼저 잠재적 성원들의 발달 과업과 욕구에 대한 이해가 선행되어야 한다. 예를 들어 청소년을 대상으로 집단실천 프로그램을 개발할 때 그들이 당면한 문제나 욕구가 무엇인지를 다양한 논의를 통해 사정하고 원인을 규명하는 작업이 이루어져야 한다. 특히 그 프로그램은 주로 그 기관이 위치한 지역사회 청소년들이 직면한 욕구나 문제를 해결하는 활동과 관련된 것이므로 그 지역 청소년들의 욕구나 문제를 확인하는 작업이 필요하다. 지역사회 청소년의 문제나 욕구는 이미 알려진 경우와 그렇지 못한 경우가 있다. 전자의 경우에는 기존의 자료를 분석함으로써 욕구나 문제의 심각성과 확산 정도를 확인하는 것이 필요하다. 후자의 경우에는 지역사회 욕구 조사를 통해 문제나 욕구를 확인하는 것이 가장 좋은 방법이다.

집단실천 프로그램 개발을 위해서는 잠재적 성원들의 욕구를 살펴볼 필요가 있다. 욕구(need)란 무엇이 기준에 미달하여 그것을 필요로 하는 상태를 의미한다. 즉, 욕구는 무엇이 모자란 상태 때문에 불편을 겪고 있는 상황을 말한다. 이러한 욕구에 대한 개념 정의에서 중요한 문제는 누가 그 기준을 설정하느냐 하는 것이다. 이런 점을 고려하여 〈표 13-1〉과 같이 브래드쇼(Bradshow, 1977)의 욕구 유형을 중심으로 살펴보고자 한다(정무성, 2014; 황성철, 2005).

첫째는 인지적 욕구(perceived need)이다. 인지적 욕구는 선호(want)와 같은 것으로 사람이 스스로 무엇이 결핍되었거나 필요하다고 느끼는 욕구를 말한다. 주로 설문조사를 통해 서비스 참여자의 욕구나 필요한 것을 물어보는 방식이다. 이러한 인지적 욕구는 개인마다 다르므로 서비스 참여자의 진정한 욕구로 추정하는 것은 적절치 못할 수 있다. 서비스 참여자는 문제의 원인이 아니라 실질적인 증상을 호소하며, 전문가는 서비스 참여자의 실질적인 욕구라고 간주하는 것에 대해 서비스를 제공하는 경우가 많다.

둘째는 표현적 욕구(expressed need)이다. 표현적 욕구는 욕구를 느끼는 당사자가 그것을 충족하기 위해서 행한 행동이나 노력에 초점을 맞춘 것으로 어떤 서비스에 대해 느껴진 욕구가 행동으로 표출된 것이다. 이러한 표현적 욕구는 프로그램을 이용하는 참여자나 대기자의 수로 측정한다. 따라서 개인적인 차원에서 서비스 참여자가 바람직하다고 간주하거나 혹은 서비스를 선택할 때 결정 요인으로 작용하게 된다.

셋째는 비교적 욕구(comparative need)이다. 비교적 욕구는 다른 사람이나 다른 지역에서 받는 서비스와 비교해서 상대적으로 서비스를 받지 못함으로써 개인이 갖게 되는 욕구이다. 즉, 어떤 지역사회와 다른 지역사회의 서비스 수준 간의 차이를 측정하는 것으로 어떤 서비스 대상 집단이 받는 서비스 수준이 다른 집단보다 낮거나 부족하다고 생각될 때, 그 집단은 서비스의 보완이 필요하다고 보는 것이다. 이처럼 비교적 욕구는 다른 사람과의 관계에서 나타나는 상대적인 욕구로서 그 자체가 현실 욕구를 측정하는 적절한 수단으로 간주하지는 않는다.

넷째는 규범적 욕구(normative need)이다. 규범적 욕구는 객관적인 차원에서 진단된 욕구로서 현재의 상태와 바람직하다고 여겨지는 상태 간의 차이 혹은 그 부족분을 의미한다. 주로 전문가의 판단이나 의견과 같은 규범에 따라 규정된 욕구로서 바람직한 기준을 정하고 그 기준에 미치지 못하는 조건이나 상황이 있을 때 욕구가 있는 상태로 규정한다.

이처럼 욕구의 평가 방법이 서로 다를지라도 상호 배타적이 아니며, 오히려 상호 의존적으로 각자가 관련 정보를 제공해 주며 문제의 종합적인 이해에 도움을 준다. 욕구를 중심으로 프로그램 계획을 수립할 때, 집단사회복지사는 잠재적 성원들의 욕구와 사회문제와의 관계를 인식해야 한다. 욕구가 있다는 것은 사람이 무엇인가 결핍을 느낀다는 것이다. 이러한 특정 욕구의 충족은 이와 관련된 사회문제의 해결 혹은 감소의 결과가 나타나야 한다.

〈표 13-1〉 브래드쇼의 욕구 유형

욕구 유형	욕구 규정 주체	강점	한계	예: 아동 무료급식
인지적 욕구	클라이언트	• 당사자의 정확한 욕구 파악이 쉬워 이에 반응하는 서비스 계획 가능 • 필요한 서비스 내용과 정도에 대한 정보	• 욕구 기준이 응답자의 인지 수준에 따라 차이 발생 • 인지된 욕구가 진정한 욕구로 보기 어려움 • 과대 추정될 가능성이 있음	• 설문조사를 통해 파악된 아동급식이 필요하다고 응답한 수
표현적 욕구	클라이언트	• 인식을 실제 행동으로 옮긴 상황에 초점을 두어 계획 수립이 용이 • 수요에 따른 공급 규모 결정	• 전체 지역사회의 욕구에 관한 관심 부족 • 표현하지 않은 잠재적 클라이언트 무시	• 아동급식 서비스 이용자 수 혹은 서비스 대기자 수
비교적 욕구	전문가	• 각종 지표 비교를 통해 욕구 규모와 내용 파악이 쉬움 • 형평성을 고려하여 프로그램에 반영	• 해당 집단의 욕구와 비교집단의 욕구가 다를 수 있음 • 상대적으로 서비스를 많이 받는다는 이유로 서비스 대상에서 제외될 수 있음	• 다른 지역의 아동급식 서비스 수혜 대상자 규모 혹은 금액
규범적 욕구	전문가	• 객관적, 표준적 기준 존재 • 프로그램의 목표 설정과 계량화가 쉬움 • 목표 달성 정도를 측정하기가 쉬움	• 욕구 수준이 전문가의 지식·기술·가치 혹은 시간의 변화에 따라 달라질 수 있음 • 전문가의 견해차에 따른 차이 발생	• 정부가 정한 아동 급식비

이처럼 욕구 확인은 집단실천 프로그램의 성격을 규명할 수 있는 단계, 즉 서비스 참여자의 욕구를 파악하여 분석하는 단계이다. [그림 13-3]과 같은 욕구 조사 피라미드[11]와 같은 다양한 자료수집 방법을 통하여 잠재적 성원들의 욕구나 문제의 성격과 특성을 파악함으로써 목표를 설정하고 구체적인 전략을 수립하는 과정들이 포함된다(서인해 · 공계순, 2001). 이 과정을 통해 집단실천 프로그램에 참여하는 성원들이 지역사회의 문제와 자신의 욕구에 대한 인식과

11) 욕구 조사 피라미드 모형에서는 4단계의 욕구 조사의 필요성을 주장하고 있다. 1단계는 손쉽게 구할 수 있는 이차적·행정 자료로부터, 2~3단계는 그다음으로 쉽게 획득할 수 있는 조사기법으로, 마지막 4단계는 1~3단계에서 수집된 자료를 토대로 지역 전체의 욕구실태를 파악하기 위해서 무작위표본추출을 기반으로 지역주민조사의 필요성을 주장하고 있다. 단계별 욕구 조사의 시행 주기는 1~2단계는 1년에 한 번, 3단계는 3~4년에 한 번, 마지막 단계는 5년 만에 한 번씩 하는 것이 비용적인 측면에서 효율적일 뿐만 아니라 욕구 파악의 내용적인 측면에서 효과적이다.

분명한 목표 의식, 그리고 올바른 방향성을 확립하는 기회가 되도록 해야 한다. 그런데 많은 집단실천 프로그램은 잠재적 성원들의 욕구나 문제보다는 우선 나타나는 현상에 급급하여 '무엇을 할까?'를 성급히 결정하는 경향이 높다. 그래서 잠재적 성원들이 아니라 프로그램 담당자의 관점에서 집단실천 프로그램을 개발하는 경우가 종종 있다. 서비스 대상자인 잠재적 성원들의 욕구나 문제 접근이 올바르게 되어야 집단실천 프로그램이 달성하고자 하는 목적과 목표를 바람직하게 설정할 수 있다.

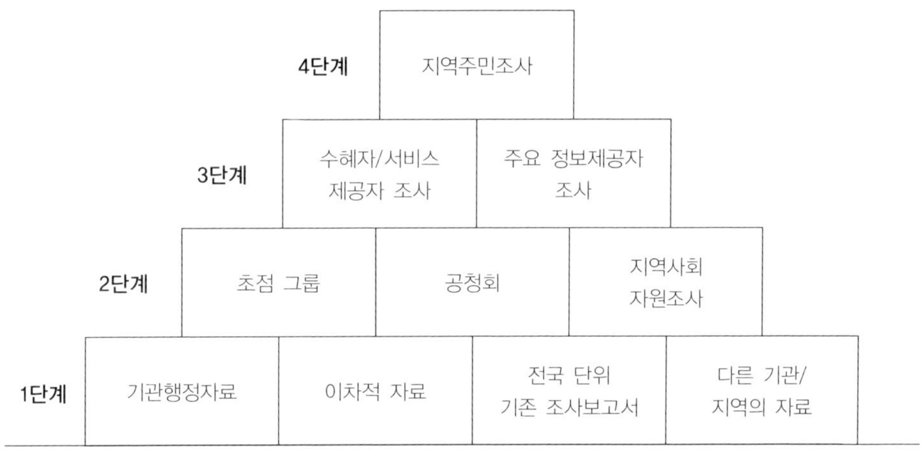

[그림 13-3] 욕구 조사 피라미드

② 욕구의 증거자료 수집방법

지역사회의 동의를 얻고 발견된 욕구 충족을 위한 자원을 동원하기 위해서는 통계수치나 이론적인 증거를 제시해야 한다. 그러한 욕구 충족과 문제 해결의 필요성에 대한 증거는 다음과 같은 방식으로 제시할 수 있다(이봉주·김기덕, 2014).

첫째, 욕구 충족과 문제를 해결해야 한다는 도덕적, 윤리적, 법적 원칙을 제시한다. 즉, 그 문제나 욕구를 더는 내버려 둘 수 없는 이유를 윤리적 차원 또는 사회 규범적 차원에서 지적한다. 가령 아동학대의 문제는 사회적 규범과 윤리에 비추어 볼 때, 절대 내버려 둘 수 없는 문제라고 주장하는 것이 여기에 해당한다. 둘째, 욕구나 문제로 발생한 구체적인 피해를 제시한다. 예를 들어 방과 후 방임문제로 발생한 방임 아동의 수를 제시하여 방과 후 방임문제를 해결할 필요성을 역설한다. 셋째, 욕구의 부족이나 문제로 고통받는 사람들의 숫자를 제시한다. 예를 들어 아동학대 문제의 해결 필요성을 주장하면서 실제로 작년 한 해 동안 지역사회 내 아동학대의 숫자를 제시한다. 넷째, 지금 그 욕구나 문제를 해결하지 않는다면 앞으로 그것으로 인해 피해를 볼 사람들의 수에 대한 예측을 제시한다. 현재 아동학대로 고통받는 아동의 수와 매년 발생하는 아동학대 비율을 근거로 몇 년 후의 추세에 대한 예측을 제시하고 지금부터 대책 수립의 필요성을 제시한다. 다섯째, 현재 그런 공백이나 결함을 처리할 프로그램이 지역사회에 존재하지 않거나 있다 하더라도 충분치 않다는 증거를 제시하거나 기존 프로그램의 한계를 언급한다. 아동학대의 문제가 지역사회에서 발생하고 있지만, 실제로 아동학대를 예방하거나 개입할 수 있는 프로그램이나 관련 기관이 부족하다는 것과 그 프로그램의 한계를 제시하는 것도 문제해결의 필요성에 대한 증거를 제시하는 방법이다. 특히 현재와 같이 효율성이 중시되는 시대에는 문제를 효율적으로 제기하는 것도 상당히 효과적이다. 여섯째, 만약 그 욕구의 충족과 문제가 해결되지 않으면 다른 분야에서 파생될 피해에 대한 예측을 제시하면서 새로운 프로그램 개발의 필요성을 제안한다. 예를 들어 지금 아동학대의 문제를 해결하지 못하면, 향후 그 문제가 더욱 심화하여 더 큰 사회문제가 발생할 수 있다는 점을 지적하는 방법이다.

③ 참여자 선정

집단사회복지사가 문제나 욕구를 분석하고자 할 때 수행해야 할 일은 다루고자 하는 문제나 욕구에 대한 명확한 개념 정의, 문제나 욕구를 측정하기 위해 그 개념을 계량적인 용어로 조작화, 그 문제나 욕구가 얼마나 분포되어 있는가를 확인하는 것 등이다. 다양한 방법으로 프로그램 참여자 집단을 파악할 수 있지만, 자료가 부족한 상황에서도 문제나 욕구의 위험집단이 구체적으로 누구인가를 추정해야 한다. 이때 단순히 인구·사회학적인 정보를 바탕으로 문제나 욕구 집단의 규모를 추정하는 방법이 표적집단 추정 방법이다. 이 추정 방법은 사후 결론보다는 이성에 의한 논리성에 바탕을 두어 사전에 표적집단의 개념을 정하고, 그 분포와 규모를 대략 추정하면서 범위를 좁혀가는 접근 방법이다(정무성, 2014; 최일섭·이창호, 1993).

이 추정 방법에서 일반집단(general population)은 해당 문제나 욕구에 노출되어 있다고 판단되는 가장 포괄적인 대상 인구집단이다. 집단실천 프로그램을 시행할 사회복지기관의 행정 담당 지역 내에 거주하면서 그 문제나 욕구의 속성과 관련이 있는 전체 인구집단을 지칭한다. 예를 들어 '대전광역시 중구 문화동 초등학생 전체 3,000명'으로 제시할 수 있다.

위험집단(at-risk population)은 일반집단 중에서 그 문제나 욕구에 노출되어 더 영향을 쉽게 받을 위험이 있는 하위 인구집단을 지칭한다. 위험집단을 기술하는 데 있어서 전형적으로 가장 영향을 받기 쉬운 사람들의 특징을 포함하고, 이러한 문제를 경험하고 있는 사람들의 집단을 제시하며, 개입이 필요한 사람들을 추정하여 산출해야 한다. 예를 들어 '대전광역시 중구 문화동 초등학생 중 맞벌이 가정(전체 20%) 초등학생 600명'으로 제시할 수 있다.

표적집단(target population)은 수행하려는 집단실천 프로그램의 제공을 통해 문제 해결의 대상으로 삼는 집단으로 관련 서비스를 직접 받아야 할 적격성을 갖춘 참여자를 지칭한다. 지역사회로부터 분리된 모든 위험집단이 특별한 개입 대상이 되는 것은 아니다. 참여자들을 위험에 빠뜨리는 복잡하고 다양한 원인이 존재하기 때문에 하나의 프로그램으로 특정 사회복지조직에서 그 모든 것을 해결할 수 있는 것은 아니다. 프로그램 이론과 조직 자원이 표적집단의 한계를 결정하는 두 가지 중요한 요인이 된다. 즉, 예방 프로그램은 이미 프로그램을 경험했던 사람을 제외한 전체 인구가 대상이 되기 때문에 대체로 치료 프로그램보다 더 넓은 표적집단을 갖는다. 반면에 치료 프로그램은 구체적인 문제가 있는 참여자로 한정한다. 프로그램 후원자나 재원도 표적집단의 한계를 설정할 수 있다. 이처럼 위험집단으로부터 표적집단을 추출할 때는 어떤 기준을 정하여 문제의 심각성이 높은 집단을 선정하되, 참여자는 프로그램에 접근할 수 있는 지리적 경계 내에 있는 사람들로 한정해야 한다. 예를 들어 '위험집단 중 오후 9시 이후까지 보호자가 없는(10%) 초등학생 60명'으로 제시할 수 있다.

마지막으로 클라이언트 집단(client population)은 해당 프로그램이 시행될 때, 표적집단 중에서 실제로 그 프로그램을 이용하는 참여자들로서 이들은 보통 서비스 전달 방법에 따라 결정된다. 서비스 접근성의 문제로 인하여 표적집단 전체가 클라이언트 집단이 되기에는 현실적으로 어렵다. 따라서 집단사회복지사의 중요한 과제는 표적집단 중에서 그 프로그램에 참여할 대상자를 결정하는 것인데, 다음과 같은 세 가지 요인이 기준이 될 수 있다. 첫째는 실현가능성으로서 가장 일반적인 고려는 프로그램의 수용 능력이다. 어떤 참여자를 대상으로 서비스를 제공할 것인지에 대한 기준이 있어야 한다. 둘째는 자발성과 자기결정권이다. 프로그램에 참여할 자격이 있는 사람이 서비스를 받는 것을 원치 않을 수도 있다. 예외적인 경우를 제외하고는 프로그램에서 참여자는 자발적이어야 하고, 적어도 그들 자신이 서비스를 받는 것을 선택할 수 있는 지각이 있어야 한다. 셋째로 참여자의 능력이다. 프로그램으로부터 이익을 얻기 위해서는 참여자가 어떤 능력과 자원이 있어야 한다. 이것을 고려하여 프로그램을 만들어야 하며, 집단사회복지사는 프로그램으로부터 참여자가 이익을 얻는 데 필요한 최소한의 능력이 무엇인지를 알아야 한다(황성철, 2005). 예를 들어 '표적집단 중 본 기관 인근에 거주하고 부모의 동의와 프로그램 참여

의사가 있는 초등학생 10명'으로 제시할 수 있다. 그런데 표적집단 전체를 대상으로 프로그램을 진행하는 경우는 표적집단과 클라이언트 집단이 같을 수 있다.

이와 같은 프로그램 참여자 선정 과정은 사회복지조직의 자원과 한계 범위 내에서 이루어진다. 따라서 프로그램 개발 과정에서 사회복지조직의 자원 동원과 관리 능력 등에 대한 검토가 이루어져야 한다. 즉, 프로그램 실행에 필요한 인적·물적 자원을 어떻게 개발하여 활용할 것인지를 점검해야 한다. 또한 클라이언트 집단의 문제 해결과 욕구 충족을 위한 집단사회복지사의 지식, 기술, 경험 등이 어느 정도 수준인지도 검토해야 한다(권중돈 외, 2012).

3) 목적과 목표 설정 단계

집단실천 프로그램 참여자의 문제나 욕구가 확인되면, 그 문제 해결이나 욕구 충족을 위한 프로그램의 목적과 목표를 명확히 설정하여 진술하는 과정이 뒤따라야 한다. 일반적으로 목적은 더 포괄적이고 궁극적이며 일반성을 갖는 개념이고, 목표는 이보다 구체성을 가진 개념이다. 목적은 거시적이며 포괄적이고, 추상적이며 장기적인 방향 의식이다. 하지만 목표는 더 미시적이며 부분적이고, 구체적이며 단기적인 방향 의식으로서 설정된 목적을 근거로 더욱 세분된 차원에서 설정된다. 이러한 목표는 다시 더 구체적인 하위 목표로 세분되기도 한다.

① 목적의 진술

프로그램 목적이란 누구의 어떤 문제나 욕구를 어떤 방법으로 어떻게 변화시킬 것인가와 관련된 추상적 진술을 말한다. 즉, 프로그램 목적이란 조직의 설립 이념과 목적으로부터 논리적으로 유추해 낸 프로그램의 궁극적 지향점이다. 일반적으로 프로그램 목적은 프로그램이 의도하는 것을 구체적으로 명시함으로써 잠재적 성원들에게 선행적 기대를 하게 할 뿐만 아니라 실행 과정에서 집단사회복지사에게 정체성을 갖게 하는 근거가 된다.

이러한 프로그램 목적의 진술은 상황, 대상, 내용, 의도 등 네 가지 요소가 포함되어야 한다. 즉, '상황'은 성원들이 처해 있는 상황이나 현재 상태를 명시하며, '대상'은 프로그램 참여자인 성원들을 제시하고, '내용'은 성원들이 경험하게 될 프로그램의 포괄적인 내용을 명시한다. 그리고 '의도'는 프로그램에 참여한 성원들이 프로그램 종결 후 변화될 궁극적인 기대효과를 명시한다(김진화, 2001). 예를 들어 "다문화에 관심이 있는 아동들을 대상으로(상황/대상) 지구탐험대라는 문화역량강화 집단 프로그램(내용/추진수단)을 통해 참여 아동들의 문화에 관한 지식과 태도를 향상하고, 자발적으로 계속해서 지역사회와 공유함으로써(직접적인 효과/무엇을 달성할 것인지) 민주시민으로 성장하는 기반을 마련하고자 한다(궁극적 기대효과)."로 진술할 수 있다. 다른 예로는 "지역사회에서 사회적 배제를 경험하는 주민들을 대상으로(상황/대상) 역량 강화 집단 프로그램을 시행하여(내용/추진수단) 성원들의 내적 역량 강화와 사회적 관계망을 향상함으로써(직접적인 효과/무엇을 달성할 것인지) 주도적으로 지역사회 문제에 참여하는 기반을 마련하고자 한다(궁극적 기대효과)."로 진술할 수 있다.

② 산출목표와 성과목표

집단실천 프로그램의 목적으로부터 유추되는 목표는 프로그램을 통해 달성하거나 변화시키고자 하는 바를 어느 정도까지 달성 또는 변화시킬 것인지를 적시한 것을 의미한다. 이러한 목표는 분류 기준에 따라 다양하게 구분할 수 있지만, 대체로 산출목표와 성과목표로 구분할 수 있다. 먼저 산출목표는 과정목표라고도 하며, 프로그램 운영을 통해서 과정을 점검하고 통제하여 성과목표가 달성되는 방향으로 진행되도록 돕기 위한 것이다. 즉, 산출목표는 성과목표 달성에 이바지하는 데 필요한 수단적 성격의 목표를 말하는데(김진우. 2018), 활동에서 기재한 사업내용을 실제로 수행한 것이거나, 활동 결과인 목표치를 의미한다. 따라서 산출목표는 프로그램 수행과정별로 이루어지거나 설정될 수 있는 목표로서 집단실천 프로그램의 성원 10명을 모집한다든지, 프로그램 회기를 10회로 한다든지 등을 의미한다. "내가 혹은 우리 기관이 집단실천 프로그램을 기획 · 진행하면서 이 정도의 내용을 갖추겠다."라는 것을 의미한다. 예를 들어 학교 부적응 아동 10명에게 주 1회(2시간), 총 12회 집단실천 프로그램을 제공하는 것으로 작성할 수 있다.

반면 성과목표는 〈표 13-2〉와 같이 성원들의 삶의 질 변화를 목표로 삼는다(김상곤 외, 2012). 삶의 질 변화란 성원들의 환경, 지위, 행동, 기능, 태도, 감정 등이 바람직한 방향으로 변화되거나 현재의 바람직하지 못한 상태에서 벗어나는 것을 의미한다. 이처럼 성과목표는 인적 · 물적 노력과 시간을 투입하여 최종적으로 달성하고자 하는 목표, 즉 일련의 프로그램이 진행된 결과 서비스 참여자인 성원들의 변화를 나타내는 최종적인 목표를 뜻한다. 성과목표는 사업참여자, 사업내용, 성과지표 등과 연결되어 있는데, 이 프로그램이 진행되면 '자신에 대한 이해가 증진된다든지, 다른 성원들과의 관계가 향상된다든지' 하는 목표를 말한다.

〈표 13-2〉 성과목표의 차원과 초점

분류	초점	예시	비고
개인 차원	내적기능 향상	• 자아존중감 향상 • 우울 감소 등	척도 사용
	인식	• 차별에 대한 인식	척도 사용
	태도	• 성역할 태도 변화	척도 사용
	행동	• 아동의 공격행동 변화 • 문제행동 변화	척도 사용
사회 차원	사회적 인식	• 지역사회 인식 변화	
	지역사회	• 지역주민의 응집력 • 네트워크 강화	과정 평가 척도 사용

산출목표가 집단사회복지사 또는 기관으로서 어떤 것을 하겠다는 것이라면, 성과목표는 서비스 참여자인 성원의 관점에서 어떤 측면이 얼마만큼 변화할 것인지를 보여주는 것이다. 이처럼 목표를 설정하고 표현할 때는 산출목표와 성과목표를 연결하여 제시하여야 한다. 아울러 산출목표의 내용은 이후 세부 단위 프로그램 활동의 내용과 일치하여야 한다(김진우, 2018).

③ 목표의 설정 기준

장래에 달성하고자 하는 상태인 목표는 문제나 욕구의 완전한 해결이 될 수도 있지만, 더 많은 경우 목표에 접근한 상태 또는 현재보다 나은 상태로 만드는 것이 될 수도 있다. 이처럼 목표는 포괄적인 관점에서 보면, 설정된 목적을 세분화하여 성원들이 특정의 행동 변화를 하도록 하는 진술의 형태이다. 이와 같은 목표를 설정하는 데 고려해야 할 유의사항을 살펴보면 다음과 같다(정무성, 2014; 황성철, 2005).

첫째, 목표는 설정된 목적과 논리적으로 적절한 연관 관계를 맺어야 한다. 프로그램의 목표는 프로그램의 목적뿐만 아니라 조직이나 기관의 사명과도 일치해야 한다. 어떤 목표가 사회적으로는 의미가 있을 수 있어도 목적 구조와 조직의 활동 영역에는 맞지 않는 경우가 있다. 특히 이러한 목표 설정에 프로그램의 잠재적 성원들을 참여시키는 것은 그들의 권리 보호뿐만 아니라 추후 프로그램에서 잠재적 참여자나 후원자의 확보라는 점에서 집단실천 프로그램의 성패와도 직결된 문제라 할 수 있다.

둘째, 목표는 구체적으로 작성해야 한다. 구체성은 모든 사람이 같은 의미로 이해할 수 있는 용어로 작성해야 하며, 학문적으로도 근거가 있어야 한다는 것이다. 예를 들어 "아동이 집단실천 프로그램에 참여하여 좋은 친구관계를 형성한다."로 작성하기보다는 "아동이 사회성 기술을 습득하여 대인관계 능력이 향상된다."로 표현하는 것이 좋다.

셋째, 목표는 그 성취수준에 대해 측정이 가능하게 서술되어야 한다. 즉, 측정 가능한 용어는 산술적으로 측정할 수 있거나 측정도구를 활용할 수 있어야 한다. 예를 들어 "학교 부적응 학생이 집단실천 프로그램에 참여하여 더 즐거운 학교생활을 한다."로 작성하기보다는 "학교 부적응 학생이 집단실천 프로그램에 참여하여 학교 출석률이 향상된다."로 표현하는 것이 좋다.

넷째, 목표는 현실적으로 달성 가능해야 한다. 프로그램은 철저히 현실에 기반을 두어야 하지만, 때로 프로그램 실행방법 자체가 가능성이 없는 경우를 목표로 설정하는 때도 있다. 예를 들어 "결혼이주여성이 취업준비 집단실천 프로그램에 참여하여 원하는 직장에 취업한다."로 작성하기보다는 "결혼이주여성이 취업준비 집단실천 프로그램에 참여하여 취업에 필요한 요리기술을 습득한다."로 기술하는 것이 더 좋다.

다섯째, 목표는 결과 지향적으로 작성해야 한다. 프로그램은 결과를 염두에 두고 실행되는 계획된 활동이기 때문에 목표에는 결과가 제시되어야 한다. 예를 들어 "아동들이 집단실천 프로그램에 참여한다."로 작성하기보다는 "아동들이 집단실천 프로그램을 통해 집단에 대한 소속감이 향상된다."로 표현하는 것이 좋다.

여섯째, 목표는 시간의 제약을 받는다. 목표에는 성취되어야 하는 시간의 틀이 포함되며, 이러한 시간기준으로는 회계연도, 프로그램 연도, 월별, 분기 등이 있다. 목표에 시간 제한성을 제시하면, 다른 활동이나 서비스와의 순차성이나 연계성도 명확하게 파악할 수 있다는 점에서 유용하다.

일곱째, 목표는 긍정적인 방향으로 표현되어야 한다. 이때 정말 유의해야 할 것은 '~시킨다'로 표현하는 것은 성원들을 수동적 존재로 만드는 것이기 때문에 사용하지 않아야 한다. 예를 들어 "청소년이 진로 탐색 집단실천 프로그램에 참여하여 무단결석이 감소한다."로 작성하기보다는 "청소년이 진로 탐색 집단실천 프로그램에 참여하여 출석률이 향상된다."로 기술하는 것이 더 좋은 표현이다.

여덟째, 목표는 단 하나의 명확한 평가 기준만을 내포하도록 설정되어야 한다. 즉, 목표는 여러 개의 평가 준거를 내포하고 있거나, 불분명한 평가 준거를 담고 있는 경우는 바람직하지 않다. 하나의 확실한 평가 준거를 담고 있는 목표는 프로그램의 현실성과 효율성을 높이는 데 도움이 된다.

4) 프로그램 설계 단계

잠재적 성원들의 문제나 욕구를 확인하고 그 문제 해결이나 욕구 충족을 위한 프로그램의 구체적인 목표를 설정하게 되면, 그 목표를 달성하기 위한 프로그램을 구체적으로 설계하는 작업을 수행해야 한다. 프로그램 설계는 사전에 계획된 프로그램을 더욱 실행 가능한 구체적인 형태로 변환하는 과정이다. 그러므로 프로그램 설계는 목적 달성을 위한 다양한 대안을 발견하고, 동원 가능한 자원들을 검토하여 최종적으로 하나의 대안을 선택하는 것으로 이루어진다.

프로그램 설계안을 작성하는 과정은 집을 지을 때 설계도가 있는 것과 마찬가지로, 프로그램을 더욱 효과적으로 수행하기 위해 치밀한 설계안을 작성하는 단계이다. 여기서는 프로그램의 전체 단계에 걸쳐서 언제, 어디서, 누가, 어떤 일을 수행해야 하고, 어떤 방법으로 프로그램을 진행해야 하는 가를 적절한 순서로 배열하면서 전체적으로 세밀하게 기술한다. 프로그램 설계 역시 계획안과 마찬가지로 프로그램의 실행활동뿐만 아니라 평가활동, 프로그램 개발의 방침이나 절차의 준거, 프로그램 관리 운영방안 등 프로그램 개발을 위해 수행되어야 할 제반 활동과 요소에 대해서도 더 구체적으로 면밀하게 기술하여 이 설계안만 있으면 그대로 시행할 수 있도록 작성해야 한다.

① 자료 수집

프로그램의 목적과 목표가 설정되면, 이러한 목적과 목표 달성의 방법을 모색하기 위해서 관련 자료를 수집하고 적절한 대안을 마련해야 한다. 이를 위해서는 먼저 프로그램 가설을 설정하는 것이 필요하다. 이때 프로그램 가설은 '만일 ~하면, ~할 것이다'의 문장으로 작성한다(황성철, 2005). 예를 들어 "성원들이 자기표현기술을 습득하게 되면, 자아존중감이 향상될 것이다."와 같은 프로그램 가설을 설정할 수 있다. 이때 프로그램 가설은 프로그램의 목적과 목표와 밀접한 관련이 있어야 한다. 이처럼 프로그램 가설이 설정되었다면, 프로그램의 세부 내용을 구성하는 개입 전략과 서비스 형태에 대한 설계가 이루어진다. 이런 과정에서 집단사회복지사는 잠재적 성원들이 직면한 문제와 욕구가 무엇인지를 확인해야 한다. 이를 위해 관련 자료의 검토, 기존의 유사한 프로그램 조사, 그리고 다양한 방법으로 자료를 수집해야 한다.

그러나 더욱 중요한 것은 집단사회복지사가 "잠재적 성원들이 무엇을 원하며, 어떤 문제를 해결하기를 기대하는가?"에 초점을 두고 자기 생각을 집단의 목적에 맞추어 정리하는 작업이다. 아무리 실행할 수 있고 효과성이 입증된 프로그램이라도 잠재적 성원들이 원하지 않는 서비스라면 의미가 없을 뿐만 아니라 프로그램 목적과 관련이 없으면 무의미하기 때문이다. 따라서 프로그램 활동 내용을 선정하기 위한 기초 작업으로 잠재적 성원들의 욕구와 문제에 대해 평상시에 계속 관찰하고(see), 생각하고(think), 해 본 것(do)을 체계적으로 정리하는 작업이 필요하다. 즉, 좋은 프로그램을 개발하기 위해서는 평소에 잠재적 성원들의 욕구와 문제를 관찰하여 해결책을 생각하는 과정에서 얻은 아이디어를 기록하고, 생각한 것을 실제 적용을 통해 평가하여 수정하고 보완하는 작업이 중요하다. 그러나 아무것도 없는 상태에서 새로운 아이디어를 만들어 내기는 쉽지 않다. 따라서 다양한 사회복지실천 현장을 자주 방문하거나, 다른 조직에서 발간한 자료를 참조하여 창의적으로 모방하는 것도 좋은 방법이 될 수 있다. 즉, 다른 사회복지조직에서 실행하고 있는 프로그램을 직접 보고(see), 창의적으로 모방하는 것(copy) 또한 프로그램의 세부 내용을 구상하는 데 좋은 방법이 될 수 있다.

② 프로그램 활동 내용의 선정

프로그램 활동 내용의 선정이란 프로그램 참여자들이 설정된 목적과 목표를 달성하는 데 필요한 프로그램의 활동 내용을 선택하여 그 범위를 결정하는 것을 말한다. 이러한 프로그램 활동 내용을 선정할 때 고려해야 할 몇 가지 기준을 제시하면 다음과 같다(정무성 · 정진모, 2001; 황성철, 2005).

첫째는 합목적성의 원리이다. 이는 프로그램 활동 내용으로 선정된 것은 설정된 목적과 목표의 달성에 부합되는 내용이어야 한다는 것을 의미한다. 예를 들어 성원들의 자아존중감을 향상한다는 목표를 설정했다면, 자아존중감의 향상에 도움이 되는 프로그램 활동 내용을 선정하여야 한다. 둘째는 동기유발의 원리이다. 프로그램 활동 내용의 선정에서 가장 중요한 것은 잠재적 성원들의 욕구와 흥미, 능력 수준 등을 고려하여 선정하여야 한다. 그렇게 될 때 성원들은 자발적으로 그 프로그램 활동에 적극적인 자세로 임하게 될 것이다. 셋째는 성취 가능성의 원리이다. 이는 선정된 프로그램 활동 내용을 통해 성원들의 행동 변화가 실질적으로 나타날 수 있어야 한다는 원리이다. 아무리 좋은 프로그램 활동을 선정하였다고 하더라도 성취 가능성이 없으면 좋은 내용이라고 할 수 없다. 넷째는 기회의 원리이다. 이는 선정된 프로그램 활동 내용이 프로그램의 목적과 목표가 규정하는 행동을 수행하고 경험할 기회를 성원들에게 제공해야 한다는 원리이다. 이런 원리가 충족될 때 성원들은 그 내용을 통해 집단의 목적과 목표에서 지칭하는 구체적인 행동을 쉽게 달성할 수 있다. 다섯째는 포괄성의 원리이다. 이는 선정된 프로그램 활동 내용은 가능한 여러 성과를 얻을 수 있도록 포괄적이고 다양해야 한다는 것을 말한다. 이런 원리는 동기유발, 주의 집중, 계속된 흥미 유도, 그리고 적극적인 참여와 긍정적인 태도를 유지하는 데 절대적으로 필요하다. 여섯째는 현실성의 원리이다. 이는 선정된 프로그램 활동 내용은 사회 현실을 적극적으로 반영하며, 일상생활에서 적용될 수 있는 활동 내용이어야 한다. 모든 프로그램 활동은 사회·문화적인 현실 속에서 적합한 것이어야 하며, 그러기 위해서는 선정된 활동 내용이 실용성을 갖추어야 한다.

③ 프로그램 활동 내용의 작성

프로그램 활동 내용은 제시한 목표를 달성하기 위한 구체적인 수단으로서 다양한 묶음의 세부 프로그램으로 구성된다. 이러한 세부 프로그램이 어떤 성과 목표를 달성하기 위한 것인지를 보여주어야 한다. 〈표 13-3〉과 같이 그러한 프로그램 활동 내용을 기술하는 데 필요한 것은 세부 프로그램을 시행하기 위한 활동이나 수행 방법을 구체적으로 제시하는 것이다. 아울러 프로그램 활동은 성과목표와의 관계에서 배타적인 성격을 띠는 것이 아니라 프로그램 활동이 시행되면 동시에 두 가지 이상의 성과목표 달성에 영향을 미칠 수도 있다(김진우, 2018). 이러한 프로그램 활동 내용을 토대로 집단실천에서 시행할 회기별 집단실천 계획서를 [그림 13-4]처럼 구체적으로 작성하여야 한다.

〈표 13-3〉 프로그램 활동 구성

단계	회기별 주제		목표	내용
예비 모임	오리엔테이션		•프로그램의 취지를 정확하게 전달하고, 개별 성원의 욕구 파악	•집단실천 프로그램의 목적 및 일정 안내 •집단목적 및 집단규칙 합의
초기 단계	1	나는 누구인가?	•프로그램의 목표, 진행과정, 진행방법 등을 이해 •프로그램에 대한 취지와 의미를 명확히 이해 •자기소개를 통하여 성원 간의 친밀감 형성	•자기소개 •나의 어린 시절, 청년기 및 이후, 나의 성격에 관한 이야기
	2	기억에 남는 것과 남는 사람들	•자신의 기억을 더 체계적으로 정리하고, 자신에 대해 더 솔직하게 드러내도록 함	•기억에 남는 것과 남는 사람들에 관한 이야기
중간 단계	3	나의 인생곡선	•각자의 인생에 대해 체계적으로 정리하는 기회 얻음	•내 인생의 전환기, 꿈과 좌절의 시기에 관한 이야기
	4	노인으로 살아가기	•본격적으로 노인 자신의 현재 삶을 돌아보는 시간을 가짐	•노인으로 살아가면서 느낀 점에 관한 이야기
	5	자녀에게 하고 싶은 말	•자녀와의 관계를 생각하면서 현재 자신의 삶을 점검함	•자녀와의 관계에서 일어나는 일들에 관한 이야기
	6	노인으로 잘 사는 것이란?	•현재 자신의 삶을 생각하면서, 각자에게 좋은 삶은 무엇인지 생각을 정리	•자신의 일과를 통해 현재 생활을 점검하고, 좋은 노인은 어떤 모습인지 이야기
종결 단계	7	나에게 중요한 것, 사람들에게 바라는 것	•앞으로 남은 생이 활기차고 보람 있고, 삶의 질이 향상될 방안을 생각 •모임을 통해 일어난 일을 회고하며, 성원 간의 친밀감 확인	•희망 사항에 대한 이야기 •종합평가 •종결 평가 설문지 작성 •종결 후 식사 모임
사후 평가	종결 2~3 주후	개별면접을 통한 사후 평가	•프로그램을 평가함으로써 2~3주 후에는 어떤 효과가 있는지 확인	•사후 평가 설문지 작성

출처: 이가옥 외(2004). p. 21.

집단명		집단사회복지사명	
일시		회기 장소	
준비물		기타 사항	

1. 프로그램명

2. 회기의 목표 및 하위목표

3. 프로그램 세부계획(예)

구분		활동 내용(구체적으로 상세하게 작성)	소요 시간	준비물
도입	시선 집중	① 성원들이 모두 자리에 앉은 것을 확인한 후에 집단사회복지사를 소개한다. 소개는 간략한 형식으로 하되, 자신의 취미, 집단에 대한 기대 등에 관해 이야기함으로써 자연스럽게 친밀감을 형성한다. 성원들이 자신의 개인적 사항을 노출하는 것은 자유롭게 허용하도록 한다. "오늘부터 10회기 동안 자신을 찾아서 떠나는 여행을 진행할 000입니다. 이 프로그램을 통해 자신을 찾고, 사랑하는 시간이 되기를 바랍니다." ② 총 10회기로 진행될 프로그램에 대해 전반적으로 소개한다. 이때 너무 상세하게 말하지 않으며 프로그램을 통해 서로에게 도움이 될 수 있는 측면과 방향에 대해 간략하게 안내하는 것이 필요하다. ③ 혹시 프로그램을 도와줄 공동 집단사회복지사가 있다면 간단하게 소개한다.	5분	
활동	너에 대해 말해줘	① 성원들은 "들려주는 나의 이야기"(별첨 자료)에 있는 항목들을 간략히 작성하도록 한다. ② 작성한 항목들을 자신에게 적용해 어떤 내용으로 자신의 광고지를 구성할지에 대해 고민할 시간을 준다. ③ 잡지, 신문, 색종이, 필기구 등 다양한 재료를 활용하여 자신을 표현할 수 있는 광고지를 만든다. ④ 모든 성원이 완성하면 돌아가면서 자신이 만든 광고지를 가지고 자리에 서서 발표한다. ⑤ 발표가 끝나면 그 성원에게 궁금한 사항, 광고지의 내용 중 참신한 점, 자신과의 공통점 등에 관해 이야기하는 시간을 갖는다.	20분	잡지, 신문, 색종이, 필기구, 풀, 가위, 첨부 자료

구분		활동 내용(구체적으로 상세하게 작성)	소요 시간	준비물
활동	우리 집에 왜 왔니	① 같은 인원수로 구성된 두 팀이 2m 정도 거리를 두고 마주보고 선다. ② 가위 바위 보를 하여 진 팀이 먼저 앞으로 나아가며 "우리 집에 왜 왔니, 왜 왔니, 왜 왔니?"하고 노래를 부르면, 상대팀이 "꽃 찾으러 왔단다, 왔단다, 왔단다."하고 대답한다. ③ 진 팀이 다시 "무슨 꽃을 찾으러 왔느냐, 왔느냐?"하고 물으면, 상대팀은 진 팀에서 한 명을 지목하여 "○○꽃을 찾으러 왔단다, 왔단다"하고 대답한다. ④ 노래를 부르면서 앞으로 나가다가 상대팀이 노래할 때엔 제자리로 돌아온다. ⑤ 노래가 끝난 후 지명된 사람과 상대팀 대표가 가위 바위 보를 한다. ⑥ 진 사람은 상대팀으로 가고, 이긴 팀은 다음 지명권을 갖게 된다. ⑦ 놀이를 계속하여 상대 팀이 1~2명 남을 때까지 계속한다.	10분	음악
	별칭 정하기	① 집단에서 불리고 싶은 별칭을 정한다. 성원들은 자신을 가장 긍정적으로 표현할 수 있는 단어를 하나씩 정하여 프로그램의 진행 동안 자신의 별칭으로 할 수 있다. ② 별칭은 긍정적이고 희망적이며 미래의 자신이 되고자 하는 이름으로 짓도록 한다. 부정적인 느낌을 주는 별칭이 언급되는 경우에는 다시 생각하도록 권유하는 것이 좋다. 단, 여러 번 권유하여 불편함을 주지 않도록 한다. 먼저 집단사회복지사가 자신의 별칭을 말함으로써 별칭을 짓는 방향을 하나의 예로 보여줄 수 있다. 즉, 자신을 가장 잘 나타내는 단어, 자신과 가장 비슷한 동물이나 특징, 평소 마음에 들었던 별명, 닮고 싶은 인물의 이름 등을 참고하도록 안내할 수 있다. "프로그램이 진행되는 동안 사용할 별칭을 짓도록 하겠습니다. 별칭은 자신을 가장 잘 드러내거나 자신의 꿈, 하고 싶은 일 등과 관련이 있되, 부르기 쉽고 기억하기 좋게 만들면 됩니다." ③ 모든 성원이 별칭을 만들면, 이름표 아래쪽에 기록하여 목에 걸친 후에 간략하게 자신의 별칭을 소개한다. 이때에도 자유로운 방식으로 진행하되, 성원들이 돌아가면서 별칭과 별칭을 짓게 된 이유를 설명하도록 한다.	20분	명찰, 필기구

<table>
<tr><th colspan="2">구분</th><th>활동 내용(구체적으로 상세하게 작성)</th><th>소요 시간</th><th>준비물</th></tr>
<tr><td>활동</td><td>집단규칙 정하기</td><td>① 집단규칙의 중요성과 간단한 예를 들어 설명한다. “이번에는 프로그램 종결 시까지 우리가 지켜야 할 규칙을 만드는 시간입니다. 지난번에 계약을 할 때 약속한 5개의 규칙에 모두 동의하였지만, 나머지 몇 개의 규칙은 여러분들이 하나씩 만들어서 발표해주세요.” 첫째, 집단회기에 지각, 결석하지 않고 성실하게 참여한다. 둘째, 나의 느낌이나 생각을 솔직하게 표현한다. 셋째, 다른 성원의 말에 끼어들거나, 평가하지 않고 열심히 잘 듣고 이야기한다. 넷째, 집단의 목적과 나의 목표를 달성하기 위해 노력한다. 다섯째, 집단회기 동안 있었던 것을 집단 외부의 어떤 사람에게도 비밀로 한다. 여섯째, ….
② 성원들과 함께 집단규칙을 만든다. 이때 적극적으로 참여하는 성원이 있지만, 어떤 성원은 소극적으로 참여할 수도 있다. 집단사회복지사는 소극적으로 참여하는 성원에 대해 관심을 보일 필요가 있다. 예를 들어 ‘지혜는 어떤 규칙을 만들면 좋겠니?’ 혹은 ‘지혜는 다른 성원이 정한 규칙에 동의하니?’ 등과 같이 자신의 의견을 자발적으로 이야기하지 않는 성원을 직접 호명해 성원의 의견을 물어보도록 하는 것이 좋다.
③ 모든 성원이 집단에서 지켜야 할 규칙을 자유롭게 이야기하여 결정한다. 규칙이 정해지면, 성원들이 앞으로 잘 지켜줄 것을 부탁한다. “모두가 정한 규칙을 잘 지키면 이 시간이 더욱 재미있고 의미 있는 시간이 될 것 같아요. 앞으로 다른 성원들과 여러 활동을 하거나 의견을 나눌 때 오늘 우리가 정한 이 규칙을 꼭 기억해주시기를 바랍니다.”</td><td>20분</td><td>집단 규칙 판, 필기구</td></tr>
<tr><td>마무리</td><td>우리 함께 나눠요</td><td>① 미완성 문장을 활용하여 프로그램 후의 감정을 표현하고 활동에 대한 평가를 나눈다. “오늘은 첫 회기였습니다. 이 프로그램을 통해 자신과 다른 사람들을 좀 더 잘 알 수 있는 기회가 될 것입니다. 프로그램의 참여를 통해 세상에서 가장 소중한 자신을 만나는 시간이 되기를 바랍니다.”
② 다음 회기 프로그램을 안내한다.
③ 다음 시간에 만날 것을 약속하고 인사한다.</td><td>5분</td><td></td></tr>
<tr><td colspan="2">유의사항</td><td>① 성원 간의 친밀감 형성에 초점을 맞추는 동시에 프로그램 목적에 대하여 성원들에게 인식시킨다.
② 성원들의 어려움을 나누고 공유할 수 있는 공간임을 인식시킨다.</td><td></td><td></td></tr>
</table>

4. 별첨 자료

〈성원에게 들려주는 나의 이야기〉

나의 이름

나의 장점(한 가지)

내게 가장 소중한 사람

내가 가장 좋아하는 동물

내가 갖고 싶은 직업

프로그램에서 기대하는 것

5. 과제 및 다음 회기 준비물

[그림 13-4] 회기별 집단실천 계획서

5) 프로그램 실행 단계

프로그램 실행이란 계획하고 조직화한 프로그램의 목적과 목표를 달성하기 위해 실제 행동으로 옮기는 것을 의미한다. 이 단계에서 유의할 점은 프로그램 계획에 얽매여서 목적 전치 현상이 발생하지 않도록 하는 것이다. 그 이유는 프로그램은 의도한 목적을 달성하기 위한 효율적이고 효과적인 서비스 수단이지 목적이 아니기 때문이다. 따라서 프로그램의 실행은 융통성과 탄력성이 요구되며, 필요에 따라서는 프로그램의 목적 달성을 위해서 실행 계획을 수정하고 보완하여 실행에 옮기는 것도 적극적으로 고려해야 한다(권중돈 외, 2012). 특히 집단실천에서 프로그램 실행 단계는 성원들을 선정하고, 프로그램을 준비하고, 시행하는 과정이다.

이처럼 집단실천 프로그램을 시행하는 과정에서 집단사회복지사는 현재 실행되고 있는 프로그램이 원래 의도한 방향으로 진행되고 있는지를 확인하고 점검해야 한다. 프로그램 점검(monitoring)은 일반적으로 프로그램 실행 과정에서 관련된 요소를 확인하고 프로그램이 원래 의도했던 목적과 표적집단에게 적절한 서비스를 제공하고 있는지 또는 예상하지 못한 문제가 발생하지는 않았는지 등에 관한 정보를 수집하고 분석하여 프로그램 개선에 활용하는 노력을 의미한다. 따라서 집단사회복지사는 집단실천 프로그램을 점검하기 위해서는 다음과 같은 구체적인 질문에 대해 답을 해야 한다(황성철, 2005).

첫째, 프로그램이 표적집단에 속한 사람을 어느 정도 포함하고 있는가? 둘째, 프로그램 활동 내용이 적합하며, 양질의 서비스가 제공되고 있는가? 셋째, 프로그램 실행 인력은 전문적 능력을 갖추고 있으며 그 수는 적당한가? 넷째, 프로그램 실행에 필요한 예산, 시설, 물품 등은 적절히 지원되는가? 다섯째, 프로그램의 자원은 예산 범위 내에서 적절히 집행되는가? 여섯째, 프로그램과 서비스는 적절한 전달체계를 통해 성원들에게 전달되는가? 일곱째, 프로그램이 공공기관 또는 자원 제공자가 부과한 기준과 요구를 준수하는가?

이러한 점검 과정을 토대로 집단실천의 안정화를 위해서 사회복지조직에서는 집단사회복지사의 업무 실행을 지지하고 촉진할 수 있는 분위기를 조성해야 한다. 또한 집단실천 프로그램의 실행에 대한 정기적인 피드백과 지도감독을 제공하여야 한다. 이와 함께 집단사회복지사는 집단실천 프로그램의 실행과 질적 향상에 필요한 전문적 지식과 기술을 습득하기 위해 계속해서 노력해야 하며, 집단실천의 목적과 목표를 달성하고, 프로그램이 성원들에게 어떠한 영향을 주었는지를 객관적으로 평가하여 프로그램의 효과성과 효율성을 입증하여야 한다. 이처럼 집단사회복지사는 집단실천 프로그램 실행, 즉 개입의 효과성을 위한 전략들에 대해 명확한 논리를 가지고 있어야 한다. 그런데 집단실천이 발달함에 따라 때로 예상하지 못한 방향으로 프로그램이 진행되거나 문제점이 발견되는 때도 있다. 집단사회복지사는 집단실천의 실행에서 예상, 발생하는 걸림돌이나 한계에 관한 논의를 기획 단계부터 점검하며, 달성하려는 성과를 제약하는 위험 요인과 외생 변수는 무엇인지에 대해 폭넓은 시각을 가지고 분석하고 대안을 모색하여야 한다.

6) 프로그램 평가 단계

집단실천 프로그램 개발에서 평가가 중요한 이유는 프로그램을 실행할 때 책무성을 강조하고, 프로그램의 기획이나 집단과정에 필요한 정보를 제공하기 위해서이다. 특히 책무성(accountability)이란 사회복지조직이 운영하는 프로그램이 할당된 자원을 가지고 집단목적과 목표를 얼마나 효과적 또는 효율적으로 달성했는가 하는 것을 객관적으로 증명할 것을 요구하는 개념이다. 책무성의 확보는 효율적이며 공정하고 윤리적인 활동을 가능하게 하는데 필수적인 요소라고 할 수 있다. 이처럼 프로그램 평가는 프로그램 개발의 마지막 단계인데, 계획된 프로그램을 실행한 이후의 계획과 실행 결과를 비교하여 프로그램 개발의 결과를 알고 그 의미를 부여하는 과정이다. 즉, 시행한 집단실천 프로그램이 어느 정도 효과성과 효율성이 있었는지를 확인함으로써 사회복지조직의 책무성과 성원들의 만족도를 체계적으로 분석하는 모든 행위를 지칭한다. 따라서 집단실천 프로그램의 기획 단계에서부터 프로그램의 실행 이후에 평가할 것을 생각하면서 프로그램 전반에 대한 평가를 시행하기 위한 설계가 진행되어야 한다. 여기서는 평가 방향, 평가 범위, 평가 방법 등을 중심으로 살펴보고자 한다(김진우, 2018).

① 프로그램 평가 방향

프로그램 평가는 크게 두 가지로 구분할 수 있다. 첫째는 성과목표와 산출목표가 실제로 달성되었는지를 살펴보는 것이다. 즉, 실제로 계획한 횟수만큼 모든 것이 진행되었는지, 그리고 그러한 노력의 결과로서 성원들이 얼마나 변화하였는지를 살펴보는 것이다. 둘째는 프로그램에 대한 과정 평가이다. 과정 평가는 집단실천 프로그램의 진행 과정에서 경험했던 다양한 시행착오와 어려움, 그러한 애로사항에 대해 집단사회복지사가 어떻게 해결방안을 제시하였고, 그 해결방안을 추진하면서 계획과 프로그램 활동 내용이 어떻게 변화되었는지, 그 과정에서 얻을 수 있는 함의는 무엇인지를 살펴보는 것이다. 그러므로 집단사회복지사는 평가를 통해 자기가 만족하는 결과를 도출하는 것이 아니라 집단실천 프로그램 수행 과정에서 자신의 다양한 경험을 평가 내용에 포함해야 한다.

② 평가 범위

모든 프로그램 활동 내용을 평가할 수는 없으므로 집단실천 프로그램의 목적과 목표를 먼저 고려해야 한다. 목적과 목표의 달성 여부를 측정할 수 있는 대표적인 평가 방법을 제시하고, 그 평가 방법을 수행하기 위한 일련의 절차별 과제를 진행하는 점검표를 만들어 두는 것이 중요하다. 평가 범위를 설정할 때 다음과 같은 질문을 고려할 필요가 있다. 첫째, 집단실천 프로그램의 진행 과정에서 평가해야 할 시기는 언제인가? 둘째, 정말 이 평가가 필요한가? 최선인가? 목표 측정에 필요한가?

③ 평가 방법

평가 방법은 양적 평가와 질적 평가로 구분할 수 있다. 양적 평가 방법으로는 주로 설문조사와 실험설계가 사용되며, 질적 평가 방법으로는 면접과 참여관찰이 자주 사용된다. 어떤 평가 방법을 사용하든 성원들이 집단실천에 참여하여 어떤 이익을 얻었는가를 확인하기 위해서는 집단실천의 참여도와 만족도에 대한 평가가 필요하다. 여기에는 집단실천 진행상의 참여도, 집단실천 프로그램 구성, 소감문과 종결 평가서에 의한 만족도 평가와 참여도 평가 등이 포함될 수 있다. 특히 집단실천 전과 종결 후 성원들의 행동과 관련된 상황들을 구성해야 한다. 이에 더하여 상황에 의존하는 부수적인 측정들은 집단실천이 종결된 후의 시점뿐만 아니라 집단과정 중에도 이루어져야 한다.

집단사회복지사는 특정한 형태의 집단실천에 참여한 실험집단과 전혀 서비스를 받지 못한 사람들로 구성된 통제집단을 비교하기도 한다. 이 접근 방법의 가치는 집단실천이라는 특정 개입 외에, 변화 요인이 될 만한 것들을 배제하는 데 있다. 하지만 이런 설계 방법은 실험집단과 통제집단의 무작위 할당을 해야 하는 어려움, 다른 성원 간의 영향력, 그리고 집단으로부터 탈락하는 성원들을 제외하고서 자료를 분석하는 것 등의 문제가 발생할 수 있다.

이처럼 집단사회복지사는 자신과 성원의 특성, 집단의 조건, 성원과 집단의 상호작용, 개입 기법, 집단실천을 통한 개입의 효과 등에 대하여 개념적으로나 방법론적으로 질 높은 조사를 할 수 있도록 준비해야 한다. 또한 집단실천의 마지막 회기에는 앞에서 제시한 다양한 평가서의 작성 결과를 토대로 [그림 13-5]와 같은 집단실천 종결 평가서를 작성한다. 개별적인 개입이 필요한 성원들에 대한 의뢰가 이루어지며, 추후 집단실천에 대한 안내가 이루어져야 한다.

집단명		집단사회복지사명	
총 회기 수		회기 장소	
출석율		기타 사항	

1. 집단 성원의 평가
   1) 운영 측면
      ① 프로그램 진행 평가
      ② 집단 참여 태도
   2) 목표 달성 정도
   3) 프로그램에 대한 평가
   4) 집단사회복지사에 대한 평가
   5) 집단환경에 대한 평가

2. 집단사회복지사의 평가
   1) 집단의 특징
   2) 성원들의 참여도
   3) 성원들의 개별화 정도
   4) 집단역동성의 활용 정도
   5) 집단실천의 발달 단계 분석

구분	초기 단계	중간 단계	종결 단계
성원들의 참여도			
성원들의 변화			
집단사회복지사와의 관계			
성원 간의 관계			
기타			

[그림 13-5] 집단실천 종결 평가서

참/고/문/헌

강기호, 차호원 (1987). 집단상담의 이론과 기술. 서울: 교보문고.

강진령 (2012). 집단상담과 치료. 서울: 학지사.

강진령 (2019). 집단상담의 실제(3판). 서울: 학지사.

권기성 (2000). 그룹다이나믹스와 산업카운셀링제도. 한국인간관계학보, 5(1), 1-24.

권중돈, 배숙경, 여미옥, 민진암, 이기민, 이은주, 강은경, 김현미, 박경혜, 박주임 (2012). 노인복지 프로그램 개발의 실제. 서울: 학지사.

김경호 (2005). 사회복지실천기술론. 서울: 청목출판사.

김미혜 (1993). 개인, 집단, 환경. 이화여대 사회사업학과(편). 집단사회사업실천방법론. 서울: 동인.

김상곤, 최승희, 안정선 (2012). 사회복지 프로그램 개발과 평가. 서울: 학지사.

김성국 (2004). 조직과 인간행동. 서울: 명경사.

김성이, 조학래, 노충래 (2005). 청소년복지학. 서울: 집문당.

김종옥, 권중돈 (1993). 집단사회사업방법론. 서울: 홍익재.

김진우 (2018). 사회복지 프로그램 개발과 평가. 서울: EM실천.

김진화 (2001). 평생교육 프로그램개발론. 서울: 교육과학사.

김통원 (2009). 사회복지 프로그램 기획과 평가. 서울: 신정.

김혜란, 홍선미, 공계순, 박현선 (2022). 사회복지실천기술론. 서울: 학지사.

남세진, 조흥식 (1998). 집단지도방법론. 서울: 서울대학교출판부.

박민수 (2006). 1325, 함께하는 수련회: 집단상담 프로그램. 서울: 예찬사.

박재호 (1987). 사회과학에서의 장이론. 서울: 민음사.

성정현, 여지영, 우국희, 최승희 (2005). 가족복지론. 서울: 양서원.

엄명용, 노충래, 김용석 (2020). 사회복지실천기술의 이해(4판). 서울: 학지사.

연문희, 강진령 (2002). 학교상담: 21세기의 학생 생활지도. 서울: 양서원.

윤관현, 이장호, 최송미 (2006). 집단상담: 원리와 실제(2판). 파주: 법문사.

이가옥, 강희설, 이지영 (2004). 노인 집단프로그램 개발. 서울: 나눔의집.

이명범 (1994). REM GUIDE. Rhema Evangelical Mission.

이봉주, 김기덕 (2014). 사회복지 프로그램 개발과 평가. 서울: 신정.

이윤로 (2005). 사회복지실천기술론. 서울: 학지사.

이윤주, 신동미, 선혜연, 김영빈 (2000). 초심상담자를 위한 집단상담기법. 서울: 학지사.

이장호, 김정희 (1992). **집단상담의 원리와 실제**. 서울: 법문사.

이형득, 김성회, 설기문, 김창대, 김우정 (2002). **집단상담**. 서울: 중앙적성출판사.

이현주 (2014). 긍정심리 해결중심 통합 집단 프로그램 개발 및 효과: 저소득 우울여성 독거 노인 대상. 성균관대학교 박사학위 논문.

전국재 (2001). **놀이와 공동체**. 서울: 예영커뮤니케이션.

전병재 (1997). **인간과 사회: 비판사회심리학적 이해**. 서울: 경문사.

전요섭 (2020). **구조화 집단상담의 이론과 실제: 누구나 쉽게 집단상담을 할 수 있는 방법**. 서울: (사)기독교문서선교회.

전재일, 이성희 (2002). **사회복지실천기술론**. 서울: 형설출판사.

정무성 (2014). **사회복지 프로그램 개발과 평가**. 파주: 정민사.

정무성, 정진모 (2001). **사회복지 프로그램 개발과 평가**. 서울: 양서원.

정성란, 고기홍, 김정희, 권경인, 이윤주, 이지연, 천성문 (2019). **집단상담(2판)**. 서울: 학지사.

조선미 (2004). 집단상담. 안창일(편), **임상심리학**. 서울: 시그마프레스(주).

조흥식, 김연옥, 황숙연, 김융일 (2009). **사회복지실천론(개정3판)**. 파주: 나남출판.

지용근, 김옥희, 김희수, 김병숙 (2004). **인간관계론**. 서울: 박영사.

국립국어원 (2017). **표준국어대사전**.

천성문, 함경애, 박명숙, 김미옥 (2017). **집단상담-이론과 실제**. 서울: 학지사.

최일섭, 이창호 (1993). **사회계획론**. 파주: 나남출판사.

황성철 (2005). **사회복지 프로그램 개발과 평가**. 고양: 공동체.

Aguilera, D., & & Messick, J. (1982). *Crisis Intervention: Theory and Methodology* (4th ed.). St. Louis: Mosby.

Bales, R. (1980). *SYMLOG: Case Study Kit*. New York: The Free Press.

Bales, R., Cohen, S., & Williamson, S. (1979). *SYMLOG: A System for The Multiple Level Observations of Groups*. New York: The Free Press.

Balgopal, P. R., & Vassil, T. (1983). *Groups in Social Work: An Ecological Perspective*. New York: Macmillan.

Bernard, H. S. (1985). Follow-up Interview with Psychotherapy Patients. *Psychotherapy, 22*, 22~7.

Bertcher, H., & Maple, F. (1985). Elements and Issues in Group Composition. *Individual Change through Small Groups*. Eds. M. Sundel, P. Glasser, R. Sarri & R. Vinter, 180-203. New York: The Free Press.

Bilides, D. G. (1990). Race, Color, Ethnicity and Class: Issues in Biculturalism in School-based Adolescent Counseling Groups. *Social Work with Groups, 13*(4), 43~58.

Brager, G., & Holloway, S. (1978). *Changing Human Service Organizations.* New York: Free.

Brandler, S., & Roman, C. (1999). *Group Work : Skills and Strategies for Effective Intervention* (2d ed.). Binghamton, New York: Haworth.

Carkhuff, R. R., & Anthony, W. A. (1979). *The Skills of Helping.* Amherst, MA: Human Resource Development.

Cartwright, D., & Zander, A. (1960). *Group Dynamics: Research and Theory.* New York: Harper & Row.

Capuzzi, D., & Gross, D. R. (1992). *Introduction to Group Counseling* (2nd ed.). Denver, CO: Love.

Compton, B., & Galaway, B. (1999). *Social Work Process* (6th ed.). Pacific Grove, CA: Brooks/Cole.

Corey, M. S., & Corey, G. (1997). *Groups: Process and Practice* (5th ed.). Pacific Grove, CA: Brooks/Cole.

Corey, M. S., & Corey, G. (2017). *Groups: Process and Practice* (10th ed.). Boston, MA: Cengage Learning.

Corey, G., Corey, M., Callanan, P., & Russell, J. M. (2004). *Group Techniques* (3rd ed.). Pacific Grove, CA: Brooks/Cole.

Cormier, W., & Cormier, L. S. (1998). *Interviewing Strategies for Helpers: Fundamental Skills and Cognitive Behavioral Intervention* (4th ed.). Pacific Grove, CA: Brooks/Cole.

Delgado, M. (1983). Activities and Hispanic Groups: Issues and Suggestions. *Social Work with Groups, 6*(1), 85~96.

Douglas, T. (1995). *Scapegoats, Transferring Blame.* London: Routledge.

Egan, G. (1998). *The Skilled Helper* (6th ed.). Pacific Grove, CA: Brooks/Cole.

Ephross, P. H., & Vassil, T. (1988). *Group that Work.* New York: Columbia University Press.

Etzioni, A. (1965). Dual Leadership in Complex Organizations. *American Sociological Review, 30*, 688~98.

Festinger, L., Schacher, S., & Back, K. (1950). *Social Pressures in Informal Groups: A Study of Human Factors in Housing.* Standford University Press.

Flapan, D., & Fenchal, G. (1987). *The Developing Ego and The Emerging Self in Group Therapy.* Northvale, NJ: Aronson.

Forsyth, D. (1990). *Group Dynamics* (2d ed.). Belmont, CA: Wadsworth.

Corey, G., Corey, M., Callanan, P., & Russell, J. M. (2004). *Group Techniques* (3rd ed.). Pacific Grove, CA: Brooks/Cole.

Frank, J. (1961). *Persuasion and Healing: A Comparative Study of Psychotherapy.* New York: Schocken Books.

Garvin, C. (1981). *Contemporary Group Work.* Englewood Cliffs, NJ: Prentice–Hall.

Garvin, C. (1997). *Contemporary Group Work* (3rd ed.). Boston: Allyn & Bacon.

George, R., & Christiani, T. (1981). *Theory, Methods & Process of Counseling Psychotherapy.* Englewood Cliffs, NJ: Prentice-Hall.

Germain, C., & Gitterman, A. (1980). *The Life Model of Social Work Practice.* New York: Columbia University Press.

Germain, C. B. (1991). *Human Behavior in the Social Environment: An Ecological View.* New York: Columbia University Press.

Gitterman, A., & Shulman, L. (1986). *Mutual Aid Groups and The Life Cycle.* Itasca, IL.: F. E. Peacock.

Gladding, S. T. (2016). *Group Work: A Counseling Specialty* (7th ed.). Boston, MA: Pearson Education, Inc.

Hare, A. P. (1976). *Handbook of Small Group Research* (2nd ed.). New York: The Free Press.

Henry, S. (1981). *Group Skills in Social Work: A Four–Dimensional Approach.* Itasca, IL.: F. E. Peacock.

Henry, S. (1988). Revisiting Open Groups. *Groupwork, 1,* 215–28.

Henry, S. (1992). *Group Skills in Social Work: A Four–Dimensional Approach.* (2nd ed.). Itasca, IL.: F. E. Peacock.

Hepworth, D., Rooney, R. H., & Larsen, J. A. (1997). *Direct Social Work Practice: Theory and Skills* (5th ed.). Pacific Grove, CA: Brooks/Cole.

Herzog, J. (1980). Communication between Co–leader: Fact or Myth. *Social Work with Groups, 3*(4), 19~29.

Homans, G. C. (1950). *The Human Group.* New York: Harcourt Brace Jovanovich.

Jacobs, E. E., Masson, R. L., & Harvill, R. L. (2002). *Group Counseling: Strategies and Skills* (4th ed.). Pacific Grove, CA: Brooks Cole.

Janis, I. (1972). *Victims of Group Think.* Boston: Houghton Mifflin.

Kast, F. E., & Rosenzweig. J. E. (1974). *Organization and Management.* New York: McGraw Hill.

Kirst–Ashman, K. K., & Hull, G. H., Jr. (2009). *Understanding Generalist Practice*

(5th eds.). Belmont: Brooks/Cole, Cengage Learning.

Klein, A. (1972). *Effective Group Work*. New York: Associated Press.

Konopka, G. (1972). *Social Group Work: A Helping Process*. Englewood Cliffs, NJ: Prentice-Hall.

Konopka, G. (1983). *Social Group Work: A Helping Process* (3rd ed.). Englewood Cliffs, NJ: Prentice-Hall.

Kurland, R. (1978). Planning: The Neglected Component of Group Development. *Social Work with Groups, 1*(2), 173-8.

Lawless. D. J. (1972). *Effective Management: Social Psychological Approach*. Englewood Cliffs, N.J.: Prentice-Hall.

Lesikar, R. (1976). *Basic Business Communication*. Homewood: Richard D. Irwin.

Lewin, K. (1944). The Dynamics of Group Action. *Educational Leadership, 1*, 195-200.

Lonergan, E. C. (1982). *Group Intervention: How to Begin and Maintain Groups in Medical and Psychiatric Settings*. Northvale, N.J.: Jason Aronson.

Mahler, C. (1971). Group Counseling. *Personnel and Guidance Journal, 49*, 601-10.

Malekoff, A. (1997). *Group Work with Adolescents: Principles and Practice*. New York: The Guilford Press.

Middleman, R., & Wood, G. (1990). Reviewing the past and present of group work and the challenge of the future. *Social Work with Groups, 13*(3), 3-20.

Moorhead, G., & Griffin. R. W. (1992). *Organization Behavior*. Mass: Houghton Mifflin.

Moreno, J. (1934). *Who shall Survive?* Washington, DC: Nervous and Mental Diseases.

Moreno, J. (1956). *Sociometry and The Science of Man*. New York: Beacon House.

Napier, R., & Gershenfeld, M. (1993). *Groups: Theory and Experience* (5th ed.). Boston: Houghton Mifflin.

Nixon, H. (1979). *The Small Group*. Englewood Cliffs, NJ: Prentice-Hall.

Northen, H. (1995). *Clinical Social Work* (2nd ed.). New York: Columbia University Press.

Northen, H., & Kurland, R. (2001). *Social Work with Groups* (3rd ed.). New York: Columbia University Press.

Olmsted, M. (1959). *The Small Group*. New York: Random House.

Osgood, C., Suci, C., & Tannenbaum, P. (1957). *The Measurement of Meaning*.

Urbana: University of Illinois Press.

Papell, C., & Rothman, B. (1980). Relating the Mainstream Model of Social Work with Groups to Group Psychotherapy and the Structures Group Approach. *Social work with groups, 3*(2), 5–23.

Redl, F. (1953). "The Art of Group Composition." *Creative Group Living in a Children's Institution*. Ed. S. Schulze, 76–98. New York: Association.

Reid, K. (1981). *From Character Building to Social Treatment: The History of The Use of Groups in Social Work*. Westport, CT: Greenwood Press.

Reid, K. (1997). *Social Work Practice with Groups: A Clinical Perspective* (2nd ed.). Pacific Grove, CA: Brooks/Cole.

Rubington, E., & Weinberg, M. S. (1981). *The Study of Social Problems*. New York: Oxford University Press.

Satir, V. (1972). *People Making*. Palo Alto, CA: Science & Behavior Books.

Schopler, J., & Galinsky, M. (1990). Can Open-ended Groups Move beyond Beginnings? *Small Group Research, 21*(4), 435–49.

Shaw, M. (1981). *Group Dynamics: The Psychology of Small Group Behavior* (3rd ed.). New York: McGraw-Hill.

Siporin, M. (1975). *Introduction to Social Work Practice*. New York: Macmillan.

Steinberg, D. M. (1997). *The Mutual-Aid Approach to Working with Groups: Helping People Help Each Other*. Northvale, NJ: Jason Aronson.

Stokes, J. (1983). Toward an Understanding of Cohesion in Personal Change Groups. *International Journal of Group Psychotherapy, 33*(4), 449–67.

Thibaut, J., & Kelley, H. (1954). Experimental Studies of Group Problem-Solving Process. *Handbook of Social Psychology*. Ed. G. Kindzey, 735–85. Reading, MA: Addison-Wesley.

Tillitski, C. J. (1990). "A Meat-analysis of Estimated Effect Sizes for Group versus Individual versus Control Treatments." *International Journal of Group Psychotherapy, 40*(2), 215–24.

Toseland, R. W., & Rivas, R. F. (2001). *An Introduction to Group Work Practice* (4th ed.). Needham Heights, MA: Allyn & Bacon.

Toseland, R. W., & Rivas, R. F. (2012). *An Introduction to Group Work Practice* (7th ed.). Needham Heights, MA: Allyn & Bacon.

Trecker, H. (1982). *Social Group Work: Principles and Practices*. New York: Association Press.

Vander, K. C. (1985). *Introduction to Group Counseling and Psychotherapy.* Upper Saddle River, NJ: Merrill Prentice Hall.

Vinter, R. D. (1985). "Program Activities: An Analysis of Their Effects on Participant Behavior." *Individual Change through Small Groups.* Eds. Sundel, M., Glasser, P., Sarri, R., & Vinter, R. 226–36. New York: The Free Press.

Wells, R. A. (1981). *Planned Short-term Treatment.* New York: The Free Press.

Wells, R. A. (1994). *Planned Short-term Treatment* (2nd ed.). New York: The Free Press.

Wheelan, S. (1994). *Group Process: A Developmental perspective.* Boston: Allyn and Bacon.

White, R. K., & Lippitt, R. (1960). Leader Behavior and Member Reaction in Three Social Climates. *Group Dynamics: Research & Theory.* Eds. D. Cartwright & Zander, A. New York: Haper & Row.

Wilson, G. L., & Hanna, M. S. (1986). *Group in Context.* New York: Random House.

Yalom, I. (1995). *The Theory and Practice of Group Psychotherapy* (4th ed.). New York: Basic Books.

Yalom, I., & Leszcz, M. (2005). The *Theory and Practice of Group Psychotherapy* (5th ed.). New York: Basic Books.

Zastrow, C. (1993). *Social Work with Groups.* Chicago: Nelson–Hall.

찾/아/보/기

(ㅋ)

(ㅌ)

(ㅍ)

(ㅎ)

(기타)

조학래

연세대학교 사회사업학과 졸업
연세대학교 대학원 사회복지학과 졸업(문학석사)
연세대학교 대학원 사회복지학과 졸업(문학박사)
전) 태화기독교사회복지연구소 소장
전) 송강사회복지관 관장
현) 한국침례신학대학교 사회복지학과 교수
hlcho@kbtus.ac.kr

집단사회복지실천의 이해(2판)

초판발행 2019년 9월 5일 **1판 1쇄 발행** | 2020년 9월 10일 **1판 2쇄 발행**
2판발행 2023년 3월 10일 **2판 1쇄 발행** | 2024년 3월 10일 **2판 2쇄 발행**

지은이 조학래
펴낸이 최용구 | **펴낸곳 도서출판 신정**
주소 (04316) 서울시 용산구 원효로 89길 19 (원효로1가)
전화 02)3211-4782, 0266(영업부), 3211-4783(편집부), 3211-4784(팩스)
이메일 shinjeong72@naver.com | **홈페이지** www.sjbook.co.kr
등록 2001년 5월 11일 제13-702호
기획마케팅 최용구 장만동 송대용 최충구 | **책임편집** 석기은 황가연 | **표지** SDY

ISBN 978-89-5912-832-7 93330
정가 19,000원